U0529274

项目资助

国家社会科学基金一般项目"孤独症儿童'家庭—社会'融合型关爱长效机制构建及制度创新研究"（16BSH139）

浙江省社会科学规划重大项目"'互联网+'残疾人社会支持智慧服务构建与创新"（20XXJC01ZD）

教育部人文社会科学研究项目"'互联网+'自闭症家庭精准帮扶的协同机制与实现模式研究"（18YJCZH085）

孤独症儿童教育康复与融合发展丛书　　　　　　　　王永固 / 主编

心理支持范式转换
孤独症儿童家庭关爱与社会支持

Paradigm Shift of Psychological Support:
Family Care and Social Support for Autistic Children

王永固　等著

中国社会科学出版社

图书在版编目(CIP)数据

心理支持范式转换：孤独症儿童家庭关爱与社会支持／王永固等著.—北京：中国社会科学出版社，2024.7

（孤独症儿童教育康复与融合发展丛书／王永固主编）

ISBN 978-7-5227-3188-9

Ⅰ.①心… Ⅱ.①王… Ⅲ.①孤独症—儿童教育—特殊教育—家庭教育②孤独症—儿童教育—社会教育 Ⅳ.①G766

中国国家版本馆 CIP 数据核字（2024）第 049205 号

出 版 人	赵剑英
责任编辑	赵 丽
责任校对	刘 念
责任印制	王 超
出 版	中国社会科学出版社
社 址	北京鼓楼西大街甲 158 号
邮 编	100720
网 址	http://www.csspw.cn
发 行 部	010-84083685
门 市 部	010-84029450
经 销	新华书店及其他书店
印 刷	北京明恒达印务有限公司
装 订	廊坊市广阳区广增装订厂
版 次	2024 年 7 月第 1 版
印 次	2024 年 7 月第 1 次印刷
开 本	710×1000 1/16
印 张	27
插 页	2
字 数	446 千字
定 价	139.00 元

凡购买中国社会科学出版社图书，如有质量问题请与本社营销中心联系调换
电话：010-84083683
版权所有 侵权必究

谨以此书献给全国的数以百万计的孤独症儿童家庭、孤独症儿童工作者和研究者们！

序 言

情定全纳显价值。2008年历经三年学术磨炼，博士学成毕业，立志为社会大众和万千学生的教育做点实事。教育研究领域太广，且有诸多前辈已在开拓前行，于是将研究焦点调整为最迫切需要特别帮助的孤独症儿童教育，综合学习科学和教育技术，开展孤独症儿童全纳教育研究。2012年有幸参与国家社会科学基金重大招标课题关于孤独症儿童早期干预教育研究，研发多项孤独症早期干预教育方案和辅助工具，并将其应用于孤独症家庭和康复机构，但是应用范围有限。反思其原因发现，好的教育资源还需要构建以孤独症儿童家庭为中心的社会支持网络，以及培育家庭积极主动的发展能力。孤独症儿童家庭的社会支持和增权赋能如何？有什么规律？如何改善？2016年这个研究方案获得国家社会科学基金项目资助，研究视角就从教育学拓展到社会学和心理学，开始了孤独症儿童家庭关爱与社会支持的成果研究。

放眼全球把方向。欧美国家的孤独症儿童关爱理论研究与社会实践均早于中国。经文献查阅和实践反思发现，全球孤独症儿童关爱支持理论与实践在范式上正在经历四个转变。一是从"以儿童为中心"转向"以家庭为中心"，关爱服务不再以儿童为中心，而是以家庭为单位，强调家庭对孤独症儿童的发展和社会发展的重要性；二是从"问题视角"转向"优势视角"，不再强调孤独症儿童身心缺陷和家庭面临的困难，而是关注孤独症儿童以及家庭的优势和资源，将其作为关爱支持的动力机制；三是从"物质帮扶"转向"增权赋能"，必要的物质帮扶和经济支持能够适度改善孤独症儿童家庭生活质量，但不能帮其脱贫和产生持续幸福感，而增权赋能能够激发家庭成员内在活力和增强家庭发展能力，持续增强家庭的幸福感;四是从"隔离式教育"转向"融合教育",不再强调隔离的特别教育和关怀,而是主张构建无障碍环境,支持孤独症儿童融入学校和回归社会。以上四个范式的转变成为本书的内在逻辑主线。

实证研究取真经。中国残疾人联合会是全国性残疾人事业团体,为研究和推进残疾儿童家庭搭建了网络与平台。鉴于此,笔者先后参加了中国残疾人康复协会的三个专业委员会,认识了残疾人康复领域、教育领域和社会服务等领域的学界和业界代表,且承担了中残联委托的调研课题。于是,笔者带领研究团队开展了全国范围的考察和调研,北到吉林,南到海南,西到四川,东到山东,走访了全国数十家康复机构、医院、特殊学校和普通学校,与上百位康复医生、康复教师、特教教师、社工等座谈交流,面向2000个残障家庭发放调查问卷,收集孤独症儿童家庭内部的关爱以及康复机构、特殊学校、普通学校和社会组织的社会支持的资料。基于以上充足的研究数据,再加上800余篇研究文献的支持,建立孤独症儿童家庭关爱、社会支持、家庭增权、协同服务和融合教育的研究模型,发现了孤独症儿童"家庭—社会"关爱支持的运行机制。

五个视角探机理。本书从五个视角揭示孤独症儿童"家庭—社会"关爱运行长效机制。第一,从关爱的视角界定了家庭关爱的三个维度构成要素,包括家庭关系、家庭资源和家庭功能;家庭关爱对家庭应对、家庭生活质量有显著预测作用,为孤独症儿童家庭的调节适应过程提供支持资源;家庭应对和家庭复原力在家庭关爱和家庭生活质量之间存在链式中介作用。第二,从优势的视角,由实证数据发现,家长创伤后成长和社会支持均对家庭生活质量有正向预测作用,社会支持在家长创伤后成长和家庭生活质量之间的中介效应显著。第三,从增权的视角,家庭增权和社会支持在家长亲职压力和家庭生活质量之间存在部分中介作用,两者共同作用,缓解孤独症儿童家庭亲职压力所产生的负面作用,进而提高其家庭生活质量。第四,康复机构和学校协同供给的教育支持服务能促进孤独症儿童家庭生活质量,从效果上看,康复机构提供的康复服务对家庭生活质量产生的影响效果最明显。第五,从融合的视角来看,学校支持能有效提升孤独症儿童学校适应水平,学校支持系统中的教师支持、学校行政领导支持和辅具支持对孤独症儿童学校适应有显著的预测力。本书从以上五个视角探查孤独症儿童"家庭—社会"融合型关爱的运行机制。

五个方面优对策。本书从五个方面提出孤独症儿童"家庭—社会"关爱的优化对策：（1）从家庭内外四个方面优化家庭关爱；（2）由四类利益相关者协同改善孤独症儿童家庭社会支持；（3）从家庭和社会两个层面提升孤独症儿童家庭增权赋能；（4）从体系、平台和模式三个方面推进孤独症儿童家庭协同支持服务；（5）从微观、中观、外观和宏观四个层面改进普通学校融合教育系统。本书从这五个方面为社会工作和教育工作提出实践上的方法指导。

本书共由七章组成，由课题组的 6 位研究人员共同完成。其中，项目负责人王永固教授设计了本书的内容框架和研究方法，编写了第一章和第七章的内容，并参与编写其他五章内容；王玉坤完成第二章的实证研究和数据处理，王果承担第三章的实证研究和数据处理，余成开展第四章的实证研究和数据处理，宣雨阳完成第五章的数据调查和分析，李全林承担第六章的数据分析和调查。另外，研究团队的李晓娟副教授、贺雯和王斯佳等研究生也参与了本书的素材整理。在本书完成之际，要感谢全国哲学社会科学规划办公室和浙江省社科规划办的项目支持，项目的立项为本书的实证研究提供了经费支持；还要感谢国内社会学、教育学和心理学领域的专家学者在前期的研究里为本书提供的理论基础和文献参考。由于时间仓促，本书尚存在不完善之处，敬请大家指正。谢谢！

王永固
2024 年 3 月

目　录

第一章　导论 ……………………………………………………… （1）
　　第一节　孤独症儿童关爱支持的现状与挑战 …………………… （1）
　　第二节　孤独症儿童关爱支持的范式转变 ……………………… （4）
　　第三节　孤独症儿童"家庭—社会"融合型关爱理论框架 ……… （9）

第二章　孤独症儿童家庭关爱的构成要素与作用机理 ………… （15）
　　第一节　研究设计 ………………………………………………… （17）
　　第二节　国内外孤独症儿童家庭关爱相关研究分析 …………… （21）
　　第三节　孤独症儿童家庭关爱作用机制模型构建 ……………… （41）
　　第四节　孤独症儿童家庭关爱现状调查 ………………………… （50）
　　第五节　孤独症儿童家庭关爱作用机制路径分析 ……………… （79）
　　第六节　研究总结 ………………………………………………… （100）

第三章　孤独症儿童家庭的社会支持效用机制与内生动力 …… （104）
　　第一节　研究设计 ………………………………………………… （106）
　　第二节　国内外孤独症儿童社会支持相关研究 ………………… （108）
　　第三节　孤独症儿童家庭社会支持现状调查 …………………… （126）
　　第四节　孤独症儿童家庭社会支持的作用机制 ………………… （151）
　　第五节　研究总结 ………………………………………………… （170）

第四章　孤独症儿童家庭增权的影响因素和效能机制 ………… （173）
　　第一节　研究设计 ………………………………………………… （174）
　　第二节　国内外孤独症儿童家庭增权相关研究分析 …………… （177）
　　第三节　孤独症儿童家庭增权现状调查 ………………………… （189）

第四节　孤独症儿童家庭增权的影响因素分析 …………… (215)
　第五节　孤独症儿童家庭增权的效能分析 ………………… (232)
　第六节　研究总结 …………………………………………… (242)

第五章　孤独症儿童家庭的教育协同支持服务运行机制 ………… (245)
　第一节　研究设计 …………………………………………… (247)
　第二节　国内外相关研究分析 ……………………………… (250)
　第三节　孤独症儿童家庭协同支持服务模型 ……………… (261)
　第四节　孤独症儿童家庭协同支持服务需求调查 ………… (275)
　第五节　孤独症儿童家庭协同支持服务供给状况调查 …… (283)
　第六节　协同支持服务对孤独症儿童家庭生活质量的影响 …… (295)
　第七节　研究总结 …………………………………………… (306)

第六章　孤独症儿童学校融合支持服务系统运行机理 …………… (309)
　第一节　研究设计 …………………………………………… (311)
　第二节　国内外相关研究分析 ……………………………… (316)
　第三节　孤独症儿童学校支持系统模型构建 ……………… (332)
　第四节　孤独症儿童学校支持系统运行现状调查 ………… (346)
　第五节　学校支持对孤独症儿童学校适应的影响机制 …… (354)
　第六节　研究总结 …………………………………………… (360)

第七章　孤独症儿童家庭关爱与社会支持对策 …………………… (365)
　第一节　孤独症儿童家庭关爱优化对策 …………………… (365)
　第二节　孤独症儿童家庭社会支持改善策略 ……………… (368)
　第三节　孤独症儿童家庭赠权赋能提升方法 ……………… (372)
　第四节　孤独症儿童家庭协同支持推进方略 ……………… (375)
　第五节　孤独症儿童学校融合改进对策 …………………… (378)

参考文献 ……………………………………………………………… (383)

第一章
导　论

全面建成小康社会，残疾人一个都不能少。

——习近平①

全球0—14岁孤独症儿童有9300万人，中国0—14岁残疾儿童约有500万人。他们的生理、心理和精神存在功能缺陷，全部或部分丧失活动能力、认知学习能力和社会参与能力。孤独症儿童给他们的家庭带来沉重的负担，对他们及其家庭的关爱支持关乎千千万万个家庭的生活质量和幸福指数。如何帮扶孤独症儿童及其家庭共同迈入小康社会，是新时代社会工作研究者和实践面临的新课题。

第一节　孤独症儿童关爱支持的现状与挑战

根据世界卫生组织2011年发布的《世界残疾报告》，全球残疾人数量随着人口增长和老龄化的发展，处于持续增加的状态。据推算，全球约有15%的人口带有残疾；在0—14岁儿童中，估计5.1%的儿童（约9300万人）带有残疾，0.7%的儿童（约1300万人）有严重残疾。截至2020年2月，中国有8500万残疾人，占全国总人口的比例为6.21%。在全部残疾人中6.1%是儿童，约有504万儿童存在着某种残

---

① 习近平：《全面建成小康社会，残疾人一个也不能少》，中国政府网，http://www.gov.cn/fuwu/cjr/2016-07/29/content_ 5124019.htm（2016.7.29）。

疾，占全国儿童总数的1.6%。① 截至2020年底，全国残疾人人口基础数据库入库持证残疾人为3780.7万人，其中0—17岁持证孤独症儿童为122万人，约占全国0—17岁残疾儿童的四分之一。② 因个人隐私和工作所限，还有大部分孤独症儿童没有办理残疾人证，没有被纳入全国残疾人人口基础数据库。

一 孤独症儿童关爱支持的现状

孤独症儿童家庭存在家庭发展困难和家庭生活质量水平较低的问题。按照生理和心理功能缺陷，孤独症儿童主要分为六种类型，包括视力残疾、听力残疾、精神残疾、智力残疾、肢体残疾和孤独症六类。他们在生理或心理上存在能力缺陷或功能障碍，导致全部或部分丧失自我生活管理和社会功能。目前，孤独症儿童主要由家庭为单位提供照料服务，大部分患儿成年后依旧与家人同住。身心上的残疾影响着孤独症儿童的日常生活，阻碍着他们正常的社会性发展，他们无法正常融入社会；而且，照料孤独症儿童还给家庭成员尤其是母亲带来了生活、情感和经济上的压力和负担，长期面临各种持续性的应激与压力，引起了父母的心理健康问题，限制家庭功能发展，影响家庭生活质量的提高。因此，对孤独症儿童家庭的关爱支持成为全面建成小康社会国家战略中的重要问题。对此，党中央和各级政府针对残疾儿童的社保、康复和教育开展了卓有成效的关爱支持。

在社保方面，中国孤独症儿童的社会保障体系逐步规范并日臻完善。2015年，国务院发布了《关于全面建立困难残疾人生活补贴和重度残疾人护理补贴制度的意见》，针对困难残疾人提供生活补贴，针对重度残疾人提供护理补贴，并与残疾人的最低生活保障制度建立了衔接。目前，中国基本形成了较为完善的孤独症儿童社会保障体系，包括社会保险、社会救助、社会福利、托养服务和特别扶助五个方面。

在康复方面，中国发布了一系列孤独症儿童专项康复救助计划。《中

---

① 中国残疾人联合会：《2006年第二次全国残疾人抽样调查主要数据公报（第一号）》，http://www.cdpf.org.cn/sjzx/cjrgk/200804/t20080407_387580.shtml（2008.4.7）。

② 中国残疾人联合会：《2020年残疾人事业发展统计公报》，https://www.cdpf.org.cn/zwgk/zccx/tjgb/d4baf2be2102461e96259fd fl3852841.htm（2021.4.9）。

国儿童发展纲要（2011—2020年）》指出，中央财政安排专项补助资金，要针对0—6岁孤独症儿童开展抢救性康复服务，支持各地实施"残疾儿童康复救助项目"，自2016年以来，中国共有86.6万人次的0—6岁持证孤独症儿童获得抢救性康复服务。①另外，《国家残疾预防行动计划（2016—2020年）》和《残疾预防和残疾人康复条例》也都强调孤独症儿童康复服务要进一步提高和推广。

在教育方面，教育部重点推进融合教育行动，普通学校初步构建形成融合教育环境。《残疾人教育条例》（2017）强调，积极推进融合教育，全部接纳身心障碍儿童，基于满足所有学生多样化教育需求的理念，孤独症儿童和同龄正常发展儿童一起接受符合其年龄阶段的教学。2017年，中残联和教育部统计数据显示，患有视力、听力和智力障碍的三类孤独症儿童义务教育入学率超过90%，残障学生随班就读的比例已大于50%。

二 孤独症儿童关爱支持的挑战

目前，中国孤独症儿童的关爱支持工作仍面临艰巨的挑战。一方面，孤独症儿童的真实数量比国家的抽样统计和数据库统计的数量要多，为避免残疾的污名化给孩子造成影响，部分家长没有向国家民政和残联部门如实报告孩子的患病情况，例如，很多在康复机构康复的孤独症儿童就没有统计在国家残疾人数据库中。另一方面，受制于国家经济社会发展水平，针对孤独症儿童的社保、康复和教育的关爱帮扶工作面临很大的挑战。

在社会保障方面，针对孤独症儿童的医疗保险额度有限。有一部分残疾儿童特别是未满一周岁儿童和农村地区孤独症儿童未参加任何形式的医疗保险，有限的救助和补贴金额相对于孤独症儿童就医过程中的巨大开销，仍是杯水车薪。

在康复救助方面，部分孤独症儿童的康复需求仍然得不到满足。目前符合国家标准的康复机构数量不能满足孤独症儿童的需求，康复救助的残障类型并未覆盖所有的孤独症儿童，康复救助的年龄主要面向0—6岁儿童，康复救助的标准相对较低，康复中预防、诊断和评估的技术有待进一步提升。

---

① 中国残疾人联合会：《2020年残疾人事业发展统计公报》，https：//www.cdpf.org.cn/zwgk/zccx/tjgb/d4baf2b e2102461e96259fdf13852841.htm（2021.4.9）。

在融合教育方面,孤独症儿童接受义务教育质量水平有待进一步提高,孤独症儿童接受高中教育的比例还比较低。虽然孤独症儿童在义务教育阶段的入学率大于90%,孤独症学生随班就读的比重大于50%[①],但是,由于学校融合教育支持系统还不充分,部分孤独症儿童不能融入普通学校,被迫回到特殊学校或者辍学在家。

在社会文化方面,孤独症儿童平等参与社会文化的氛围尚未形成。社会中有少数公民依然对残疾儿童存在一定程度的偏见和歧视,缺少包容和共享社会发展成果的意识,如普通学校的个别家长抗议随班就读的孤独症儿童。少数家庭成员认为,有孤独症儿童会给家庭带来耻辱,不鼓励或者不允许其参与社会。孤独症儿童本身由于生理的损伤可能导致缺少自尊,并且认为他们不配或没有能力参与家庭和社会的活动。

"全面建成小康社会,残疾人一个都不能少。"[②] 在党中央、各级政府和全国人民的共同努力下,与国家的脱贫攻坚战同步,中国孤独症儿童的生活、康复、教育、社保等关爱支持取得很大进步。但是,由于孤独症儿童数量、障碍的长期性和帮扶的复杂性,对孤独症儿童的关爱帮扶还将面临很大挑战,需要转变关爱支持的理念,本书将借鉴国际上孤独症儿童发展支持的新理论,结合中国孤独症儿童及其家庭的实际,探索孤独症儿童家庭关爱与社会支持的长效机制,为中国孤独症儿童关爱支持的理论研究和社会实践寻找新路子。

第二节 孤独症儿童关爱支持的范式转变

如第一节中的阐述,中国孤独症儿童的关爱支持尚存在很大挑战。虽然在经济和物质上对孤独症儿童有很多的关爱和支持,但是存在关爱支持效果不佳、可持续性低和整体成效低的问题。借鉴国际上孤独症儿童的关爱与社会服务理论研究,结合中国孤独症儿童关爱支持的实践,本书认为,孤独症儿童关爱支持理论与实践在范式上正在经历四个转变。

---

① 《中国残疾人城乡居民养老保险参保率超过80%》,中国新闻网,http://www.cdpf.org.cn/ywzz/xcwh_263/gzdt_264/201809/t20180914_637045.shtml(2018.9.14)。

② 习近平:《全面建成小康社会,残疾人一个也不能少》,中国政府网,http://www.gov.cn/fuwu/cjr/2016-07/29/content_5124019.htm(2016.7.29)。

一 从"以儿童为中心"转向"以家庭为中心"

目前，孤独症儿童关爱支持与社会服务多采用"以儿童为中心"的范式执行。联合国《儿童权利宣言》（1959）和《儿童权利公约》（1989）提出，儿童拥有发展的四项权利，包括生存权、发展权、参与权和受保护权。受此影响，以儿童为中心成为政策主流，将儿童的权利和福祉列入各项政策法规之中。"以儿童为中心"的服务取向普及于教育、医疗、咨询与社会服务各领域，主张政策与社会支持的设计应以儿童权利与需求为最佳依据。Winkworth[①]提出，社会支持以儿童为中心应符合四个基本原则，包括及时、符合发展、参与和协调合作。社会实践证明，"以儿童为中心"的范式存在三个缺点：其一，在执行儿童服务输送的过程中以专家意见为主，儿童的声音很少被重视；其二，该范式虽重视父母的亲职角色与能力，但是家庭被认为是问题起源，尤其是常责难传统上有较多照顾责任的母亲，而父亲角色经常被边缘化；其三，以儿童康复与教育来说，一线人力资源少，训练不足，社区资源不足，合作困难等都造成了儿童关爱支持的缺失。由于以上三个方面的缺陷，以家庭为中心的服务取向逐渐被提出并获得认可。[②]

"以家庭为中心"的服务取向立基于民主、自决和家庭是人们生活的中心等哲学基础。美国1980年的The Adoption Assistance and Child Welfare Act规定，在安置前须有"合理的努力"以保持家庭的完整性，并提供经费支持家庭维系和重整服务，这是社会服务回归家庭取向的标志。美国Child Welfare Information Gateway规定，以家庭为中心的服务应包含六个成分：（1）以家庭为单位开展社会支持工作，以确保家中所有成员的安全与福祉；（2）强化家庭能力、以问题解决为导向有效行使功能；（3）决定和目标达成的过程需连接、使能和以家庭为伙伴；（4）服务提供者和家长建立互相信任、尊重、诚实和开放沟通的合作关系；（5）对每个家庭提供个别化、文化适应的康复与教育服务；（6）将家庭连接到

[①] G. Winkworth, "Principles of Child Centred Practice: Timely, Developmentally Appropriate, Participatory, and Collaborative," The Institute of Child Protection Studies, Australian Catholic University, 2006.

[②] Nicole Hennum, "Developing Child-centered Social Policy: When Professionalism Takes over," *Social Science*, 3: 441-459, 2014.

合作的、种类繁多的、文化相关的、社区基础的支持和服务网络中。①

"以家庭为中心"的关爱支持范式体现了维护儿童最佳利益的理念，不仅盛行于英美国家，也为世界各国所采用。实践证明，以家庭为中心的工作模式有助于提升儿童的功能，增强父母的亲职技巧和情绪品质，增强对服务的有效感，增加对育儿和问题解决的控制感，减少家外安置的比率与天数，父母对使用社区资源有较正向的态度，以降低成本、增加服务支持的效能。②

二 从"问题视角"转向"优势视角"

"问题视角"是孤独症儿童社会工作的传统经典范式。问题视角又被学界称为缺陷视角，是以问题为核心，强调以孤独症儿童生理或心理存在的缺陷、所面临的困难为关注焦点，在分析孤独症儿童缺陷及其问题的基础上，界定服务对象的问题，然后依据问题的属性特征制订相应的康复救助和社会支持计划。③ 社会工作的实践证明，"问题视角"的社会支持工作实践存在三个方面的缺点：其一，该范式影响了社会公众对孤独症儿童的客观判断和认识，社会公众在认知层面形成了孤独症儿童之所以需要关爱帮扶是因为他们有疾病、有问题和有瑕疵的观念，进而影响对残疾人的接纳和融合；其二，导致孤独症儿童个体对自己的悲观期望和预期，逐渐形成残就是废的标签，使其放弃了对人生目标的追求，不再憧憬和希望通过自己的努力获得幸福生活，进而形成放弃奋斗的亚文化；其三，扩大了孤独症儿童与服务提供者之间的距离，"问题视角"显示了案主与服务提供者之间的不平等，这种不平等导致无视案主的个人见解、看法或内心感受，造成案主失去人的尊严。由于以上缺陷，"问题视角"自20世纪50年代受到帕尔曼、查尔斯和丹尼斯等学者的批判，并逐渐向"优势视角"社会工作范式转变。

"优势视角"是孤独症儿童社会工作理论与实践的新范式。它以

---

① J. Lee, "The Whole Family Approach in Policy and Practice: The Construction of Family and The Gendering of Parenting," Doctoral Thesis, School of Social Sciences, Cardiff University, 2014.

② Allen Reva, Petr Christopher, "Family-Centered Service Delivery: A Cross-Disciplinary Literature Review and Conceptualization," The Beach Center on Families and Disability, The University of Kansas, 1995.

③ 王亮：《优势视角：残疾人工作的新视角》，《社会工作》2006年第10期。

孤独症儿童及其家庭的优势为核心，关注孤独症儿童的内在优势和资源，把个人及其所处环境中的优势和资源作为服务介入的焦点，强调对孤独症儿童潜能的开发、培养和运用，促进孤独症儿童获得自我完善和发展，更好地融入主流社会。该范式基于三个方面的理念：其一，任何个人、团体、家庭和社区都存在特定的优势，孤独症儿童也不例外；其二，基于积极心理学的观点，挖掘孤独症儿童及其家庭的抗逆力、精神激发和自我实现；其三，社会工作者与孤独症儿童家长建立伙伴关系，同家长协同开展工作，使其更快更好地融入学校和社会。[1] 与问题视角相比，优势视角范式的社会服务工作具有三个方面的优点：第一，建构出一个有利于孤独症儿童生存和发展的生活世界，有助于消除公众对孤独症儿童的偏见和傲慢，为孤独症儿童营造一个公平公正的生存环境；第二，有助于孤独症儿童及家长对自己未来的前景保持积极的希望和乐观的心境，激发他们在困境中拼搏奋斗的内在动力；第三，优势视角下的孤独症儿童与社会工作者是平等合作的关系，能指导社会工作者基于服务对象的真实需求，制定个别化的帮扶方案及其相应的政策。因此，对孤独症儿童的社会支持应该从优势视角出发，探寻为孤独症儿童提供社会支持背后的内生动力机制。

三 从"物质帮扶"转向"增权赋能"

大多数孤独症儿童家庭因残致贫，处于贫困和失权的双窘状态。针对贫困孤独症儿童家庭，社会工作通常有经济物质的工具性支持和精神激励与能力建设上的增权两种取向，而且由前者逐渐转向后者。

物质帮扶是贫困孤独症儿童家庭脱贫的基本方式，但不能长期有效帮助孤独症儿童家庭脱离贫困。在社会扶贫实践中，社会支持中的工具性支持是指向为孤独症儿童家庭提供经济上的援助和物质上的救济，在短期内使其家庭生活质量得到改善，但是孤独症儿童家庭的功能和能力并没有发生变化。随着经济社会的发展，如果工具性社会支持一旦被撤销，这些孤独症儿童家庭将会再度陷入贫困状态。因此，

---

[1] 赵明思：《优势视角：社会工作理论与实践新模式》，《社会福利》（理论版）2013年第8期。

仅靠社会支持中的工具性支持难以帮扶孤独症儿童脱离贫困状态，需要转向增权赋能的关爱帮扶范式。

增权赋能是指导孤独症儿童家庭增强能力建设和脱离贫穷的新型理论与实践范式。张萍萍和陈树强认为，增权是指个体对自己生命的控制权和决定权，倡导个人通过中介系统（家庭、学校、邻居或其他公益组织）民主地参与自己的社区生活，通过自我实践增强个体能力，改善个人的生存状况，改善个人生存环境。[①] 基于增权赋能的视角，孤独症儿童家庭因残致贫的原因有三个：一是家长因知识和技能缺乏而失权，部分孤独症儿童家长文化程度低，缺乏自力更生和积极求变的精神；二是孤独症儿童家庭社会文化和生活观念因限制家长的自我发展能力而失权，政府提供的经济物质帮扶只能用来生活消费和康复救治，难以用于家庭职业能力发展；三是政府部门单一性的物质帮扶难以增强家长的资源获取和能力建设，应该将物质帮扶与心理辅导和能力建设形成帮扶的合力，建立孤独症儿童家庭社会关爱的长效机制。

基于孤独症儿童家庭"失权"致贫的原因分析，孤独症儿童家庭增权实践可分为对话、资源挖掘和能力发展三个阶段。第一，在对话阶段，社会工作者与孤独症儿童家庭交流其所处环境的观点。第二，在资源发掘阶段，社会工作者通过分析孤独症儿童的自然和社会情景，发展家长对挑战和机会的认识，分析家庭可以获得社会支持，修订行动计划，确定脱贫的目标。第三，在发展能力阶段，社会工作者与孤独症儿童家庭共同行动，实施行动计划，应用已有的资源和发展新的资源，评估有效的和无效的因素并加以调整。[②]

四 从"隔离式教育"转向"融合教育"

隔离式教育被认为是对孤独症儿童最有效的教育形式。它起源于人道主义的哲学精神，倡导社会公众以人性观点对待孤独症儿童，尊重他们做人的权利和地位。有学者认为，隔离式教育是将孤独症儿童安排在专门建立的特殊教育学校中，学生受到适合其生理和心理特点

---

① 张萍萍：《优势视角理论与赋权理论的比较》，《东西南北》2019年第13期；陈树强：《增权：社会工作理论与实践的新视角》，《社会学研究》2003年第5期。
② 苏巧平：《以增权理论解读中国农村贫困问题》，《科技进步与对策》2006年第5期。

的康复和教育服务，但是他们的活动空间有特定的限制，与正常发展儿童以及社会公众的交往较少。[①] 从18世纪到20世纪中叶，隔离式教育是孤独症儿童接受学校教育的主要形式，如住宿制的特殊学校或教养院。这种专门的教育虽为孤独症儿童提供了有针对性的教育，但其缺点是使得孤独症儿童被孤立起来，使他们在回归主流社会时面临困难。在20世纪六七十年代，挪威和瑞典等北欧国家针对孤独症儿童教育提出正常化要求，英国开始实施一体化教育，废除隔离式特殊学校和教养院，把孤独症儿童安排到普通学校，使他们与正常儿童一起学习和生活，要求普通学校应根据孤独症儿童的特殊需要设计教育方案，即开展融合教育。

融合教育是被全球多个国家倡导并实施的新型教育形式。融合教育以人本主义哲学为教育思想，主张教育要发现人的价值，发挥人的潜能，发展人的个性。融合教育为孤独症儿童提供康复和教育，使他们能够与正常发展儿童一样平等地参与学习并融入社会生活。英国是全球实施和推进融合型教育最先进的国家，绝大多数孤独症儿童进入普通学校，教师拥有实施融合教育的能力，能够针对具有特殊教育需求的学生提供个别化教学计划，提高孤独症儿童的学习成绩和社会适应能力。"融合"意味着容纳一切，学校建设了无障碍环境并有相应的教学措施，如资源教室，调动学校和社会上的一切积极因素，实现真正的"融合"。在创设无障碍的生活和学习环境的基础上，学校要将发展学生的核心素养当成办学宗旨，开设文化、专业和拓展课程，为孤独症儿童提供平等的教育机会，创造条件让孤独症儿童发掘其潜力，实现自我的价值。为了关爱支持孤独症儿童发展，中国在中小学实施随班就读的融合教育，目前取得了一定的教育成效。

第三节　孤独症儿童"家庭—社会"融合型关爱理论框架

中国社会迈入了新时代，全面建成了小康社会。在全球孤独症儿童

---

① 庄佳骝：《融合教育理念下的随班就读》，《教育导刊》2004年第Z1期。

关爱支持的四个转型发展的关键阶段，为了赋能小康社会中孤独症儿童家庭弱势群体，本书基于跨学科的研究视角，采用实证研究范式，构建新型的孤独症儿童"家庭—社会"融合型关爱系统的理论框架，解释孤独症儿童家庭融入社会发展的长效机制，指导孤独症儿童家庭的功能建设、社会支持、服务协同、能力提升和学校融合等实践。

一 理论框架概述

孤独症儿童"家庭—社会"融合型关爱是一个相互联系的有机整体，包括孤独症儿童家庭关爱、孤独症儿童家庭的社会支持、孤独症儿童家庭支持协同服务、孤独症儿童家庭增权赋能以及孤独症儿童融合教育五个部分（见图1-1）。

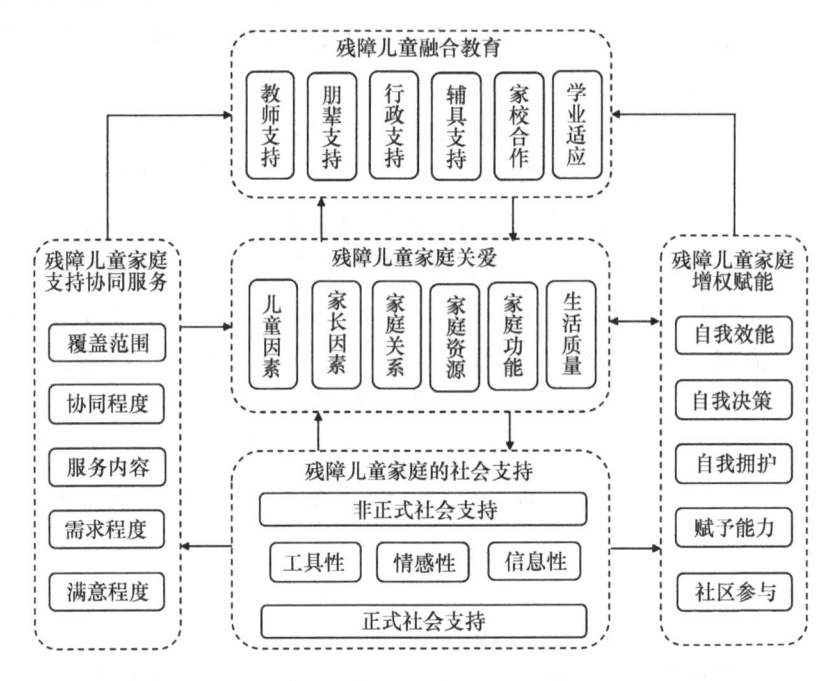

图1-1 孤独症儿童"家庭—社会"融合型关爱理论框架

家庭关爱是该系统的核心构件，包括儿童因素、家长因素、家庭关系、家庭资源、家庭功能和生活质量六个因素。家庭关爱中的儿童因素、家长因素、家庭关系和家庭因素四个要素能够影响家庭感知到社会支持、家庭增权赋能水平和孤独症儿童在融合学校过程中的学业适应情况。

社会支持是该系统运行的"动力机",包括正式和非正式社会支持中的工具性、情感性和信息性等六种社会支持的类型。首先,社会支持能够维系家庭关爱中的家庭关系,增强家庭功能,提高生活质量;其次,社会支持作为中介因素,能够增强家长的自我效能,提升家长的自我决策和自我拥护能力,赋予家庭能力建设,促进家长的社区参与,进而提升学生的学校融合水平;最后,社会支持作为支持协同的服务来源,能够扩大关爱支持的覆盖范围和服务内容,提高服务需求的满意度,进而增强学校的融合教育水平。

增权赋能是该系统良性运行的"催化剂",包括自我效能、自我决策、自我拥护、赋予能力和社区参与五个因素。一方面,增权赋能受制于家庭关爱中的儿童因素、家长因素、家庭关系、家庭资源和家庭功能等因素,也受限于家庭成员所感知到的社会支持的类型和数量;另一方面,家庭增权赋能又影响着家庭生活质量和感知到的社会支持,同时影响着学校融合教育的水平和质量。

协同服务是该系统高效运行的"助燃剂",包括覆盖范围、协同程度、服务内容、需求程度和满意程度五个因素。协同服务一方面汇聚和整合不同来源的社会支持服务,形成新的关爱支持服务,增强家庭关爱中的家庭关系和家庭功能,提升家庭生活质量;另一方面强化学校中教师、朋辈、行政等支持强度,促进学校和家庭的合作关系,进而增强学生的学业适应。

融合教育是该系统有效运行的"仪表盘",包括教师支持、朋辈支持、行政支持、辅具支持、家校合作和学业适应六个因素。对于孤独症儿童来说,是否能够顺畅地融入学校和社会,是检验该系统中家庭关爱、社会支持、增权赋能和服务协同的效用指标,也是孤独症儿童"家庭—社会"关爱系统构建的最终目标。

综上分析,该系统理论框架是解释孤独症儿童"家庭—社会"融合型关爱运行的长效机制,包括家庭关爱、社会支持、增权赋能、协同服务和融合教育五个维度,分析当前每个构面运行的状态,发现构面相互之间及其内部要素间的作用机理,为优化和改善孤独症儿童"家庭—社会"关爱支持的政策和制度提供理论依据。

二 孤独症儿童家庭关爱的构成要素与作用机理

从"关爱"的视角界定孤独症儿童家庭关爱的内涵，构建孤独症儿童家庭关爱作用机制模型，调研目前中国孤独症儿童家庭关爱的现状，分析孤独症儿童家庭关爱作用机理。孤独症儿童家庭关爱包括家庭关系、家庭资源和家庭功能三个要素，解释孤独症儿童家庭关爱的水平。王玉坤调查发现，中国孤独症儿童家庭关爱整体上处于一般水平，家庭内部关爱水平显著高于家庭外部水平，孤独症儿童家庭复原力水平较差，在残障类型、家庭所在地、母亲职业和家庭年收入上存在显著差异；家庭关爱对家庭应对、家庭生活质量有显著预测作用，为孤独症儿童家庭的调节和适应过程提供了支持资源，提高了家庭应对水平；家庭应对和家庭复原力在家庭关爱和家庭生活质量之间存在链式中介作用。[1]

三 孤独症儿童家庭的社会支持效用机制与内生动力

从"优势"的视角考量孤独症儿童家长的创伤后成长因素，构建家长创伤后成长、社会支持和家庭生活质量的回归模型和中介效应模型，分析孤独症儿童家庭社会支持的内生动力。王果经实证研究发现，在类型方面，目前孤独症儿童家庭感知到的社会支持由高到低依次为工具类、情感类和信息类；在来源方面，非正式社会支持高于正式社会支持；感知到的社会支持在家长职业、家长教育水平、家庭所在地、家庭结构和家庭年收入等变量上存在显著差异；家长创伤后成长和社会支持均对家庭生活质量有正向预测作用，社会支持在家长创伤后成长和家庭生活质量方面所具有的中介效应显著。[2] 理论框架提出，家长创伤后成长是社会支持提升家庭生活质量关系之后的潜在内生动力。

四 孤独症儿童家庭增权的影响因素和效能机制

从"增权"的视角分析当前中国孤独症儿童家庭的增权赋能水平，

---

[1] 王玉坤：《孤独症儿童家庭关爱机制构建及其作用路径研究》，硕士学位论文，浙江工业大学，2019年。

[2] 王果：《孤独症儿童父母社会支持现状及其作用机制研究》，硕士学位论文，浙江工业大学，2019年。

构建孤独症儿童家庭增权影响机制模型和效能机制模型。余成的实证研究发现，中国孤独症儿童家庭增权整体上呈现出中等偏上水平，在自我效能、自我决策、赋予能力、社区参与上表现较好，在自我拥护方面表现差；孤独症儿童家庭增权在儿童接受教育、父母职业、受教育程度、家庭所在地、互助组织、公益活动和社会福利等方面存在显著差异。[①] 研究模型证实，亲职压力、社会支持和应对方式三个因素对孤独症儿童家庭增权存在显著影响。家庭增权和社会支持在家长亲职压力和家庭生活质量间存在部分中介作用，两者共同作用，可以缓解孤独症儿童家庭亲职压力所产生的负面作用，进而影响其家庭生活质量。

五 孤独症儿童家庭的教育协同支持服务运行机制

从"协同"的视角考察孤独症儿童家庭教育帮扶的供给服务，调查孤独症儿童家庭教育协同支持服务的现状；构建孤独症儿童教育协同支持服务模型，分析协同支持服务对孤独症儿童家庭生活质量的影响机制。宣雨阳研究发现，康复机构和学校的服务供给存在"覆盖范围不广泛、满意度中等偏低"的特点，两者服务协同程度不高，服务内容不全面，局限于信息服务、心理支持和向他人解释需求三种服务上。[②] 该理论框架认为，康复机构和学校协同供给的教育支持服务能促进孤独症儿童家庭生活质量的提升，从效果上看，康复机构提供的康复服务对家庭生活质量影响的效果最明显。

六 孤独症儿童学校融合支持服务系统运行机理

从"融合"的视角构建孤独症儿童学校融合型支持系统模型，调查普通学校融合型支持服务运行现状，分析融合型支持服务对孤独症儿童学校适应的影响机制。融合型支持系统在微观上包含朋辈支持和教师支持，在中观上有教师与学生的协助支持、教师与家长的合作支持，在外观上有学校行政支持、辅具支持、课教支持和评测支持，在宏观上包含

[①] 余成：《孤独症儿童家庭增权的影响机制与效能分析》，硕士学位论文，浙江工业大学，2019年。

[②] 宣雨阳：《孤独症家庭教育支持服务对家庭生活质量的作用研究》，硕士学位论文，浙江工业大学，2020年。

学校融合氛围和教师融合教育意识。李全林调查研究发现,目前孤独症儿童在学校获得融合型支持服务的得分由高到低依次为中观、宏观、微观和外观,在学校适应上常规适应最好,其次是师生关系适应,学业适应最差。[①] 由模型分析发现,学校支持能有效提升孤独症儿童学校适应水平,学校支持系统中的教师支持、学校行政领导支持和辅具支持对孤独症儿童学校适应有显著的预测力。

---

① 李全林:《中小学随班就读儿童学校支持系统运行现状、机制与策略研究》,硕士学位论文,浙江工业大学,2020年。

第二章
孤独症儿童家庭关爱的构成要素与作用机理

> 有你才有家，有家才不怕，爱是唯一的家；有爱才有家，有家才融洽，爱是永远的家。
>
> ——梦家园[①]

目前，中国孤独症儿童的社会支持和保障体系仍处于一个相对不发达的薄弱状态。[②] 研究表明，孤独症儿童的基本生活自理能力差，平时以家庭照料为主，甚至成年后也和家人同住。[③] 因此，抚养和照料孤独症儿童带来的额外经济和情感需求会影响家庭的日常生活和长期计划[④]，也会影响孤独症儿童父母的亲职压力和抑郁水平，造成其幸福感下降、抑郁程度增加的问题，同时造成家庭适应能力下降和家庭生活质量降低等问题。因此，孤独症儿童家庭的成员幸福感、关系融洽度和生活质量就成为社会福利研究领域的重要课题。

---

① 梦家园：《有爱才有家》，http://m.duwenzhang.com/index.php? action = article&id = 355571 (2021.7.18)。
② 中国残疾人联合会：《2020年残疾人事业发展统计公报》，https://www.cdpf.org.cn/zwgk/zccx/tjgb/d4baf2be2102461e96259fdf13852841.htm (2021.4.9)。
③ D. L. Braddock, R. Hemp, M. Rizzolo, "State of The States in Developmental Disabilities: The Great Recession and Its Aftermath," American Association on Intellectual and Developmental Disabilities, 2013.
④ Emma Langley, Vasiliki Totsika, Richard Hastings, "Parental Relationship Satisfaction in Families of Children with Autism Spectrum Disorder (ASD): A Multilevel Analysis," Autism Res., 2017, 10: 1259 – 1268.

孤独症儿童家庭关爱支持源自内外部的经济支持和内部凝聚力。首先，内部成员经济援助和物质帮扶是孤独症儿童获得的首要的关爱支持，尤其是在孤独症儿童发展的早期。其次，直系亲属以外的物质帮扶和经济支持是孤独症儿童家庭获得第二类的发展支援，家庭外部的支持网络是父母压力与家庭幸福感的重要中介，对家庭生活质量有显著影响。最后，家庭内部成员之间的情感支持和关爱资源十分重要，能提高家庭的适应性和凝聚力，让家庭氛围更融洽，给孤独症儿童成长带来更大的发展和支持，影响孤独症儿童的发展。

面对抚养孤独症儿童的艰难任务，孤独症儿童家庭需要拥有坚强的韧性和强大的能力来系统性地克服儿童的生理功能障碍，推动其不断前进，完成积极的适应。[1] 调查研究发现，很多孤独症儿童家庭不懂如何构建高质量的家庭关爱系统，导致不能有效地应对照护压力和家庭危机，以致其家庭不堪重负，甚至家毁人亡。例如，有的孤独症儿童家庭难以承受养护孤独症孩子的经济压力，导致母亲患有严重的抑郁症，父亲离家出逃，母亲带着孤独症孩子一起自杀。研究还发现，父母的应对方式会显著影响其孩子的康复进程和家庭幸福感，进而提升家庭的生活质量。父母与兄弟姐妹交流孩子的康复教育进展，获得大家庭成员的物质帮扶和精神激励，加固家庭成员间情感联系，增强自身应对压力的韧性和意志，进而提升其家庭应对能力。反之，如果家庭成员缺少积极的应对策略，尤其是调节自我情绪所需要的应对策略，就会导致父母焦虑情绪的增加和抑郁情绪的生成。[2] 因此，新型家庭成员关系的构建和家庭资源获得能力的增强对孤独症儿童家庭功能和生活质量至关重要。如何将家庭成员关系、家庭资源和家庭功能整合为一个特定的概念体系，并探究其运行机理，就成为孤独症儿童"家庭—社会"融合型关爱理论框架要破解的第一个难题。

---

[1] C. S. Henry, A. S. Morris, A. W. Harrist, "Family Resilience: Moving into the Third Wave," *Family Relations*, 2015, 64: 22 – 43.

[2] Z. Robles, E. Romero, "Programas De Entrenamiento Para Padres De niños Con Problemas De Conducta: una revisión de su Eficacia.," *Anales de Psicología*, 2011, 27 (1): 86 – 101; J. Pérez-López, R. A. Rodríguez-Cano, M. P. Montealegre, "Estrés Adulto y Problemas Conductuales Infantiles Percibidos por Sus Progenitores," *International Journal of Developmental and Educational Psychology*, 2011, 1 (1): 531 – 540.

本章从"关爱"的视角，首先，提出家庭关爱概念，将其作为孤独症儿童家庭的核心机制，为孤独症儿童家庭提供可能的调节和应对方式。家庭关爱包含家庭关系、关爱资源和家庭功能三个维度，它们可以从多个方面影响和制约孤独症儿童家庭的调节和应对能力。其次，在界定家庭关爱概念和构成要素的基础上，本章构建孤独症儿童家庭关爱作用路径理论模型，考察孤独症儿童家庭关爱水平的现状及特点，探究其与家庭应对水平、家庭复原力和家庭生活质量间的关系。最后，利用结构方程模型路径分析的方法不断修正，揭示孤独症儿童家庭关爱的作用机理。

第一节 研究设计

一 研究问题

基于国内孤独症儿童家庭所面临的危机和困难，本章分析了全球学术界有关孤独症儿童家庭关系和互动模式的研究文献，发现以下三个方面亟须解决的问题：

首先，中国还没有建构形成正式的孤独症儿童家庭关爱机制。国内孤独症儿童的康复训练及教育主要来自孤独症儿童父母、老师以及康复治疗师等多方面主体，这些主体之间的相互协作对孤独症儿童适应社会生活来说是至关重要的。但已有研究并未把关注点聚焦于这些主体之间的协作和对孤独症儿童的关爱程度上。

其次，中国孤独症儿童家庭关爱、家庭压力调节和适应能力现状还未明晰。截至目前，研究者们并未明确调查出孤独症儿童家庭内部成员以及外部成员所提供的关爱程度，也不清楚孤独症儿童家庭自身的压力调节能力和适应能力。

最后，中国孤独症儿童家庭关爱机制的影响路径还不明晰。对于孤独症儿童家庭来说，建立起孤独症儿童家庭关爱机制后，我们怎样将其家庭关爱的作用发挥到最大，以及提升其家庭生活质量和幸福感水平也是亟须解决的问题。

二 研究目标

对于孤独症儿童家庭关爱研究中的现存问题，本书制定以下三个研究目标：

第一，基于家庭系统理论、家庭压力调节以及适应模型，从孤独症儿童家庭关系亲密度、家庭功能和家庭关爱资源三个角度，构建孤独症儿童家庭关爱理论模型。随后，在该模型的基础上，分析孤独症儿童家庭和外界环境之间的互动，以此了解中国孤独症儿童家庭关爱的现状及特点。

第二，本书将对中国孤独症儿童家庭关爱水平、家庭复原力水平、家庭应对能力和家庭生活质量等方面进行现状分析，并考察这些方面在儿童和家庭的人口统计学变量上是否存在差异，以此了解中国孤独症儿童家庭压力调节能力和适应能力。

第三，本书将探究中国孤独症儿童家庭关爱水平、家庭应对水平、家庭复原力以及家庭生活质量间的影响机制。同时采用结构方程模型对孤独症儿童家庭关爱机制的作用路径进行修正，以便全面掌握中国孤独症儿童家庭压力调节能力和适应能力。

三 研究内容

通过相关文献的总结梳理，本书首先建立起中国孤独症儿童家庭关爱机制模型。随后，笔者通过问卷调查的方法收集有关孤独症儿童家庭的资料，以此探究孤独症儿童家庭关爱机制模型的作用路径。本书主要的逻辑思路如图2-1所示。

（一）构建孤独症儿童家庭关爱机制理论模型

利用文献分析方法，得出"家庭关爱"的概念。根据家庭系统理论、家庭压力的适应与调节模型理论，构建包含孤独症儿童家庭压力、家庭关爱、家庭调节和适应以及家庭结果在内的孤独症儿童家庭关爱机制的理论模型。在该理论模型中，家庭关爱对于孤独症儿童家庭来说是一种资源，其对提升孤独症儿童家庭适应能力和调节能力具有重要作用，并基于此影响分析孤独症儿童家庭生活质量。

（二）开展孤独症儿童家庭关爱现状调查研究

基于问卷调查法，本书主要从六个方面（家庭基本信息、家庭关爱水平、家庭复原力、家庭生活质量、家庭应对能力和亲职压力）探究中国孤独症儿童家庭关爱的现状及特点，同时分析其在家庭和儿童的人口统计学变量上是否存在显著差异。

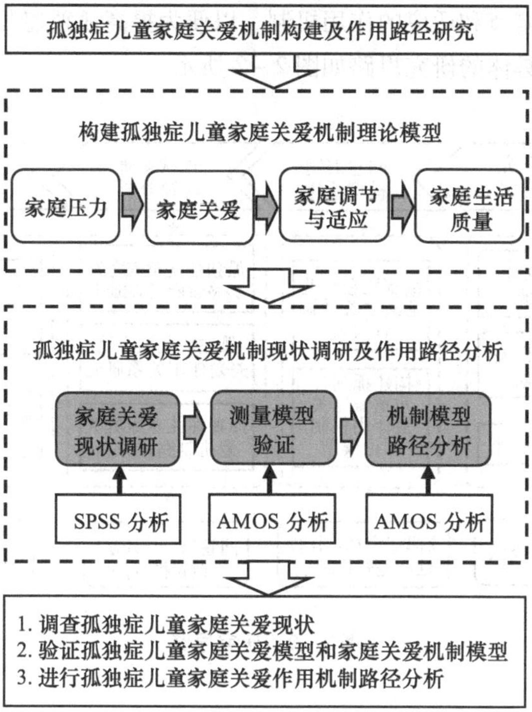

```
┌─────────────────────────────────┐
│ 孤独症儿童家庭关爱机制构建及作用路径研究 │
└─────────────────────────────────┘
                 ↓
┌─────────────────────────────────┐
│   构建孤独症儿童家庭关爱机制理论模型      │
│  ┌──────┐ ┌──────┐ ┌──────┐ ┌──────┐│
│  │家庭压力│→│家庭关爱│→│家庭调节│→│家庭生活││
│  │      │ │      │ │与适应 │ │质量  ││
│  └──────┘ └──────┘ └──────┘ └──────┘│
└─────────────────────────────────┘
                 ↓
┌─────────────────────────────────┐
│ 孤独症儿童家庭关爱机制现状调研及作用路径分析 │
│  ┌──────┐ ┌──────┐ ┌──────┐       │
│  │家庭关爱│ │测量模型│ │机制模型│       │
│  │现状调研│ │验证   │ │路径分析│       │
│  └──────┘ └──────┘ └──────┘       │
│     ↑        ↑        ↑           │
│  SPSS分析  AMOS分析  AMOS分析        │
└─────────────────────────────────┘
                 ↓
┌─────────────────────────────────┐
│ 1. 调查孤独症儿童家庭关爱现状           │
│ 2. 验证孤独症儿童家庭关爱模型和家庭关爱机制模型│
│ 3. 进行孤独症儿童家庭关爱作用机制路径分析   │
└─────────────────────────────────┘
```

图 2-1 研究内容及实施方案

（三）分析孤独症儿童家庭关爱机制及其作用路径

本书通过结构方程模型对收集到的孤独症儿童家庭关爱水平相关数据进行了调查分析。一方面，结构方程模型中的验证性因子分析可以对已经建立的孤独症儿童家庭关爱测量模型和孤独症儿童家庭关爱机制测量模型进行信效度检验，剔除不满足要求的观察变量，得到信、效度较好的模型。另一方面，结构方程模型可以对孤独症儿童家庭关爱作用机制模型进行修正，以此得到各项拟合度优良的孤独症儿童家庭关爱影响路径模型。

四 研究思路

通过文献总结梳理和逻辑推理，本书建立了以家庭为中心的孤独症儿童家庭关爱作用机制模型，为未来相关研究提供一定的参考。同时，本书调查了当前孤独症儿童家庭关爱的基本现状，分析了孤独症儿童家庭在应对外界压力时调节和适应的作用机制，以便为提高孤独症儿童家庭生活质量提供建议。具体的研究思路如图 2-2 所示。

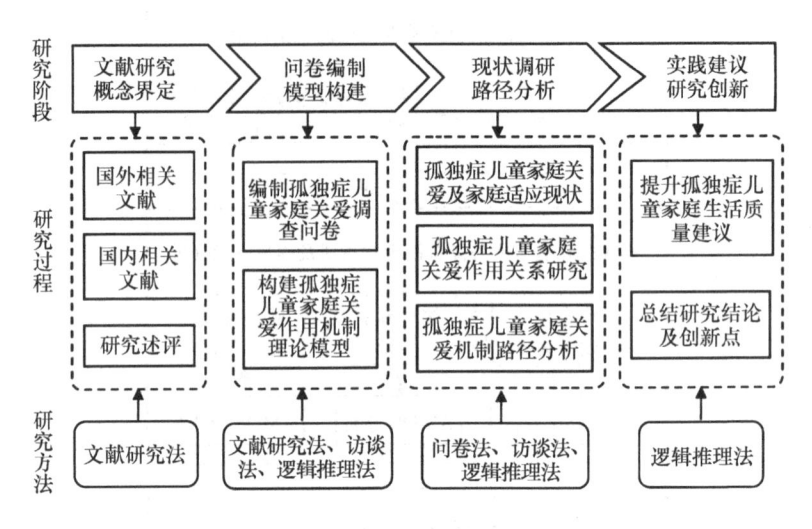

```
研究阶段:  文献研究      →  问卷编制      →  现状调研      →  实践建议
           概念界定         模型构建         路径分析         研究创新

研究过程:  国外相关文献     编制孤独症儿    孤独症儿童家庭   提升孤独症儿
                          童家庭关爱调    关爱及家庭适应   童家庭生活质
           国内相关文献     查问卷          现状             量建议

                          构建孤独症儿    孤独症儿童家庭   总结研究结论
           研究述评        童家庭关爱作    关爱作用关系研   及创新点
                          用机制理论模型   究

                                          孤独症儿童家庭
                                          关爱机制路径分析

研究方法:  文献研究法      文献研究法、访   问卷法、访谈法、  逻辑推理法
                          谈法、逻辑推理法 逻辑推理法
```

图 2-2 研究思路

五 研究方法

（一）问卷调查法

本书主要使用了六种问卷对孤独症儿童家庭关爱进行了调查分析。其中，自编问卷"孤独症儿童家庭基本信息调查问卷"与"孤独症儿童家庭关爱调查问卷"主要调查中国孤独症儿童家庭基本信息和家庭关爱水平现状及特点，四个标准化量表"亲职压力指标简表""家庭危机导致的个人评价量表""家庭复原力评定量表中文修订版"以及"家庭生活质量问卷"主要调查中国孤独症儿童家庭复原力、家庭应对力、家庭生活质量和亲职压力。

（二）统计分析法

对基于问卷调查法收集到的相关数据，本书通过 SPSS 22.0 和 A-MOS 20.0 软件进行了数据分析。首先，采用描述性统计对相关数据进行了分析，以此了解孤独症儿童家庭关爱水平、家庭复原力、家庭应对能力和家庭生活质量水平的现状及特点。其次，本书通过独立样本 t 检验和单因素方差分析来考察孤独症儿童家庭关爱水平、家庭复原力、家庭应对水平以及家庭生活质量水平在人口统计学变量上的差异。最后，通过结构方程模型，本书建构了孤独症儿童家庭关爱作用路径模型，并进行了修正，并对孤独症儿童家庭关爱内部机制和外部作用机制进行了探究。

（三）访谈法

基于访谈法，本书全面调查了孤独症儿童家庭现状，考察其家庭内部关系和外部关爱、家庭资源和家庭内部成员所给予的关爱，为编制"孤独症儿童家庭关爱调查问卷"奠定了基础。

第二节　国内外孤独症儿童家庭关爱相关研究分析

家庭作为孤独症儿童生活的主要场地，其内部成员的特征和家庭氛围对儿童的康复和发展具有关键性的影响。当肩负着照顾孤独症儿童的压力时，家庭会获得不同程度的关爱，运用不一样的压力调节方式以及适应策略，继而导致家庭生活质量水平的不同。但是，通过总结梳理已有研究成果发现，目前有关中国孤独症儿童家庭关爱机制的研究还不成熟，且对于孤独症儿童家庭关爱作用机制和家庭应对以及调节能力的影响因素也未达成一致观点。因此，本书将对近年来国内外有关孤独症儿童家庭系统、家庭资源、家庭复原力等的研究成果进行总结梳理，以了解相关研究的现状及特点，为本书研究打下基础。

一　家庭关系系统

基于家庭内部成员和家庭在社会中所处的地位，家庭关系系统可以体现出不同层级间的联系与相互间的影响。在家庭系统里面，家庭关系是会随着时间的变化而不停变化的，因此是动态的，其呈现为个体间关系的强弱与时间的长短。根据家庭系统理论，家庭系统包括四个子系统，即儿童、父母、兄弟姐妹和大家庭成员[1]，子系统间互动和交流产生了不同的关系类型，例如，婚姻关系、亲子关系、手足关系和代际关系。各种家庭角色有着不一样的家庭事务和工作，也给予孤独症儿童家庭不一样的帮助。Hodapp 认为，家庭支持系统的大小是影响家庭整体

---

[1] A. P. Turnbull, H. R. Turnbull, E. Erwin, *Families, Professionals, and Exceptionality*, Person Education Inc., Upper Saddle River, NJ, USA, 2006.

压力、家庭问题的重要因素。① 所以，本书对以下四种家庭关系系统做了总结阐述，同时分析了国内外不同家庭资源和功能的有关研究。

（一）夫妻系统

因为孤独症儿童的父母在抚养孩子中会面对更艰巨的挑战，所以养育压力可能会对夫妻关系产生影响。养育一个孤独症儿童所面临的情感、经济上的额外需求可能会改变父母的日常生活和长远观点。家庭中夫妻花费在对方身上的时间可能会少，很难应对自己与对方对于有特殊需求的孩子的反应，面对着平衡自己既是配偶又是父母的角色挑战。然而，孤独症儿童家庭里的父母幸福感、父母应对、照顾负担是婚姻关系质量的主要影响因素。夫妻系统在家庭功能里有着重要作用。

有研究证实，儿童残障类型会对夫妻系统的质量产生影响，孤独症儿童的父母有着较低的夫妻婚姻满意度②，而且低于有智力障碍的儿童与唐氏综合征儿童的父母。这些较低的婚姻满意度会随时间的推移而持续下去。此外，儿童问题行为、父母心理健康水平和亲职压力等也会影响夫妻关系满意度。并且有研究表明，影响父母冲突的重要因素是伴侣之间的沟通与支持。被试表述说，夫妻间的沟通与支持对于提升满足孩子的需求与增强夫妻关系的能力非常重要。母亲表示想要伴侣在家庭中给予更多的帮助，她们把伴侣认为是补充支持的重要来源。③

夫妻双方所承担的家庭角色对夫妻系统同样有着非常重要的作用。大多数母亲承担了照顾孩子与其他家庭事务的责任。当孩子被诊断具有某一障碍之后，母亲则可能减少甚至不继续职业工作，而是从事兼职工作或专职在家照料孩子。因此，母亲则更可能会表示特殊儿童对自己日常生活有一定的负面影响。父亲则主要承担外出工作的责任，将家务交

---

① R. M. Hodapp, D. J. Fidler, A. C. Smith, "Stress and Coping in Families of Children with Smith Magenis Syndrome," *Journal of Intellectual Disability Research*, 1998, 42: 331 – 340.

② A. Sim, R. Cordier, S. Vaz, T. Falkmer, "Relationship Satisfaction in Couples Raising a Child with Autism Spectrum Disorder: A Systematic Review of the Literature," *Research in Autism Spectrum Disorder*, 2016, 31: 30 – 52.

③ D. Sikora, E. Moran, F. Orlich, "The Relationship between Family Functioning and Behavior Problems in Children with Autism Spectrum Disorders," *Research in Autism Spectrum Disorders*, 2013, 7 (2): 307 – 315.

给伴侣，在某种程度上不参加残疾儿童的生活。① 有研究发现，父亲对于孤独症孩子的应对与反应一般和妻子的反应有一定的关系，配偶间的焦虑或者抑郁会让父亲的压力加大，最后有可能造成夫妻的婚姻问题。而且，父亲可能更偏向于压制自己的情感，导致这些情感之后可能会变成愤怒。

（二）亲子系统

亲子关系是家长和孩子相互之间的作用，能直接影响孩子的身体和心理发展、人际关系。亲子关系包含多个方面，如亲密关系、亲情、纪律实践、父母和孩子间的权力不平等。一般对于父母来说，养育孤独症儿童所造成的负担会通过直接或间接的方式影响亲子关系的质量。比如，孤独症儿童的父母表示，很难和孩子建立很好的关系，因为孩子有着沟通和社交方面的阻碍。但是，有些母亲报告说，她们在亲子关系、应对与非正式支持利用方面和正常母亲差不多，甚至会比正常母亲好，即使她们的压力、心理健康问题的严重程度比正常家庭要高。许多家长觉得孩子的残障特征即使阻碍了孩子的交流互动，但是不会对亲子关系的质量有影响。相反，会增加他们之间的交流互动，让亲子关系变得更密切。

亲子关系在一定程度上会调节父母教养方式和孩子成长的关系。对慢性病儿童的研究表明，儿童症状严重程度、父母压力、能力与应对策略可能会对亲子关系的质量有影响。此外，残障类型、家庭功能与社会支持也对亲子关系有影响。Greenberg 发现，相对于唐氏综合征、精神分裂症的母亲，孤独症患儿的母亲的乐观主义性格在亲子关系质量与心理健康关系中存在中介作用。②

（三）兄弟姐妹系统

兄弟姐妹间关系特征是冲突与亲密感。虽然在家庭系统研究里，可能很少关注兄弟姐妹关系特征。可是，较多研究证实，兄弟姐妹关系在青少年的功能中有着十分重要的作用。有研究说明，整个童年时期与青

---

① E. Dervishaliaj, "Parental Stress in Families of Children with Disabilities: A Literature Review," *Journal of Educational and Social Research*, 2013, 3 (7): 579–584.

② J. S. Greenberg, M. M. Seltzer, M. W. Krauss, "The Effect of Quality of the Relationship between Mothers and Adult Children with Schizophrenia, Autism, or Down Syndrome on Maternal Well-being: The Mediating Role of Optimism," *American Journal of Orthopsychiatry*, 2004, 74: 14–25.

少年时期的内化、外化症状是否会增多，可能与在童年的中间阶段兄弟姐妹的冲突有关。因为普遍是由父母担任照料孤独症儿童、青少年的责任，所以对于患病儿童的兄弟姐妹而言，和父母交流的时间会更少，还有就是自身的残障兄弟姐妹没办法为其提供兄弟姐妹的支持以及为其树立角色榜样。以上都会对他们造成不良的影响。①

有多项研究关注了孤独症儿童的兄弟姐妹，却有着不同的研究结论。有些研究表明，孤独症儿童的兄弟姐妹的社会适应能力较低且罹患抑郁症比率增高。② 比如，相对于正常儿童、其他残疾儿童的兄弟姐妹，孤独症儿童的兄弟姐妹有更少的同伴关系以及在情绪调节方面有更大的概率会出现问题。孤独症儿童的兄弟姐妹之间的亲近感会更低，相比于有唐氏综合征的兄弟姐妹来说，会有更低的社会互动与互惠。但是也有研究得出，孤独症儿童的兄弟姐妹有很好的适应性，功能反而增强，而且拥有积极的自我概念。而且，兄弟姐妹也能担任照料孤独症儿童的责任，以非常积极的态度保护与帮助孤独症儿童。

对于孤独症儿童来说，其患病的严重程度将会对其兄弟姐妹关系产生重要影响。Orsmond 等认为，兄弟姐妹关系的好坏和孤独症儿童的问题行为和攻击行为的多少有很大的相关性。孤独症儿童具有较少的问题行为，兄弟姐妹的关系较好，相处时间增多；有较多的问题行为，兄弟姐妹的关系则较差。还有研究表明，在孤独症儿童症状轻重大小和兄弟姐妹关系间，有效的社会支持起着调节作用。

（四）大家庭成员系统

在孤独症儿童家庭中，大家庭成员主要指除了其家长、兄弟姐妹外的成员。大家庭当中的祖父母在家庭生活中是不可或缺的。祖父母能够减少一定的孤独症儿童父母、家庭的压力，给予其情感、社会和经济方面的支持，并且可以参与相关社会活动等。祖父母与其他的大家庭成员是家庭慰藉和力量来源，他们是给予家庭代际支持的最合适人选。相比于其他家庭成员，祖父母普遍拥有更大的动力和更多的承诺，给予孤独

---

① J. An, A. Cristino, Q. Zhao, "Towards A Molecular Characterization of Autism Spectrum Disorders: An Exome Sequencing and Systems Approach," *Translational Psychiatry*, 2014: 4.

② P. Ross, M. Cuskelly, "Adjustment Sibling Problems and Coping Strategies of Brothers and Sisters of Children with Autistic Spectrum Disorder," *Journal of Intellectual and Developmental Disability*, 2006, 31 (2): 77-86.

症儿童、父母及其兄弟姐妹实际的和情感方面的帮助，他们最有可能担任帮助照顾孤独症儿童的责任。他们退休后将更有空闲时间去照顾家庭孙辈以及其他成员的特殊需求。此外，祖父母还会努力获得正式专业信息和非正式信息。比如向医生与专业人员求助；了解孤独症儿童的教养与康复等信息。在家庭冲突中，他们也起着重要的中介作用。而且由于祖父母的年龄、智慧，能在家庭中承担榜样作用。祖父母的沟通能帮助教育家庭成员有关残障特征的影响，进而减轻家庭社会支持圈的恐惧与耻辱感。

但是祖父母也有可能产生消极影响。祖父母或者其他家庭成员有可能会成为额外的压力来源，尤其是在祖父母不认同父母或者不承认孩子的诊断，在家庭环境中不能提供积极支持的时候。比如，身体情况不允许或者离家庭较远的祖父母提供照顾孙辈的帮助概率不大。外祖父母的偏爱也有可能限制依赖他们的代际支持。祖父母对孤独症儿童诊断会有消极反应，对于残障的不同想法、交流的问题均可能会导致整个家庭的不和谐。

二 家庭资源

家庭是一个繁杂的系统，子系统以及家庭成员以不一样的形式体会一样的生活中的事情，使用各种各样的资源应付生活当中的难题。家庭资源包含和家庭组织的有效沟通；督促家庭成员的自我管理与自尊；家庭边界的维持、一致与交流和社会支持等家庭生活各个方面的影响，以及使用这种影响的能力。一般来说，家庭资源有内部资源与外部资源。内部资源包括家庭成员的个性特征，或者所有特征，这些特征能够帮助整个家庭进行有效与非有效的应对。外部资源是一个实际的陈述，就是指个人与家庭都是更大的社会系统的一分子。外部资源对家庭的日常生活很重要，特别是当应对较大的生活差异的时候。

家庭系统理论认为，家庭是和其他社会系统相互链接的一个系统，家庭内部资源和外部资源维持着家庭的运行，在解决家庭不同意见的时候有一定的影响。家庭外部资源主要指来自家庭外部的一些支持和帮助，比如相关社会组织、朋友、邻居等的支持和帮助。但并不是每个家庭都能长期享受这种家庭外部资源，它受到了家庭类型、家庭力量和家庭与外界环境联系紧密程度的影响。还有研究表明，外部家庭资源有时也会对家庭应对产生消极影响。因为家庭成员和外部资源有着不一样的关系，只有在家庭成员相互达成一致时社会支持才会产生作用，不然，社会支持的利用就会对其家庭功能产生消极影响。另外也有研究证实，家庭有可能不会有效地利用可以使用的机构资源。所以导致在一些情况下，家庭纵使可以获得机构的帮助，也不会使用这种帮助。只有在家庭成员能够使用家庭内部、外部资源的时候，应对压力的能力才可以得到提升，进而使整个家庭走出困境。

生态系统理论认为，家庭因素（家庭特定支持资源等）与文化因素（价值观等）组织和塑造着家庭活动，而且能影响儿童以后的发展，包括儿童日常生活、沟通技巧与孤独症儿童的发展情况。根据生态系统理论，Nihira 等使用访谈法对残疾儿童家庭进行研究，得出了 12 种生态文化因素（融入非残疾社会网络、多种服务的使用性与可用性等），解释了 30%—60% 儿童结果变量的差异。[①] Kaner[②] 等研究了家庭支持资源，总结了七种家庭支持资源，包含社会经济地位、服务使用的多样性、正式支持和工具支持的种类和数量、专业人士提供的信息、辅具的家庭服务、家庭内部的可用帮助、家庭联结性。这七种家庭支持资源能帮助家庭适应有残疾儿童的现实，促进家庭活动与育子实践，给家庭与孤独症儿童提供保护环境。

三　家庭应对

（一）家庭应对

Lazarus 与 Folkman 认为，应对是个体不断改变自身认知以处理具有挑战或者超过个人资源的内部或者外部需求。[③] 对于个体来说，应对方式将会对其感知和处理外界压力事件的方式产生重大影响。所以，应对不

[①] K. Nihira, T. S. Weisner, L. P. Bernheimer, "Ecocultural Assessment in Families of Children with Developmental Delays: Construct and Concurrent Validities," *American Journal on Mental Retardation*, 1994, 98: 551-566.

[②] S. Kaner, Aile destek ölçeği, Faktör yapısı, Family support scale: Factorial structure, reliability and validity, Ankara Üniversitesi Eğitim Bilimleri Fakültesi Özel Eğitim Dergisi, 2003, 4: 57-72.

[③] R. S. Lazarus, S. Folkman, *Stress, Appraisal, and Coping*, New York, NY: Springer, 1984.

一定会得到一个好结果。另外有研究者认为，应对是一组反应（想法、感觉和行动），一个人用以解决与减少问题情况所产生的紧张，以及用以处理高压环境下内部、外部需求的思想与行为。[①] Skinner 与 Wellborn 认为，应对是指"人们在心理压力条件下如何调节他们的行为、情绪与倾向"。行为调节的应对方式包含信息寻求、问题解决；情绪调节的应对方式包含保持乐观；倾向调节的应对方式包含回避、逃避等。家庭的应对策略是会随着时间的流逝而逐渐形成的，并且是变化的。

中国研究者解亚宁指出，应对方式是在应激过程中继认知评价之后所表现出来的具体的应对策略，基于积极的认知评价或者消极的认知评价，做出积极或消极的应对。[②] 张林等指出，每个个体对外界各种应激事件的认知以及处理措施就是应对方式。简单解释的话，应对方式就是人们应对内、外环境的需要和相关情绪困扰所采取的方法、手段或者策略。[③]

McCubbin 是最早提出家庭应对概念的，他认为，家庭应对是指个人与家庭做出的认知与行为方面的努力以降低或者处理对于家庭系统的需要。应对则是家庭在有着过多的需求和资源匮乏时，做出直接反应的过程，意识到在面临压力源时，需要系统性的变化以使部分功能回归稳定，提升家庭的满意水平。

（二）应对的方式

Lyndall 认为，应对是有多种方式的，不是单一的。Skinner 等人研究发现，应对反应其实是无间断的。基于应对方式的复杂性和多样性，学者们将其分为积极应对方式与消极应对方式。积极应对方式着重改善现在的人和环境的联系，个体积极努力地找寻策略去解决已发现的问题；消极应对方式则是注重在面临事件时可以调节和控制应激情绪，把情绪调节到合理的范围，方便处理事件信息。普遍使用的应对方式分为问题导向型、情绪导向型。问题导向型应对，采用主动的方式来解决问

[①] S. Folkman, J. T. Moskowitz, "Coping: Pitfalls and Promise," *Annual Review of Psychology*, 2004, 55: 745-774.

[②] 解亚宁：《简易应对方式量表信度和效度的初步研究》，《中国临床心理学杂志》1998年第2期。

[③] 张林、车文博、黎兵：《大学生心理压力应对方式特点的研究》，《心理科学》2005年第28卷第1期。

题。因此，问题导向型应对会和积极的生理、心理结果产生关系，而且在人群里有更强的心理弹性。情绪导向型应对，依据拥有的评估内容，个体采用沉思、自责等方法来处理由压力情境造成的情绪困扰。沉思、自责等方法会更多地保持乃至增加问题，与积极反应相反，它们会给自身带来消极的生理、心理影响。此外，随着应对方式逐渐延伸到个体的人际交往上，以关系为中心的应对也逐渐成为可行的方式。以关系为中心的应对的目的在于，处理、调节、维持处于压力时的人际关系。除此之外，成功的应对方式还有维护、保护社会关系，尤其是因为受长期压力影响的夫妻与家庭。Lopez-Valle 提出，积极情绪的自我调节应对方式也是非常有效的，比如放松、等待、思考快乐的事件等。研究证实，纵使自身的问题未获得解决，采用积极情绪自我调节应对方式也会把问题的影响调控到可以控制的范围，并且产生积极情绪。[1]

还有两种家庭应对方式经常被使用：（1）抵抗，是指以尽可能降低、减少问题和分歧所导致的结果为目的，以整体家庭去努力；（2）适应，是指对一个家庭进行重大的重组和巩固，让其恢复到家庭系统和功能被扰乱前的状态。还有就是家庭应对的内、外方式也有很大的不同。内部家庭的应对方式包含认知重构（在特殊情形下，以一个合理且可行的方式重新定义家庭的能力）、积极面对问题、被动评估（是指避免应对一个家庭无法解决的事件）。家庭应对的外部方式有寻求社会支持（从家庭成员、朋友、同事等处得到的非正式支持）、动员机构支持（正式支持）、宗教（从信仰宗教中获得支持）。认知重构是家庭普遍采用的应对方式。被动评估也是一种积极的应对方式。

（三）家庭应对的测量

应对的测量普遍采用量表测量，用量表测量一般会假设人们在面临各种各样的问题时，常采用一样的应对方式来应对各种压力状况。目前普遍使用的量表有三种。

1. 家庭危机导向的个人评价量表

此量表的主要目的是调查一个家庭在应对外界应激事件或压力时所

---

[1] N. López Valle, Tapia J. Alonso, M. Ruiz, Autorregulación Emocional Positiva, A Frontamiento Y Resiliencia en la Adolescencia, Desarrollo y Validación De Modelos Teóricos Complementarios y Su Instrumento de Medida, *Estudios de Psicología*, 2018, 39: 465-503.

采用的方式和措施。它使用 Likert 5 点计分法，包含 30 道题目，其中的五个分量表主要有寻求社会支持、认知重构、寻求精神支持、获得与接受帮助、消极评价。其中，社会支持主要是指家庭获得来自外部的支持和帮助，比如朋友、邻居、相关机构等。认知重构指的是在面临外界应激事件时，家庭对该事件进行重新认知，使其更有信心去应对和处理。寻求精神支持指的是家庭得到精神支持的能力。获得与接受帮助指的是家庭寻找外部资源与接纳协助的能力。消极评价指的是，评估家庭接纳问题与降低反应的能力。量表得分越高就表示家庭应对越有效。研究表示，此量表的信效度较好，Cronbach's alpha 范围为 0.71—0.86，重测信度范围为 0.61—0.95。

2. 应对清单量表

Carver 等编制的"应对清单"主要针对普遍的应对反应或者方式进行评估。该量表有 60 道题目，主要有 15 个分量表：（1）积极的重新诠释和增长；（2）精神脱离；（3）关注和发泄的情绪；（4）使用仪器的社会支持；（5）积极应对；（6）否认；（7）宗教应对；（8）幽默；（9）行为脱离；（10）克制；（11）使用情感社会支持；（12）使用物质；（13）验收；（14）抑制竞争活动；（15）计划。使用 Likert 4 点评分法，相应的 4 道题目的分数总和就是 15 个分量表的得分。Carver 等测量出该量表的 Cronbach's alpha 是 0.62，内部一致性良好，除了精神脱离分量表外。Carver 等表示，此量表的重测信度较好。这表示自我报告测量应对方式是比较稳定的。

3. 简易应对量表

简易应对量表是学者解亚宁开发的[①]，总共有两个分量表，包含 20 个项目。此量表是自评量表，就是让受试者根据自己的情况作答，并且使用 Likert 4 点评分法，按照采用的频率，"不采用"计为 0 分；"偶尔采用"计为 1 分；"有时采用"计为 2 分；"经常采用"计为 3 分。积极应对分量表是第 1 道到第 12 道项目，一共 36 分，父母在此分量表上的分数越高，表示他们越多地使用积极应对方式，应对生活的困难、问题。消极应对分量表是第 13 道到第 20 道项目，一共 24 分，父母在分量表上的分

---

① 解亚宁：《简易应对方式量表信度和效度的初步研究》，《中国临床心理学杂志》1998 年第 2 期。

数越高，表示他们越多地使用消极应对方式，应对生活的困难、问题。

（四）家庭应对相关研究

孤独症儿童家长比普通儿童家长会面对较多的难题，怎样应对以及使用何种方法来应对孩子或者家庭的问题，正是孤独症儿童家庭应对方式所要研究的方面。有研究证明，应对方式可能对父母照料孤独症儿童有着保护的作用。家庭应对的效率表现在适应、完全解决难题、想方设法获得外部支持、想方设法获得新的资源方面。对特殊功能障碍家庭的研究表明，适应性、凝聚力基本平衡的家庭能使用更有效的应对方式来面对问题、压力。同时，孤独症儿童家庭的压力水平、家庭关系质量、社会支持对应对技能有影响。Rebecca 等人利用双 ABCX 模型研究影响孤独症儿童家庭生活质量的因素，结果是应对方式只和母亲的家庭生活质量有正相关关系，可能是因为母亲在家庭中担任较多的照顾责任吧。[1]

Wang 和中国研究者蒋娜娜的研究表明，孤独症儿童家长较多地使用接受和积极的应对方式。Laura Nabors 等人通过对慢性病儿童的研究得出，慢性病儿童的母亲的家庭应对能力很好，采用认知策略（重新构建和被动评价）多于行为应对策略。[2] 中国香港学者 Lam 认为，在孩子诊断的开始阶段，家长普遍偏向采用以情绪为中心的应对方式，想着隐瞒别人。之后便发展为，虽然回避策略仍然是经常采用的应对方式，但是家庭会开始倾向于获得他人的支持和帮助。研究表明，以问题为中心的应对策略可以帮助家长减轻其压力。Mak 和 Ho 研究香港父母所使用的以问题、情绪、关系为中心的应对策略对智障儿童的积极、消极照顾者认知的影响，表明问题导向型应对、情绪导向型应对在认知方式上有明显差异，关系导向应对和认知方式有关。Gray 研究表明，当时间越长时，孤独症儿童的父母越会更多地使用内部应对方式。

结合上面所说，各种应对方式对孤独症儿童的发展和适应有着各式各样的影响。积极应对方式能够提高家庭成员的主动性，更多地使用家庭资源，给予孤独症儿童更大的支持和协助。消极应对会使家长逃避高

---

[1] Rebecca L. McStay, David Trembath, Cheryl Dissanayake, "Maternal Stress and Family Quality of Life in Response to Raising A Child with Autism: From Preschool to Adolescence," *Research in Developmental Disabilities*, 2014, 35（11）: 3119–3130.

[2] L. Nabors, J. F. Cunningham, M. Lang, "Family Coping during Hospitalization of Children with Chronic Illnesses," *Journal of Child and Family Studies*, 2017, 27（5）: 1482–1491.

压，短暂回避压力。变化认知模式也是家庭应对方式，它能在本质上调节家庭压力的高低，让家庭再一次制定发展目标，尽可能地满足孤独症儿童的发展需求。

四 家庭复原力

（一）家庭复原力的概念

对家庭复原力的概念没有统一的定义，多位研究者有各自的概念框架，主要有三个概念框架：

1. 家庭复原力是一种"特征"或"性能"

McCubbin 等指出，家庭复原力是家庭在面临挑战与危机的时候，帮助家庭从中复原的特征和性能。Walsh 认为，家庭复原力是从逆境当中恢复的能力，包含处理和渡过压力事件并促使个人、亲属的成长。

2. 家庭复原力是一个"过程"，就是把家庭复原力当成一个可以跟随时间推移而改变的动态过程

Walsh 认为，家庭复原力有三个重要的过程，Hawley 等认为，家庭复原力是家庭在当下和随着时间的变化适应与处理压力的能力。Richardson 把家庭复原力当作一个积极忍耐、自我纠正、成长的过程，以完成能够使家庭把逆境变成机遇的挑战。

3. 家庭复原力是一个家庭适应的"结果"，家庭复原力是指家庭在使用众多的资源与内外力量对付压力与逆境时的表现

复原力呈现形式为独立且相互影响的个人、家庭以及社会的水平，强调的是健康应对，而不是造成消极结果的行为。所以复原力的发展需要有明显的威胁，并且调适或者适应过程是使用有效正面的行为。结果是让个人、家庭提升解决困难的能力、获得积极经验，能有效解决压力、从创伤中复原。

国内研究者戴艳认为，家庭复原力主要包括两部分，即家庭信念与家庭力量，其主要是家庭自身所拥有的或者通过学习所获得的，共有十个因素。①

综上所述，家庭复原力是当家庭应对压力事件或者生活难题的时候，

---

① 戴艳：《中学生家庭复原力的结构及其与心理健康的关系研究》，硕士学位论文，北京师范大学，2008年。

可以恢复平常生活状态的一种适应能力，它表现在家庭适应的全部过程中。所以对家庭复原力概念的解释，可以全面考察能力、过程、结果。

（二）家庭复原力的测量

1. 家庭复原力评定量表

基于 Walsh 的家庭复原力理论，Sixbey 开发了"家庭复原力评定量表"（FRAS）。[①]"家庭复原力评定量表"旨在测量个体在家庭面对困境的时候，对于家庭复原力的主观感知。该量表主要包含 54 道题目，分为六个分量表，分别是家庭沟通和问题解决、利用社会和经济资源、家庭联系、积极展望、家庭灵性、理解逆境的能力。此量表经过了 418 位 18—65 岁在美国危机环境下生活的青年人和老年人的检验，证实其信效度较好。中文版是经中国研究者李玉丽修订的。[②]

2. 家庭复原力评定量表

考虑到中国的文化和价值体系，中国研究者戴艳以家庭及其成员的视角为中心，开发了"家庭复原力评定量表"，它主要有 49 道题，采用 Likert 5 点计分。该量表主要根据家庭复原力的构成要素来衡量评估。其中的十个主要构成要素分别是家庭困境解释、家庭正向前瞻、生活卓越、问题解决、亲密和谐、社会支持、家庭秩序、情感交流、清晰交流以及合作协助。有研究选用此量表对地震之后受到创伤的中学生进行家庭复原力评定。

3. 家庭复原力的相关研究

从个人来说，父母为孩子的社会交往活动提供了基础和需要的技能，让孩子能够应对压力，从挫折中复原过来。概括地说，全部的家庭系统都能应对创伤或者危机。家庭复原力能够缓解家庭压力与家庭功能障碍，而且在危机过后，可以帮助家庭恢复和成长，使之成长得更强大且更有智慧面对生活的挑战。孤独症儿童家庭的家庭复原力在整个家庭运转的过程中有着很大的影响力，因为孤独症儿童的问题行为或者特别需要会造成家庭压力升高。研究表明，能提高家庭复原力的有三个因

[①] M. T. Sixbey, *Development of the Family Resilience Assessment Scale to Identify Family Resilience Constructs*, 2005.

[②] 李玉丽：《父母肢体残疾的青少年创伤后成长与家庭弹性的关系及机制》，硕士学位论文，山东大学，2016 年。

素：个体因素、家庭因素和社会因素。

（1）对个体因素来说，心理控制源、灵性已经被确定为保护性因素，在不太好的生活情况下，能够提高应对能力、意义感和目的感。个人的宗教信仰也是个人心理复原力与力量的促进因素。还有就是自我效能感，Wong 的研究表明，有学习障碍的成年人在相信自己能够使用已经学会的技能与才能解决问题的时候，其复原力会提升。残障类型也对家庭复原力有作用，患听力、视力残疾儿童的家长相对于患身体、智力残疾儿童的家长，有着更强的家庭适应能力。

（2）对家庭特征来说，家庭经济、家庭功能、交流方式、社会支持对家庭复原力的作用最大。家庭经济收入是家庭的保护因素。Greeff 等通过对孤独症儿童父母的研究发现，社会经济地位高低会影响其心理弹性[①]，高薪水和经济困难会对父母的心理功能产生作用，从而对家庭适应能力产生作用。Mcconnell 研究表明，解决经济困难会对父母的行为和情绪起到正向作用。家庭关系融洽，家人间情感的连接、分享和表达等都是家庭复原力的内在保护性因素。[②] 不一样的亲子关系在家庭复原力的各维度、总体上都有明显的差别。温暖、有凝聚力的家庭互动模式能够提高父母的心理健康程度。良好的亲子关系和安全的亲子依恋在高风险情况下可以帮助孩子取得正向结果。两个必要的因素是家庭整合资源的能力和家庭成员间的联系。为了孩子的利益，家庭一般会将所有的资源集合起来。大概有 62% 的家庭觉得，因为孩子残疾，相互的关系会更紧密。此外，有学者认为，一个家庭的复原力和家庭成员的恢复力及其康复率有着密切相关性，比如家庭关爱资源，智力障碍儿童家庭会使用家庭支持、朋友支持、雇佣的支持、智力障碍支持小组、社区支持、卫生专业人员的支持来让其适应负担。并且，家庭成员的物质和情感支持是最有作用的。

（3）社会因素包含参与社区活动、同伴接纳、居住环境是否安全等，合理地接受别人的帮助、和他人建立可靠联系可以提高复原力。

[①] A. P. Greeff, K. J. Walt, "Resilience in Families with An Autistic Child," *Education and Training in Autism and Developmental Disabilities*, 2010, 45: 347-355.

[②] D. McConnell, A. Savage, R. Breitkreuz, "Resilience in Families Raising Children with Disabilities and Behavior Problems," *Research in Developmental Disabilities*, 2014, 35 (4): 833-848.

Mullins认为，拥有积极和支持性的家庭、社会和专业支持环境可以提高其复原力水平，无论是有着学习困难，或者是有着例如经济收入较差或者贫穷等不利条件。家人与朋友的支持是家庭照顾患有慢性病家庭成员的适应过程的一个主要支持。社区支持对家庭复原有关键作用。在使用访谈法研究中，有14%的人觉得社区支持是有效的复原力因素，有43%的人说明家庭缺少社区支持。

综上所述，家庭复原力是在个人、家庭与社区各层级的风险与保护因素的相互作用上建立起来的。因为家庭生活在一个动态的环境中，复原力有着不停变化的正向和负向因素，因此对家庭复原力的研究既要注重复原力的结果，也要注重复原力的过程，很难预料各因素的稳定性和重要性。多个危险因素相互作用可能会造成一个家庭在生命的不同阶段有不一样的结果，保护因素也可能在某个时间点是不利的。要依据状况评价保护因素。

五 孤独症儿童家庭生活质量

（一）家庭生活质量的概念

家庭生活质量是生活质量概念的延伸和拓展，生活质量主要是指每个人的客观生活水平状况及其对这些客观水平状况的认知想法。世界卫生组织认为，生活质量是个体对自己生活环境、文化背景和价值体系的感知，是依据个体生活系统对自身幸福的作用来界定的，注重个体的主观感受。但是因为家庭在孤独症儿童康复中的影响越来越重要，所以也越来越多地寻求以家庭为中心的早期干预服务，把家庭整体涵盖在干预评估中，家庭生活质量的研究渐渐得到发展。

Bailey等最先提出家庭生活质量，指出要注重早期孤独症儿童干预对全部的家庭生活质量的作用。然后，家庭生活质量的概念逐渐完善。Park等指出，家庭生活质量包括三个部分，即家庭成员需要的满足、家庭成员共享家庭生活和家庭成员共同参加重要活动。Zuna指出，家庭生活质量是一个多维的结构，能利用所有家庭共同的指标进行测量，主要是测量全部家庭单元的认知与动态过程。总之，就是家庭生活质量主要是由家庭中每个成员之间的相互影响而形成的一种动态幸福感，这种幸福感展现了其对当前生活水平状况的主观感受。

关于家庭生活质量至今也没有一个明确的定义，每个学者对家庭生活质量都有不一样的看法。第一，学者普遍觉得家庭生活质量是多维的，但是每位学者对家庭生活质量的界定维度却不太一样。比如，国际家庭生活质量项目组把家庭生活质量划分为九个维度：家庭关系、家人健康、服务支持、职业、休闲与放松、家庭价值观、经济状况、社区融入和他人支持。美国堪萨斯大学残疾人研究中心把家庭生活质量划分成五个维度：家庭互动、亲职抚育、通用资源、健康与安全和残障相关支持。Gardiner 等指出，家庭生活质量有两个维度，就是家庭幸福感的内部和外部动力。[1] 第二，家庭生活质量的组成要素拥有跨文化的共性。本书研究发现，大部分学者对家庭生活质量维度的确立都是以家庭幸福感为基础的。比如，家庭幸福感包含的家庭年收入、家庭关系、家长教养方式以及身体状况都可用于任何家庭的生活质量评估。第三，家庭生活质量水平是动态的，会因为某些严重事件（例如亲人去世、迁居、子女有残疾等）的发生而产生变化。

（二）家庭生活质量的测量

编制有信效度的测量工具可以明确各种环境下家庭生活质量的水平，并作用于家庭生活质量的因素。

1. 家庭生活质量量表

此量表是美国堪萨斯大学研究中心编制的，采用 Likert 5 点评分法，主要包括 25 道题目，包含五个维度，即子女抚养情况、家庭互动状况、情绪健康水平、物质福利状况以及残障相关扶持。最早的被试群体是智力障碍者，之后逐渐扩大到对孤独症儿童家庭生活质量的评估上。中国的孤独症儿童也受到了检验。[2] 该量表有良好的信效度，是普遍应用的孤独症儿童家庭生活质量测量工具之一，而且在正常儿童家庭中拥有一定的适用性。

2. 家庭生活质量问卷

此问卷是由澳大利亚、加拿大、以色列组成的国际研究中心编制

---

[1] Emily Gardiner, Grace Iarocci, "Family Quality of Life and ASD: The Role of Child Adaptive Functioning and Behavior Problems," *International Society for Autism Research*, 2015, 8 (2): 199 – 213.

[2] 胡晓毅、王勉：《北京地区发展性障碍儿童家庭生活质量的研究》，《中国特殊教育》2012 年第 7 期。

的。它主要包括九个维度：家庭成员身体健康水平、家庭收入情况、家庭关系、外部的他人帮助、相关服务支持、家庭价值观影响、家长职业和休闲、家长娱乐方式以及家庭和社区的相互协作。其中，每个维度都包括两个部分，一部分包含局限于某维度的上下文与背景信息，是定性信息，另一部分在每一个维度上都设置了一样的题目，包括六个方面，就是重要性、机会、主动性、成就、稳定性、满意度。每一项都使用 Likert 5 点计分法。此量表已经是当前国际上认同的孤独症儿童家庭生活质量的测量工具之一。

3. 其他测量工具

近期，以西班牙 C. Giné 为首的研究项目组编制了"西班牙家庭生活质量量表"，此量表从七大方面衡量家庭生活质量，即情绪健康，家庭互动，健康、财务状况，家庭功能，组织育儿，家庭调节，社会包容参与。

Aznar 和 Castañón 编制的"拉丁美洲国家适用的家庭生活质量问卷"主要分为六大方面：情感幸福、个人力量及发展、同居规则、物质幸福感、家庭生活、人际关系和社区关系。

(三) 家庭生活质量的相关研究

国内外学者对于孤独症儿童家庭生活质量作用变量的研究各不相同。国内研究者黄儒军通过梳理国内外相关研究发现，家庭生活质量的影响因素主要分为单一因子影响和多重因子影响，其中单一因子主要涵盖家长对问题和困境的看法、家庭功能运转情况以及家庭外部相关服务支持，多重因子主要指家庭生活质量多重影响因素的相互作用，其以家庭生活系统理论为基础。国外研究者 Bhopti 经过文献总结梳理发现，障碍严重程度和类型、家庭成员的相互关系、家庭总体幸福感、和残障有关的支持以及和服务有关的支持都是作用于家庭生活质量的重要影响因素。经过对文献的总结梳理，我们发现，孤独症儿童自身情况、主要照料者情况、家庭情况和社会情况都是孤独症儿童家庭生活质量水平的重要影响因素。

1. 孤独症儿童自身情况

此方面研究主要关注儿童的年龄、性别、问题行为以及障碍程度等。儿童年龄、儿童残疾类型和障碍程度等均会作用于其家庭生活质量，但是也有研究得出儿童残障程度对家庭生活质量没有作用的结果。孤独症儿童有没有获得医学诊断也会作用于其家庭的生活质量，McKechanie 等人的研究证实，已经获得诊断的孤独症儿童家庭生活质量要高于没有正式诊断的孤独症儿童家庭生活质量。研究表明，孤独症儿童家庭生活质量水平也受到了儿童障碍类型的重要影响，其中家庭生活质量水平最高的是听障儿童，最低的是孤独症儿童。

2. 主要照料者的情况

对于照顾者的研究表明，他们亲职压力的大小对家庭生活质量水平有一定的作用。脑瘫儿童家长的亲职压力和他们的身体健康水平、家庭幸福感、家庭经济稳定性等都有着明显的负性关系，孤独症儿童家长亦是如此。还有照顾者的应对方式也会作用于家庭生活质量。Khanna 等研究证实，使用自责、否定、分离等消极应对的家长，他们的生活质量会较差。Dardas 与 Ahmad 的研究表明，父母承担责任和逃避责任，这两种方式对生活质量的作用有着明显的不同。家长的工作、教育水平、母亲的年龄等人口学因素都会对家庭生活质量产生作用。

3. 家庭情况

家庭因素指的是家庭整体特点与资源等对于家庭生活质量水平的作用，而家庭收入水平是作用于家庭生活质量水平的重大因素。家庭每个月的金钱收入对孤独症儿童家庭生活质量有明显的作用，收入和家庭生活质量呈正相关，家庭每月金钱收入的评价在此关系中起着中介作用。但是有些研究的结果却不一样，Wang 等的研究结果表明，对父亲来说，家庭收入会作用于家庭生活质量，但母亲却不是。也有研究表明，家庭收入高低和家庭生活质量仅仅有微弱的关系，如果个体认为"开心"是家庭生活幸福感的来源，纵使家庭的经济收入较少，但却有着较高的生活满意度认知。对家庭结构的研究发现，双亲家庭和单亲家庭相比有着较高的家庭生活质量。还有家庭功能也可以作用于家庭生活质量。

4. 社会情况

社会支持是影响孤独症儿童家庭生活质量的重要因子。Meral 等通过调查 806 位孤独症儿童的母亲，证实了家庭社会支持和家庭生活质量有着明显的正向关系，情感支持的关系程度最大。在支持类型方面，国外研究者 Davis 和 Gavidia 认为，孤独症儿童家庭生活质量主要受以家庭为主的专业支持和与残障相关的支持两方面的影响，其中前者影响更大。此外，国外研究者 Brown 等使用问卷调查法调查了不同障碍类型的残疾儿童，结果发现，唐氏综合征、孤独症和正常儿童从他人处获得的支持水平显著不同，其中最低的是孤独症儿童，即只有44%的孤独症儿童的父母对从他人处获得的支持水平感到满意，同时没有一个孤独症儿童父母对自己获得的他人支持感到非常满意。同时，孤独症儿童家庭生活质量水平还受到了外界服务的充足性以及家庭和服务提供者的积极关系等的影响。

六　理论框架中相关变量的研究

（一）家庭压力与家庭关爱的相关研究

因为孤独症儿童有较多的问题行为，会让家庭面对较多的压力事件。McCubbin 等研究发现，家庭资源和应对能力能够在一定程度上作用于疾病或者残疾所带来的压力的适应。Lazrus 与 Folkman 的心理压力和应对认知理论认为，评估和应对是长期结果的重要因素。Kosciulek 与 Lustig 的研究表明，在压力、心理社会适应、抑郁方面，家庭成员受到的影响和经历残障的个体差不多。Lezak 研究证实，家庭在应对残疾情况方面所面对的持续困难普遍有四种：（1）处理残疾家庭成员的情绪、性格、行为变化；（2）家庭缺乏资料、支助服务；（3）财政负担；（4）与长期照料相关的情绪紧张。时间越长，这四种持续困难就越会造成抑郁的升高、不恰当的沟通，以及家庭成员的酒精、药物滥用。然而，在处于与疾病、残疾相关的困难时期，众多家庭表示和专业人员互动交流反而增大了情感压力，而且是无法得到帮助的。

（二）家庭关爱与家庭生活质量的相关研究

在孤独症儿童的家庭支持方面，我们发现，当前大部分研究还是比较重视家庭支持的。在孤独症儿童家庭功能方面，大部分研究探究了正式和非正式支持两方面的作用。Bailey 研究证实，非正式支持给予家庭一种乐观感，增强了父母践行自己角色的信心、能力。对大家庭支持的研究表明，它对多个家庭生活领域均有作用，包含对养育孩子的满意度、增加的家庭互动。也有研究发现，家庭参与和疾病、残疾康复存在正相关关系。康复成功和家庭关系与数量（比如婚姻情况、抚养数量）、康复率、家庭角色的恢复也有着关系。朋友支持只会提高心理健康。有研究者表示，宗教、精神信仰对生活质量有着正向影响，并将其解释为重新给予生活以新的意义与方法。正式支持对家庭生活质量有重要作用，要满足父母的需求，可以为其提供全面、个性化的信息和服务，让其家庭可以最好地发挥影响。家庭是否完全得到服务会影响家庭和专业伙伴关系的满意度，同时也是家庭生活质量的影响因素。大部分家长不满意其得到的社会支持、服务支持，胡晓毅学者认为，中国孤独症儿童家庭生活质量满意度高低处于中间水平，家庭对于得到的家庭支持的感受度不高。家庭生活质量和专业支持有最大相关关系，和亲属支持、社会组织支持、朋友支持与配偶的支持均呈中等程度相关。

（三）家庭复原力与家庭生活质量的相关研究

家庭复原力可以提升家庭生活质量，增强家庭适应能力。现在家庭复原力对慢性病、癌症患者的研究较多。李玉丽修订了"家庭弹性评定量表"的中文版，证实家庭弹性对癌症患者生活质量有着明显作用。系统性红斑狼疮患者、老年脑梗死患者也是同样的结果，就是患者家庭复原力越好，他们的生活质量就越高。孙敬芳的研究表明，家庭复原力在留守儿童分离焦虑和生活满意度的关系之间有着调节作用。通过对韩国102位智力障碍家庭的研究，Yu-Ri Lee等研究证实，家庭在照料罹患精神障碍孩子过程中的负担感会使生活质量降低，而家庭复原力能够调节生活质量降低的情况。家庭复原力对家人的健康有着正向的作用（比如家庭生活质量、家庭功能）。弹性对家庭成员所面临的压力也有正向作用，比如研究表明母亲对社会支持感知的增高和抑郁症状的降低存在相关性。许颖等人通过对青少年的研究证明，家庭复原力水平可以影响青少年的幸福感，而且在家庭压力和青少年幸福感之间有着调节作用。

（四）家庭应对和家庭复原力的相关研究

个体对不良事件的反应方式会直接作用于复原力过程。有研究表示，母亲的应对技巧能够缓解母亲抑郁和儿童行为问题的关系。合理的父母应对技巧能够减少孩子认知发展不良、行为问题外化的风险。

注重应对方式，包括家庭复原模式的一部分能够应对个人、家庭和与残障相关的大量需求积累。有效的应对是提升家庭复原力的重要因素，例如积极的评价、资源与参加问题解决、应对能力可以对家庭复原力形成正向影响压力。采用较多的积极情绪进行自我调节应对和问题导向型应对，而较少采用情绪导向型应对，那么心理弹性就会较高。开放、诚实、支持性的沟通可以减轻压力，帮助家庭内部适应，肯定沟通可以合理地解决冲突，改善家庭的功能。Hall等人研究发现，孤独症儿童的家庭积极应对，家庭资源和解决问题的能力均和家庭弹性存在关系。

七 国内外相关研究启示

第一，现在对于孤独症儿童的家庭研究渐渐开始深入。伴随着去机构化运动的进行，家庭在孤独症儿童康复过程中的重要程度日显。研究表明，不一样的家庭系统成员担当不一样的家庭角色和给予不一样类型的关爱，夫妻间给予相互支持的能量，亲子间的关系可以影响孤独症儿童发展，兄弟姐妹的帮助和榜样功能也具有相同的作用，外祖父母则能够给予特别大的家庭支持和帮助照顾。对不同家庭关系的多项详细研究，界定了孤独症儿童家庭成员需要担任的照顾责任和家庭事务工作，为明确孤独症儿童家庭运行体系提供了理论支持。

第二，家庭应对压力的适应和调节能力被认为是提升家庭生活质量的重要因素。家庭在面对困难和挑战的过程中所采取的应对方式是非常重要的，不同的应对方式会使家庭在面临困难和挑战时呈现出不一样的结果。比如，采取积极的应对方式可以使家庭减少消极情绪、得到支持资源。而采取消极的应对方式则会使家庭感受到更大的外部压力，同时增加其消极情绪。结果就是采取不一样的家庭应对方式造成了不一样的家庭忍耐力和抗压力，造成了不一样的危机复原能力，最后造成了不一样的家庭生活幸福感。所以，使孤独症儿童整个家庭正常运转的关键在于增强其家庭应对能力和调节能力，从而提升其家庭生活质量水平。

第三，当前中国对孤独症儿童家庭关爱水平、家庭应对能力和调节能力等方面的探索研究还不够全面。国内家庭成员间的紧密性与联结性相比于国外家庭会更高,家庭成员间的影响更为密切,但是关于国内孤独症儿童家庭关系和孤独症儿童家庭调节与适应的过程的研究相对较少。现在的研究会更偏向于患病人群,因为患病的显性压力更能获得研究关注。相比来说,孤独症儿童家庭压力就会相对隐形,无法得到研究的关注。

第三节 孤独症儿童家庭关爱作用机制模型构建

家庭给予了孤独症儿童康复和发展的基本保证,其中,家庭成员关系的强弱影响着家庭联系,家庭成员给予的关爱帮助能够降低家庭照顾的压力负担,家庭整体的美好氛围会有助于拥有好的家庭运转模式。所以,笔者拎出家庭关爱的概念,由家庭关系、关爱资源与家庭功能来衡量家庭关爱,家庭关爱也可以作用于家庭对于压力的调节和适应能力。家庭关爱能够给予家庭照顾孤独症儿童所需的物质与精神等各方面的支持和帮助,增强家庭应对困难和从困境中恢复的能力,最后增加家庭幸福感水平。

一 孤独症儿童家庭关爱的理论基础

(一)生态系统理论模型

Bronfenbrenner 提出了包含四个环境系统的生态系统发展理论,这四个环境系统构成了一个人的环境与价值观,而这四个环境系统由里及外依次是微观系统、中间系统、外层系统与宏观系统。微观系统作为个体与外界接触的直接环境主要包括家庭、学校和社区。对于孤独症儿童来说,家庭是其最先接触的微观系统,随着其不断成长和发育,该系统范围就会增加到学校和社区上;中间系统主要指的是各个微观系统之间的联系和相互作用,微观系统之间的积极联系或相互作用越强,对孤独症儿童的康复和发展帮助也就越大;外层系统主要指的是儿童没有直接参加,却对其发展有重要影响作用的系统,比如孤独症儿童父母的职业就会影响到儿童的康复和发展;宏观系统主要指存在于微观、中间和外层系统之中的文化、信仰和价值观,同时也代表了孤独症儿童父母对于其的养育理念。

新的社会和生态观将残障概念化为一个多维的问题,将文化、家庭成员和家庭生态融合在一起,并指导残疾儿童及其家庭综合应用的发展。随着生态系统理论模型的不断发展,研究者开始关注模型中的近端系统与过程—人—环境模型①,近端系统聚焦于人类和其直接环境的互相作用,包含人际互动、同物体与符号的交互,近端系统能够依据个体的特点、周围环境的变化表现出各种形式与内容,重点是其有着降低环境影响的作用。在近端系统研究中,过程—人—环境模型被认为是最管用的,比如在家庭生活质量研究中,"过程"是指家庭互动与功能;"人"是指孤独症儿童及其家庭成员的个体特点;"环境"是指包含家庭支持、资源等在内的生活环境,使用过程—人—情境模型分析可以把孤独症儿童及其家庭放在合理的角度,阐述个体与家庭被压力作用的过程。

(二)家庭系统理论模型

家庭系统理论提供了一个研究家庭关爱的框架。Kantor 和 Lehr 指出,健康的家庭系统是一个自适应的、开放的、复杂的信息处理系统,它不断向其他成员提供适宜的信息,以实现家庭整体的特定目标。② 家庭系统理论将家庭作为一个整体,家庭成员之间相互依存并且均受到家庭系统的组织模式、结构等方面的强烈影响。家庭成员对家庭的反馈形成了家庭互动的循环链,家庭以循环模式进行运作。简言之,家庭系统是开放的,家庭成员和家庭整体均会随着内、外部环境的变化而变化。

最初,Olson 等将家庭发展理论和家庭系统理论进行融合,提出了婚姻和家庭系统模型。该模型将理论、实践和研究联系起来,侧重于沟通、凝聚力、灵活性三个方面。后来 Turnull 等完善了家庭系统理论,提出了家庭系统框架模型,该模型认为,家庭是动态的、自我修正的、目标导向的并相互联系的系统,这些系统会反过来影响他们的环境和内在品质(见图 2-3)。

在该系统理论框架中,主要包含四种基础的家庭互动模式或者关

---

① U. Brofenbrenner, S. J. Ceci, "Nature-Nurture Reconceptualized in Developmental Perspective: A Bioecological Model," *Psychological Review*, 1994, 101 (4): 568.

② D. Kantor, W. Lehr, Inside the Family, San Francisco, CA: Jossey-Bass, 1975.

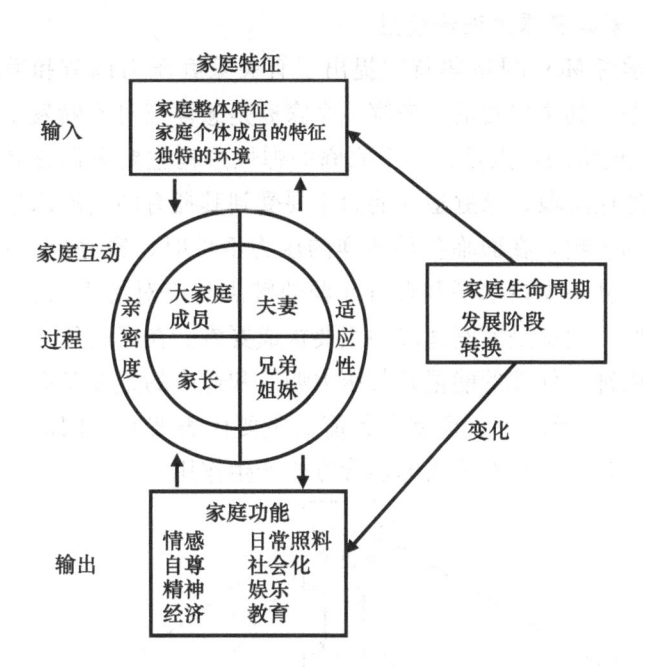

图 2-3 家庭系统理论框架

系：孤独症儿童家长、夫妻、兄弟姐妹和其他家庭成员。该模型主要提出了三个假设：第一，在家庭系统理论中，输入家庭特征，经过家庭内部成员各种身份角色的互动，输出了一个家庭的功能。在这个过程中，输入和输出之间的互动过程是非常重要的。第二，家庭系统理论作为一个整体，其正常运转不仅仅受到其中一个子系统的影响。对于孤独症儿童家庭来说，儿童固然重要，但深入了解整个家庭也是非常重要的，尤其是要了解整个家庭的特征、家庭内部成员的交流以及家庭内部和外部的交互，这对于孤独症儿童的康复和发展不可或缺。特别需要注意的是，虽然大部分孤独症儿童的主要照料者为母亲，但母亲并不能代替家庭其他成员的地位，不能代表其他人的观点。第三，家庭系统理论中的各个子系统和家庭内部成员之间是存在明显的界限的。这个界限主要通过家庭整体和外部的交流互动以及家庭内部成员间的互动来实现，比如家庭成员之间产生的内部矛盾以及家庭内部成员和外界服务人员的相互协作都会影响到这个界限的开放水平。

(三）家庭复原力理论模型

国外学者 McCubbin 等首次提出了有关家庭压力调节和适应的家庭复原力模型，其主要目的是考察一个家庭是怎样应对不断发生的压力事件的。① 此模型的观点是，一个家庭的弹性过程主要有调整和适应两个阶段。在适应阶段，家庭适应能力主要受到其拥有的资源水平和应对能力两方面的影响。在面临各种各样的压力事件时，家庭会对自身情况、外部情境、社会支持水平和自身问题的解决与应对能力做出综合评估，同时，这些方面也是家庭适应的主要构成要素。在家庭复原力理论模型中，家庭内部和外部的能量是其压力调节和适应的重要基础，具体理论模型如图 2-4 所示，该模型中各箭头主要代表彼此之间的关系，同时各概念间的强度也会对箭头的连接方式产生作用。

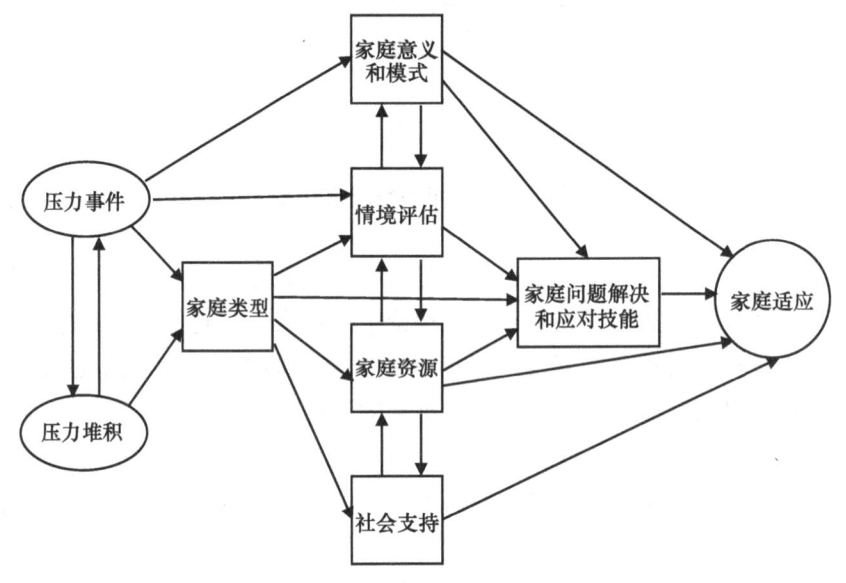

图 2-4 家庭复原力模型

一个家庭的压力调节能力会受到很多方面的影响，比如家庭类型、家庭模式、家庭资源、压力程度评估以及儿童患病程度等。在压力调节阶段和适应阶段，家庭需要做出的改变程度并不一样。前者需要家庭根

---

① H. I. McCubbin, M. A. McCubbin, *Family Assessment: Resiliency, Coping and Adaptation-Inventories for Research and Practic*, Madison: University of Wisconsin System, 1996.

据不同的压力源进行细微改变,而后者需要家庭在内部结构和运转模式上做出重大改变,以此恢复家庭系统内的和谐与平衡。家庭适应阶段主要包括四个过程:家庭意义和模式、情境评估、家庭资源及社会支持。其中,家庭意义和模式主要是指家庭自身所形成的特定意义和家庭对于外部活动的看法。情境评估指的是对由困境造成的家庭变化的看法和对处理问题的能力、利用外部和内部资源的能力以及适应能力产生的重要影响。家庭资源指的是在应对外界压力事件时,家庭利用的心理能量、家庭支持和社会资源。社会支持指的是增强适应的家庭—社区和家庭内部支持过程。如果一个家庭能够把压力事件的需要整合到家庭既定的功能模式中,就能完成"压力适应",回到和谐与平衡的状态,三个对家庭适应作用非常关键的因素是家庭的社会支持、家庭解决问题的能力和对残疾的评估。

Walsh 的复原力理论认为,复原力不应该只是被当成危机的一次性反应,它应该是可以帮助家庭不断变化的过程。在该理论模型中,家庭被看作一个受文化、历史和社会所影响的整体,且随着时间的变化,该整体也会不断发展。Walsh 认为,家庭复原力主要受到三方面的影响:家庭沟通、家庭组织和家庭信念。其中家庭沟通模式主要是指可以解决问题的家庭沟通和开放、清楚的情感交流。家庭组织模式主要是指一个家庭的社会地位、经济能力、团结和凝聚力等。家庭信念系统主要是指家庭对未来积极的展望、家庭对困境的看法以及家庭灵性等。Walsh 觉得这不是简单的个体复原,而是一种关系的复原。因此,家庭复原力结构理论从三个主题、九个进程为评估家庭功能提供了一个全面综合的视角。

(四)家庭生活质量理论模型

通过总结梳理已有的相关研究,Zuna 等研究者试图建构一个综合的家庭生活质量理论,以此深入了解智障儿童和其他孤独症儿童家庭生活质量水平不同的原因,从而扩充有关家庭生活质量的理论研究。家庭生活质量系统理论有四个主要概念,即系统概念、表现概念、家庭单元概念与家庭成员个体概念。其中,系统概念主要由家庭方案、家庭系统和家庭政策构成;表现概念是该理论模型最关键的部分,它主要由练习、服务以及支持构成;家庭单元概念主要由动态部分(家庭内部互动)

和静态部分（家庭特征）所构成，同时将每个家庭都看成一个完整的个体；家庭成员个体概念主要包括家庭内部的各个成员，即儿童自身、儿童家长、儿童的兄弟姐妹和其他家庭内部成员，其中各个成员都具有自身特点、人口学变量和信念三个要素。

笔者综合以上概念的定义和相互影响，阐述了解释家庭生活质量结果变化的理论模型（见图2-5）。研究者认为，未来研究应多关注家庭生活质量系统模型中的内圈部分，比如家庭单元因素、家庭成员因素、家庭和个体层面上的表现因素和七个内部齿轮间的多重运转关系。在该系统模型的外圈部分，虚线圆圈代表家庭外部方案、政策和体制对家庭生活质量的影响，它们对内圈中的各部分具有间接的影响作用。概念单独或者组合作用会影响家庭生活质量水平，而后生成新的家庭优先事

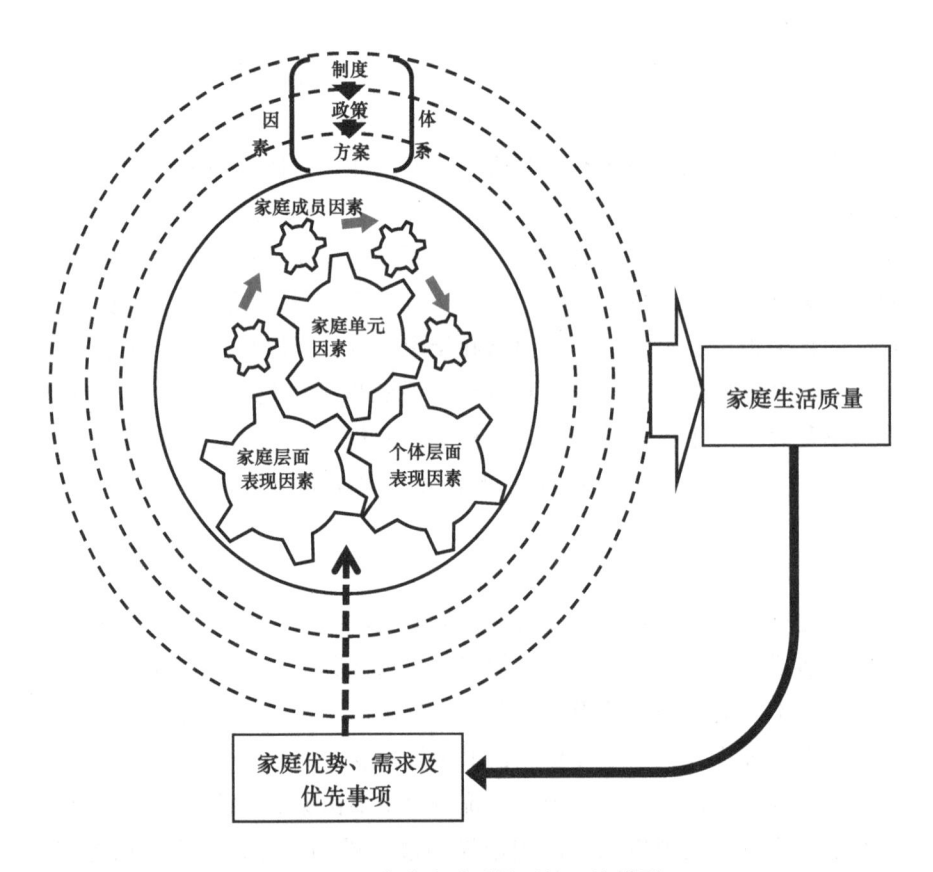

图2-5 家庭生活质量系统理论模型

项、优势和需要，成为输入而再一次进入系统模型，然后在整个家庭生命周期中生成一个连贯的反馈循环。有些研究对家庭生活质量在家庭中不停变化的解释仅仅是片面性的，家庭生活质量系统理论模型的解释采取的是整体的全局视角。

二 孤独症儿童家庭关爱概念模型

根据以往的研究文献概括当前研究的成果，本书主要从家庭功能水平、家庭关系和家庭资源方面提出孤独症儿童家庭关爱的概念，保障全面评估孤独症儿童家庭关爱水平，以此促进孤独症儿童的康复和适应社会的能力。

（一）家庭关系系统

在家庭关系系统的内部，主要有儿童和父母之间的亲子关系、儿童的兄弟姐妹关系、儿童父母之间的夫妻关系以及其他家庭成员关系。在家庭关系系统的外部，主要有家庭成员的朋友、医生、社区服务人员、其他家庭以及康复治疗师等。家庭角色的满意度、家庭内部成员的关爱水平以及融洽度是该系统的主要构成要素，各个要素的分值越高，该系统的关系就越好，家庭内部的凝聚力也就越好。

（二）家庭资源系统

在家庭资源系统中，家庭资源指的是对家庭正常运转产生重要作用的外部或内部支持。这种支持水平并非一成不变，会受到家庭需求的影响。根据家庭系统理论，家庭的主要功能包括娱乐、教育、经济、情感、社会化、自尊、精神和日常照料八个方面。Epstein 提出家庭的功能包括行为控制、问题解决、角色、一般功能、情感反应、沟通、情感介入七个方面。家庭支持资源包括家庭联结性、服务使用的多样性、辅具的家庭服务、正式支持和工具支持的种类和数量、社会经济地位、专业人士提供的信息、家庭内部的可用帮助七个方面。笔者根据前人的研究与孤独症儿童的家庭需要，把孤独症儿童家庭资源划分成八个方面，即信息获取、经济支持、休闲活动、帮扶照料、问题解决、康复活动、教育活动、情感表达。

（三）家庭功能系统

Olson 提出了婚姻和家庭系统理论模型，强调了家庭亲密度和适应性，这两个特性分别代表家庭的问题解决能力和情感联结。家庭关怀度的概念也被很多学者提出了，包括情感度、适应度、亲密度、合作度和成长度五个方面，用以探究家庭成员之间的合作、关心和相互支持的程度。本书试图通过对家庭适应能力、家庭成员满意度、家庭成员亲密度、家庭成熟性、家庭关爱水平、家庭情感性以及家庭内部协作程度的调查，考察家庭功能水平，深入了解一个家庭的氛围和融洽程度，从而清楚地把握每个被调查家庭的整体和谐度。

基于以上的阐述，本书认为，孤独症儿童家庭关爱系统主要应分析家庭内部成员和外部成员的扶持和关爱资源情况，同时调查家庭功能特点，从而尽可能全面地呈现出每个孤独症儿童家庭在育儿过程中的关爱程度。

三 孤独症儿童家庭关爱作用机制模型

通过总结梳理有关理论模型，本书建立了包含家庭关爱、家庭调节和适应、家庭结果和家庭压力四个方面的孤独症儿童家庭关爱作用机制模型（见图2-6）。

第一，家庭关爱。根据上文的家庭关爱定义，本书将从家庭功能、家庭关系以及关爱资源出发对孤独症儿童家庭所具有的支持进行调查分析。

第二，家庭调节和适应。它主要由两个部分构成：一部分是孤独症儿童家庭在面对压力事件时应对方式的变化，比如儿童患病后家庭成员的情绪健康水平和外部行为等；另一部分是家庭复原力的调节和激发，例如调节情绪、利用积极的应对策略等方法让家庭复原到正常运转的状态。在家庭调节和适应的过程中，家庭应对会对家庭复原力的调节和激发产生作用，积极的应对方式可以降低家庭压力，提升家庭复原力；消极的应对方式对家庭复原力的调节和激发具有反向作用。

第三，家庭结果。它主要是指孤独症儿童家庭在育儿过程中逐渐形成的稳定运转模式。本书把家庭生活质量当成家庭的结果变量，家庭生活质量可以从精神、物质、家庭互动等众多领域整体研究家庭的运转模式。

第四，家庭压力。对于孤独症儿童家庭来说，儿童的异常性给其父母带来了极大的心理负担和经济压力，因此孤独症儿童家长常常会表现出不同程度的心理健康异常状态，比如抑郁和焦虑。对此，本书试图通

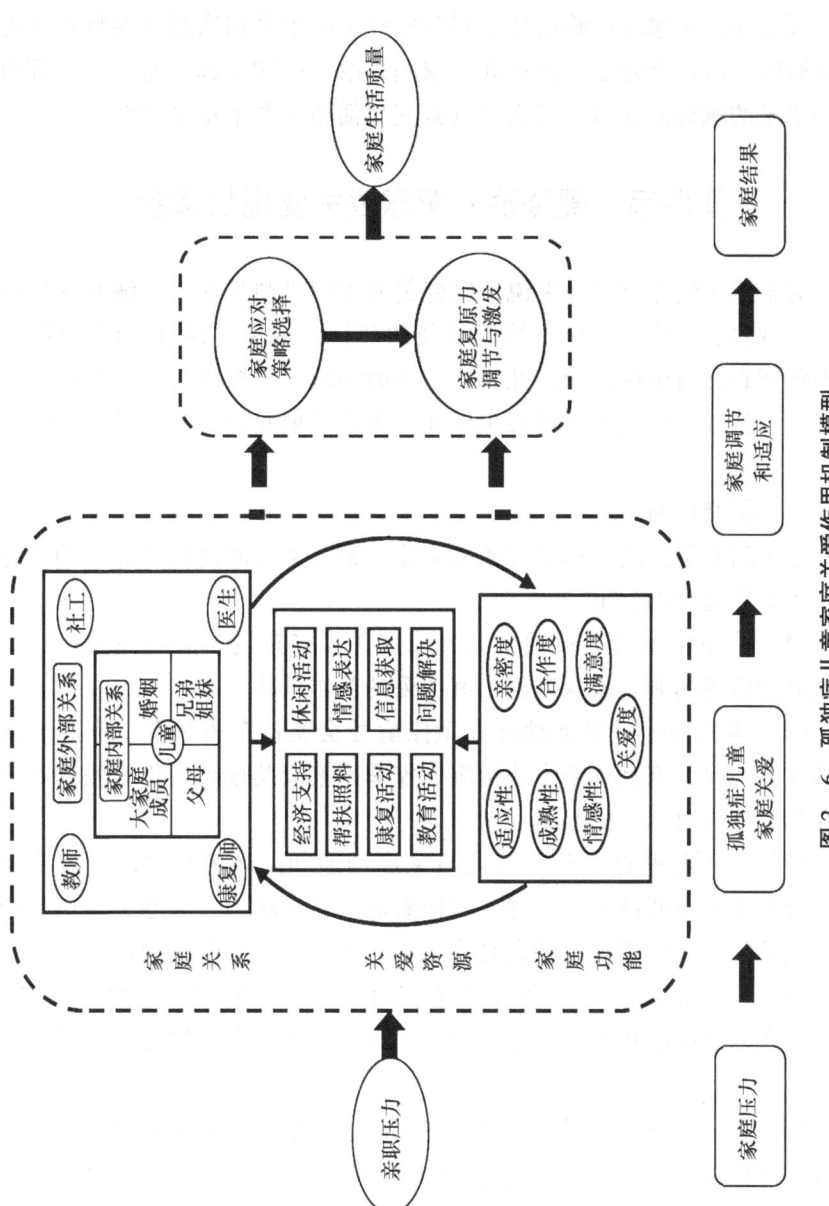

图2-6 孤独症儿童家庭关爱作用机制模型

过研究孤独症儿童家长的亲职压力来探究其家庭压力水平。

基于上文所述,本书建立的孤独症儿童家庭关爱作用机制模型认为,孤独症儿童家庭面临的压力对其家庭关爱水平和家庭功能特点有着重要影响,由此导致了孤独症儿童家庭采取不同的家庭应对方式,拥有不同水平的家庭复原力,进而对其家庭生活质量产生重要影响。

第四节 孤独症儿童家庭关爱现状调查

对于孤独症儿童家庭来说,家庭关爱作用机制是深入了解其家庭资源支持现状、家庭压力应对情况以及调节过程的重要评价指标。因此,本书将调查分析中国孤独症儿童家庭关爱的现状,探究其家庭基本生活状况,以便从理论上对未来孤独症儿童家庭发展起到一定的指导作用。

一 研究目的

基于问卷调查法,本书对孤独症儿童家庭关爱的现状进行了调查分析。主要研究目的如下:

(1)本书将通过对孤独症儿童家庭关系亲密度、家庭关爱资源以及家庭功能等的调查来探究其家庭关爱的基本现状。

(2)本书将通过对孤独症儿童家庭社会支持获得情况、家庭寻求精神支持情况、家庭重新定位情况、家庭因素以及被动评价等的调查来探究其家庭应对水平的基本现状。

(3)本书将通过对孤独症儿童家庭沟通和问题解决情况、家庭利用社会和经济资源情况、家庭的积极看法、家庭联结、家庭灵性以及应对困境的能力等的调查来探究其家庭复原力水平的基本现状。

(4)本书将通过对孤独症儿童家庭互动、养育子女、情绪健康、物质福利以及残障相关支持等的调查来探究其家庭生活质量水平的基本现状。

(5)本书将通过从孤独症儿童自身特征及其家庭特征两个角度的调查探究孤独症儿童家庭关爱机制在人口统计学变量上的差异状况。

二 研究对象

基于方便取样的方法,本书选取了浙江、河南两省五所特殊教育学校中的视力障碍、听力障碍、智力障碍以及孤独症等九类儿童进行了调查，并取得儿童监护人以及相关康复教育机构负责人的同意。在本次问卷调查中，共发放了 300 份问卷，回收了 263 份，删除无效问卷 33 份，剩余有效问卷 230 份，有效率为 87.5%。其中，有效问卷中有 4 份问卷是缺少孤独症儿童家庭基本情况的，但是其他重要部分内容填写完整，因此将其保留了下来。具体调查结果如表 2-1 和表 2-2 所示。

三 研究工具

本书主要通过两个自编问卷和三个标准化自评量表对选取的孤独症儿童家庭进行调查，五种具体研究工具的信息如下。

（一）孤独症儿童家庭基本情况调查表

该调查表由本书自编，主要包括两方面：一方面是关于孤独症儿童自身的，包括儿童年龄、性别、疾病类型、严重程度、是否存在共病、是否接受了药物治疗等基本信息。另一方面是关于孤独症儿童家庭的，包括家长年龄、职业类型、受教育水平、家庭结构、收入与支出、是否参加社会活动等基本家庭信息。

（二）孤独症儿童家庭关爱调查问卷

基于上文构建的孤独症儿童家庭关爱机制模型，本书自编的"孤独症儿童家庭关爱调查问卷"主要包括三方面：家庭关系亲密度调查、家庭关爱资源调查以及家庭功能调查。对于这三方面的调查，本书考察了家庭内部成员（家长、亲戚以及兄弟姐妹）和家庭外部成员（康复训练师、医生以及社区服务人员等）。该自编问卷主要采用 Likert 5 点计分法，分值越高，代表孤独症儿童家庭关系亲密度、家庭关爱资源以及家庭功能越好，无反向计分题，其家庭关爱总分为三方面之和的均值，满分为 5 分。此外，孤独症儿童家庭关爱调查可以依据得分分为四个水平：高等（4.1—5 分）、中高等（3.1—4 分）、中低等（2.1—3 分）以及低等（1—2 分）。通过统计数据分析得出，该自编问卷的组合信度为 0.87，证明信度良好。具体的数据分析结果见表 2-23 和表 2-24。

（三）家庭危机的个人评价量表

本书主要采用 McCubbin 等人编制的"家庭危机导向的个人评价量表"。该评价量表主要包括孤独症儿童家庭五个方面的 30 项调查：家庭社会支持获得情况、家庭重新定位情况、家庭寻求精神支持情况、家庭因素调动以及被动评价。该问卷主要采用 Likert 5 点计分法，分值越高，代表孤独症儿童家庭应对能力越好，无反向计分题。此外，该量表中家庭危机总分以及五个方面的得分均用平均值表示，满分为 5 分。通过统计数据分析得出，该问卷的 Cronbach's alpha 为 0.96，组合信度为 0.89，表明信度良好。

（四）家庭复原力评定量表

本书主要采用李玉丽修订的"家庭复原力评定量表"。该量表主要包括孤独症儿童家庭复原力六方面的 54 项调查，即家庭沟通与问题解决情况、家庭利用社会和经济资源状况、家庭的积极看法、家庭联结、家庭灵性以及家庭应对逆境的能力。该量表主要采用 Likert 4 点计分法，分值越高，代表孤独症儿童家庭复原力越强，无反向计分题。此外，该问卷中家庭复原力总分以及六个方面的得分均用平均值表示，满分为 4 分。通过统计数据分析得出，该问卷的 Cronbach's alpha 为 0.93，组合信度为 0.89，表明信度良好。

（五）家庭生活质量量表

对于孤独症儿童家庭生活质量的调查，本书采用美国比里奇残障中心编制的"家庭生活质量量表"。该量表主要包括孤独症儿童家庭生活质量五方面的 25 项调查，即家庭互动情况、养育子女、情绪健康、物质福利和残障相关支持。该问卷主要采用 Likert 5 点计分法，分值越高，代表孤独症儿童家庭生活质量水平越好，无反向计分题。此外，该量表中家庭生活质量总分以及五个方面的得分均用平均值表示，满分为 5 分。通过统计数据分析得出，该问卷的 Cronbach's alpha 为 0.96，组合信度为 0.91，表明信度良好。

四　研究过程

（一）问卷施测

在问卷施测过程中，本书课题组成员首先询问了康复教育机构和特殊学校的意见，在征得同意后，由学校教师和机构康复训练师将问卷发放给孤独症儿童父母。调查者会告知孤独症儿童家长问卷的保密性和匿名性，为其提供两天时间，根据自身实际情况进行填写，完成后由机构康复训练师和学校教师统一回收。

（二）数据处理

本书课题组成员将收集的问卷数据录入 excel 中，随后在 SPSS 22.0 中导入 excel 数据进行分析。本书主要采用的数据分析方法有描述统计、方差分析、独立样本 t 检验、多配对佛利德曼检验、配对样本 t 检验等。

表 2-1　　　　　　　　孤独症儿童基本情况

变量	类别	人数（人）	占比（%）
儿童性别 （N=230）	男	193	83.9
	女	37	16.1
儿童年龄 （N=230）	1—3 岁	46	20.0
	4—6 岁	112	48.7
	7—12 岁	48	20.9
	12 岁以上	24	10.4
儿童障碍类型 （N=230）	孤独症	99	43.0
	智力障碍	13	5.7
	学习障碍	36	15.7
	脑瘫	4	1.7
	肢体障碍	10	4.3
	多动症	24	10.4
	精神发育迟缓	31	13.5
	语言障碍	9	3.9
	唐氏综合征	4	1.7
儿童障碍程度 （N=230）	轻度	84	36.5
	中度	92	40
	中重度	39	17
	重度	15	6.5
儿童是否具有共患病 （N=230）	是	20	8.7
	否	210	91.3
儿童是否接受药物治疗 （N=230）	是	90	39.1
	否	140	60.9

续表

变量	类别	人数（人）	占比（%）
儿童接受康复训练时间 （N=230）	3 个月以内	94	40.9
	3—6 个月	29	12.6
	6—12 个月	41	17.8
	1—3 年	36	15.7
	3 年以上	30	13.0

五 研究结果

（一）孤独症儿童及其家庭基本情况

基于方便取样的方法，本书选取了浙江、河南两省五所特殊教育学校中的视力障碍、听力障碍、智力障碍以及孤独症等九类儿童进行了调查，并取得儿童监护人以及相关康复教育机构负责人的同意。在本次问卷调查中，本书有效问卷为 230 份。其中有四份问卷是缺少孤独症儿童家庭基本情况的，但是其他重要部分内容填写完整，因此将其保留下来。

1. 孤独症儿童基本情况

在本书所调查的所有孤独症儿童里，年龄最小的为 1 岁，年龄最大的为 21 岁，平均年龄为 5.8±4.16 岁。具体调查结果如表 2-1 所示。

2. 孤独症儿童家庭基本情况

在孤独症儿童家庭基本信息收集上，本书获得的 230 份问卷中缺失了四份关于父亲的基本信息，但由于这四份问卷在其他方面的信息较为完整，因此将其作为有效数据。结果显示，被调查母亲的平均年龄为 34.82±7.12 岁，父亲的平均年龄为 36.56±7.47 岁。具体调查结果如表 2-2 所示。

表 2-2　　　　　　　　孤独症儿童家庭基本情况

变量	类别	人数（人）	占比（%）
省份 （N=230）	浙江	111	48.3
	河南	106	46.1
	其他	11	4.8

续表

变量	类别	人数（人）	占比（%）
家庭所在地 （N=229）	城市	104	45.2
	农村	125	54.3
儿童主要照料者 （N=228）	母亲	144	62.6
	父亲	20	8.7
	祖辈	43	18.7
	多人共同照料	21	9.1
孩子数量 （N=228）	1个	109	47.8
	2个	105	45.7
	2个以上	14	5.2
家庭结构 （N=227）	大家庭（三代同堂）	141	61.3
	核心家庭（父母与孩子）	79	34.3
	单亲家庭	7	3.0
母亲职业 （N=229）	务农	28	12.2
	工人	16	7.0
	公司职员	41	17.8
	公务员、教师、医护人员	39	17.0
	自由职业	26	11.3
	专职在家	79	34.3
母亲受教育水平 （N=229）	研究生（硕士/博士）	13	5.7
	本科	59	25.7
	专科	48	20.9
	高中	51	22.2
	初中及以下	58	25.2
父亲职业 （N=226）	务农	23	10.0
	工人	38	16.5
	公司职员	64	27.8
	公务员、教师、医护人员	27	11.7
	自由职业	68	29.6
	专职在家	6	2.6

续表

变量	类别	人数（人）	占比（%）
父亲受教育水平 （N=226）	研究生（硕士/博士）	13	5.7
	本科	64	27.8
	专科	38	16.5
	高中	51	22.2
	初中及以下	60	26.1
家庭年收入 （N=227）	4万元以下	68	29.6
	4—6万元	38	16.5
	7—8万元	42	18.3
	9—12万元	34	14.8
	12万元以上	45	19.6
儿童康复教育年支出 （N=227）	1万元以下	32	13.9
	1—3万元	47	20.4
	4—5万元	54	23.5
	5万元以上	94	40.9
是否参加家长培训 （N=227）	是	128	55.7
	否	99	43.0
是否参加家庭互助组织 （N=227）	是	59	25.7
	否	168	73.0
是否参加公益活动 （N=227）	是	79	34.3
	否	148	64.3
是否参加社会福利项目 （N=227）	是	64	27.8
	否	148	64.3

根据表2-2可以发现，本书调查的孤独症儿童家庭基本来自浙江、河南两省。在家庭所在地调查上，位于农村的孤独症儿童家庭高于城市。在孤独症儿童的主要照料上，母亲照料是最多的，占比高达62.6%，其次是祖父母，占比为18.7%，最少的是父亲，占比为8.7%。在孤独症儿童家庭子女数量上，大部分家庭有1个或2个孩子，占比分别为47.8%和45.7%，极少数家庭有两个以上的孩子，占比为5.2%。对于家庭结构，本书中三世同堂的孤独症儿童家庭是最多的，

其次是核心家庭结构，而单亲家庭是最少的。在孤独症儿童父母双方的职业上，母亲专职在家的居多，占34.3%，而父亲自由职业者最多，占29.6%。在孤独症儿童父母双方的受教育水平上，父母双方占比较高的均是本科。在孤独症儿童家庭年收入上，本次调查发现，低收入家庭明显多于高收入家庭。对于儿童康复的年支出，大部分孤独症儿童家庭的年支出高于5万元。此外，本书调查发现，孤独症儿童父母参加家长培训的最多，占比为55.7%，其次是公益活动，占比为34.3%，最少的是家庭互助组织，占比为25.7%。

（二）孤独症儿童家庭关爱现状

1. 孤独症儿童家庭关爱总体水平

对于孤独症儿童家庭关爱水平的调查，本书主要采用自编的"孤独症儿童家庭关爱调查问卷"，该问卷主要包括三个维度：家庭关系、家庭关爱资源以及家庭功能。结果显示，目前中国孤独症儿童家庭关爱水平总体一般，总分为3.03±0.54分。其中，得分最高的是家庭功能，得分为3.87±0.67分；其次是家庭关系，得分为2.84±0.70分；得分最低的为家庭关爱资源，得分为2.38±0.7分。具体调查结果如表2-3所示。

表2-3　　　　　　　　孤独症儿童家庭关爱描述性统计　　　　　　　　（分）

家庭关爱	Min	Max	M	SD
家庭关系	1.33	5.00	2.84	0.70
关爱资源	1.00	5.00	2.38	0.74
家庭功能	1.00	5.00	3.87	0.67
总分	1.07	4.86	3.03	0.54

2. 孤独症儿童家庭关系现状

在家庭关系上，本次调查将其分为内部关系（儿童父母、兄弟姐妹、祖父母以及亲戚）和外部关系（朋友、其他儿童父母、机构组织人员、医生、康复治疗师以及社区服务人员等）。通过配对样本t检验对孤独症儿童家庭内部关爱系统和外部关爱系统进行分析，通过多样本配对佛利德曼检验对孤独症儿童家庭内部关爱系统之间和外部关爱系统之间进行分析，以此了解其家庭关系亲密度。具体分析结果如表2-4

所示。

根据表2-4可以发现,中国孤独症儿童家庭关系亲密度处于中等偏下的水平,且家庭内部关系亲密度高于家庭外部。在孤独症儿童家庭内部,家庭关系亲密度最高的是儿童父母双方,其次是祖父母,最低的是兄弟姐妹。在孤独症儿童家庭外部,与孤独症儿童家庭亲密度最高的是康复治疗师,其次是朋友,最低的是宗教人员。

对于孤独症儿童家庭内部所提供的关爱上,父母对于孩子的关爱是最多的。而对于孤独症儿童家庭外部所提供的关爱上,康复训练人员对儿童的关爱度是最高的,其次是朋友和医生。对于孤独症儿童家庭关系融洽度和角色满意度,其与家庭内外部提供的关爱度的调查结果基本一致。

表2-4 孤独症儿童家庭关系亲密度的基本情况

	提供关爱度 ($M \pm SD$)	关系融洽度 ($M \pm SD$)	角色满意度 ($M \pm SD$)	总分 ($M \pm SD$)	Friedman 系数
1. 内部关系	3.61 ± 0.81	3.50 ± 0.79	3.42 ± 0.79	3.34 ± 0.71	
配偶	4.22 ± 1.01	4.04 ± 1.00	3.78 ± 1.04	4.01 ± 0.93	
兄弟姐妹	2.95 ± 1.61	2.89 ± 1.52	2.90 ± 1.50	2.91 ± 1.48	115.75***
外祖父母	4.07 ± 0.99	3.84 ± 0.96	3.72 ± 0.93	3.88 ± 0.87	
亲戚等成员	3.21 ± 1.09	3.21 ± 1.00	3.28 ± 0.94	3.23 ± 0.93	
2. 外部关系	2.43 ± 0.87	2.47 ± 0.84	2.48 ± 0.82	2.43 ± 0.82	
朋友	2.82 ± 1.15	2.90 ± 1.02	2.93 ± 1.00	2.88 ± 0.99	
其他家长	2.57 ± 1.19	2.67 ± 1.09	2.72 ± 1.06	2.65 ± 1.06	
机构组织人员	2.17 ± 1.25	2.20 ± 1.19	2.16 ± 1.66	2.18 ± 1.17	316.6***
医护人员	2.62 ± 1.50	2.47 ± 1.32	2.49 ± 1.34	2.53 ± 1.32	
社区人员	2.23 ± 1.23	2.40 ± 1.21	2.37 ± 1.28	2.34 ± 1.13	
宗教人员	1.53 ± 0.94	1.67 ± 1.02	1.73 ± 1.04	1.64 ± 0.94	
总分	2.86 ± 0.74	2.84 ± 0.73	2.82 ± 0.71	2.84 ± 0.70	
t	20.90***	19.74***	17.21***	20.21***	

说明:***表示 $p < 0.001$。

通过配对样本t检验发现,孤独症儿童家庭内部关系亲密度显著高于家庭外部，二者之间存在显著性差异（$p < 0.001$）。并且家庭成员提供的关爱度、家庭关系融洽度以及家庭角色满意度三个角度的家庭内部得分均显著高于家庭外部。通过多配对样本 F 检验结果发现，孤独症儿童家庭内部关系的各部分亲密度和家庭外部关系的各部分亲密度均存在显著性差异（$p < 0.001$）。在家庭内部关系系统中，孤独症儿童父母双方的亲密度最高。在家庭外部关系系统中，康复训练人员与孤独症儿童家庭的亲密度最高。

3. 孤独症儿童家庭关爱资源现状

根据表 2-5 可以发现，孤独症儿童家庭关爱资源总体上处于中等偏下水平，其中，家庭内部关系提供的关爱资源总分以及各维度得分明显高于家庭外部关系提供的。在孤独症儿童家庭内部关系中，来自父母的关爱最多，其次是祖父母。在孤独症儿童家庭外部关系中，来自康复训练人员的关爱最多，其次是朋友和医生。

对于孤独症儿童家庭关爱资源类型，本书调查发现，情感交流方面的关爱最多，其次是信息获取方面的关爱，最后是经济支持方面的关爱。这说明中国孤独症儿童家庭获得的资源大多是情感和信息方面的支持，来自经济和物质方面的支持很少。

通过配对样本 t 检验发现，孤独症儿童家庭内部和外部关爱资源之间存在显著性差异（$p < 0.001$），家庭内部关爱资源总分以及各维度得分均显著高于家庭外部。

表 2-5　　　　孤独症儿童家庭关爱资源基本情况

	经济支持 （$M \pm SD$）	帮扶照料 （$M \pm SD$）	情感表达 （$M \pm SD$）	信息获取 （$M \pm SD$）
1. 内部来源	3.04 ± 0.80	3.14 ± 0.85	3.42 ± 0.86	3.17 ± 0.94
配偶	4.31 ± 1.10	4.03 ± 1.20	4.23 ± 1.00	4.00 ± 1.07
兄弟姐妹	1.91 ± 1.23	2.25 ± 1.38	2.60 ± 1.55	2.41 ± 1.43
外祖父母	3.48 ± 1.14	3.72 ± 1.07	3.83 ± 1.05	3.46 ± 1.18
亲戚等成员	2.47 ± 1.14	2.58 ± 1.15	3.03 ± 1.22	2.80 ± 1.24
2. 外部来源	1.65 ± 0.81	1.89 ± 0.88	2.16 ± 0.96	2.09 ± 0.96
朋友	1.91 ± 1.07	2.09 ± 1.16	2.49 ± 1.28	2.36 ± 1.24

续表

	经济支持 ($M \pm SD$)	帮扶照料 ($M \pm SD$)	情感表达 ($M \pm SD$)	信息获取 ($M \pm SD$)
其他家长	1.66 ± 0.97	1.88 ± 1.10	2.29 ± 1.29	2.20 ± 1.27
机构组织人员	1.66 ± 0.96	1.73 ± 1.02	1.97 ± 1.23	1.89 ± 1.20
医护人员	1.67 ± 1.14	1.97 ± 1.28	2.31 ± 1.45	2.27 ± 1.41
康复人员	1.72 ± 1.10	2.39 ± 1.44	2.43 ± 1.48	2.41 ± 1.45
社区人员	1.63 ± 1.00	1.74 ± 1.09	2.07 ± 1.25	1.98 ± 1.18
宗教人员	1.35 ± 0.78	1.43 ± 0.86	1.57 ± 1.00	1.53 ± 0.98
总分	2.16 ± 0.71	2.34 ± 0.78	2.62 ± 0.81	2.49 ± 0.86
t	27.00 ***	22.80 ***	20.60 ***	18.65 ***

	康复活动 ($M \pm SD$)	教育活动 ($M \pm SD$)	休闲活动 ($M \pm SD$)	问题解决 ($M \pm SD$)	关爱资源总分 ($M \pm SD$)
1. 内部来源	2.99 ± 0.93	2.94 ± 0.92	2.98 ± 0.91	3.12 ± 0.91	3.11 ± 0.76
配偶	3.88 ± 1.20	3.84 ± 1.20	3.82 ± 1.19	3.99 ± 1.12	4.01 ± 0.94
兄弟姐妹	2.31 ± 1.42	2.28 ± 1.39	2.33 ± 1.46	2.29 ± 1.39	2.30 ± 1.19
外祖父母	3.30 ± 1.20	3.26 ± 1.17	3.27 ± 1.15	3.44 ± 1.13	3.47 ± 0.92
亲戚等成员	2.44 ± 1.25	2.39 ± 1.23	2.50 ± 1.24	2.78 ± 1.20	2.62 ± 0.99
2. 外部来源	2.00 ± 0.98	1.92 ± 0.92	1.89 ± 0.94	2.05 ± 0.92	1.96 ± 0.83
朋友	2.02 ± 1.19	1.97 ± 1.12	2.09 ± 1.17	2.25 ± 1.19	2.15 ± 0.99
其他家长	1.97 ± 1.21	1.91 ± 1.15	1.90 ± 1.17	2.12 ± 1.19	1.99 ± 1.00
机构组织人员	1.87 ± 1.22	1.79 ± 1.14	1.76 ± 1.14	1.84 ± 1.12	1.82 ± 1.01
医护人员	2.37 ± 1.52	2.17 ± 1.43	1.97 ± 1.32	2.25 ± 1.37	2.12 ± 1.17
康复人员	2.44 ± 1.52	2.20 ± 1.44	2.19 ± 1.41	2.43 ± 1.50	2.28 ± 1.21
社区人员	1.81 ± 1.13	1.80 ± 1.11	1.78 ± 1.14	1.94 ± 1.12	1.84 ± 0.96
宗教人员	1.57 ± 1.02	1.54 ± 1.44	1.53 ± 1.00	1.49 ± 0.91	1.50 ± 0.93
总分	2.36 ± 0.88	2.29 ± 0.84	2.28 ± 0.85	2.44 ± 0.86	2.37 ± 0.74
t	18.10 ***	19.88 ***	20.58 ***	20.05 ***	25.41 ***

说明：*** 表示 $p < 0.001$。

4. 孤独症儿童家庭功能度现状

根据表 2-6 可以发现，孤独症儿童家庭功能总体上处于中高等水平，其中家庭亲密度得分最高，其次是家庭关爱度，最低的为家庭适应性。

表2-6　　　　　　孤独症儿童家庭功能度基本情况

家庭功能	Min	Max	M	SD
适应性	0	5	3.47	0.94
成熟性	0	5	3.76	0.90
情感性	0	5	3.73	0.84
亲密度	0	5	4.13	0.74
关爱度	0	5	4.10	0.78
合作度	0	5	3.87	0.79
满意度	0	5	4.08	0.87
总分	0	5	3.88	0.67

5. 孤独症儿童家庭关爱在儿童人口学变量上的差异

在孤独症儿童人口统计学变量上，通过独立样本 t 检验和单因素方差分析结果可以发现，孤独症儿童家庭关爱在人口统计学变量上不存在显著差异。具体调查结果如表2-7所示。

表2-7　　　孤独症儿童家庭关爱在儿童人口学变量上的差异

变量	类别	M	SD	t/F
儿童性别	1. 男	3.00	0.52	3.80
	2. 女	3.19	0.62	
儿童年龄	1. 1—3 岁	2.98	0.57	0.96
	2. 4—6 岁	3.07	0.51	
	3. 7—12 岁	2.94	0.51	
	4. 12 岁以上	3.11	0.69	
障碍类型	1. 孤独症	3.04	0.55	1.36
	2. 智力障碍	3.16	0.52	
	3. 学习障碍	3.14	0.59	
	4. 脑瘫	3.23	1.50	
	5. 肢体障碍	3.23	0.31	
	6. 多动症	2.85	0.38	
	7. 精神发育迟缓	2.85	0.34	
	8. 语言障碍	3.03	0.50	
	9. 唐氏综合征	3.19	0.73	

续表

变量	类别	M	SD	t/F
儿童障碍程度	1. 轻度	3.10	0.48	1.12
	2. 中度	3.01	0.54	
	3. 中重度	2.99	0.65	
	4. 重度	2.86	0.54	
儿童是否具有共患病	1. 是	3.02	0.55	0.39
	2. 否	3.10	0.45	
儿童是否接受药物治疗	1. 是	3.00	0.49	0.62
	2. 否	3.05	0.57	
儿童康复训练时间	1. 3个月以内	2.95	0.52	2.38
	2. 3—6个月	3.29	0.47	
	3. 7—12个月	3.00	0.44	
	4. 1—3年	3.04	0.59	
	5. 3年以上	3.07	0.67	

6. 孤独症儿童家庭关爱在家庭人口学变量上的差异

在家庭人口统计学变量上，通过独立样本t检验和单因素方差分析结果显示，孤独症儿童家庭关爱仅在是否参加家长培训、公益活动和社会福利项目上存在显著差异，且参加这些活动的孤独症儿童家庭关爱水平明显高于未参加的。具体调查结果如表2-8所示。

表2-8　孤独症儿童家庭关爱在家庭人口学变量上的差异

变量	类别	M	SD	t/F
家庭所在地	1. 城市	3.04	0.62	0.09
	2. 农村	3.02	0.46	
儿童主要照料者	1. 母亲	3.05	0.52	1.61
	2. 父亲	2.88	0.52	
	3. 祖辈	2.95	0.59	
	4. 多人共同照料	3.20	0.56	
家庭结构	1. 大家庭	3.08	0.58	2.32
	2. 核心家庭	2.97	0.46	
	3. 单亲家庭	2.71	0.42	

续表

变量	类别	M	SD	t/F
母亲职业	1. 务农	3.14	0.50	1.37
	2. 工人	3.02	0.75	
	3. 公司职员	2.99	0.51	
	4. 公职人员	3.19	0.54	
	5. 自由职业	3.00	0.61	
	6. 专职在家	2.95	0.49	
母亲受教育水平	1. 研究生	3.04	0.77	0.32
	2. 本科	2.98	0.53	
	3. 专科	3.05	0.49	
	4. 高中	3.01	0.48	
	5. 初中及以下	3.08	0.59	
父亲职业	1. 务农	3.18	0.52	0.71
	2. 工人	2.94	0.52	
	3. 公司职员	3.04	0.55	
	4. 公职人员	3.05	0.46	
	5. 自由职业	3.04	0.55	
	6. 专职在家	2.84	0.84	
父亲受教育水平	1. 研究生	3.03	0.49	0.31
	2. 本科	3.04	0.56	
	3. 专科	3.03	0.49	
	4. 高中	3.09	0.63	
	5. 初中及以下	2.98	0.47	
家庭年收入	1. 4万元以下	2.97	0.50	1.66
	2. 4—6万元	3.22	0.60	
	3. 7—8万元	2.98	0.47	
	4. 9—12万元	2.98	0.49	
	5. 12万元以上	3.05	0.60	
是否参加家长培训	1. 是	3.10	0.57	5.90*
	2. 否	2.93	0.48	
是否参加家庭互助组织	1. 是	3.17	0.52	5.73*
	2. 否	2.98	0.54	

续表

变量	类别	M	SD	t/F
是否参加公益活动	1. 是	3.16	0.59	7.54**
	2. 否	2.96	0.50	
是否参加社会福利项目	1. 是	3.19	0.61	8.02**
	2. 否	2.97	0.50	

说明：* 表示 $p<0.05$；** 表示 $p<0.01$。

（三）孤独症儿童家庭应对现状

1. 孤独症儿童家庭应对总体水平

根据表2-9显示的结果，孤独症儿童家庭应对处于中等水平，其中，通过认知重构来应对外界压力的效果最好，其次是获得和接受帮助，来自精神支持方面的应对效果最差。

表2-9 孤独症儿童家庭应对的描述性统计

家庭应对	Min	Max	M	SD
寻求社会支持	1.67	5.00	3.17	0.57
认知重构	2.13	5.00	3.41	0.56
寻求精神支持	1.00	4.75	2.32	0.86
获得和接受帮助	1.75	5.00	3.39	0.57
消极评价	2.00	5.00	3.08	0.53
总分	1.93	4.50	3.08	0.47

2. 孤独症儿童家庭应对在儿童人口学变量上的差异

在孤独症儿童人口统计学变量上，通过独立样本t检验和单因素方差分析结果发现，孤独症儿童家庭应对在人口统计学变量上不存在显著差异。具体调查结果如表2-10所示。

表2-10 孤独症儿童家庭应对在儿童人口学变量上的差异

变量	类别	M	SD	t/F
儿童性别	1. 男	3.10	0.48	2.92
	2. 女	2.95	0.44	

续表

变量	类别	M	SD	t/F
儿童年龄	1. 1—3 岁	3.06	0.41	0.41
	2. 4—6 岁	3.05	0.52	
	3. 7—12 岁	3.10	0.46	
	4. 12 岁以上	3.16	0.41	
障碍类型	1. 孤独症	3.01	0.48	1.90
	2. 智力障碍	2.93	0.60	
	3. 学习障碍	3.23	0.48	
	4. 脑瘫	3.32	0.55	
	5. 肢体障碍	3.39	0.45	
	6. 多动症	2.95	0.36	
	7. 精神发育迟缓	3.11	0.42	
	8. 语言障碍	3.18	0.32	
	9. 唐氏综合征	3.13	0.57	
儿童障碍程度	1. 轻度	3.16	0.43	2.41
	2. 中度	3.07	0.47	
	3. 中重度	2.98	0.46	
	4. 重度	2.87	0.65	
儿童是否具有共患病	1. 是	3.07	0.42	0.04
	2. 否	3.08	0.51	
儿童是否接受药物治疗	1. 是	3.07	0.42	0.04
	2. 否	3.08	0.51	
儿童康复训练时间	1. 3 个月以内	3.10	0.42	1.31
	2. 3—6 个月	3.16	0.47	
	3. 7—12 个月	3.00	0.46	
	4. 1—3 年	3.13	0.60	
	5. 3 年以上	2.95	0.46	

3. 孤独症儿童家庭应对在家庭人口学变量上的差异

在孤独症儿童家庭人口统计学变量上，通过独立样本 t 检验和单因素方差分析的结果显示，孤独症儿童家庭应对仅在家庭年收入和是否参加公益活动上存在显著差异，且参加公益活动的孤独症儿童家庭应对水平明显高于未参加的。随后，通过对孤独症儿童家庭年收入进行事后检验发现，孤独症儿童家庭年收入在4—6万元和12万元及以上的应对水平显著高于其他三种类型（$p<0.01$）。具体调查结果如表2-11所示。

表2-11　孤独症儿童家庭应对在家庭人口学变量上的差异

变量	类别	M	SD	t/F	LSD
家庭所在地	1. 城市	3.11	0.46	0.85	
	2. 农村	3.05	0.49		
儿童主要照料者	1. 母亲	3.09	0.45	1.09	
	2. 父亲	2.89	0.59		
	3. 祖辈	3.11	0.50		
	4. 多人共同照料	3.10	0.45		
家庭结构	1. 大家庭	3.12	0.49	2.29	
	2. 核心家庭	2.98	0.44		
	3. 单亲家庭	3.17	0.49		
母亲职业	1. 务农	3.01	0.37	0.74	
	2. 工人	3.18	0.50		
	3. 公司职员	3.07	0.50		
	4. 公职人员	3.11	0.52		
	5. 自由职业	3.18	0.50		
	6. 专职在家	3.02	0.46		
母亲受教育水平	1. 研究生	3.03	0.40	0.23	
	2. 本科	3.08	0.46		
	3. 专科	3.03	0.46		
	4. 高中	3.12	0.53		
	5. 初中及以下	3.09	0.48		
父亲职业	1. 务农	2.93	0.32	1.39	
	2. 工人	2.98	0.39		
	3. 公司职员	3.07	0.47		
	4. 公职人员	3.05	0.42		
	5. 自由职业	3.17	0.54		
	6. 专职在家	3.20	0.81		

续表

变量	类别	M	SD	t/F	LSD
父亲受教育水平	1. 研究生	3.01	0.44	0.44	
	2. 本科	3.12	0.46		
	3. 专科	3.02	0.42		
	4. 高中	3.04	0.55		
	5. 初中及以下	3.10	0.48		
家庭年收入	1. 4万元以下	2.95	0.45	4.06**	2, 5 > 1, 3
	2. 4—6万元	3.26	0.53		
	3. 7—8万元	2.96	0.44		
	4. 9—12万元	3.08	0.44		
	5. 12万元以上	3.20	0.45		
是否参加家长培训	1. 是	3.08	0.49	0.03	
	2. 否	3.07	0.45		
是否参加家庭互助组织	1. 是	3.16	0.53	2.76	
	2. 否	3.05	0.45		
是否参加公益活动	1. 是	3.18	0.49	6.38*	1 > 2
	2. 否	3.02	0.46		
是否参加社会福利项目	1. 是	3.13	0.53	1.28	
	2. 否	3.05	0.45		

说明：*表示 $p < 0.05$；**表示 $p < 0.01$。

（四）孤独症儿童家庭复原力现状

1. 孤独症儿童家庭复原力总体水平

表2-12的结果显示，孤独症儿童家庭复原力处于较低水平，总分低于3分，其中家庭赋予逆境意义的能力最好，其次是家庭沟通和问题解决，最差的是家庭灵性。

表2-12　孤独症儿童家庭复原力描述性统计

家庭复原力	Min	Max	M	SD
家庭沟通与问题解决	1.96	4.67	2.99	0.38
利用社会和经济资源	1.25	4.25	2.71	0.48

续表

家庭复原力	Min	Max	M	SD
家庭的积极看法	2.00	4.67	2.97	0.42
家庭联结	1.83	4.17	2.63	0.36
家庭灵性	1.00	4.75	2.22	0.66
家庭赋予逆境意义的能力	2.00	4.67	3.00	0.45
总分	1.94	4.56	2.85	0.35

2. 孤独症儿童家庭复原力在儿童人口学变量上的差异

在孤独症儿童人口统计学变量上，通过独立样本 t 检验和单因素方差分析，结果发现，孤独症儿童家庭复原力水平仅在儿童障碍类型上存在显著性差异，随后对其进行了事后检验，发现智力障碍儿童家庭复原力水平最差，肢体障碍儿童家庭复原力最好。具体调查结果如表 2-13 所示。

表 2-13　孤独症儿童家庭复原力在儿童人口学变量上的差异

变量	类别	M	SD	t/F	LSD
儿童性别	1. 男	2.86	0.36	0.59	
	2. 女	2.81	0.30		
儿童年龄	1. 1—3 岁	2.84	0.25	0.51	
	2. 4—6 岁	2.84	0.40		
	3. 7—12 岁	2.86	0.33		
	4. 12 岁以上	2.93	0.31		
障碍类型	1. 孤独症	2.82	0.30	4.11***	5>3, 4>1, 6, 7, 8>2
	2. 智力障碍	2.60	0.19		
	3. 学习障碍	2.98	0.39		
	4. 脑瘫	3.08	0.46		
	5. 肢体障碍	3.23	0.75		
	6. 多动症	2.72	0.22		
	7. 精神发育迟缓	2.85	0.26		
	8. 语言障碍	2.92	0.37		
	9. 唐氏综合征	2.89	0.20		

续表

变量	类别	M	SD	t/F	LSD
儿童障碍程度	1. 轻度	2.88	0.30	0.49	
	2. 中度	2.82	0.32		
	3. 中重度	2.88	0.49		
	4. 重度	2.85	0.43		
儿童是否具有共患病	1. 是	2.85	0.35	0.17	
	2. 否	2.82	0.36		
儿童是否接受药物治疗	1. 是	2.84	0.30	0.20	
	2. 否	2.86	0.38		
儿童康复训练时间	1. 3个月以内	2.89	0.36	1.42	
	2. 4—6个月	2.93	0.41		
	3. 7—12个月	2.76	0.25		
	4. 1—3年	2.81	0.37		
	5. 3年以上	2.85	0.36		

说明：*** 表示 $p<0.001$。

3. 孤独症儿童家庭复原力在家庭人口学变量上的差异

在孤独症儿童家庭人口统计学变量上，通过独立样本 t 检验和单因素方差分析，结果显示，孤独症儿童家庭复原力仅在家庭所在地、母亲职业以及家庭年收入上存在显著差异，且家庭所在地位于城市的孤独症儿童家庭复原力显著高于农村。对母亲职业和家庭年收入分别进行事后检验，结果发现，母亲为自由职业的家庭复原力显著高于专职在家和公职的，家庭年收入在 4—6 万元和 12 万元以上的家庭复原力水平明显高于其他三类收入的家庭。具体调查结果如表 2-14 所示。

表 2-14 孤独症儿童家庭复原力在家庭人口学变量上的差异

变量	类别	M	SD	t/F	LSD
家庭所在地	1. 城市	2.91	0.42	4.62*	1>2
	2. 农村	2.81	0.28		

续表

变量	类别	M	SD	t/F	LSD
儿童主要照料者	1. 母亲	2.85	0.35	1.20	
	2. 父亲	2.78	0.38		
	3. 祖辈	2.82	0.34		
	4. 多人共同照料	2.97	0.34		
家庭结构	1. 大家庭	2.88	0.39	1.14	
	2. 核心家庭	2.80	0.27		
	3. 单亲家庭	2.87	0.42		
母亲职业	1. 务农	2.86	0.23	2.44*	5>4, 6
	2. 工人	2.92	0.34		
	3. 公司职员	2.88	0.35		
	4. 公职人员	2.81	0.37		
	5. 自由职业	3.04	0.54		
	6. 专职在家	2.78	0.28		
母亲受教育水平	1. 研究生	2.82	0.36	0.68	
	2. 本科	2.88	0.50		
	3. 专科	2.78	0.25		
	4. 高中	2.85	0.32		
	5. 初中及以下	2.88	0.25		
父亲职业	1. 务农	2.84	0.22	0.97	
	2. 工人	2.81	0.18		
	3. 公司职员	2.81	0.32		
	4. 公职人员	2.83	0.39		
	5. 自由职业	2.92	0.45		
	6. 专职在家	2.78	0.38		
父亲受教育水平	1. 研究生	2.72	0.38	1.48	
	2. 本科	2.90	0.46		
	3. 专科	2.76	0.19		
	4. 高中	2.85	0.34		
	5. 初中及以下	2.87	0.27		

续表

变量	类别	M	SD	t/F	LSD
家庭年收入	1. 4万元以下	2.79	0.24	2.85*	2, 5 > 1, 3, 4
	2. 4—6万元	2.96	0.35		
	3. 7—8万元	2.80	0.48		
	4. 9—12万元	2.78	0.23		
	5. 12万元以上	2.94	0.40		
是否参加家长培训	1. 是	2.87	0.38	0.93	
	2. 否	2.82	0.31		
是否参加家庭互助组织	1. 是	2.84	0.28	0.13	
	2. 否	2.86	0.37		
是否参加公益活动	1. 是	2.89	0.35	1.42	
	2. 否	2.83	0.35		
是否参加社会福利项目	1. 是	2.86	0.33	0.04	
	2. 否	2.85	0.36		

说明：*表示$p<0.05$。

(五) 孤独症儿童家庭生活质量现状

1. 儿童家庭生活质量现状

表2-15显示出中国孤独症儿童家庭生活质量水平良好，其中家庭互动方面的情况最好，其次是养育子女方面，最差的是情绪健康方面。

表2-15　　孤独症儿童家庭生活质量的描述性统计

家庭生活质量	Min	Max	M	SD
家庭互动	2.50	5.00	3.71	0.68
养育子女	2.00	5.00	3.60	0.67
情绪健康	1.50	5.00	3.24	0.73
物质福利	1.40	5.00	3.36	0.82
与残障相关支持	1.00	5.00	3.40	0.79
总分	2.03	5.00	3.46	0.63

2. 孤独症儿童家庭生活质量在儿童基本人口学变量上的差异

在孤独症儿童人口统计学变量上,通过独立样本 t 检验和单因素方差分析发现,孤独症儿童家庭生活质量水平在儿童是否接受药物治疗、障碍严重程度以及障碍类型上存在显著差异,且接受药物治疗的儿童家庭生活质量水平显著低于不接受的。随后对儿童障碍类型和障碍严重程度做事后检验,结果发现,智力障碍和多动症儿童家庭的生活质量水平显著低于学习障碍、言语障碍和脑瘫的,精神发育迟缓儿童家庭的生活质量水平显著低于肢体残疾和学习障碍的,这也进一步说明了中度障碍儿童的家庭生活质量水平显著低于轻度障碍儿童的。具体调查结果如表2-16所示。

表2-16 孤独症儿童家庭生活质量在儿童人口学变量上的差异

变量	类别	M	SD	t/F	LSD
儿童性别	1. 男	3.46	0.62	0.04	
	2. 女	3.48	0.66		
儿童年龄	1. 1—3 岁	3.45	0.59	1.65	
	2. 4—6 岁	3.41	0.67		
	3. 7—12 岁	3.46	0.60		
	4. 12 岁以上	3.72	0.54		
障碍类型	1. 孤独症	3.46	0.58	2.23*	3, 4, 8 > 2, 6; 3, 5 > 7
	2. 智力障碍	3.13	0.55		
	3. 学习障碍	3.62	0.72		
	4. 脑瘫	4.02	0.89		
	5. 肢体障碍	3.61	0.74		
	6. 多动症	3.22	0.48		
	7. 精神发育迟缓	3.38	0.57		
	8. 语言障碍	3.78	0.83		
	9. 唐氏综合征	3.73	0.64		
儿童障碍程度	1. 轻度	3.63	0.59	3.58*	1 > 2
	2. 中度	3.33	0.57		
	3. 中重度	3.40	0.67		
	4. 重度	3.49	0.86		

续表

变量	类别	M	SD	t/F	LSD
儿童是否具有共患病	1. 是	3.47	0.63	0.33	
	2. 否	3.38	0.60		
儿童是否接受药物治疗	1. 是	3.31	0.59	8.88**	2>1
	2. 否	3.56	0.63		
儿童康复训练时间	1. 3个月以内	3.45	0.60	0.80	
	2. 3—6个月	3.57	0.71		
	3. 7—12个月	3.33	0.60		
	4. 1—3年	3.53	0.69		
	5. 3年以上	3.49	0.62		

说明：*表示$p<0.05$；**表示$p<0.01$。

3. 孤独症儿童家庭生活质量在家庭人口学变量上的差异

在孤独症儿童家庭人口统计学变量上，通过独立样本t检验和单因素方差分析，结果显示，孤独症儿童家庭生活质量水平仅在家庭所在地和家庭年收入上存在显著差异，且家庭所在地位于城市的孤独症儿童家庭生活质量水平显著高于农村的。随后对家庭年收入进行事后检验，结果发现，家庭年收入在12万元以上的家庭生活质量水平显著高于其他中低收入家庭，但其他四类年收入家庭之间不存在显著差异。具体调查结果如表2-17所示。

表2-17 孤独症儿童家庭生活质量在家庭人口学变量上的差异

变量	类别	M	SD	t/F	LSD
家庭所在地	1. 城市	3.61	0.67	11.07**	1>2
	2. 农村	3.34	0.57		
儿童主要照料者	1. 母亲	3.48	0.62	1.92	
	2. 父亲	3.28	0.63		
	3. 祖辈	3.38	0.64		
	4. 多人共同照料	3.70	0.61		

续表

变量	类别	M	SD	t/F	LSD
家庭结构	1. 大家庭	3.50	0.67	1.01	
	2. 核心家庭	3.38	0.52		
	3. 单亲家庭	3.55	0.84		
母亲职业	1. 务农	3.36	0.51	1.14	
	2. 工人	3.50	0.69		
	3. 公司职员	3.55	0.63		
	4. 公职人员	3.49	0.68		
	5. 自由职业	3.66	0.68		
	6. 专职在家	3.37	0.60		
母亲受教育水平	1. 研究生	3.63	0.76	0.48	
	2. 本科	3.49	0.73		
	3. 专科	3.38	0.55		
	4. 高中	3.45	0.65		
	5. 初中及以下	3.48	0.53		
父亲职业	1. 务农	3.34	0.44	1.18	
	2. 工人	3.39	0.51		
	3. 公司职员	3.49	0.68		
	4. 公职人员	3.47	0.66		
	5. 自由职业	3.54	0.65		
	6. 专职在家	3.00	0.53		
父亲受教育水平	1. 研究生	3.40	0.72	0.82	
	2. 本科	3.55	0.72		
	3. 专科	3.34	0.53		
	4. 高中	3.49	0.59		
	5. 初中及以下	3.41	0.56		
家庭年收入	1. 4万元以下	3.31	0.53	5.58***	5>1, 2, 3, 4
	2. 4—6万元	3.45	0.73		
	3. 7—8万元	3.32	0.58		
	4. 9—12万元	3.46	0.54		
	5. 12万元以上	3.82	0.66		

续表

变量	类别	M	SD	t/F	LSD
是否参加家长培训	1. 是	3.52	0.65	2.59	
	2. 否	3.38	0.60		
是否参加家庭互助组织	1. 是	3.44	0.61	0.06	
	2. 否	3.47	0.63		
是否参加公益活动	1. 是	3.57	0.67	3.45	
	2. 否	3.40	0.60		
是否参加社会福利项目	1. 是	3.56	0.63	2.17	
	2. 否	3.42	0.62		

说明：** 表示 $p<0.01$；*** 表示 $p<0.001$。

六 分析与讨论

（一）孤独症儿童家庭关爱现状讨论分析

本书通过问卷调查发现，中国孤独症儿童家庭关爱水平总体上处于中等，未来仍有很大的提升空间。有研究表明，疏解压力的有效方法是保持一个亲密的家庭关系。本书对于家庭关系亲密度的调查发现，家庭内部关系亲密度显著高于外部。国内研究者曾树兰对孤独症儿童的社会支持现状进行了调查，结果发现，孤独症家庭的正式支持多来源于学校教师和残联组织，而非正式支持主要来自其家庭内部成员。[①] 目前社会大众普遍认为，孤独症儿童家庭亲子关系和夫妻关系的满意度会显著受到其家庭经济负担和育儿压力等方面的影响。但本书通过调查表明，孤独症儿童家庭内部关系中亲密度最高的是配偶关系（4.01±0.93）。国外学者 Hastings 等研究表明，孤独症儿童可以帮助其父母成长，增强父母的个人目标感，显著改善其人际交往关系和社交网络体系[②]，同时增强其调节自身和应对外界压力的能力，以此减轻个人负担和压力。所以，对于孤独症儿童来说，其父母离婚率不会显著高于正常儿童父母。这可能是因为中国家庭结构还

[①] 曾树兰：《孤独症儿童家庭积极贡献现状及其与社会支持的关系研究》，硕士学位论文，重庆师范大学，2017年。

[②] R. P. Hastings, A. Beck, C. Hill, "Positive Contributions Made by Children with an Intellectual Disability in the Family: Mothers' and Fathers' Perceprions," *Journal of Intellectual Disabilities*, 2005, 9 (2): 155–165.

是以核心家庭为主。在抚养孩子的过程中，父母会因为沟通和交流而进一步增进彼此之间的感情，从而形成更为亲密的夫妻关系。此外，孤独症儿童家庭还受到了来自家庭外部的很多关爱，比如康复治疗师和医生，他们为孤独症儿童提供了最基本的康复训练。但本书调查发现，中国孤独症儿童家庭对康复治疗师的角色满意度并不高，这与过往研究结论一致。同时，还有研究表明，朋友支持对家庭成员适应水平有重要作用。因此，朋友支持可以帮助孤独症儿童家庭适应育儿困境，为其父母提供精神支持，从而使其保持乐观。

除此之外，本书获得的孤独症儿童家庭关爱水平明显高于胡晓毅学者研究得出的结论。这可能存在两方面的原因，一方面是因为本书调查的孤独症儿童家庭关爱水平范围更广，不仅仅考察了来自家庭内、外部关系上的家庭关爱，还关注家庭关爱资源和家庭整体和谐度对其家庭关爱的影响；另一方面是因为中国孤独症儿童政策的提升，近年来中国在不断发展的同时也加强了孤独症儿童政策建设，精准落实了孤独症儿童保障制度，提高了孤独症儿童扶持力度，制定了孤独症儿童康复辅助用具发展政策，这在制度上为孤独症儿童家庭提供了保障，成为其家庭成员为孤独症儿童提供关爱的动力机制。此外，本书通过调查还发现，孤独症儿童家庭关爱水平会受到四方面的影响：是否参加家长培训、是否参加家庭互助组织、是否参加公益活动以及是否参加社会福利项目。参加这四方面组织培训的孤独症儿童家庭关爱水平显著高于未参加的，这可能是因为这些组织培训为孤独症儿童家庭提供了更多的关爱资源，比如家长互助组织可以为孤独症儿童家长提供育儿方面的信息和精神支持。

（二）孤独症儿童家庭应对现状分析

对于孤独症儿童家庭应对水平的调查，本书主要采用 McCubbin 等人编制的"家庭危机导向的个人评价量表"。调查结果显示，中国孤独症儿童家庭应对处于中等水平，其中，寻求精神支持方面的得分最低，家庭认知重构方面的得分最高，这与过往研究结果一致。这表明孤独症儿童家庭在应对外界压力和应激事件时，大部分会选择采用认知重构的方法，对自身面临的困境做出重新定义，降低对孤独症儿童的要求，重新规划家庭生活。国内有研究者对精神分裂症患者父母的家庭应对水平进行了调查，结果发现，其寻求精神支持方面的得分最低，这表明中国对于宗教信仰上的精神追求普遍偏低，所以寻求宗教信仰上的精神支持并不能为孤独症儿童家庭提升应对水平提供较大帮助。此外，本书还发现，孤独症儿童家庭年收入水平显著影响其家庭应对水平，高收入家庭的应对水平显著高于低收入家庭，但中等水平以及中等偏上水平年收入的孤独症儿童家庭应对水平显著低于中等偏下年收入的家庭。这可能与不同年收入家庭获得的幸福感水平不同有关，中等偏下年收入的孤独症儿童家庭虽然经济状况不如其他家庭，但他们的乐观积极使其幸福感水平较高，生活满意度认知也显著高于平均水平，所以其家庭应对水平更好。同时，本书还发现，孤独症儿童家庭应对水平会受到家长是否参加公益活动的影响，参加公益活动的家庭应对水平显著高于未参加的，这可能是因为参加公益活动可以使孤独症儿童家庭获得更多的精神以及物质支持，从而提高了其应对外界压力和危机事件的能力。

（三）孤独症儿童家庭复原力现状讨论分析

通过调查发现，中国孤独症儿童家庭复原力水平总体偏低，很多孤独症儿童家庭不能充分利用资源和支持来应对外界环境中的压力和危机事件。在孤独症儿童家庭复原力各维度的调查中，我们发现，得分最高的是家庭赋予逆境意义的能力，得分最低的是家庭灵性，这与国内学者李玉丽的调查结果一致。这表明，家庭在应对外界环境中的压力和危机事件时，会采取积极乐观的看法，重新赋予生活逆境以意义，从而更好地面对逆境，提升其家庭复原力。对于家庭灵性，这可能是由于宗教问题并不适用于中国国情。此外，本书调查还发现，孤独症儿童家庭复原力水平在不同的障碍类型上具有显著性差异，其中肢体残疾儿童家庭复原力水平显著高于具有其他障碍的家庭，而智力障碍儿童的家庭复原力水平显著低于其他障碍儿童。这可能是因为肢体残疾儿童虽然身体存在缺陷，但其沟通交流能力和生活自理能力明显好于智力障碍儿童，因此其家庭复原力水平较高。对于孤独症儿童家庭复原力在人口统计学变量上的调查发现，孤独症儿童家庭复原力在不同家庭所在地、母亲职业和家庭年收入上均有显著差异。首先，位于城市的孤独症儿童家庭复原力水平显著高于农村的，这可能是因为城市家庭可以获得更多的外部资源支持，更有机会参加家庭互助组织，从而提升自身家庭复原力。其次，母亲为自由职业的孤独症儿童家庭复原力显著高于公职或是专职在家的母亲,这受到了过往学者对于脑瘫儿童家庭复原力研究的支持。[①] 这可能是因为自由职业可以让孤独症儿童的母亲在获得一定收入的同时,拥有更多可以自由支配的时间照料儿童和疏解自身精神压力,从而有利于家庭复原力的提升。最后,家庭年收入对孤独症儿童家庭复原力也有重要作用,中等水平和中高等水平收入的家庭复原力水平显著低于中低等水平的,而中高等收入的家庭复原力水平显著低于高等水平的,这可能是因为中低等收入水平的孤独症儿童家会比较追求家庭和谐与家庭功能,这在一定程度上弥补了其在经济方面的不足。

(四) 孤独症儿童家庭生活质量现状讨论分析

中国胡晓毅学者对孤独症儿童家庭生活质量的调查研究发现,国内孤独症儿童家庭生活质量处于中等水平,其中家庭互动维度的得分最高,这与本书的调查结果一致。同时,本书通过调查发现,孤独症儿童家庭情绪健康得分最低,这可能是因为大部分孤独症儿童家庭无法接受自身孩子残疾的事实,长期背负着极大的精神压力,从而导致其心理健康受到影响。此外,本书还发现,孤独症儿童家庭生活质量在不同障碍的严重程度上存在显著差异,中度或是重度孤独症儿童家庭生活质量水平显著低于轻度的,这一结论也得到了以往研究的证实。[②] 在孤独症儿童是否接受药物治疗方面,本书调查发现,接受药物治疗的孤独症儿童家庭生活质量水平显著低于未接受治疗的,这可能是因为接受药物治疗的儿童障碍程度更严重,其家庭也面临着更大的经济负担,由此导致其家庭生活质量水平偏低。在家庭所在地和家庭年收入方面,本书调查发现,位于城市的孤独症儿童家庭生活质量显著高于农村的,家庭年收入高的孤独症儿童家庭生活质量也显著高于年收入低的,这与目前的研究结果保持一致。但与以往不同的是,本书没有发现孤独症儿童家庭生活质量水平在儿童性别以及年龄方面的差异,而这正说明了中国孤独症儿童家庭生活质量理论体系在不断改善。

[①] 孔艳英、刘丽伟、陈丽:《82例脑瘫高危儿家庭复原力影响因素分析》,《山东医药》2017年第57卷第35期。

[②] Mian Wang, Ann P. Turnbull, Jean Ann Summers, "Severity of Disability and Income as Predictors of Parents' Satisfaction with Their Family Quality of Life during Early Childhood Years," *Research & Practice for Persons with Severe Disabilities*, 2004, 29 (2): 82 - 94.

七 研究结论

本书通过问卷调查法对孤独症儿童家庭关爱现状进行了调查分析，结果发现：

第一，孤独症儿童家庭关爱水平处于中等，且其家庭内部关爱水平显著高于家庭外部，家庭内部关爱系统中儿童父母之间的亲密度最高，家庭关爱水平在其是否参加社会活动上存在显著差异。

第二，孤独症儿童家庭应对处于中等水平，且其在家庭年收入、是否参加公益活动上存在显著差异。

第三，孤独症儿童家庭复原力水平偏低，且其在不同障碍类型、家庭所在地、母亲职业以及家庭年收入上存在显著差异。

第四，孤独症儿童家庭生活质量处于中等水平，且其在不同障碍类型、严重程度、是否接受药物治疗、家庭所在地以及家庭年收入上存在显著差异。

第五节 孤独症儿童家庭关爱作用机制路径分析

本节在前文研究的基础上，对孤独症儿童家庭关爱机制现状进行调查，我们发现，国内孤独症儿童家庭关爱水平大致处于中等，所以，本节将继续探讨建立有效的孤独症儿童家庭关爱机制。为了证实本书建构的孤独症儿童家庭关爱机制理论模型，本书将对其进行路径分析，同时考察孤独症儿童家庭应对压力的自我调节能力和适应能力，以便从理论上对孤独症儿童家庭生活质量水平的提升进行指导。

一 研究目的

在上文对于孤独症儿童家庭关爱情况的调研基础上，本节进行如下探究：

1. 分析孤独症儿童家庭关爱机制内部各个变量间的相关性。
2. 考察孤独症儿童家庭关爱模型的信效度。
3. 考察孤独症儿童家庭关爱机制测量模型的信效度。
4. 分析孤独症儿童家庭关爱机制的作用路径。

二 研究模型

基于家庭复原力、家庭系统、生态系统以及家庭生活质量系统理论模型，本书将建立孤独症儿童家庭关爱机制的作用路径模型。该模型主要以家庭关爱为自变量，以家庭生活质量为家庭适应的结果变量，以家庭应对能力和家庭复原力为中介变量建立相关模型，具体模型如图2-7所示。此次构建的模型主要包含五个潜在变量和十条假设路径，主要研究假设如下：

假设1：亲职压力对家庭关爱具有负向预测作用。

假设2：亲职压力对家庭复原力具有负向预测作用。

假设3：亲职压力对家庭应对具有反向预测作用。

假设4：亲职压力对家庭生活质量具有负向预测作用。

假设5：家庭关爱对家庭复原力具有正向预测作用。

假设6：家庭关爱对家庭应对具有正向预测作用。

假设7：家庭关爱对家庭生活质量具有正向预测作用。

假设8：家庭应对对家庭复原力具有正向预测作用。

假设9：家庭复原力对家庭生活质量具有正向预测作用。

假设10：家庭应对能力对家庭生活质量具有正向预测作用。

假设11：家庭复原力在亲职压力和家庭生活质量之间起中介作用。

假设12：家庭应对在亲职压力和家庭生活质量之间起中介作用。

假设13：家庭应对、家庭复原力在亲职压力和家庭生活质量之间存在链式中介效应。

假设14：家庭复原力在家庭关爱和家庭生活质量之间起中介作用。

假设15：家庭应对在家庭关爱和家庭生活质量之间起中介作用。

假设16：家庭应对、家庭复原力在家庭关爱和家庭生活质量之间存在链式中介效应。

假设17：家庭复原力在家庭应对和家庭生活质量之间起中介作用。

三 研究对象

基于方便取样法，此研究在河南与浙江两省共选取五所特殊学校、机构中的孤独症、学习障碍、智力障碍等九类特殊儿童，在取得相关康

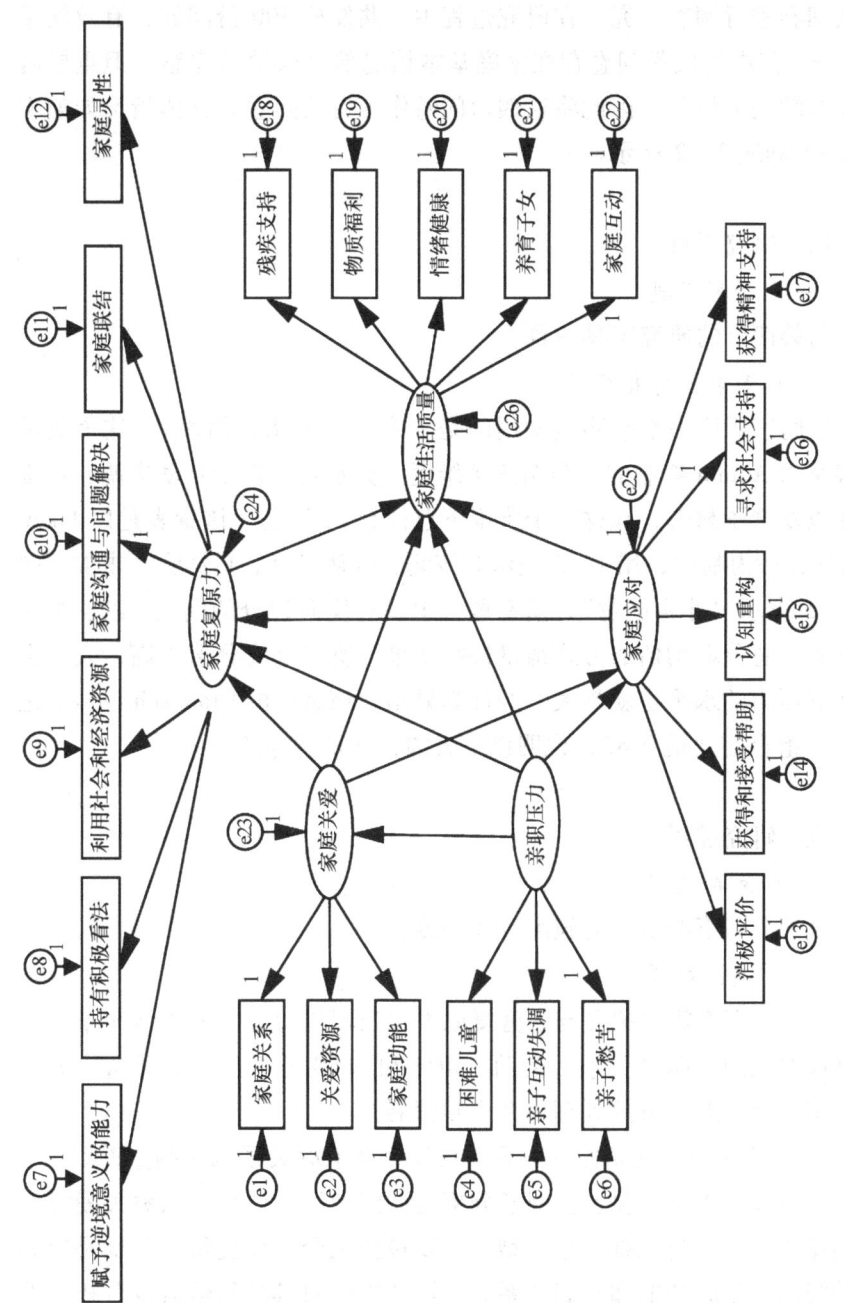

图 2-7 孤独症儿童家庭关爱机制作用路径预测模型

复学校和特殊学校负责人以及家长监护人的同意后，对孤独症儿童家长发放问卷进行调查研究。在研究过程中，共发放300份问卷，有效问卷230份。其中有四份问卷存在家庭基本情况部分未填写完整，但重要内容没有缺失的情况，因此将这四份问卷作为有效问卷。具体情况如前文表2-1和表2-2所示。

四　研究工具

（一）研究工具

与第四节的研究工具一致。

（二）亲职压力指标简表

家庭亲职压力水平测量采用的是"亲职压力指标简表"，这个测量量表是由Abidin编制的，包括三个维度，分别是：亲子互动失调、苦难儿童以及亲子愁苦，在这三个维度下总计有36道题。该量表是以Likert 5点计分法为基础，用1—5表示对该问题的认可度，1表示"非常不同意"，5表示"非常同意"，所有题目中没有反向计分的问题，以各维度得分和对总分取均值的方式衡量最终结果。所以最终分值越高，表示家庭亲职压力的水平也就越大。经计算显示，该量表的Cronbach's alpha是0.96，组合信度是0.82，说明该量表的信度是达标的。

五　研究过程

（一）问卷施测

该部分与第四节中的施测过程一致。

（二）统计处理

本书为探究家庭关爱与家庭复原力、亲职压力、家庭生活质量以及家庭应对之间的路径关系，借助AMOS和SPSS分析孤独症儿童家庭关爱作用路径。此部分的处理由两个步骤展开。

1. 验证孤独症儿童家庭关爱测量模型及家庭关爱机制测量模型

第一步主要选用验证性因子分析验证模型的有效性。家庭关爱测量模型作为一个一阶三维测量模型，主要包括三个潜在变量，分别是家庭关爱资源、家庭功能和家庭关系。经过AMOS对其进行信效度分析，然后删除掉不合理的观察变量，随后形成良好的孤独症儿童家庭关爱测量模型。在前一个测量模型的基础上，本书将继续建立孤独症儿童家庭关爱机制测量模型。该模型的潜在变量由家庭复原力、家庭生活质量、家庭应对能力和家庭关爱组成，然后经过信效度分析删除不合理观察变量，由此形成良好的孤独症儿童家庭关爱机制测量模型。此部分剔除的不合格指数如下：因子载荷系数 <0.6，组合信度（CR）<0.7，平均方差萃取量（AVE）<0.5 的变量。

2. 构建并验证孤独症儿童家庭关爱路径结构模型

本书对模型拟合度的评估主要使用了如下的统计数据：（1）近似均方根误差（RMSEA）；（2）CFI 指数；（3）卡方自由度比；（4）TLI 指数；（5）标准化均方根残差（SRMR）。一般而言，用来评估我们的假设模型与所设置的完美模型之间的距离可以用绝对拟合指数来表示，像卡方自由度比、RMSEA 和 SRMR。卡方自由度用来衡量模型的适配是否得当，若数值小于 1，表示模型过度适配；若数值小于 3，则表示模型的适配性良好；若模型大于 3，则表示模型的适配度不佳。RMSEA 用以评估数据拟合到总体协方差矩阵中的误差，具体来讲，数值小于 0.01，表示模型的拟合度非常优秀；数值小于 0.05，表示模型的拟合度非常好；数值小于 0.1，表示模型的拟合度是好的。在大多数情况下以 0.8 为临界值，小于 0.8，表示模型的适配性是合格的。SRMR 主要是用来衡量研究者观察到的样本相关性和模型自身实际的相关性间的平均差异，其中的评估界限为 0.08，即小于 0.08 为较好。此外，TLI 和 CFI 作为相对拟合指数，主要用于衡量假设与基线模型间的差异。一般而言，TLI 和 CFI 值如果在 0.9 到 0.95 区间内，就表示这个模型拟合是合理的；若值大于 0.95，则表示模型拟合的结果为良好。

六 研究结果

（一）共同方法偏差检验

为了建立孤独症儿童家庭关爱初始模型，本书参考了周浩等学者提出的共同方法偏差检验。[①] 初始模型和共同方法偏差模型都包含家庭生活质量、亲职压力、家庭复原力、家庭关爱以及家庭应对五个潜在变

---

① 周浩、龙立荣：《共同方法偏差的统计检验与控制方法》，《心理科学进展》2004 年第 12 期。

量,但共同方法偏差模型加入了共同方法偏差作为其中一个潜在变量。

根据表2-18中的结果,发现模型拟合度并没有发生显著变化,因此进行了进一步的计算。由计算得到,共同方法偏差的平均方差萃取量为0.201,小于纳入标准0.5,所以得出共同方法偏差不显著,可经过统计检验进行下一步的验证。

表2-18 孤独症儿童家庭关爱机制共同方法偏差检验结果

拟合度指数	χ^2/df	RMSEA	SRMR	CFI	TLI	GFI
初始模型数值	4.454	0.123	0.114	0.808	0.777	0.717
共同方法偏差模型数值	4.048	0.115	0.100	0.832	0.804	0.750
差值	0.406	0.008	0.014	-0.024	-0.027	-0.033

(二)孤独症儿童家庭关爱机制关系分析

1. 家庭关爱与亲职压力相关分析

对于孤独症儿童家庭关爱与亲职压力之间的线性相关程度,本书主要选用了皮尔逊线性相关进行分析。根据表2-19的结果发现,孤独症儿童亲子互动失调和家庭关爱资源呈显著正相关,但亲子互动失调和家庭功能呈显著负相关,同时亲子愁苦和家庭功能呈显著负相关,而家庭关爱和亲职压力之间的相关性并不显著。

2. 家庭关爱与家庭应对相关分析

对于孤独症儿童家庭关爱与家庭应对方式之间的线性相关程度,本书主要选用了皮尔逊线性相关进行分析。根据表2-20的结果发现,孤独症儿童家庭关爱水平和家庭应对能力呈显著正相关。对于各个维度之间的相关性,我们发现,仅仅在孤独症儿童家庭功能和寻求精神支持与消极评价两者之间呈相关不显著,其余维度之间均呈显著相关。

表2-19 孤独症儿童家庭关爱与亲职压力相关分析

	2	3	4	5	6	7	8
1. 家庭关系	0.76**	0.21**	0.86**	-0.11	0.02	-0.03	-0.05
2. 关爱资源	1	0.16*	0.85**	-0.01	0.14*	0.09	0.09
3. 家庭功能		1	0.58**	-0.19*	-0.14*	0.01	-0.13

续表

	2	3	4	5	6	7	8
4. 家庭关爱			1	-0.13	0.02	0.04	-0.03
5. 亲子愁苦				1	0.57**	0.50**	0.82**
6. 亲子互动失调					1	0.70**	0.89**
7. 困难儿童						1	0.84**
8. 亲职压力							1

说明：* 表示 $p<0.05$；** 表示 $p<0.01$。

表2-21 孤独症儿童家庭关爱与家庭应对相关分析

	2	3	4	5	6	7	8	9	10
1. 家庭关系	0.76**	0.21**	0.86**	0.34**	0.21**	0.18**	0.28**	0.20**	0.31**
2. 关爱资源	1	0.16*	0.85**	0.35**	0.18**	0.24**	0.28**	0.25**	0.34**
3. 家庭功能		1	0.58**	0.22**	0.27**	0.03	0.29**	0.13	0.24**
4. 家庭关爱			1	0.40**	0.29**	0.20**	0.37**	0.25**	0.39**
5. 寻求社会支持				1	0.75**	0.32**	0.78**	0.61**	0.86**
6. 认知重构					1	0.19**	0.78**	0.54**	0.80**
7. 获得精神支持						1	0.20**	0.49**	0.63**
8. 获得和接受帮助							1	0.49**	0.80**
9. 消极评价								1	0.80**
10. 家庭应对									1

说明：* 表示 $p<0.05$；** 表示 $p<0.01$。

3. 家庭关爱与家庭复原力相关分析

对于孤独症儿童家庭关爱与家庭复原力之间的线性相关程度，本书主要选用了皮尔逊线性相关进行分析。根据表2-21的结果发现，孤独症儿童家庭关爱水平和家庭复原力呈显著正相关。对于各个维度之间的相关性，我们发现，家庭关系只和家庭复原力中的家庭沟通和问题解决、利用社会和经济资源以及持有积极看法呈显著正相关；关爱资源除了和家庭复原力中的赋予逆境意义的能力相关性不显著外，与其他维度都呈相关显著；家庭功能除了和家庭复原力中的家庭联结、家庭灵性呈相关不显著外，与其他维度都呈相关显著。

表2-21　　孤独症儿童家庭关爱与家庭复原力相关分析

	2	3	4	5	6	7	8	9	10	11
1. 家庭关系	0.76**	0.21**	0.86**	0.23**	0.28**	0.19**	0.12	0.12	0.10	0.24**
2. 关爱资源	1	0.16*	0.85**	0.25**	0.35**	0.23**	0.15**	0.22**	0.12	0.30**
3. 家庭功能		1	0.58**	0.44**	0.23**	0.38**	0.07	0.08	0.30**	0.38**
4. 家庭关爱			1	0.39**	0.38**	0.34**	0.15*	0.19**	0.22**	0.40**
5. 家庭沟通与问题解决				1	0.64**	0.89**	0.51**	0.27**	0.77**	0.95**
6. 利用社会和经济资源					1	0.64**	0.53**	0.53**	0.52**	0.81**
7. 持有积极看法						1	0.46**	0.28**	0.72**	0.89**
8. 家庭联结							1	0.53**	0.37**	0.66**
9. 家庭灵性								1	0.19**	0.51**
10. 赋予逆境意义的能力									1	0.76**
11. 家庭复原力										1

说明：* 表示 $p<0.05$；** 表示 $p<0.01$。

4. 家庭关爱与家庭生活质量相关分析

对于孤独症儿童家庭关爱与家庭生活质量水平之间的线性相关程度，本书主要选用了皮尔逊线性相关进行分析。根据表2-22的结果发现，孤独症儿童家庭关爱水平和家庭生活质量水平呈显著正相关。对于各个维度之间的相关性，我们发现，家庭关爱水平中的各维度均和家庭生活质量水平中的各维度呈显著相关。

表2-22　　孤独症儿童家庭关爱与家庭生活质量相关分析

	2	3	4	5	6	7	8	9	10
1. 家庭关系	0.76**	0.21**	0.86**	0.27**	0.28**	0.27**	0.22**	0.27**	0.30**
2. 关爱资源	1	0.16*	0.85**	0.18**	0.25**	0.31**	0.26**	0.24**	0.29**
3. 家庭功能		1	0.58**	0.41**	0.38**	0.28**	0.31**	0.39**	0.41**
4. 家庭关爱			1	0.37**	0.40**	0.38**	0.34*	0.39**	0.44**
5. 家庭互动				1	0.73**	0.58**	0.57**	0.62**	0.81**

续表

	2	3	4	5	6	7	8	9	10
6. 养育子女					1	0.72**	0.65**	0.65**	0.86**
7. 情绪健康						1	0.72**	0.68**	0.87**
8. 物质福利							1	0.74**	0.87**
9. 残疾支持								1	0.87**
10. 家庭生活质量									1

说明：*表示 $p<0.05$；**表示 $p<0.01$。

(三) 孤独症儿童家庭关爱机制路径分析

1. 孤独症儿童家庭关爱测量模型信效度分析

本书通过结构方程模型建立的孤独症儿童家庭关爱测量模型主要包括三个潜在变量：家庭关爱资源、家庭功能和家庭成员。其中家庭关爱资源主要包括帮扶照料、信息获取以及教育活动等八个观察变量；家庭功能主要包括成熟性、亲密度以及合作度等七个观察变量；家庭关系主要包括家庭角色满意度、家庭关系亲密度以及家庭成员关爱度三个观察变量。

表2-23　　孤独症儿童家庭关爱测量模型信度检验

	测量项目的因子载荷量		组合信度（CR）
	测量项目	标准化因子载荷	
家庭关系	成员关爱度	0.88	0.96
	关系亲密度	0.84	
	角色满意度	0.95	
关爱资源	经济支持	0.77	0.96
	帮扶照料	0.85	
	康复活动	0.87	
	教育活动	0.89	
	休闲活动	0.89	
	情感交流	0.91	
	信息获取	0.91	
	问题解决	0.94	

续表

	测量项目的因子载荷量		组合信度（CR）
	测量项目	标准化因子载荷	
家庭功能	满意度	0.89	0.92
	关爱度	0.96	
	亲密度	0.84	
	情感性	0.71	
	成熟性	0.72	
	合作度	0.68	

根据表 2-23 的结果发现，该模型中测量项目的标准化因子载荷量均高于 0.6，符合结构方程因子的纳入标准。因此，本书保留了所有测量项目，建立了孤独症儿童家庭关爱测量模型（见图 2-8）。随后，通过信

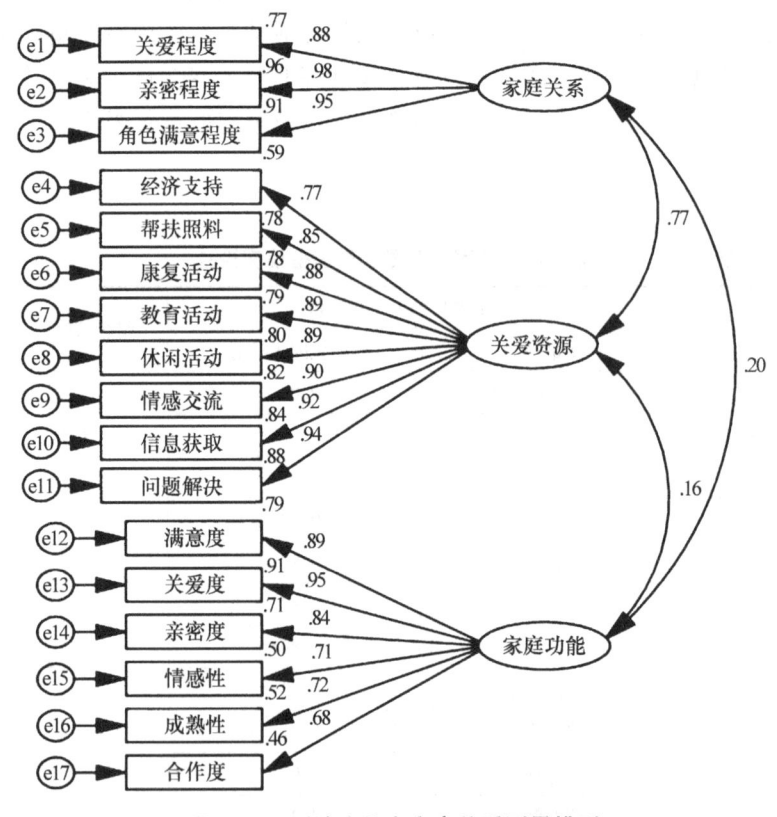

图 2-8 孤独症儿童家庭关爱测量模型

效度检验发现，该模型的组合信度 CR 高于0.7，信度较好，AVE 也高于0.5。此外，从 AVE 的算术平方根和潜在变量之间的关系角度而言，前者均大于后者与其他两个变量之间的相关系数，即该模型具有良好的区别度。因此，孤独症儿童家庭关爱测量模型拥有良好的信效度，可以进行结构建模。

表2-24　　　　孤独症儿童家庭关爱测量模型效度检验

	收敛效度 (AVE)	区别效度		
		家庭关系	关爱资源	家庭功能
家庭关系	0.88	(0.94)		
关爱资源	0.77	0.77***	(0.88)	
家庭功能	0.65	0.20**	0.18*	(0.81)

说明：* 表示 $p<0.05$；** 表示 $p<0.01$；*** 表示 $p<0.001$。

2. 孤独症儿童家庭关爱机制测量模型的信效度分析

本书应用 AMOS 软件进行结构方程建模，以此构建孤独症儿童家庭关爱机制测量模型，可以为后续构建结构模型提供基础。

根据验证性因子分析的结果发现，存在四个因子的载荷小于0.6的情况，所以将其从结构方程模型中剔除，分别是家庭联结对家庭复原力的因子载荷（0.52）、家庭灵性对家庭复原力的因子载荷（0.32）、寻求精神支持在家庭应对上的因子载荷（0.28）和家庭功能在家庭关爱上的因子载荷（0.28）。最后形成的结构方程模型如图2-9所示。随后对该模型的信效度进行检验，结果显示，其组合信度 CR 高于0.7，属于良好，收敛效度 AVE 高于0.5，也属于较好。具体分析结果如表2-25和表2-26所示。

表2-25　　　　孤独症儿童家庭关爱机制测量模型信度检验

	测量项目的因子载荷量		组合信度（CR）
	测量项目	标准化因子载荷	
亲职压力	亲子愁苦	0.64	0.82
	亲子互动失调	0.90	
	困难儿童	0.76	

续表

	测量项目的因子载荷量		组合信度（CR）
	测量项目	标准化因子载荷	
家庭关爱	家庭关系	0.79	0.87
	关爱资源	0.96	
家庭复原力	赋予逆境意义的能力	0.79	0.89
	持有积极看法	0.92	
	家庭沟通与问题解决	0.97	
	利用社会和经济资源	0.68	
家庭应对	寻求社会支持	0.87	0.89
	获得和接受帮助	0.88	
	消极评价	0.60	
	认知重构	0.89	
家庭生活质量	家庭互动	0.75	0.91
	养育子女	0.84	
	情绪健康	0.84	
	物质福利	0.83	
	残疾支持	0.83	

表 2-26 孤独症儿童家庭关爱机制测量模型效度检验

	收敛效度（AVE）	区别效度				
		亲职压力	家庭关爱	家庭复原力	家庭应对	家庭生活质量
亲职压力	0.60	(0.78)				
家庭关爱	0.77	0.12	(0.88)			
家庭复原力	0.72	-0.27***	0.27***	(0.85)		
家庭应对	0.67	-0.25**	0.33***	0.65***	(0.82)	
家庭生活质量	0.67	-0.41***	0.34***	0.81***	0.69***	(0.82)

3. 孤独症儿童家庭关爱机制路径分析

本书对于家庭关爱机制路径模型的验证主要使用线性结构关系法。经过对初始模型的分析发现，亲职压力对家庭关爱、家庭复原力的预测路径和家庭关爱对家庭复原力的预测路径都不显著，所以上文中的假设1、2、

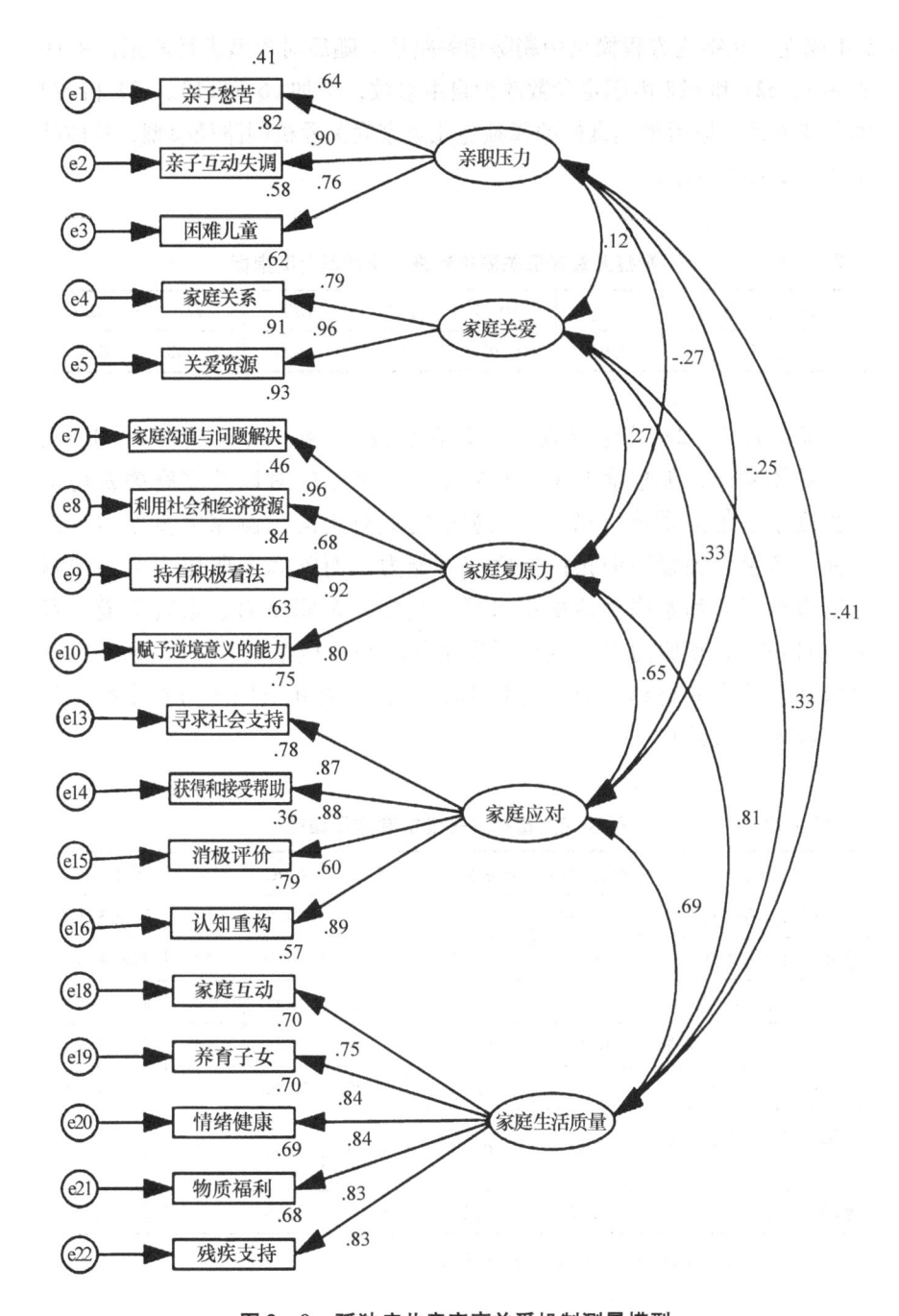

第二章 孤独症儿童家庭关爱的构成要素与作用机理 91

图2-9 孤独症儿童家庭关爱机制测量模型

5不成立,在结构方程模型中剔除相关路径。随后对模型进行修正,将e6和e13、e21和e22由固定参数改为自由参数,增加e6和e13、e21和e22的共变关系,最后得到良好的孤独症儿童家庭关爱机制路径模型,具体结果如表2-27所示。

表2-27　　孤独症儿童家庭关爱机制路径模型拟合度指标

拟合度指数	χ^2/df	RMSEA	SRMR	CFI	TLI	GFI
数值	2.97	0.093	0.077	0.920	0.902	0.84

根据表2-28的结果发现,只有假设3、4、6、7、8、9、10成立。具体来说,孤独症儿童家庭复原力、家庭应对以及家庭关爱均正向预测家庭生活质量,孤独症儿童家庭应对正向预测家庭复原力,孤独症儿童家庭关爱正向预测家庭应对能力,而家庭亲职压力负向预测家庭应对能力和家庭生活质量水平。其中,亲职压力、家庭关爱、家庭应对和家庭复原力对家庭生活质量的解释效应量是0.71,家庭应对对家庭复原力的解释效应量是0.42,家庭关爱和亲职压力对家庭应对的解释效应量是0.21。

表2-28　　孤独症儿童家庭关爱机制作用路径

路径	标准化值	非标准化值	S.E.	C.R.	p	假设结果
亲职压力家庭应对	-0.30	-0.37	0.09	-4.05	***	假设3成立
亲职压力家庭生活质量	-0.21	-2.43	0.06	-3.90	***	假设4成立
家庭关爱家庭应对	0.37	0.34	0.06	5.31	***	假设6成立
家庭关爱家庭生活质量	0.14	0.12	0.04	2.74	**	假设7成立
家庭应对家庭复原力	0.65	0.48	0.05	10.65	***	假设8成立
家庭复原力家庭生活质量	0.59	0.77	0.09	8.30	***	假设9成立
家庭应对家庭生活质量	0.22	0.21	0.07	3.26	**	假设10成立

说明:** 表示 $p<0.01$;*** 表示 $p<0.001$。

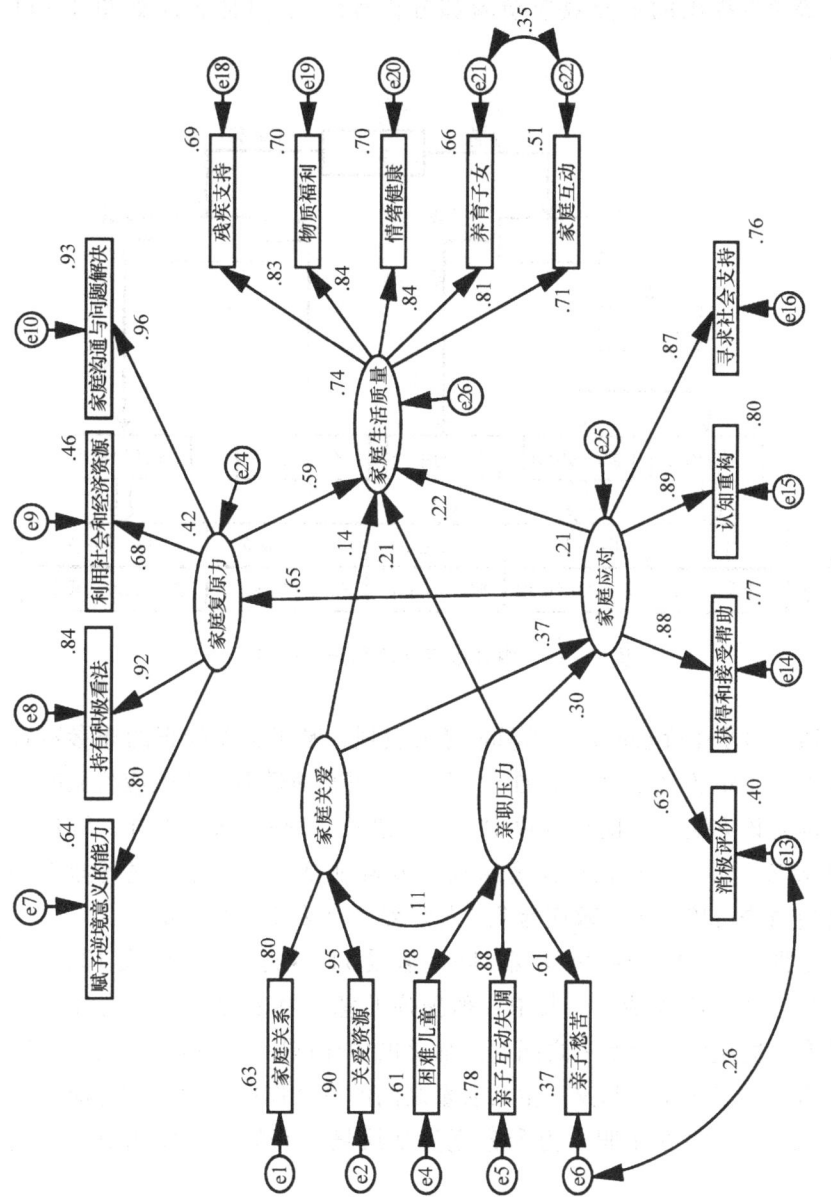

图 2-10 孤独症儿童家庭关爱机制作用路径模型

（四）孤独症儿童家庭关爱机制中介效应检验

为有效检验孤独症儿童家庭关爱机制作用的中介效应，本书借鉴 Zhao 等学者提出的中介效应检验和分析程序①，具体程序如图 2-11 所示。

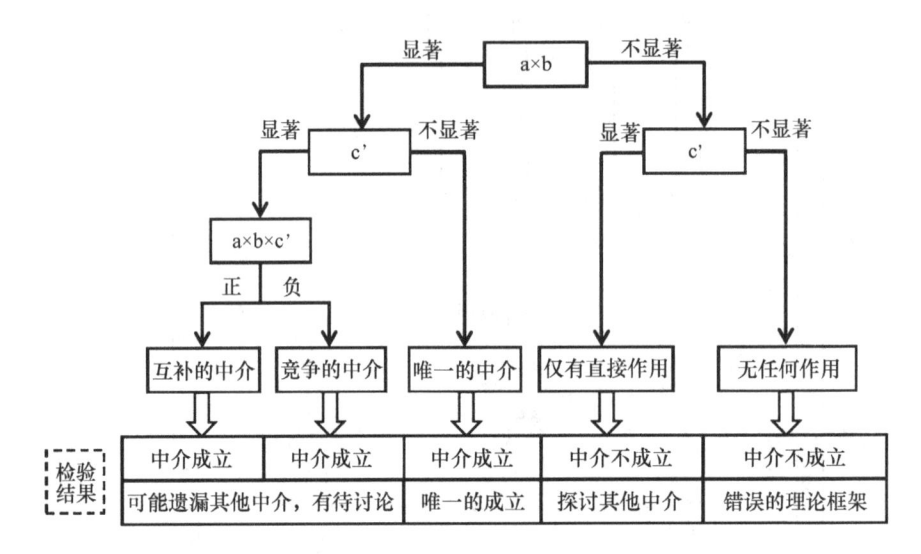

图 2-11　中介效应检验和分析程序

通过多步中介检验法，Taylor 等人发现，基于偏差校正的非参数百分位 Bootstrap 方法是最合适的。所以，本书在对模型中介效应检验时采用的就是该方法。在检验过程中，我们进行了 5000 次自抽样，置信区间是 95%。并依据孤独症儿童家庭关爱机制路径模型对家庭复原力和家庭应对进行单一中介效应检验。检验结果如表 2-29 所示。

根据表 2-29 的结果发现，除了假设 11 不成立外，假设 12、13、14、15、16、17 均成立。其中，孤独症儿童家庭复原力并没有在亲职压力和家庭生活质量水平之间起到显著的中介作用，但孤独症儿童家庭应对水平在亲职压力和家庭生活质量之间的中介作用显著，家庭应对水平和家庭复原力在亲职压力和家庭生活质量之间的中介作用显著。同

---

① X. Zhao, J. G. Lynch, Q. Chen, "Reconsidering Baron and Kenny: Myths and Truths about Mediation Analysis," *Journal of Consumer Research*, 2010, 37: 197-206.

时，即使控制中介变量，我们发现，亲职压力对孤独症儿童家庭生活质量的影响仍然显著，直接效应为 -0.28。最后，所得出的中介模型链式效应为 -0.06，效应量为 13.95%，总中介效应为 -0.15，效应量为 34.88%。

表2-29　孤独症儿童家庭关爱机制中介效应显著性检验的 Bootstrap 分析

路径	标准化的间接效果估计	95%的置信区间 下限(LLCI)	95%的置信区间 上限(ULCI)	控制中介后的直接效果	假设结果
亲职压力→家庭复原力→家庭生活质量	-0.05	-0.12	0.001	-0.28	假设11 不成立
亲职压力→家庭应对→家庭生活质量	-0.04	-0.08	-0.005		假设12 成立
亲职压力→家庭应对→家庭复原力→家庭生活质量	-0.06	-0.11	-0.01		假设13 成立
家庭关爱→家庭复原力→家庭生活质量	0.13	0.06	0.22	0.18	假设14 成立 / 假设15 成立
家庭关爱→家庭应对→家庭生活质量	0.08	0.02	0.15		假设16 成立
家庭关爱→家庭应对→家庭复原力→家庭生活质量	0.12	0.07	0.18		
家庭应对→家庭复原力→家庭生活质量	0.44	0.32	0.59	0.29	假设17 成立

孤独症儿童家庭复原力在家庭关爱和家庭生活质量之间的中介作用显著，家庭应对在家庭关爱和家庭生活质量之间的中介作用亦显著，家庭应对、家庭复原力在家庭关爱和家庭生活质量之间的中介作用也显著。同时，即使控制中介变量，家庭关爱对家庭生活质量的影响仍然显著，直接效应为 0.18。最后，所得出的中介模型链式效应为 0.12，效应量为 23.53%，总中介效应为 0.33，效应量为 64.71%。

由于链式模型中一般不会对两个中介 M_1，M_2 进行分析，因为解释起来较为困难，故本书对家庭复原力在家庭应对和家庭生活质量之间的中介效应进行单独验证。根据 Bootstrap 的结果发现，家庭复原力在家庭应对和家庭生活质量之间起到显著的中介作用。同时，即使控制中介变量，家庭应对能力对家庭生活质量水平的直接影响依然显著，直接效应为 0.29。这说明孤独症儿童家庭复原力在家庭应对与家庭生活质量之间起到了显著的中介作用，但不是唯一的中介，其中介量为 60.27%。

七 分析与讨论

（一）孤独症儿童家庭关爱机制的相关性讨论分析

由表 2-19 可知，孤独症儿童家庭关爱和亲职压力之间的相关性并不显著，这说明孤独症儿童家长的压力水平对其家庭关爱水平并没有明显的影响。但是家庭关爱和家庭应对方式、家庭复原力和家庭生活质量水平之间呈显著相关，这说明孤独症儿童家庭在遇到一些外界的压力事件时，家庭关爱程度还是可以在一定程度上为其提供帮助。有学者研究表示，有效的家庭应对表现在对充分解决问题、积极寻求外部支持和找寻新的资源上，这表示家庭关爱对家庭应对能力的提升有积极影响。同时孤独症儿童家庭功能水平和其寻求精神支持以及自身的消极评价没有呈现出显著的相关性，这表明孤独症儿童父母在寻求宗教精神支持和消极看待问题的情况下并不会受家庭和谐度的影响，此外，本书还指出了孤独症儿童家庭关爱和家庭复原力之间呈正相关。基于心理弹性的视角，我们发现，虽然国内外研究者对于孤独症儿童家庭复原力的相关研究还不太重视，但有学者已经证实了孤独症儿童家庭所获得的家庭关爱程度越高，其心理弹性就越好，相应的家庭复原力也就得到了提高。还有研究者认为，家庭复原力受到了家庭关系亲密度和家庭内部成员情感交流的影响。同时个体从外界获取的支持性资源也可以帮助个体积极面对生活中的困难与问题。由社会支持缓冲模型可知，提供的支持是否充足对个体面对压力事件时的知觉评价具有重要影响，并对压力事件的不良反应有一定的降低作用，甚至会消除压力的影响，进而对其产生一种缓冲效果。总之，对孤独症儿童家庭来说，提升其家庭关爱程度，可以显著提升其家庭在应对压力事件时的调节能力和应对能力，从而提高其家庭复原力水平和生活质量水平。

(二) 孤独症儿童家庭关爱机制路径模型讨论分析

1. 孤独症儿童家庭关爱路径分析

本书经过结构方程模型建立了孤独症儿童家庭关爱机制作用路径。在对模型做出修正后，最终模型可以解释74%的家庭生活质量水平，其中家庭复原力所贡献的影响最大，占59%。此外，本书研究认为，孤独症儿童家庭亲职压力和家庭关爱水平对家庭复原力水平没有显著的预测作用，这表示孤独症儿童家庭复原力与家庭关爱无关，这和已有的研究结果完全不同。[1] 产生这种结论的原因可能是，本书将家庭关爱与亲职压力作为家庭作用路径的自变量。本书研究还发现，孤独症儿童家庭亲职压力负向预测了其家庭应对方式和家庭生活质量水平，这说明孤独症儿童家长面临的压力越大，其家庭应对能力就越低，家庭生活质量也越差。此结论得到已有研究的支持。[2] 此外，孤独症儿童家庭关爱水平正向预测了家庭应对能力和家庭生活质量水平，这说明孤独症儿童家庭关爱水平越高，其家庭应对能力和家庭生活质量水平就越好，此也得到已有研究的证实。[3] 孤独症儿童家庭应对能力正向预测了家庭复原力，这说明好的家庭应对能力可以提高其家庭复原力，此与已有研究结论也一致。[4] 同时，孤独症儿童家庭应对水平还受到家庭资源的影响，家庭内外部提供的资源可以帮助孤独症儿童家庭自我调节和应对，从而提升家庭应对能力。基于此，我们可以发现，修正后的孤独症儿童家庭关爱机制模型总体拟合度优良，可以清楚地体现家庭通过资源应对外界压力的路径。

2. 亲职压力对家庭应对、家庭复原力和家庭生活质量的预测作用

本书的调查分析发现，孤独症儿童亲职压力可以负向预测家庭应对

---

[1] P. A. Brennan, R. Le Brocque, C. Hammen, "Maternal Depression, Parent-child Relationships, and Resilient Outcomes in Adolescence," *Journal of the American Academy of Child & Adolescent Psychiatry*, 2003, 42: 1469 – 1477.

[2] R. Khanna, S. S. Madhavan, M. J. Smith, "Assessment of Health-Related Quality of Life among Primary Caregivers of Children with Autism Spectrum Disorders," *Journal of Autism and Developmental Disorders*, 2011, 41 (9): 1214 – 1227.

[3] 郑林英:《听觉障碍儿童家庭复原力及影响因素研究》，硕士学位论文，四川师范大学，2010年。

[4] R. Ylven, E. Bjorck-Akesson, M. Granlund, "Literature Review of Positive Functioning in Families with Children with A Disability," *Journal of Policy and Practice in Intellectual Disabilities*, 2006, 3 (4): 253 – 270.

能力、复原力和生活质量水平,这体现出了孤独症儿童家长亲职压力的重要地位,国家政策和家庭外部服务人员要多关注孤独症儿童父母亲职压力,及时疏导,以免其影响儿童的康复和发展。以往的很多研究发现,压力与家庭调节和适应是可以共生共存的,也就是说,压力越大,消极应对方式越高,家庭幸福感就越低,而且母亲感受到的压力要比父亲更加强烈。究其原因,可能是大部分孤独症儿童的主要照料者是母亲,母亲会把大部分时间都贡献给孩子,进而导致自身背负了太大的精神压力。本书研究还发现,孤独症儿童家庭亲职压力对其家庭的自我调节和应对有显著的消极作用,同时还在家庭应对过程和家庭复原力之间起到链式中介作用。这表示儿童父母背负的压力将会造成家庭应对能力下降,减弱家庭复原力,进而导致其家庭生活质量水平变差。此外,本书研究还发现,在孤独症儿童父母亲职压力和家庭生活质量之间存在多种中介效应,其中家庭应对只是其中的一个,这一结论也得到很多研究的证实。比如,国内学者蒋娜娜的研究表明,孤独症儿童家庭应对能力在亲职压力及其父母婚姻质量之间仅起到部分中介作用。[1] 对此,胡潇林做了进一步的研究,发现家庭应对在家庭压力和中小学生心理健康水平方面只起到部分中介作用。[2] 随后,王卫平等人和徐明津等对于成年人的压力和心理健康水平做了调查,其结论和胡潇林的保持一致。[3] 此外,本书的研究结果表明,孤独症儿童家庭亲职压力对家庭复原力和家庭生活质量水平没有作用。

3. 家庭关爱对家庭应对、家庭复原力和家庭生活质量的正向预测作用

本书通过调查分析发现,孤独症儿童家庭关爱可以正向预测其家庭应对能力和家庭生活质量水平。这表明家庭关爱的缺失为家庭压力提供的是非常规资源,良好的家庭关系亲密度可以在无形中支撑孤独症儿童父母,给予其巨大的力量,因为家庭关爱提供得越多、质量越高,就

---

[1] 蒋娜娜:《特殊儿童父母亲职压力、应对方式与婚姻质量的现状及关系研究》,硕士学位论文,重庆师范大学,2018年。
[2] 胡潇林:《家庭压力与中学生的心理健康:应对方式的中介作用》,中国心理学会发展心理专业委员会第十三届学术年会摘要集,长春,2015年1月。
[3] 徐明津、黄霞妮、冯志远、杨新国:《应对方式在核企业员工工作压力与心理健康关系中的中介效应》,《环境与职业医学》2016年第33卷第2期。

越会帮助家庭解决很多问题。像是经济支持可以在绝大多数情况下缓解一定程度的压力与焦虑，同样，情感交流也会在精神层面形成一个情感的输出端。目前对于白血病的相关研究也证实了这一观点。本书研究还发现，孤独症儿童家庭应对能力和家庭复原力在家庭关爱和家庭生活质量之间起到了链式中介的作用，家庭关爱水平是先对孤独症儿童家庭的应对能力产生影响，继而影响家庭复原力，最后影响家庭生活质量水平。有学者对癌症的相关研究结果显示，家庭的关怀度对患者的应对水平具有积极影响，进而会在一定程度上提高其生活质量。关于中学生的研究也发现了家庭应对在家庭关系和学校生活满意度之间存在中介效应。[1] 此外，本书研究还发现，家庭应对和家庭复原力在家庭关爱和家庭生活质量之间存在链式中介的作用。

4. 家庭应对对家庭复原力的正向预测作用

对孤独症儿童家庭关爱机制路径分析的结果显示，家庭应对能够正向预测家庭复原力水平，也就是说，孤独症儿童家庭在面对压力事件时的应对能力越强，家庭适应能力也就越强，这与对重症患儿的相关研究得出的结论一致。[2] 同时，我们还发现，家庭复原力可以在家庭应对和家庭生活质量间起到显著的中介作用。高玮在研究中小学教师心理的过程中也发现了复原力在应对和心理健康之间存在中介作用。[3] 对大多数孤独症儿童家庭而言，家庭应对是家庭进行的自我调节过程，在这个过程中，家庭会采取积极的方式去应对，比如说，重新建立认知理解和寻求社会帮助等，以达到促进问题解决、理解家庭逆境的意义。

八 研究结论

经过调查分析，本书得出以下结论：

第一，家庭资源、家庭功能和家庭关系可以解释一定程度的孤独症

---

[1] 范晔、王晓成、段文美、黄建军、孙晨明、张丽萍、王彤：《中学生家庭环境、简易应对方式与青少年学校生活满意度的关系》，《中华疾病控制杂志》2015年第19卷第10期。

[2] 夏艳：《重症监护室患儿家属心理弹性现状及其与应对方式的相关性研究》，《全科护理》2019年第17卷第5期。

[3] 高玮：《中小学教师教学效能感、应对方式与心理健康的关系——心理复原力和教学效能感的作用》，中国心理学会：《第二十届全国心理学学术会议——心理学与国民心理健康摘要集》，2017年。

儿童家庭关爱水平，且其建构的孤独症儿童家庭关爱测量模型优良，具有较好的信效度。

第二，经验证，优良的残障家庭关爱机制模型包括家庭应对、家庭生活质量、家庭关爱、亲职压力以及家庭复原力五个潜在变量。

第三，经验证，孤独症儿童家庭关爱机制路径模型拟合度良好，其中有七条显著性路径以及六种中介效应。

第六节　研究总结

一　研究结论

基于前面三节的模型构建、现状调查和路径分析，本书得出八个方面的研究结论：

第一，中国孤独症儿童家庭关爱水平还处于中等，且家庭内部关爱水平显著高于外部，在是否参与家庭互助组织、公益活动和福利活动上具有显著性差异。

第二，中国孤独症儿童家庭应对水平还处于中等，同时在家庭年收入和是否参加公益活动上具有显著差异。

第三，中国孤独症儿童家庭复原力水平偏低，且在不同的儿童残障类型、家庭所在地、年收入以及母亲职业上存在显著差异。

第四，中国孤独症儿童家庭生活质量水平还处于中等，且在儿童障碍类型、患病程度、是否接受药物治疗、家庭所在地和年收入上呈现出显著差异。

第五，研究结果显示，孤独症儿童家庭关爱测量模型和家庭关爱机制测量模型都具有较好的信效度。经过验证性因子分析发现，模型中的测量项目因子载荷均 > 0.6，组合信度均 > 0.7，收敛效度均 > 0.6，区别效度也良好。

第六，研究显示，孤独症儿童家庭关爱机制路径模型拟合度指标良好，并存在七条显著性路径，分别为亲职压力对家庭应对和家庭生活质量具有负向预测作用，家庭关爱对家庭应对和家庭生活质量具有正向预测作用，家庭应对对家庭复原力具有正向预测作用，家庭复原力和家庭应对均对家庭生活质量具有正向预测作用。

第七，家庭应对、家庭复原力在亲职压力与家庭生活质量之间存在链式中介作用，并且家庭应对在亲职压力与家庭生活质量之间起到中介的作用。

第八，家庭应对、家庭复原力在家庭关爱与家庭生活质量之间起到了链式中介作用，并且家庭复原力在家庭关爱与家庭生活质量之间起到了中介作用，家庭应对对家庭关爱与家庭生活质量也有中介作用。①

二 研究价值

（一）理论价值

第一，拓展了孤独症儿童家庭理论研究体系。以"关爱"为视角，以家庭系统理论、家庭压力理论和家庭压力适应及调节模型视角为基础，结合中国的国情，建构了孤独症儿童家庭关爱的作用机理。该理论将孤独症儿童家庭内部成员身份、家庭内部和外部提供的资源以及家庭和谐度进行融合，明晰了孤独症儿童家庭关爱的作用机制，在理论上扩展了孤独症儿童家庭关爱的相关研究。

第二，丰富了孤独症儿童家庭改善家庭生活的方法体系。基于建构的家庭关爱机制模型，考察了家庭关爱水平、家庭应对能力、家庭复原力以及家庭生活质量水平之间的相关关系，找到了影响家庭生活质量的家庭内在因素，为改善家庭生活质量找到了靶点。

（二）实践价值

第一，本书通过调查分析得出，孤独症儿童家庭凝聚力、家庭内部成员获得的资源以及家庭成员的互动对其家庭复原力和应对能力具有重要作用。因此，本书建构的孤独症儿童家庭关爱机制可以有效指导孤独症儿童家庭应对外界压力事件。

第二，本书认为，除了家庭成员之外，对于家庭系统外部的专业人员而言，也可以适当了解家庭关爱机制的作用路径。在了解之后，他们在给家庭提供服务和护理时，便具有了相关的指导与帮助。这种以家庭为中心的孤独症儿童扶持模式对其稳定性更为重要。

第三，本书在对家庭复原力、家庭生活质量、孤独症儿童家庭关爱

---

① 王玉坤：《孤独症儿童家庭关爱机制构建及其作用路径研究》，硕士学位论文，浙江工业大学，2019年。

以及家庭应对之间的关系做深入研究的基础上，建立了孤独症儿童家庭关爱机制模型，帮助残疾儿童家庭正常运转，加强其家庭功能性和独立性，进而有效提升其家庭生活质量水平。

（三）社会意义

残疾人群是特殊的群体，他们需要社会格外的关心与帮助。一方面，从小范围来讲，孤独症儿童的核心活动场所就是家庭，家庭可以为儿童的康复发展提供尽可能的条件。所以，家庭关爱机制的建立可以在一定程度上为孤独症儿童家庭的系统运作提供适当的资源，以此来保障家庭从整个系统中获得必需的资源和关系，进而提高家庭的生活水平。从另一方面来讲，孤独症儿童的康复与生活需要更多的帮助与爱护，本书是以孤独症儿童家庭整体运作为核心，以家庭为中心开展研究的，进一步丰富了中国孤独症儿童的发展路径，同时兼顾"医教结合"与家庭关爱的双重作用，形成"医教家相结合"的综合模式，为孤独症儿童的康复与生活增加更大的力量。

三 研究展望

在本书研究结果的基础上，未来研究内容与方向可按以下三个方面展开：

第一，适当增加质性研究。以本书为例，本书是通过问卷调查法等量化方法验证与分析孤独症儿童家庭关爱作用机制的理论模型，可以借助访谈法进一步丰富和完善家庭关爱作用机制的研究。因此，在理想状态下，本书除了采用问卷调查法等量化方法外，还可以增加访谈法、实地调查法等质性方法，进一步探究孤独症儿童家庭关爱现状产生差异的原因，使实验结果更具说服力。

第二，适时开展实证研究。文本所探究的孤独症儿童家庭关爱机制及其作用路径是从理论研究视角出发的，并对家庭应对、家庭生活质量、家庭复原力以及家庭关爱与人口学变量的差异进行了有效分析，所以，下一阶段的主要任务是将理论成果付诸实践。后续的研究会依据现阶段的研究结论，制订符合中国国情的孤独症儿童康复干预计划，并可以通过对家庭和家庭成员的指导，来验证相关举措是否能够有效提高孤独症儿童的家庭生活质量。

第三，进一步深化对"家庭"概念的界定。虽然本书在前面部分已进行过"家庭"概念的界定，但我们都知道，家庭处于动态变化过程中，同时，还需要进一步考察孤独症儿童的父母是否能够有效代表一个家庭的整体观点。所以，对家庭的内涵继续展开恰当界定是下一阶段需要重点把握的方面。

第三章
孤独症儿童家庭的社会支持效用机制与内生动力

> 必要的社会支持是我们家庭幸福和自我成长的前提条件；但是，如果将过多的精力花在了关注外界，而不是自我上，我们就失去了自我成长的机会！
>
> ——自我成长心理学院①

社会支持是指当个体感受到压力时，得到来源于自身人际网络的一般性支持或者特别帮助，以提高自身的适应能力，缓解不良因素对自身的负面影响，帮助自身解决因压力而产生的各种问题。经相关调查研究发现，不同的个体对社会支持的感知程度不同，应激事件的出现会造成相应变化。在孤独症儿童家庭中，家长是孤独症儿童的守护人和陪伴人，如何感知和获取社会支持，以增强家庭功能和提高家庭生活质量，同时促进个体自我成长，这是新时代孤独症儿童家庭面临的又一个新课题。

社会支持具有发展家长应对能力和提高家庭生活质量的双重效用。一方面，社会支持被视为提高孤独症儿童家长应对危机事件的资源，可以减轻家长的亲职压力，提高他们的身体和心理健康，创设健康的家庭环境，进而促进孤独症儿童的康复与教育发展。② 已有研究在孤独症儿

---

① 自我成长心理学院：《我们为何失去了"自我成长"的能力？》，https：//zhuanlan.zhihu.com/p/20339075（2015.11.13）。

② 李方方、杨柳：《近十年中国有关特殊儿童家庭照顾者社会支持的研究进展》，《现代特殊教育》2015年第8期。

童家庭社会支持方面存在一定的分歧，比如孤独症儿童父亲和母亲感知的社会支持水平。另一方面，社会支持能够促进孤独症儿童家庭生活质量的提高。相关研究主张，家庭生活质量是评价家长接受孩子残障的适应力的重要指标①，评价家长是否可以全心照顾孤独症儿童。对比普通儿童家庭，孤独症儿童家庭生活质量普遍较低。当孤独症儿童家长得到的社会支持可以满足照料孩子过程中各种各样的特别需要时，社会支持就会提高家长照顾孩子的主动性，提高其家庭生活质量，包括家庭内部更加团结，互动相对增多，其家庭的凝聚力和抗逆性提高。对此，本书首先调查孤独症儿童家庭的社会支持状况，并探究社会支持对家庭整体质量的作用机制。

面对相同的发展困境，不同孤独症儿童家庭有着截然不同的生活质量和幸福感。有研究报道，长期的照顾会让孤独症儿童家长体验到无助与煎熬、焦灼与绝望等消极情绪，仅仅依靠政府和他人的社会支持，家庭生活困苦，甚至出现家庭破裂现象。但是，也有的孤独症儿童家长实现了创伤后成长，转变认知方式，对自我、他人与世界予以积极评价，感谢负面的生活事件，重新定义生活，采取正向的心理态度，使他人对个体的支持意愿和行为增多，获得更多的社会支持。但是，学术界对创伤后成长的研究群体主要聚焦于自然灾害幸存者和癌症等重大疾病患者，缺少对孤独症儿童群体的关注。孤独症儿童家长的创伤后成长的水平如何？家长的创伤后成长与其感知到的社会支持存在什么样的作用机制？

孤独症儿童是一种患病率较高的神经发育障碍性疾病，他们与人沟通交往困难，常有限制性的重复行为、兴趣或活动等核心缺陷。基于美国疾病控制与预防中心（CDC）的报告，从2014年到2018年的四年内，美国8岁以下孤独症儿童的患病率从1/68升高到1/59。② 孤独症儿童往往不能很好地实现生活自理、融入社会，因为其存在语言发展异

---

① M. H. Lu, G. X. Yang, E. Skora, G. H. Wang, "Self-Esteem, Social Support, and Life Satisfaction in Chinese Parents of Children with Autism Spectrum Disorder," *Research in Autism Spectrum Disorders*, 2015, 17: 70–77.

② J. Baio, L. Wiggins, D. L. Christensen, M. J. Maenner, J. Daniels, Z. Warren, Prevalence of Autism Spectrum Disorder among Children Aged 8 Years—Autism and Developmental Disabilities Monitoring Network, 11 Sites, United States, 2014, *MMWR Surveillance Summaries*, 2018, 67 (6): 1–23.

常、社会互动困难和行为异常等问题，其正常的社会性发展受到影响，让家长在长时期里应对不同的、持续性的应激和压力，其家庭生活质量也受到了影响。因此，本书重点关注孤独症儿童家庭的社会支持和创伤后成长的现状及水平。

综上所述，本书将从"优势"视角出发，在社会支持系统理论支持和积极心理学视角下，将孤独症儿童家长作为研究对象，考察孤独症儿童家长社会支持、创伤后成长和家庭生活质量三者之间的相互关系和影响机制。

第一节 研究设计

一 研究问题

基于上述研究背景，笔者觉得在探究国内孤独症儿童家长社会支持时，既需要参照以往的研究成果，也要在以往研究上转换视角，进行当前情况的调查和作用机制的探究。本书拟解决的问题如下：

第一，明确孤独症儿童社会支持现状和特征。虽然国内外已有很多对于孤独症儿童家长社会支持的研究，但是因为测量和个体的差别，研究的结果缺乏统一性，所以有必要深入研究孤独症儿童家长社会支持现状，探究孤独症儿童家长社会支持在人口学变量上是不是有着明显的不同。

第二，探究孤独症儿童家长社会支持的作用机制。基于文献调查分析，国内外的相关研究大部分仍在探究孤独症儿童家长社会支持和消极心理这两者的作用，同时部分研究发现，社会支持可以促进孤独症儿童家长心理健康。当前社会支持、创伤后成长、家庭生活质量三者的关系及作用机制如何仍旧不清晰，所以，笔者基于积极心理学，探究孤独症儿童家长社会支持对其创伤后成长、家庭生活质量的影响机制。

二 研究内容

本书调查了588名孤独症儿童家长的社会支持状况，在人口学变量上，对其社会支持是不是有着明显的差别进行探究，同时探究社会支持对创伤后成长和家庭生活质量的作用机制和三者间的关系。

(一) 明确孤独症儿童家长社会支持的现状和特征

对于孤独症儿童家长通过"社会支持评定量表",明确其社会支持现状,并探究社会支持在不同的性别、职业、学历、家庭区域、家庭结构和家庭年收入等人口学变量上是不是有着明显的差别。

(二) 研究社会支持对孤独症儿童家长创伤后成长、家庭生活质量的作用机制

借助"创伤后成长评定量表""中文版家庭生活质量评定量表"这两个量表,对孤独症儿童家长创伤后成长、家庭生活质量现状进行探究,对社会支持、创伤后成长、家庭生活质量三者的关系以及社会支持对其他两方面的作用机制进行探讨。

三 研究目标

基于积极心理学,本书开展孤独症儿童家长社会支持现状和作用机制的研究。综合以往的研究内容、测量工具以及结论等,本书的研究目的如下:

1. 明确患儿家长社会支持现状和特征。
2. 分析在不同人口统计学变量上患儿家长社会支持有无明显差别。
3. 探究患儿家长社会支持、创伤后成长、家庭生活质量的相互关系。
4. 研究患儿家长社会支持对创伤后成长、家庭生活质量的影响机制。

四 研究思路

以社会支持系统理论为基础,以积极心理学的研究视角为起点,明确孤独症儿童家长社会支持的现状和特征,研究社会支持对孤独症儿童家长创伤后成长、家庭生活质量之间的作用机制,为孤独症儿童家长社会支持体系补充理论内容。基于研究目标,研究思路是从文献综述到理论探究,再到实证研究,最后进行梳理总结,详细过程如图3-1所示。

五 研究方法

(一) 文献研究法

对与本书相关的文献进行梳理,归纳出和本书内容相关的理论作为

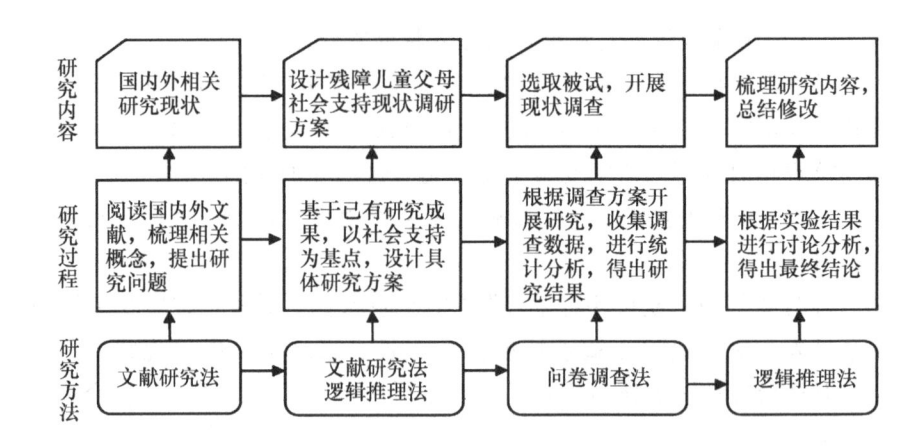

研究内容	国内外相关研究现状	设计残障儿童父母社会支持现状调研方案	选取被试，开展现状调查	梳理研究内容，总结修改
研究过程	阅读国内外文献，梳理相关概念，提出研究问题	基于已有研究成果，以社会支持为基点，设计具体研究方案	根据调查方案开展研究，收集调查数据，进行统计分析，得出研究结果	根据实验结果进行讨论分析，得出最终结论
研究方法	文献研究法	文献研究法 逻辑推理法	问卷调查法	逻辑推理法

图 3-1 研究思路

研究的基础，提炼出最近的研究结论，整理有关的研究范式和方法，综合本书的内容，明确本书的研究视角和方向，为问卷调查等做准备。

（二）问卷调查法

借助自行编制的"一般情况调查表"，以及参考其他学者编制的"社会支持评定量表""创伤后成长评定量表"和"中文版家庭生活质量评定量表"等量表对孤独症儿童家庭现状进行调查。

（三）逻辑推理法

综合文献资料和调查数据，明确孤独症儿童家长的社会支持现状，利用问卷调查的分析数据，对研究方案的计划和实践结果进行整理和总结。

第二节 国内外孤独症儿童社会支持相关研究

19 世纪，社会支持研究最初是在社会学领域进行的，到现在已经积累了丰厚的学术成果。通过文献梳理可以发现，关于创伤后成长和家庭生活质量的研究还是比较少的。本节内容基于国内外相关研究成果，对社会支持、创伤后成长和家庭生活质量的概念、理论、测量工具和相应研究等进行总结。此外，还对有关社会支持和作用机制的研究成果进行探讨，该部分内容对本书研究展开具有理论保障作用。

一 社会支持

(一) 社会支持的定义

关于社会支持的定义受认知因素和环境因素的制约，没有明确且一致的概念，学者对此有着不一样的解释。

Cobb 指出，社会支持是一种"信息"，使个体体会到被关爱、被尊重，从属于一个能够提供需求帮助的社交网络。而 Cohen 提出，社会支持是一种社交网络，能给予物质或者心理支持，帮助个体更好地面对压力事件。

程虹娟等学者从多维度解释了社会支持：（1）在社会互动的维度，社会支持不仅是单方面的，而且是一种相互之间的社会互换，也就是说，人们在需要帮助的时候，自身环境客观存在的关怀让其感受到被关爱、被接纳、充满价值感。（2）在社会行为性质的维度，社会支持还包括对于别人的社会需要进行回应，并且是借由本身的社会资源给予他人帮助的一种复合结构。目标是帮助或者支持行为的展开。（3）在社会资源作用的维度，社会支持是支持者在对被支持者予以帮助的过程中有意识地交换社会资源。

(二) 社会支持的分类

社会支持根据分类方式的不同可以分为很多种类，总体上通过社会支持的来源、类型做出区分。

1. 社会支持的来源

根据社会支持的来源，可以分成正式和非正式支持。正式支持是由有组织的机构无偿给予的，主要包括经济、社会、身体和心理等支持；非正式支持是由身边的伴侣、家长、同事等给予的。

2. 社会支持的类型

Cobb 指出，社会支持主要有六种类型：物质、工具、网络、情感、尊重与信息的支持。Wellman 与 Wortley 认为主要有五类：经济、情感、陪伴、小宗和大宗服务。Cutrona 与 Russell 也认为主要有五类，分别是物质、情感、社会整合或网络、尊重和信息支持。

肖水源指出，社会支持主要包括主观与客观支持：主观支持是个体在经历被理解和支持后生发的情感体验以及满意度，主观支持和主观感受息息相关；客观支持有直接的物质给予，还包括社会网络的存在、参与，与客观存在的现实相关。王建志认为，社会支持主要分为五种：经济、资讯及情感、社交、友伴和教育支持。

(三) 社会支持的理论模型

1. 主效应模型

主效应模型假设社会支持都是有积极作用的，不考虑个体是否感受到压力体验，或者是个体所拥有的社会支持程度如何。其原因在于一个完善的社会支持系统会给予个体积极的情绪体验、稳定的社会回报，而且和个体精神状态有关，使个体意识到生活的可预测性、稳定性和自我价值的认同。另外，在参与社会网络的过程中，个体往往会产生归属感、安全感等积极心理体验，如果经历重大的负面生活事件，就能避免产生精神紊乱的问题。

2. 压力缓冲模型

压力缓冲模型认为，社会支持是通过满足应对压力需要的物质、心理方面的需求，来防止或者缓解压力事件对于个体有可能导致的负向作用。也就是说，社会支持只有对处于适当压力水平下的个体才能有正向影响。如果他人在压力事件下给予的支持，能够被个体觉知，就能够改变个体对压力的认知，调节其不良情绪。

研究表明，在压力事件和健康情况间的整个作用路径中，社会支持的缓冲作用主要体现在两个关键节点上。一是在压力事件和主观评价之间的中间环节上。如果个体在遭遇潜在的压力事件时，觉察到获取的社会支持足够帮助自己面对，则个体就不会认为这是压力事件。二是在对主观评价和外在行为表现间的再评价环节上，因此，如果个体将潜在压力事件认为是压力事件，充足的社会支持可以让个体进行再次评价，从而减少乃至抵消压力造成的负向反应。

3. 动态效应模型

主效应模型和缓冲效应模型都认为社会支持和应激是独立的事件，但是 Benjamin 指出，从动态的视角分析社会支持，可以研究不同类型的支持如何随时间的推移而改变，还可以研究此变化对个体心理健康的作用。而且从动态视角的研究可以从理论方面解释个体身心状态改变的原因。① 所以他提出了动态效应模型。动态效应模型认为，社会支持、压力、身心健康相互的关系是随着时间的推移而改变的，可能是直线或者曲线的关系，也可能是阶段性变化或者阈限的关系。② 未来，动态效应模型可以全面地解释社会支持如何对个体内在心理机制产生影响，但现在还没有有效的研究结果证明这一点。

（四）社会支持的测量工具

社会支持一般是通过自我报告的方式加以测量，时间基本限定在过去一年或半年内，让被试回顾向哪些人寻求过或获得过支持，获得的支持在什么程度范围。测量工具普遍是下面三种。

1. 多维度领悟社会支持量表

这一量表是由 Zimet 等人开发的，一共包括 12 个项目，有三个维度，即家人支持、朋友支持和重要他人的支持，使用 Likert 7 点计分法，分别从"非常不赞同"到"非常赞同"来衡量个体觉察到的社会支持。总分数为 12 分到 84 分不等，分数越高，表示被试的领悟力越高。

2. 社会支持评定量表

这一量表是由肖水源基于国外的量表，考虑到中国特有的文化背景自己编制的，总共包括 10 道题目，主要有三个维度，即主观支持、客观支持与对社会支持的利用度。总得分越高，表示获得的支持越多。此量表使用范围很广，可以对个体的社会支持水平进行客观测量。③

3. 社会支持量表

这一量表是由陈凯琳开发的，用于研究发展障碍儿童家庭的社会支持状况。总计包含 46 道题目，有社会支持类型、社会支持来源两大分量表，使用 Likert 4 点评分法。社会支持类型分量表，主要是由患儿家长对从 12 种不同的支持对象那里获取的工具和情感支持进行评价，包括其伴侣、家长、朋友等，以及对这些支持在患儿家长照顾孩子过程中的帮助度和满意度进行评价。社会支持来源分量表，是由患儿家长对从

---

① C. Benjamin, "The Dynamic Properties of Social Support: Decay, Growth, and Staticity, and Their Effects on Adolescent Depression," *Social Forces*, 2003, 81 (3): 953–978.

② S. M. Monroe, S. C. Steiner, "Social Support and Psychopathology: Interrelations with Preexisting Disorder, Stress, and Personality," *Journal of Abnormal Psychology*, 1986, 95 (1): 29–39.

③ 肖水源：《社会支持评定量表的理论基础与研究应用》，《临床精神医学杂志》1994 年第 2 期。

九种不同的支持对象那里获取的正式支持、非正式支持进行评价，包括医生、心理治疗师等，以及对这些支持在患儿家长照顾孩子过程中的帮助度和满意度进行评价。①

（五）社会支持的相关研究

社会支持研究最初起源于社会学领域；到了20世纪中叶，有学者开始考察生活压力对个体身心健康的作用，这标志着社会支持研究的正式开始；又过了10年，有学者针对精神疾病患者进行社会支持研究。现如今，对社会支持的研究已经开始向社会学、心理学和教育学等领域扩展，研究对象的类型不断丰富。而且，因为孤独症儿童数量一年比一年增多，孤独症儿童和他们的家长变成重要的研究群体之一。

1. 国外相关研究

孤独症儿童家长在照料孤独症儿童的过程中面对的经济和心理压力要比正常儿童家长高很多。众多研究证实，相较于正常儿童家长，孤独症儿童家长获取的社会支持水平显著偏低。其背后的缘由大概是，现在各种社会支持主体没有联系，社会支持类型没有链接，还没有拥有完整且全面的社会支持系统。②

以往的研究一般常根据孤独症儿童家长社会支持的来源，把其分成正式和非正式支持。研究表明，自从孩子被确诊，家长就已经得到各种社会支持，可是其得到的正式支持则比较匮乏，并且缺少对正式支持来源寻求帮助的意向，孤独症儿童家长得到的社会支持多数来源于非正式的社会支持。Twoy 等人认为，孤独症儿童家长在照料孤独症儿童的过程中主要得到来自亲人、朋友和其他孤独症儿童家长的非正式支持。原因在于其他家庭成员和朋友的支持会给予孤独症儿童家长倾诉渠道和喘息机会，而在和其他孤独症儿童家长的沟通交流中，孤独症儿童家长可以得到照顾孤独症儿童的建议、康复指导和教育资讯。

以往研究还依孤独症儿童家长社会支持的类型，把其分成工具、情感与信息支持。经济帮助也是社会支持，可以帮助家长根据孩子的特

---

① 陈凯琳：《影响发展迟缓幼儿家庭社会支持因素之研究》，硕士学位论文，高雄医学大学，2000年。

② K. Kuhlthau, N. Payakachat, J. Delahaye, J. Hurson, J. M. Pyne, E. Kovacs, et al., Quality of Life for Parents of Children with Autism Spectrum Disorders," *Research in Autism Spectrum Disorders*, 2014, 8 (10): 1339-1350.

殊需求采取相适应的干预或者康复举措。① 残障儿童家长觉得，家人、朋友的支持和安慰可以减少在照顾孩子过程中的消极情绪体验，促进其寻求帮助的积极性。而且专业人士或者其他孤独症儿童家长提出的详细干预或者康复技巧对于照顾孤独症儿童的家长来说是非常有价值的。

同时，家长的性别、婚姻状态、性格和家庭经济水平等因素都会对孤独症儿童家长的社会支持产生作用。例如，（1）家长性别差异。因为大多由母亲负责照顾孤独症儿童的事务，她们的亲职压力明显要比孤独症儿童的父亲高②，也正因为如此，母亲向家人、朋友、专业康复人士求助，来获得支持的次数也显著高于孤独症儿童父亲。③（2）婚姻状况不同。相比于有配偶的孤独症儿童母亲，单身母亲的社会支持总分、家庭支持和正式支持分数都明显偏低。④ Levine 研究指出，单身母亲大多的社会支持是来自家人给予的工具支持、情感支持。（3）家庭经济水平差异。经济收入较低家庭的家长得到的社会支持、康复信息都明显要比经济收入一般或者较高的家庭低，原因可能是经济因素导致其很少参与家长培训等活动。

社会支持的功能表现在以下几个方面：一是帮助孤独症儿童家长解决养育过程中遇到的困难和问题，缓解配偶双方的冲突和无法达成一致的状况，提高他们的主观幸福感；二是降低他们的心理压力、减少他们的不良情绪体验，使他们以积极向上的心理状态面对问题，让他们保持心理健康状态，进一步提高孤独症儿童家长的生活质量。

2. 国内相关研究

众多研究证实，相比于正常儿童的家长，孤独症儿童家长的社会支持水平明显偏低。例如，秦秀群等的问卷调查研究表明，相比于正常儿童的

---

① R. I. Freedman, N. C. Boyer, "The Power to Choose: Supports for Families Caring for Individuals with Developmental Disabilities," *Health and Social Work*, 2000, 25 (1): 59–68.

② A. Dabrowska, E. Pisula, "Parenting Stress and Coping Styles in Mothers and Fathers of Preschool Children with Autism and Down Syndrome," *Journal of Intellectual Disability Research*, 2010, 54 (3): 266–280.

③ M. J. Altiere, S. Kluge, "Family Functioning and Coping Behaviors in Parents of Children with Autism," *Journal of Child and Family Studies*, 2009, 18 (1): 83–92.

④ J. O. Bromley, D. J. Hare, D. Davison, E. Emerson, "Mothers Supporting Children with Autistic Spectrum Disorders," *Autism: The International Journal of Research and Practice*, 2004, 8 (4): 409–423.

家长，孤独症儿童家长的社会支持总分、不同维度的分数都明显更低。[1] Wang 等人以各种孤独症儿童家长作为被试，其中包括孤独症、存在精神障碍和肢体残疾儿童的家长，最终调查发现，孤独症儿童家长的社会支持需要明显高于其他存在智力、肢体残疾的儿童家长；而且，相比于父亲，孤独症儿童母亲表达的社会支持需要明显更高。[2] 背后的原因可能是当前社会对孤独症儿童还没有充分认知和理解，加上政府、社会的支持相对较少等。[3]

综合相关文献，按来源将孤独症儿童家长社会支持分成正式和非正式支持两类，按类型分为工具、情感和信息支持三类。林海英研究发现，社会支持的不同来源和不同的类型对孤独症儿童家长有着不同作用。如果孤独症儿童家长在照料孤独症儿童中得到的正式支持主要是源于医院和康复机构，而医院对他们所能够提供的支持有诊断与鉴定、指导与治疗；而康复机构对他们所能够提供的支持是使用干预课程来减少孩子的问题行为。还有家人、朋友会在孤独症儿童家长需要金钱支持的时候给予帮助；教师、专家会给予其照顾孩子的建议和其他支持。在和其他孤独症儿童家长的沟通交流中，家长可以交流自己所面对的情绪问题以获得安慰与支持。

通过对众多文献的梳理发现，对孤独症儿童家长社会支持水平产生作用的因素主要有家长性别、学历、职业、家庭区域、家庭经济水平和家庭结构六个方面。例如，（1）家长性别。李晓峰研究发现，孤独症儿童的母亲体验到的客观支持维度分数和社会支持总分明显低于孤独症儿童的父亲。而吉彬彬等人认为，孤独症儿童的母亲体验到的社会支持和孤独症儿童的父亲体验到的社会支持没有明显差距。（2）教育程度。研究发现，孤独症儿童家长接受教育水平和其体验到的社会支持呈正相关，教育水平越高，其社会支持水平越高。（3）职业类型。不参与工作的母亲在信息支持网络上的联系次数明显高于有工作的或者有兼职工作的母亲。

---

[1] 秦秀群、彭碧秀、陈华丽：《孤独症儿童父母的社会支持调查研究》，《护理研究》2009年第7期。

[2] P. S. Wang, C. A. Michaels, "Chinese Families of Children with Severe Disabilities: Family Needs and Available Support," *Research and Practice for Persons with Severe Disabilities*, 2009, 34（2）: 21–32.

[3] 杜元可：《孤独症儿童照顾者的社会支持网络研究：以江浙地区10个孤独症儿童照顾者为例》，硕士学位论文，中国青年政治学院，2011年。

(4) 家庭所在地。农村孤独症儿童家长不能获得充分的正式社会支持,而且对于从正式社会支持那里获得帮助没有太强的求助意愿。一般情况下是利用自身的能力或者才能去面对和解决问题,非正式社会支持网络是他们社会支持的主要来源。(5) 家庭经济。高经济水平家庭的家长在社会支持水平上明显更高。(6) 家庭结构。大家庭孤独症儿童的母亲的工具支持、情感支持和总体社会支持网络都明显高于核心家庭孤独症儿童的母亲。

以往众多的研究证实,社会支持对于维持孤独症儿童家长的心理健康状态有积极作用。比如,李媛等人认为,社会支持可以减轻孤独症儿童母亲的亲职压力以及提高自我效能感[1];李静与王雁研究表明,社会支持可以调节家长对压力源的评估和降低家长的亲职压力。[2] 关文军等研究证实,孤独症儿童家长的生活质量和他们的社会支持水平呈正相关,社会支持水平越高,生活质量越高,且社会支持在亲职压力和生活质量的关系中有着部分的中介作用。[3] Lu 等人研究发现,社会支持在孤独症儿童家长亲职压力和生活满意度的关系之间起着中介和调节作用。[4]

二 创伤后成长

(一) 创伤后成长的定义

Tedeschi 等人在 20 世纪八九十年代第一次提及了创伤后成长并把它界定为"在经历具有创伤性的负面生活事件或情境后,个体在抗争过程中所体验到的正性心理变化"。也有些研究者使用观念的转变、心理活力、与压力相关的成长和益处寻求等词汇来表述这种现象。"创伤后成长"概念一是强调成长,并重视促使成长背后的事件和情境,极具挑战性;二是强调个体在经历创伤后的成长与心理痛苦共存;三是说明成长

---

[1] 李媛、方建群、赵彩萍:《孤独症儿童母亲自我效能感、社会支持与亲职压力的相关性研究》,《宁夏医科大学学报》2015 年第 11 期。

[2] 李静、王雁:《学前残疾儿童照顾者亲职压力:社会支持与应对方式的作用及性质》,《中国特殊教育》2015 年第 5 期。

[3] 关文军、颜廷睿、邓猛:《残疾儿童照顾者亲职压力的特点及其与生活质量的关系:社会支持的中介作用》,《心理发展与教育》2015 年第 4 期。

[4] M. H. Lu, G. H. Wang, H. Lei, M. L. Shi, R. Zhu, F. Jiang, "Social Support as Mediator and Moderator of the Relationship between Parenting Stress and Life Satisfaction among the Chinese Parents of Children with ASD," *Journal of Autism and Developmental Disorders*, 2018, 48 (4): 1181–1188.

是一种适应过程或结果。① Tedeschi 等人指出，个体创伤后成长主要表现在五个方面：对生活的欣赏、人际关系的拓展、个人力量的增强、事物顺序的转变和精神世界的丰富。

（二）创伤后成长的理论模型

1. 认知处理模型

认知处理模型的主要观点是：个体自身的认知系统可以帮助其了解事件发生的原因，然后帮助其做出具体行为。但是，当个体面对创伤事件的时候，自身原来的认知系统遭到破坏。因此，新的挑战生成。例如，如何进行痛苦情绪管理？如何形成更高级的信念和目标？新的生活叙事如何开展？创伤事件会让个体体验到消极情绪，并且引发个体沉思乃至激起个体使用各种行为来面对此创伤事件。个体起初的沉思多数是自动发生的，表现为经常思虑和创伤有关系的问题，假设个体起初使用了有效果的应对方式，让消极情绪得到减少，那么思考将会变成创伤事件对自身生活导致的有意沉思。基于有意沉思的逐渐深入，个体的认知图式会发生变化，让生活叙事能够继续，以达成创伤后成长。

有研究表明，个体成长的重要因素有对新情况的剖析、对意义的发现，还有再评估的沉思。在创伤事件发生前，不同个体的自身特点、情绪管控能力和获得社会支持的现状，都会对创伤后成长的程度产生作用。因此，认知处理模型认为，个体与创伤事件进行抗争后实现了创伤后成长，成长有助于个体身心发展，其中，个体的认知系统在整个过程中有着不可替代的功能。

2. 整合模型

整合模型认为，在遭受压力时，个体会对意义包括普遍和情境意义进行重新建构和整合。普遍意义具有一般性，比如目标信念和主观感受等；情境意义，顾名思义，是指在特定情境中的意义。个体在遭遇压力情景时，自身的认知系统会对后果的可能性进行评估，假如普遍和情境意义不一致，那么将会有利于意义的整合。这主要体现在重新对事件背后的意义进行评估，发现其中的益处，选择积极适应，对生活产生新的理解、感知成长和开始积极生活等方面。

---

① 涂阳军、郭永玉：《创伤后成长：概念、影响因素、与心理健康的关系》，《心理科学进展》2010 年第 1 期。

3. 假设信念理论模型

Janoff-Bulman 认为认知处理模型还存在一定的不足,因为没有从本质上说明创伤后成长的缘由,于是提出了假设信念理论模型。他对模型进行了解释:

(1) "经历困难产生的力量",就是假如这件事没有打败这个人,反而会促使他变得有力量。比如,个体的躯体能够经过锻炼变得健康,个体的心灵在经过挑战后也会变得更加强大。在经历了创伤事件后,个体对自身有了新的认识,从中发现自己的才能,知道了存在新的可能性,最终形成新的自己。

(2) "获取心理准备",指经历过创伤事件并选择积极面对后,学会了对可能发生的事件做好提前预防,自主产生防御机制,不轻易被困难打败。创伤事件的破坏程度是由于个体缺少心理准备而导致的。

(3) "存在的再评价",Janoff-Bulman 等人认为,存在理解性和重要性两种意义,个体在经历创伤事件后,会开始思考事件的理解性意义,然后转向其中的价值性意义。存在的再评价是指实现意义重构后,产生了存在性知识,让个体主动对重要事件进行再次评价。当生活中出现新的价值,并且个体深刻地意识到这个价值的重要性,就会导致个体的积极性显著增强,比如做出新的选择和承诺的举动会给予生活以新的意义。

(三) 创伤后成长的测量工具

1. 创伤后成长评定量表

"创伤后成长评定量表"由 Tedeschi 等人在参考已有量表的基础上,总结研制而成,总共包括 21 道题,有五个分量表,即新的可能性分量表、与他人的关系分量表、对生活的欣赏分量表、个人力量分量表与精神变化分量表,该量表使用 Likert 6 点计分法,用 0—5 分表示"创伤后没有经历这种变化"到"创伤后这种变化非常大",被试的总分越高表示创伤后成长水平越高。①

2. 成长评定量表

"成长评定量表"是由 Abraído-Lanza 等人在参考他人量表的基础

---

① R. G. Tedeschi, L. G. Calhoun, "The Posttraumatic Growth Inventory: Measuring the Positive Legacy of Trauma," *Journal of Traumatic Stress*, 1996, 9 (3): 455 – 471.

上，总结研制而成的，共包含20道题，分为八个分量表：精神世界的丰富分量表、个人力量分量表、忍耐力分量表、同情心分量表、获得正能量分量表，以及对朋友、对家人以及对生活的感激三个分量表，此量表使用Likert 5点计分法，用0—4分表示"完全没有"到"非常多"，被试的总分越高，代表创伤后成长水平越高。[1]

3. 益处感知评定量表

"益处感知评定量表"是由McMillen等研究者编制的，是为了了解在面临应激事件之后，个体感受到的益处的程度，总共包含38道题，分为八个分量表，即自我效能感的提升分量表、物质的获得分量表、同情心的增加分量表、对他人更加信任分量表、精神世界的丰富分量表、家庭凝聚力的增强分量表、社会化的增强分量表和生活方式的转变分量表。此量表使用Likert 5点计分法，用0—4分表示"这种经历完全不像我"到"这种经历非常像我"，被试的总分越高，代表创伤后成长水平越高。[2]

（四）创伤后成长的相关研究

通过对研究文献的阅读和总结，创伤后成长概念现在已经在多个领域被应用，例如医学、心理学和教育学等，对其进行不同维度的研究，探究不同研究对象创伤后成长水平的差异，以及影响创伤后成长的因素，得出了不同的结论。

1. 国外相关研究

对国外相关文献进行总结发现，个体在面对各种应激事件后，都会得到一定程度的创伤后成长。King等人的研究表明，孤独症儿童家长在陪伴患儿康复的过程中，会意识到积极、感恩和奉献的重要性，更加珍惜孤独症儿童给家庭和社会带来的积极变化，改变原有的信念系统来适应孩子的特殊需求。Wei等人发现，在照顾患儿时，家长的情绪呈现出从悲伤、绝望到快乐和希望的曲线变化，而不是没有变化，即家长在照顾患儿时，会经历创伤后成长的过程。

---

[1] A. F. Abraído-Lanza, C. Guier, R. M. Colón, "Psychological Thriving among Latinas with Chronic Illness," *The Journal of Social Issues*, 1998, 54（2）: 405–424.

[2] J. C. McMillen, R. H. Fisher, "The Perceived Benefit Scales: Measuring Perceived Positive Life Changes after Negative Events," *Social Work Research*, 1998, 22（3）: 173–187.

此外，通过对其他学者的研究成果进行归纳可知，不同患病群体创伤后成长的特点不同，经总结得出了以下几个因素的影响作用：

（1）性别。针对不同的家长性别，Hungerbuehler 等人研究发现，相比于患儿父亲，母亲的创伤后成长水平显著偏高，并且家长在养育疾病患儿的过程中均经历了创伤后成长。Schneider 等人也发现，虽然教养疾病患儿的父亲的乐观水平更高，但其创伤后成长水平却低于患儿母亲。针对不同的患儿性别，Behzadi 等人研究发现，患儿性别也会影响患儿母亲的创伤后成长水平，女孩患儿母亲的创伤后成长水平显著低于男孩患儿母亲。（2）认知水平。Kim 认为，影响患儿母亲创伤后成长的重要因素为乐观主义、信念坍塌和反刍思维，并且反刍思维是直接影响因素。（3）社会支持。Bozo 等人认为，乐观的乳腺癌患者对社会支持的感知会更加敏锐，从而能促进自身的创伤后成长。此外，社会支持可以帮助患者积极面对疾病，还可以帮助其创伤后成长。Schroevers 等人通过调查 206 名癌症患者发现，癌症病人在确诊后，家人和朋友提供的支持，包括情感慰藉和提供问题的解决策略等，都能促进其创伤后成长。Wayment 等人的研究发现，孤独症儿童母亲体验到的社会支持和其创伤后成长水平呈正相关。（4）家庭成员关系。研究发现，和谐的家庭成员关系能促进患儿家长创伤后成长，家庭成员的关系是其中一个重要的预测变量。

除此以外，通过总结创伤后成长个体心理学的变量关系可以发现，大多数研究已证实个体创伤后的成长与生活质量、社会支持等呈现出显著的正相关。比如，通过 Teodorescu 的结果可以看出，精神病患者创伤后的成长和生活质量存在显著的正相关。换言之，精神病患者的创伤后成长水平越高，其生活质量也越高。除此以外，Yun 等人的研究也能够从侧面证实此观点。在深入研究后可以得出结论：一是在照顾者的益处发现和生活质量之间，社会支持可以起到中介作用；二是自然灾害幸存者的创伤后应激反应与生活质量之间，创伤后成长起着缓冲作用。但是，Helgeson 和 Dunn 的研究结果却显示，被试的创伤后成长和其生活质量无显著相关关系。

2. 国内相关研究

综合前人的研究成果，可以得出个体在经过各种创伤后都会有一定程度的创伤后成长。比如，（1）自然灾害幸存者。邓清以汶川地震中幸存的中学生为研究对象，通过纵向调查发现，随着时间的推移，创伤后成长水平先下降后上升。王文超等也得出相同的结果，就是青少年的创伤后成长水平虽然在地震发生一年后达到最高水平，其后会稍微有所下降，并会在相当长的一段时间内保持在一定的高水平上。（2）重大疾病患者。癌症患者在治疗的过程中，会实现一定水平的创伤后成长。（3）孤独症儿童家长。脑瘫、听障、智障儿童的家长、孤独症儿童的家长在照顾孩子过程中，都会有一定程度的创伤后成长。

综合研究表明，影响创伤后成长水平的主要有五个因素：（1）性别。李丽雅研究发现，孤独症儿童家长的创伤后成长在性别上有明显的差别，孤独症儿童母亲的创伤后成长水平明显低于孤独症儿童父亲。（2）年龄。李玉丽认为，先天性疾病手术儿童家长的年纪越大，他们的创伤后成长水平就越低，二者呈负相关。（3）教育水平。周彩峰等人发现，孤独症儿童家长的受教育程度越高，积极体验就越高。（4）社会支持。比如，在特殊儿童家长研究方向中，先天性疾病手术儿童家长得到朋友支持与其他支持与他们的创伤后成长水平呈正相关关系，家长察觉到的社会支持对创伤后成长有积极影响。张薇、李丽雅以及王慧明等人对孤独症儿童家长的研究也表明，社会支持对孤独症儿童家长创伤后成长有正向预测作用。（5）应对方式。积极应对方式对个体的创伤后成长有着正向作用，但是消极应对方式没有这样的作用。

在对于创伤后成长和个体心理学变量的关系上，众多研究表明个体的创伤后成长和社会支持、生活质量等有着明显的正向关系。张薇研究表明，即使家长在得知孩子患病之后，会有一系列创伤反应，例如会发生认知冲突，在行为上选择隐匿和情绪发生波动等，但是家长也得到了相应的成长体验，比如更加珍视亲子情缘，会重新规划人生道路以及寻求新的机遇等，社会支持对患儿家长的创伤后成长有着正向影响。于莉等人以乳腺癌患者为研究对象的研究发现，她们的生活质量总分、各维度的分数和她们的创伤后成长水平有着正向关系，创伤后成长可以促进其生活质量的提高，还会在家庭弹性和生活质量的关系中起着部分中介作用。Wang等人认为，癌症患者的创伤后成长水平会促进患者与健康相关的生活质量的提高。王文超等人研究表明，个体的创伤后成长水平可以直接积极影响个体亲社会行为，还可以通过生命意义间接对亲社会行为产生积极的作用。

三 家庭生活质量

（一）家庭生活质量的定义

关于家庭生活质量的定义参考了个体生活质量的定义，个体生活质量倾向于关注个体，是其根据自身价值观、愿望、需求对自己生活条件、满意度的认知。家庭生活质量是以家庭为整体来衡量生活质量水平。

现在众多学者对家庭生活质量概念没有取得一致。Park 等认为，家庭生活质量是"家庭成员需求被满足的程度、家人之间共享生活的程度和家庭成员能够从事自身视为重要事情的程度"。中国学者风笑天和易松国把家庭生活质量定义为，基于一定的物质生活条件，个体对其家庭生活各方面进行的全面评价。

（二）家庭生活质量的理论基础

1. 家庭系统理论

家庭系统理论是基于一般系统理论形成的，一般系统理论由多个相互联系和制约的子系统构成，和家庭系统两者间可以相互依赖。家庭系统自身就是一个完整的系统，也是社会系统中的关键，包含"改变机制"和"平衡机制"。其中，"改变机制"能够加强家庭的功能，助力家庭的成长，在家庭遭遇变故时，家庭可以通过增强系统的生存能力来适应发生的变化，更好地面对挑战。"平衡机制"能够满足家庭成员的日常需要，在家庭成立后建立有秩序的作息，创造相对平衡安稳、安全的环境。因此，当家庭的平衡被打破，就需要基于各种资源，使家庭平衡状态尽早恢复。

Doherty 有对于家庭系统理论的八个假设：假设一：家庭互动模式可以世代传递；假设二：家庭健康的建立是基于家庭成员是否得到尊重和家庭向心力间的平衡；假设三：家庭关系能够作用于个体的身体和心理健康；假设四：对家庭互动的分析，应该从家庭次系统里的夫妻关系和亲子关系入手；假设五：个人问题和个人的家庭互动模式与价值观相关；假设六：实务工作者的介入，生成家庭的新系统；假设七：家庭的韧性与其家庭功能呈正相关；假设八：任何家庭次系统的改变均会对家庭主系统造成影响。

2. 家庭生活质量系统理论

家庭生活质量系统理论提出，个体、家庭、社会等若干因素相互之间发生交互，对孤独症儿童的家庭生活质量产生影响，体现在以下五个路径上：路径一：国家的相关政策，会对个体和其家庭获得的支持服务产生间接的作用。路径二：个体和其家庭层面的变量都会对其家庭生活质量产生直接的作用。路径三：个体和其家庭层面的变量都会对其家庭获得的支持服务产生直接作用，从而间接对其家庭生活质量产生作用。路径四：因为上述因素作用于家庭生活质量，让家庭生成新的需要。路径五：新的需要会对个体和家庭成员的信念系统产生作用。路径六：其家庭生活质量会受到在前面基础上形成的信念系统的作用，或受到信念系统与其他因素的共同作用。路径七：以上几个路径会不断循环往复。

（三）家庭生活质量的测量工具

1. 家庭生活质量评定量表

"家庭生活质量评定量表"是美国 Beach 残障中心设计的，该量表共包含 50 道题。分别对五个分量表的重要性和满意度进行调查，即家庭互动分量表、养育子女分量表、情绪健康分量表、物质福利分量表和与残疾相关的支持分量表。该量表使用 Likert 5 点计分，用 1—5 分表示从"非常不重要"到"非常重要"和从"非常不满意"到"非常满意"，总分为 50—250 分不等，总分越高，代表被调查对象的家庭生活质量越高。

2. 家庭生活质量调查问卷

Brown 等人采用扎根理论和因素分析法，基于 FQOLS-2000，编制了"家庭生活质量调查问卷"，总共包含 54 道题，分为三部分：（1）调查残疾个体及其家庭的基本信息。（2）调查家庭生活质量，分为九个分量表：人际关系分量表、价值观分量表、职业分量表、健康分量表、休闲娱乐分量表、经济状况分量表、社区融合分量表、接受的服务支持分量表和他人支持分量表。并基于以下视角开展调查：一是搜集整体信息，并提出详细情境信息；二是分为六个可以评价的维度，包括重要性、稳定性、机会性、主动性、成就和满意度。（3）调查家庭各成员对其家庭生活质量满意度的主观评价。

（四）家庭生活质量的相关研究

1. 国外相关研究

在家庭生活质量情况方面，对各种研究对象进行研究。Brown 等以孤独症儿童家长、正常儿童家长为研究对象的研究表明，二者的家庭生活质量有着明显的差别，正常儿童家庭的生活满意度明显高出孤独症儿童家庭。[①] Pisula 等研究表示，家长在照顾孤独症儿童上因为社会支持无法满足需要以减轻照顾的压力，所以家长的亲职压力水平明显高于正常儿童家长，而且其家庭功能、家庭生活质量都明显低于正常儿童家庭。[②]

研究发现，存在四个作用于孤独症儿童家庭生活质量的因素：（1）孤独症儿童患病的轻重。Schlebusch 等人研究发现，患病儿童疾病越严重，其家庭生活质量就越低。McStay 等人的研究也得出相同的结果，患病儿童的外显问题行为减少会促进家长心理一致感和应对能力，进而提高其家庭生活质量。Pozo 等人研究却发现，孤独症儿童的病情严重程度和母亲的家庭生活质量有着负性关系，但是和父亲的家庭生活质量有着正性关系。（2）患病儿童的年龄。Bayat 研究发现，孤独症儿童的年龄和他的家庭生活质量有着负性相关，当患病儿童的年龄增大，孤独症儿童的家庭生活质量随之下降。（3）家长教育水平。患儿家长的受教育程度对其家庭生活质量有显著影响。（4）家庭收入水平。Wang 等研究发现，家庭收入水平对患儿母亲的家庭生活质量的满意程度有作用，但是对父亲的家庭生活质量没有作用。

众多研究说明，家庭生活质量和成员的心理健康水平息息相关。Pozo 等人认为，孤独症儿童家长的心理一致感和家庭生活质量存在正

---

① R. I. Brown, Crisp J. MacAdam, M. Wang, G. Iarocci, "Family Quality of Life when there Is a Child with a Developmental Disability," *Journal of Policy and Practice in Intellectual Disabilities*, 2006, 3 (4): 238–245.

② E. Pisula, A. Porçbowicz-Dörsmann, "Family Functioning, Parenting Stress and Quality of Life in Mothers and Fathers of Polish Children with High Functioning Autism or Asperger Syndrome," *Plos One*, 2017, 12 (10): 1–19.

性相关，家长照顾患病孩子时的心理一致感越高，他们家庭生活满意度也越高。家长觉得，如果他们在养育孤独症儿童中得到了支持和帮助，可以帮助他们解决照料困难和问题，也有助于提高他们家庭生活情况。① Sean 等人研究发现，家庭成员，特别是患病儿童的家长的身心健康状态对患病儿童的照顾质量有作用，对家庭生活质量也有作用。如果家长在照料孤独症儿童中得到的相关支持越少，家庭生活质量就越低。②

2. 国内相关研究

通过文献梳理发现，患病类型不同的孤独症儿童，其家庭生活质量有着不一样的特征。Hu 等人认为，存在智力发展障碍的儿童，其家庭生活满意度一般较低。③ 中国残疾儿童家庭生活满意度一般，需要提高。④ 罗玲认为，孤独症儿童家庭的物质生活质量处于中等水平，家庭之间的贫富差距较大。⑤

存在六个作用于孤独症儿童家庭生活质量的因素：（1）孤独症儿童的患病轻重。研究发现，孤独症儿童的患病程度与其家庭生活质量存在显著负相关。（2）家长婚姻状态。任春雷等人研究发现，特殊儿童家长的婚姻质量能够影响其家庭生活质量，特殊儿童家长婚姻质量较高的家庭可以提高他们的家庭生活质量。（3）家长心理状态。面对生活中的困境，患儿家长的心态积极乐观，会提高其家庭生活质量满意度。（4）家庭结构。黄儒军研究发现，核心家庭和大家庭的智障儿童的家庭生活质量均明显高于单亲家庭的智障儿童。（5）家庭经济水平。胡晓毅等人提出，经济需求能够影响视觉和听觉障碍儿童家庭生活质量。Hu 等人的研究也表明，智力发展障碍儿童的家庭经济水平与其家庭生活质量水平成正比。

---

① P. Pozo, E. Sarriá, A. Brioso, "Family Quality of Life and Psychological Well-Being in Parents of Children with Autism Spectrum Disorders: A Double ABCX Model," *Journal of Intellectual Disability Research*, 2014, 58 (5): 442 - 458.

② J. Sean, B. Emily, L. Meghann, "Autism Spectrum Disorder: Family Quality of Life while Waiting for Intervention Services," *Quality of Life Research*, 2017, 26 (2): 331 - 342.

③ X. Hu, M. Wang, X. Fei, "Family Quality of Life of Chinese Families of Children with Intellectual Disabilities," *Journal of Intellectual Disability Research*, 2012, 56: 30 - 44.

④ 胡晓毅：《中国残疾儿童家庭生活质量与家庭支持现状》，《中国康复理论与实践》2016 年第 10 期。

⑤ 罗玲：《成都地区孤独症儿童家庭生活质量研究》，硕士学位论文，四川师范大学，2014 年。

（6）家庭民族背景。任春雷等研究者把中国西南少数民族地域的孤独症儿童家庭作为研究对象，得出以下结论：少数民族家庭的生活质量水平明显高于汉族家庭，可能由于少数民族独有的文化氛围、心理资源给予了患儿家庭很强的归属感。

此外，孤独症儿童家庭获得的内、外部支持，例如伴侣、专业人士和社会组织的支持，能够对其家庭生活的总体质量水平产生影响。[①] 所以，给予孤独症儿童家庭以支持，可以提高其家庭内部成员的凝聚力与协作力，以及增强家庭的坚韧性，从而提高其家庭生活满意度。

四 国内外相关研究启示

文献检索分析证实，国外对孤独症儿童家长社会支持的研究开始得较早、研究成果更多，主要是对孤独症儿童家长社会支持当前情况和对患儿家长心理健康的影响进行研究。中国研究开始得较晚，最近也有相应的研究成果出现。国内外研究者的成果为本书研究奠定了深厚的基础，有指导价值和借鉴意义。但是现有研究仍旧有几点问题没有弄清楚。

（一）孤独症儿童家长社会支持的作用机制尚不清楚

基于以上对患儿家长社会支持的研究发现，人口学因素对社会支持的作用并没有得出确定的结论。原因可能有两个：其一是研究对象的国度、地域、文化等各不相同，其二是由于测量量表不同产生的误差。所以，深入探究孤独症儿童家长社会支持现状和特点很重要。

研究社会支持、创伤后成长、家庭生活质量等相互关系的成果不多，经文献检索与分析，只有部分研究探讨了社会支持和创伤后成长、家庭生活质量的关系。通过社会支持系统理论可以发现，社会支持的促进作用具有一般性。孤独症儿童的诊断对家长的影响程度最大，会对其造成沉重的心理负担，并且会影响其他家庭成员。所以，需要深入了解社会支持、创伤后成长和家庭生活质量之间的相互联系，研究社会支持对创伤后成长、家庭生活质量的影响机制，在此基础上制定心理干预方案。

---

① 胡晓毅、岳孝龙、贾睿：《中国视障与听障儿童家庭需求和家庭生活质量现状及关系研究》，《残疾人研究》2016年第3期。

(二) 从积极心理学角度对孤独症儿童家长的研究匮乏

研究表明，儿童身患疾病对家长来说是严重的应激事件，并且长时间地照顾患病孩子对家长来说是一个严峻的考验。纵使如此，孤独症儿童家长在面对巨大的照顾压力的时候，也能够感受到创伤后成长等积极的心理变化。现有研究偏向于探讨孤独症儿童家长的压力体验、消极心理，很少研究家长在患儿成长中的积极情感建构。在研究对象的选择上，有些研究并不区分各种障碍类型，对单一类型的患儿家长创伤后成长进行专门研究的成果很少。因为各种障碍类型的儿童有着很大的异质性，所以需要对孤独症儿童家长有深入的专题研究。

(三) 鲜见孤独症儿童家庭生活质量研究

基于上述文献成果分析发现，对于孤独症儿童家庭生活质量的研究只面向智力、视力和听力障碍儿童家庭，这种研究方式难以深入了解孤独症儿童家庭的情况。有些研究只是在个体层面探讨孤独症儿童家长的生活满意度状况，很容易忽略孤独症儿童对其他家庭成员可能导致的生活影响。把孤独症儿童家庭当作一个整体去研究家庭生活质量，可以更系统地探讨中国孤独症儿童家庭成员的生活情况，为孤独症儿童的康复提供良好的家庭氛围。

因此，本书以孤独症儿童家长为研究对象，结合社会支持系统理论，基于积极心理学，开展问卷调查研究，以了解孤独症儿童家长社会支持的状况。分析家长性别、家长职业、家长学历、家庭区域、家庭结构、家庭年收入等人口学变量上的不同，孤独症儿童家长社会支持是否有着明显的差别，探究孤独症儿童家长社会支持、创伤后成长、家庭生活质量三者相互间的作用关系。此外，还要对社会支持在孤独症儿童家长创伤后成长和家庭生活质量间发挥的作用进行探讨。

第三节　孤独症儿童家庭社会支持现状调查

通过文献总结梳理发现，孤独症儿童家长遭受着较大的心理压力与经济负担，同时没有相应主体的帮助与支持。孤独症儿童家长的社会支持是指在支持介体的帮助下，相关康复机构、学校向孤独症儿童家长提供的物质帮助、信息共享和情感帮助等。本书对孤独症儿童家长的社会支持情况、支持特点以及支持的相关影响因素，进行定量调查研究，有益于面向孤独症儿童家长的社会支持现状的了解，并为相关政策制定提供思路。

一　研究目的

本书通过"社会支持评定量表"评估选取的孤独症儿童家庭，探究其家长的社会支持现状和特点，同时研究社会支持及各分量表在人口统计学变量上的区别。

二　研究假设

基于对国内外文献的总结和梳理，本书提出以下两个方面的假设：

1. 孤独症儿童家长在社会支持类型各分量表的分数上，最高的是工具支持，其次是情感支持，最低是信息支持；在社会支持来源各分量表的分数上，非正式支持比正式支持要低。

2. 孤独症儿童家长社会支持总分和其各分量表的分数在人口学统计变量上有显著差异，包括家长性别、家长学历、家长职业、家庭结构、家庭区域以及家庭年收入等各方面。

三　研究设计

（一）研究对象

使用整群方便抽样的方法，从浙江杭州、河南郑州、山东青岛三个城市的特殊学校或者康复机构中选取被试。有588位孤独症儿童的家长成为问卷调查研究的对象，他们的子女需经过医学的诊断证明，证实患有儿童期孤独症或者具有孤独症谱系障碍。

（二）测量工具

1. 一般情况调查表

该调查表由研究者设计，主要用于了解孤独症儿童及其家长的基本信息。该调查表主要分为两个方面。一方面是孤独症儿童的基本情况，即儿童的年龄、性别、确诊时间、诊断结果、有没有接受药物治疗、有没有做康复干预、有没有入学、康复干预的开始时间与康复干预的时间长度，等等。另一方面是家长的基本信息，即家长的年龄、学历、工作、家庭所在地、家庭结构、家庭里孩子数量、家庭年收入水平、孩子的康复干预支出、家长是否参加家长培训、家庭互助组织、相关公益活动与社会福利项目，等等。

2. 社会支持评定量表

张美云在综合考量了国内外学者的"社会支持量表"之后开发了此评定量表，目的是研究当前台湾地区发育迟缓儿童家长社会支持的情况，总共包含 34 个项目。鉴于文化背景的差异，本书参照曾树兰等人的修改方式，在张美云原有量表的基础上，结合内地语言表述习惯，对原有量表中的部分表达方式稍微做了调整。例如，变"其他发展迟缓儿童家长"为"其他孤独症儿童家长"，变"发展迟缓儿童"为"孤独症儿童"，变"村主任"为"社会工作人员"，变"疗育"为"康复干预"等。

此量表包含两个分量表，分别是社会支持类型与社会支持来源，社会支持类型分量表包括情感支持、信息支持和工具支持，使用 Likert 4 点评分，由"没有"至"非常多"分别记为 1 分、2 分、3 分、4 分。支持来源分量表包括正式支持与非正式支持，正式支持有医护人员、康复教师等；非正式支持有配偶、家长、亲友、邻居、社工以及其他孤独症儿童家长，等等，采用 Likert 5 点评分，由"完全没有帮助"至"非常有帮助"分别记为 1 分、2 分、3 分、4 分、5 分。原有量表中社会支持类型子量表各维度的克隆巴赫 α 系数为 0.86—0.93，社会支持来源于子量表的各维度克隆巴赫 α 系数为 0.79—0.85。本书的总量表克隆巴赫 α 系数为 0.916。

（三）数据处理与分析

把得到的有效问卷数据录入，用 SPSS 19.0 软件进行处理，使用描述性统计、t 检验和方差分析等统计方法加以研究。

四 研究结果

（一）孤独症儿童和家长基本情况

在浙江省、河南省和山东省的三所特殊儿童康复学校或医院，使用方便取样的方法选取经过专业诊断后被确诊为儿童期孤独症或者孤独症谱系障碍的儿童家长为被试。笔者总共发放了 650 份问卷，回收 625 份问卷,问卷回收率是 96.15%。无效问卷 37 份,有效问卷 588 份,问卷有效率是 94.1%,被试人口学情况如表 3-1 至表 3-3 所示。

表 3-1　　孤独症儿童的基本信息

		N	百分比（%）
年龄 (N=588)	0—3 岁	35	5.95
	4—5 岁	258	43.88
	6—8 岁	293	49.83
	8 岁以上	2	0.34
性别 (N=587)	男	497	84.67
	女	90	15.33
确诊时间 (N=588)	0—3 岁	273	46.43
	4—6 岁	310	52.72
	6 岁以上	5	0.85
是否接受药物治疗 (N=584)	是	128	21.92
	否	456	78.08
是否进行康复干预 (N=588)	是	578	98.30
	否	10	1.70
是否进入学校学习 (N=585)	是	330	56.41
	否	255	43.59
开始康复干预时间 (N=587)	0—24 个月	51	8.69
	25—48 个月	411	70.02
	49—72 个月	118	20.10
	72 个月以上	7	1.19
已康复干预时长 (N=587)	0—24 个月	378	64.40
	25—48 个月	186	31.69
	48 个月以上	23	3.92

从表 3-1 中可以看出参与问卷调查的儿童的基本情况:(1)孤独症儿童总共 588 名,年龄在 2—9 岁,平均年龄为 4.66 岁（$M \pm SD = 4.66 \pm 1.22$ 岁）。(2)不同性别存在较大差异,女孩共有 90 名,占总人数的 15.33%;男孩共有 497 名,占总人数的 84.67%。(3)被确诊

为儿童期孤独症或者孤独症谱系障碍的年龄段在 0.5—6 岁，确诊的平均年龄是 2.86 岁（$M \pm SD = 2.86 \pm 0.84$）。(4) 仅有 128 名孤独症儿童接受药物治疗，占总人数 584 名的 21.92%，剩下的 456 名孤独症儿童没有接受药物治疗，占总人数 584 名的 78.08%。(5) 有 578 名孤独症儿童进行着康复干预，有 10 名孤独症儿童没有进行康复干预。(6) 孤独症儿童开始康复干预的时间是在 0.5—102 个月，开始康复干预的平均时间是 37.93 个月（$M \pm SD = 37.93 \pm 12.45$）。(7) 孤独症儿童接受康复干预的时长是 0.5—72 个月，接受康复干预的平均时长是 17.96 个月（$M \pm SD = 17.96 \pm 13.44$）。(8) 有 330 名孤独症儿童目前已经顺利到学校学习，占总人数 585 名的 56.41%，有 255 名孤独症儿童还没有到学校学习，占总人数 585 名的 43.59%。

表 3-2　　　　　　　　　　孤独症儿童家长的基本信息

		N	百分比（%）
问卷填写人（N=588）	父亲	83	14.12
	母亲	505	85.88
省份（N=588）	浙江	73	12.41
	山东	98	16.67
	河南	154	26.19
	其他	263	44.73
家庭所在地（N=581）	城市	430	74.01
	农村	151	25.99
父亲年龄（N=587）	20—30 岁	51	8.69
	31—40 岁	422	71.89
	41—50 岁	104	17.71
	50 岁以上	10	1.70
父亲职业（N=586）	务农	27	4.61
	工人	46	7.85
	公司职员	234	39.93
	公务员、教师、医护人员	112	19.11
	经商等自由职业	153	26.11
	专职在家	14	2.39

续表

		N	百分比（%）
父亲受教育程度 （N=586）	研究生	82	13.99
	本科	253	43.17
	专科	118	20.14
	高中/中职	76	12.97
	初中及以下	57	9.73
母亲年龄 （N=588）	20—30岁	77	13.10
	31—40岁	439	74.66
	41—50岁	67	11.39
	50岁以上	5	0.85
母亲职业 （N=585）	务农	28	4.79
	工人	12	2.05
	公司职员	123	21.03
	公务员、教师、医护人员	121	20.68
	经商等自由职业	70	11.97
	专职在家	231	39.49
母亲受教育程度 （N=588）	研究生	51	8.67
	本科	266	45.24
	专科	129	21.94
	高中/中职	85	14.46
	初中及以下	57	9.69

从表3-2中可以发现孤独症儿童家长的基本信息：（1）在588名孤独症儿童家长中，母亲占多数，人数为505人，占总人数的85.88%，父亲仅83人。（2）参与本次调查的家长分布在30个省或直辖市，其中省份排名前五位从高到低分别为：河南省（$N=154$）、山东省（$N=98$）、浙江省（$N=73$）、江苏省（$N=45$）以及湖北省（$N=28$）。（3）588名孤独症儿童母亲的年龄段是20—64岁，平均年龄是33.94岁（$M \pm SD = 33.94 \pm 4.80$），孤独症儿童父亲的年龄段是21—61岁，平均年龄是35.46岁（$M \pm SD = 35.46 \pm 5.30$）。（4）母亲所从事的职业人数最多的是专职在家，共231人，其次是公司职

员,共 123 人,最少的是工人,共 12 人;父亲所从事的职业人数最多的是公司职员,共 234 人,其次是经商等自由职业,共 153 人,最少的是专职在家,共 14 人。(5)父亲的受教育程度,初中及以下共 57 人,高中、中职共 76 人,研究生共 82 人,专科共 118 人,本科共 253 人。母亲的受教育程度,研究生共 51 人,初中及以下共 57 人,高中/中职共 85 人,专科共 129 人,本科共 266 人。

从表 3-3 中可以发现孤独症儿童家庭的基本信息:(1)城市家庭占大多数,有 430 名,占总人数的 74.01%;其余的 151 个家庭来自农村。(2)患儿总人数 51.14% 的家庭结构是大家庭(N=291);占患儿总人数 47.63% 的是核心家庭(N=271);占患儿总人数 1.23% 的是单亲家庭(N=7)。患儿家庭总人数在 2—10 人,平均人数为 4.25 人($M \pm SD = 4.25 \pm 1.27$)。(3)患儿家庭孩子最多的有 4 个,最少的是 1 个。(4)有 218 位患儿家庭的年收入在 12 万元以上,有 120 位在 9 万—12 万元,有 107 位在 4 万元以下,有 79 位在 4 万—6 万元以及有 61 人在 7 万—8 万元。家长花费在孩子干预上的开销,每一年是 3.71 万元($M \pm SD = 3.71 \pm 0.71$)。(5)73.3% 的家长(N=431)表示曾经参与家长培训,26.7% 的家长(N=157)则没有参与家长培训。少部分家长参加过家庭互助组织,共 188 人,占总人数的 31.97%,剩余 68.03% 的家长表示没参加过该组织。少部分家长参加过相关公益活动,共 231 人,占总人数的 39.29%,剩余 357 个的家长表示没参加过。少部分家长参加过社会福利项目,共 175 人,占总人数的 29.76%,剩余 413 个家长表示没参加过。

表 3-3　　　　　　　　孤独症儿童家庭的基本信息

		N	百分比(%)
家庭所在地 (N=581)	城市	430	74.01
	农村	151	25.99
家庭结构 (N=569)	大家庭	291	51.14
	核心家庭	271	47.63
	单亲家庭	7	1.23

续表

		N	百分比（%）
家中孩子数量 （N=588）	1个	370	62.93
	2个及以上	218	37.07
家庭成员数量 （N=587）	2—4个	220	37.48
	5—6个	268	45.66
	6个以上	99	16.87
家庭年收入 （N=585）	4万元以下	107	18.29
	4万—6万元	79	13.50
	7万—8万元	61	10.43
	9万—12万元	120	20.51
	12万元以上	218	37.26
孩子康复/教育年支出 （N=585）	1万元以下	14	2.39
	1万—3万元	40	6.84
	4万—5万元	52	8.89
	5万元以上	479	81.88
是否参加家长培训 （N=588）	是	431	73.30
	否	157	26.70
是否参加家庭互助组织 （N=588）	是	188	31.97
	否	400	68.03
是否参加相关公益活动 （N=588）	是	231	39.29
	否	357	60.71
是否参加社会福利项目 （N=588）	是	175	29.76
	否	413	70.24

（二）孤独症儿童家长社会支持的基本状况

探究孤独症儿童家长所拥有的社会支持水平，利用描述性统计对数据加以分析，其结果如表3-4所示。

表 3-4　　孤独症儿童家长社会支持的总体情况

	Min	Max	$M \pm SD$
社会支持类型总分	14.00	56.00	33.36 ± 7.54
工具支持	7.00	28.00	16.82 ± 4.64
情感支持	4.00	17.00	10.20 ± 2.42
信息支持	3.00	12.00	6.34 ± 2.13
社会支持来源总分	19.00	91.00	40.71 ± 12.39
正式支持	6.00	30.00	13.04 ± 5.27
非正式支持	13.00	61.00	27.67 ± 8.86

从表 3-4 中可以发现，社会支持类型总均分为 33.36 分，信息支持维度平均得分低于情感支持维度平均得分，情感支持维度平均得分低于工具支持维度平均得分。社会支持来源总均分为 40.71 分，正式支持维度平均得分低于非正式支持维度平均得分。

（三）不同性别孤独症儿童家长社会支持差异

研究孤独症儿童家长的社会支持在性别上有无显著差别，使用独立样本 t 检验分析，其结果如表 3-5 所示。

表 3-5　　不同性别孤独症儿童家长社会支持差异

	家长性别	$M \pm SD$	t
工具支持	父亲（N=83）	18.02 ± 4.31	-2.546*
	母亲（N=505）	16.62 ± 4.67	
情感支持	父亲（N=83）	10.30 ± 2.32	-0.401
	母亲（N=505）	10.19 ± 2.44	
信息支持	父亲（N=83）	6.73 ± 2.08	-1.837
	母亲（N=505）	6.27 ± 2.14	

续表

	家长性别	$M \pm SD$	t
正式支持	父亲 (N=83)	15.24±5.79	-4.147***
	母亲 (N=505)	12.68±5.10	
非正式支持	父亲 (N=83)	32.92±9.19	-5.991***
	母亲 (N=505)	26.81±8.51	

说明：*表示 $p<0.05$；***表示 $p<0.001$。

从表3-5中可以发现，不同性别的患儿家长在工具支持（$p<0.05$）、非正式支持（$p<0.001$）和正式支持（$p<0.001$）这三个维度都存在显著差异，父亲高于母亲。但是在社会支持的情感支持与信息支持维度，患儿的父亲和母亲没有明显的差别（$p>0.05$）。

（四）不同职业孤独症儿童家长社会支持差异

研究孤独症儿童家长的社会支持在不同职业上是否有显著差别，对数据使用单因素方差分析，其结果如表3-6所示。

表3-6　　　　不同职业孤独症儿童家长社会支持差异

	家长职业	$M \pm SD$	F	LSD
工具支持	① 务农 (N=30)	15.70±4.32	7.231***	③>①、②、⑥** ④>②、⑥* ⑤>②、⑥*
	② 工人 (N=16)	14.81±5.01		
	③ 公司职员 (N=122)	18.33±4.47		
	④ 公务员、教师、医护人员 (N=116)	17.50±4.47		
	⑤ 经商等自由职业 (N=77)	17.42±4.39		
	⑥ 专职在家 (N=225)	15.71±4.65		

续表

	家长职业	$M \pm SD$	F	LSD
情感支持	① 务农 (N=30)	9.63±2.31	3.533**	③>②、⑥* ④>②、⑥* ⑤>①、②、⑥*
	② 工人 (N=16)	9.00±1.75		
	③ 公司职员 (N=122)	10.48±2.40		
	④ 公务员、教师、医护人员 (N=116)	10.51±2.38		
	⑤ 经商等自由职业 (N=77)	10.73±2.34		
	⑥ 专职在家 (N=225)	9.86±2.42		
信息支持	① 务农 (N=30)	5.70±2.00	3.158**	③>①、②* ④>①、②* ⑤>②** ⑥>②**
	② 工人 (N=16)	4.75±1.88		
	③ 公司职员 (N=122)	6.57±2.34		
	④ 公务员、教师、医护人员 (N=116)	6.57±2.10		
	⑤ 经商等自由职业 (N=77)	6.52±2.06		
	⑥ 专职在家 (N=225)	6.23±2.05		
正式支持	① 务农 (N=30)	16.57±6.00	3.906**	①>②、③、④、⑤、⑥*
	② 工人 (N=16)	12.81±2.93		
	③ 公司职员 (N=122)	13.43±5.15		
	④ 公务员、教师、医护人员 (N=116)	12.58±5.24		
	⑤ 经商等自由职业 (N=77)	13.62±5.02		
	⑥ 专职在家 (N=225)	12.42±5.28		

续表

	家长职业	$M \pm SD$	F	LSD
非正式支持	① 务农 (N=30)	29.37±9.82	3.755**	①>⑥* ③>⑥** ④>⑥**
	② 工人 (N=16)	25.25±6.16		
	③ 公司职员 (N=122)	29.18±9.83		
	④ 公务员、教师、医护人员 (N=116)	29.23±8.40		
	⑤ 经商等自由职业 (N=77)	28.05±8.22		
	⑥ 专职在家 (N=225)	25.92±8.52		

说明：*表示 $p<0.05$；**表示 $p<0.01$；***表示 $p<0.001$。

从表3-6可知，孤独症儿童家长的"工具支持""情感支持""信息支持""正式支持"和"非正式支持"维度在不同职业上有着明显的差别（$F_{1(5,580)}=7.231$，$p=0.000<0.001$；$F_{2(5,580)}=3.533$，$p=0.004<0.01$；$F_{3(5,580)}=3.158$，$p=0.008<0.01$；$F_{4(5,580)}=3.906$，$p=0.002<0.01$；$F_{5(5,580)}=3.755$，$p=0.002<0.01$）。使用LSD事后多重比较法，深入研究孤独症儿童家长的社会支持总分及其各维度得分在不同职业类型上的显著差别。

在工具支持维度上，第一，公司职员、务农、工人和专职在家的孤独症儿童家长有着明显的差别，公司职员家长的工具支持维度得分高于务农、工人和专职在家的家长（$p<0.01$），务农、工人和专职在家的家长相互间没有明显的差别（$p>0.05$）。第二，公务员、教师和医护人员等的家长和工人、专职在家的家长存在着明显差别，公务员、教师和医护人员家长在工具支持维度上的得分高于工人、专职在家的家长（$p<0.05$），工人和专职在家的家长却没有明显差别（$p>0.05$）。第三，经商等自由职业和工人、专职在家的家长之间有着明显的差别，经商等自由职业家长在工具支持维度上的得分高于工人、专职在家的家长

（$p<0.05$），工人和专职在家的家长则没有明显差别（$p>0.05$）。

在情感支持维度上，第一，公司职员和工人、专职在家的家长有着明显的差别，公司职员家长在情感支持维度上的得分高于工人、专职在家的家长（$p<0.05$），工人和专职在家的家长则没有明显差别（$p>0.05$）。第二，公务员、教师及医护人员等家长和工人、专职在家的家长有着明显的差别，公务员、教师和护人员等家长在情感支持维度上的得分高于工人、专职在家的家长（$p<0.05$），工人和专职在家的家长则没有明显差别（$p>0.05$）。第三，经商等自由职业的家长和务工、工人、专职在家的家长有着明显的差别，经商等自由职业的家长在情感支持维度上的得分高于务农、工人、专职在家的家长（$p<0.05$），务农、工人、专职在家的家长两两之间没有明显差别（$p>0.05$）。

在信息支持维度上，第一，公司职员和务农、工人家长有着明显的差别，公司职员家长在信息支持维度上的得分高于务农、工人家长（$p<0.05$），务农和工人家长则没有明显差别（$p>0.05$）。第二，公务员、教师和医护人员等家长和务农、工人家长有着明显的差别，公务员、教师及医护人员等家长在信息支持维度上的得分高于务农、工人的家长（$p<0.05$），务农、工人的家长则没有明显差别（$p>0.05$）。第三，经商等自由职业家长和工人家长有着明显的差别，经商等自由职业家长在信息支持维度上的得分高于工人家长（$p<0.01$）。第四，专职在家的家长和工人家长有着明显的差别，专职在家的家长在信息支持维度上的得分高于工人家长（$p<0.01$）。

在正式支持维度上，务农家长和工人、公司职员、公务员、教师、医护人员、专职在家的家长有着明显的差别，务农家长在正式支持维度上的得分高于工人、公司职员、公务员、教师、医护人员和专职在家的家长（$p<0.05$），工人、公司职员、公务员、教师、医护人员和专职在家的家长相互间没有明显差别（$p>0.05$）。

在非正式支持维度上，第一，务农家长和专职在家的家长有着明显的差别，务农家长在正式支持维度上的得分高于专职在家的家长（$p<0.05$）。第二，公司职员家长和专职在家的家长有着明显的差别，公司职员家长在正式支持维度上的得分高于专职在家的家长（$p<0.01$）。第三，公务员、教师、医护人员家长和专职在家的家长有着明显的差

别，公务员、教师和医护人员家长在正式支持维度上的得分高于专职在家的家长（$p<0.01$）。

（五）不同受教育水平孤独症儿童家长的社会支持差异

为了探究不同受教育水平孤独症患儿家长的社会支持是否存在差异，本书进行了单因素方差分析，其结果如表3-7所示。

表3-7　不同受教育水平孤独症儿童家长的社会支持差异

	家长受教育水平	$M \pm SD$	F	LSD
工具支持	① 研究生（N=57）	17.77±4.94	5.495***	①＞④，⑤* ②＞③，④，⑤*
	② 本科（N=257）	17.54±4.55		
	③ 专科（N=130）	16.36±4.39		
	④ 高中或中职（N=87）	15.86±4.87		
	⑤ 初中及以下（N=57）	15.11±4.22		
情感支持	① 研究生（N=57）	10.91±2.57	4.840**	①＞④，⑤* ②＞⑤*** ③＞⑤** ④＞⑤**
	② 本科（N=257）	10.35±2.28		
	③ 专科（N=130）	10.23±2.34		
	④ 高中或中职（N=87）	10.01±2.60		
	⑤ 初中及以下（N=57）	9.07±2.45		
信息支持	① 研究生（N=57）	7.14±2.31	5.491***	①＞②，③，④，⑤* ②＞⑤** ③＞⑤** ④＞⑤*
	② 本科（N=257）	6.44±2.01		
	③ 专科（N=130）	6.36±2.24		
	④ 高中或中职（N=87）	6.11±2.25		
	⑤ 初中及以下（N=57）	5.37±1.69		

续表

	家长受教育水平	$M \pm SD$	F	LSD
正式支持	① 研究生（N=57）	11.55±4.38	3.973**	③>①* ④>①, ②* ⑤>①, ②*
	② 本科（N=257）	12.55±4.99		
	③ 专科（N=130）	13.27±5.37		
	④ 高中或中职（N=87）	14.19±5.51		
	⑤ 初中及以下（N=57）	14.50±6.14		
非正式支持	① 研究生（N=57）	27.87±8.77	0.524	
	② 本科（N=257）	28.05±8.19		
	③ 专科（N=130）	27.52±9.16		
	④ 高中或中职（N=87）	27.58±10.50		
	⑤ 初中及以下（N=57）	26.21±8.62		

说明：* 表示 $p<0.05$；** 表示 $p<0.01$；*** 表示 $p<0.001$。

从表3-7可知孤独症儿童家长的"工具支持""情感支持""信息支持""正式支持"维度在不同教育水平上有着明显的差别（$F_{1(4,583)}=5.495, p=0.000<0.001$；$F_{2(4,583)}=4.840, p=0.001<0.01$；$F_{3(4,583)}=5.491, p=0.000<0.001$；$F_{4(4,583)}=3.973, p=0.003<0.01$）。使用 LSD 事后多重比较法，深入研究孤独症儿童家长上述四个社会支持维度的得分在不同教育水平上的显著差别。

在工具支持维度上，第一，研究生毕业的家长和高中或中职毕业、初中毕业的家长有着明显的差别，研究生毕业的家长在工具支持维度上的得分高于高中或中职毕业、初中毕业的家长（$p<0.05$），高中或中职毕业的家长和初中毕业的家长没有明显差别（$p>0.05$）。第二，大学毕业的家长和专科毕业、高中或中职毕业、初中毕业的家长有着明显的差别，大学毕业的家长在工具支持维度上的得分高于高中或中职毕业、初中毕业的家长（$p<0.05$），高中或中职毕业的家长和初中毕业

的家长没有明显差别（$p>0.05$）。

在情感支持维度上，第一，研究生毕业的家长和高中或中职毕业、初中毕业的家长有着明显的差别，研究生毕业的家长在情感支持维度上的得分高于高中或中职毕业、初中毕业的家长（$p<0.05$），高中或中职毕业的家长和初中毕业的家长没有明显差别（$p>0.05$）。第二，大学毕业的家长和初中毕业的家长有着明显的差别，大学毕业的家长在情感支持维度上的得分高于初中毕业的家长（$p<0.001$）。第三，专科毕业的家长和初中毕业的家长有着明显的差别，专科毕业的家长在情感支持维度上的得分高于初中毕业的家长（$p<0.01$）。第四，高中或中职毕业的家长和初中毕业的家长有着明显的差别，高中或中职毕业的家长在情感支持维度上的得分高于初中毕业的家长（$p<0.05$）。

在信息支持维度上，第一，研究生毕业的家长和大学毕业、专科毕业、高中或中职毕业、初中毕业的家长有着明显的差别，研究生毕业的家长在信息支持维度上的得分高于大学毕业、专科毕业、高中或中职毕业、初中毕业的家长（$p<0.05$）。第二，大学毕业、专科毕业、高中或中职毕业的家长和初中毕业的家长有着明显的差别，大学毕业、专科毕业、高中或中职毕业的家长在信息支持维度上的得分都高于初中毕业的家长（$p<0.05$），大学毕业、专科毕业、高中或中职毕业的家长相互之间没有明显差别（$p>0.05$）。

在正式支持维度上，第一，专科毕业的家长和研究生毕业的家长有着明显的差别，专科毕业的家长在正式支持维度上的得分高于研究生毕业的家长（$p<0.05$）。第二，高中或中职毕业的家长和研究生毕业、大学毕业的家长有着明显的差别，高中或中职毕业的家长在正式支持维度上的得分高于研究生、大学毕业的家长（$p<0.05$），研究生毕业的家长和大学毕业的家长没有明显差别（$p>0.05$）。第三，初中毕业的家长和研究生毕业、大学毕业的家长有着明显的差别，初中毕业的家长在正式支持维度上的得分高于研究生、大学毕业的家长（$p<0.05$），研究生毕业的家长和大学毕业的家长没有明显差别（$p>0.05$）。

（六）不同家庭所在地孤独症儿童家长社会支持的差异

研究孤独症儿童家长的社会支持在不同家庭所在地上是否具有显著差别，对数据使用独立样本 t 检验，其结果如表 3-8 所示。

表3-8　不同家庭所在地孤独症儿童家长社会支持的差异

	家庭所在地	$M \pm SD$	t
工具支持	城市（N=430）	17.31±4.59	4.138***
	农村（N=151）	15.52±4.54	
情感支持	城市（N=430）	10.40±2.37	3.104**
	农村（N=151）	9.70±2.46	
信息支持	城市（N=430）	6.55±2.12	3.902***
	农村（N=151）	5.77±2.11	
正式支持	城市（N=430）	12.54±4.80	-3.487**
	农村（N=151）	14.47±6.18	
非正式支持	城市（N=430）	27.77±8.47	0.651
	农村（N=151）	27.22±9.79	
	农村（N=151）	72.67±18.88	

说明：** 表示 $p < 0.01$；*** 表示 $p < 0.001$。

从表3-8中可以发现，在工具支持（$p<0.001$）、情感支持（$p<0.01$）、信息支持（$p<0.001$）和正式支持（$p<0.01$）维度的得分上，孤独症儿童家长来自城市的均显著高于来自农村的。在非正式支持维度的得分上，城市和农村家长没有明显差别（$p>0.05$）。

（七）不同家庭结构孤独症儿童家长社会支持的差异

研究孤独症儿童家长的社会支持在不同家庭结构上是否具有显著差别，对数据使用单因素方差分析，其结果如表3-9所示。

表3-9　不同家庭结构孤独症儿童家长社会支持的差异

	家庭结构	$M \pm SD$	F	LSD
工具支持	① 大家庭（N=291）	17.87±4.25	15.054***	①>②***
	② 核心家庭（N=271）	15.78±4.73		
	③ 单亲家庭（N=7）	17.14±6.77		

续表

	家庭结构	$M \pm SD$	F	LSD
情感支持	① 大家庭 (N=291)	10.26±2.35	0.773	
	② 核心家庭 (N=271)	10.17±2.43		
	③ 单亲家庭 (N=7)	11.29±2.98		
信息支持	① 大家庭 (N=291)	6.32±2.15	2.185	
	② 核心家庭 (N=271)	6.30±2.09		
	③ 单亲家庭 (N=7)	8.00±2.65		
正式支持	① 大家庭 (N=291)	13.31±5.24	1.543	
	② 核心家庭 (N=271)	12.67±5.29		
	③ 单亲家庭 (N=7)	15.00±5.26		
非正式支持	① 大家庭 (N=291)	28.69±8.53	4.421*	①>②**
	② 核心家庭 (N=271)	26.53±9.10		
	③ 单亲家庭 (N=7)	25.71±6.95		

说明：*表示$p<0.05$；**表示$p<0.01$；***表示$p<0.001$。

从表3-9中可以发现，不同家庭结构的家长在"工具支持"和"非正式支持"维度上有着明显的差别（$F_{1(2,566)}=15.054$，$p=0.000<0.001$；$F_{2(2,566)}=4.421$，$p=0.012<0.05$），但是在其他维度上则没有明显差别。使用LSD事后多重比较法，深入研究孤独症儿童家长的工具支持和非正式支持维度的得分在不同家庭结构上的差别。

在工具支持和非正式支持维度上的得分数，大家庭的家长和核心家庭的家长有着明显的差别，大家庭在工具支持和非正式支持维度上的得分高于核心家庭的家长（$p < 0.01$），大家庭的家长和单亲家庭的家长没有明显差别（$p > 0.05$），核心家庭和单亲家庭的家长也没有明显差别（$p > 0.05$）。

（八）不同家庭年收入孤独症儿童家长社会支持的差异

研究孤独症儿童家长的社会支持在不同家庭年收入上是否有显著差别，对数据使用单因素方差分析，其结果如表3-10所示。

表3-10　不同家庭年收入孤独症儿童家长社会支持的差异

	家庭年收入	$M \pm SD$	F	LSD
工具支持	① 4万元以下（N=107）	15.34±4.68	5.764***	④>①* ⑤>①,②,③,④*
	② 4万—6万（N=79）	16.45±4.21		
	③ 7万—8万元（N=61）	16.48±4.06		
	④ 9万—12万元（N=120）	16.75±4.39		
	⑤ 12万元以上（N=218）	17.84±4.87		
情感支持	① 4万元以下（N=107）	9.63±2.58	2.731*	④>①* ⑤>①**
	② 4万—6万（N=79）	9.99±2.22		
	③ 7万—8万元（N=61）	10.08±2.03		
	④ 9万—12万元（N=120）	10.40±2.43		
	⑤ 12万元以上（N=218）	10.50±2.48		

续表

	家庭年收入	$M \pm SD$	F	LSD
信息支持	① 4万元以下（N=107）	5.62±1.97	7.778***	④>①,②,③* ⑤>①,②,③**
	② 4万—6万元（N=79）	5.95±1.96		
	③ 7万—8万元（N=61）	5.87±2.01		
	④ 9万—12万元（N=120）	6.61±2.22		
	⑤ 12万元以上（N=218）	6.80±2.14		
正式支持	① 4万元以下（N=107）	14.82±5.77	5.473***	①>③,④,⑤*** ②>③*
	② 4万—6万元（N=79）	13.57±5.47		
	③ 7万—8万元（N=61）	11.58±5.12		
	④ 9万—12万元（N=120）	12.21±4.77		
	⑤ 12万元以上（N=218）	12.78±5.00		
非正式支持	① 4万元以下（N=107）	26.88±9.01	0.323	
	② 4万—6万元（N=79）	27.63±9.76		
	③ 7万—8万元（N=61）	27.83±8.73		
	④ 9万—12万元（N=120）	28.17±8.31		
	⑤ 12万元以上（N=218）	27.80±8.84		

说明：* 表示 $p<0.05$；** 表示 $p<0.01$；*** 表示 $p<0.001$。

从表 3-10 可知，孤独症儿童家长的"工具支持""情感支持""信息支持"和"正式支持"维度在不同家庭年收入上有着明显的差别（$F_{1(4,580)} = 5.764$，$p = 0.000 < 0.001$；$F_{2(4,580)} = 2.731$，$p = 0.029 < 0.05$；$F_{3(4,580)} = 7.778$，$p = 0.000 < 0.001$；$F_{4(4,580)} = 5.473$，$p = 0.000 < 0.001$）。用 LSD 事后多重比较法，深入研究孤独症儿童家长的社会支持在这四项维度上的得分在不同家庭年收入上的差别。

在工具支持维度上，第一，年收入 9 万—12 万元的家庭和年收入 4 万元以下的家庭有着明显的差别，年收入 9 万—12 万元的家庭在工具支持维度上的得分高于年收入 4 万元以下的家庭（$p < 0.05$）。第二，年收入 12 万元以上的家庭和年收入 4 万元以下、4 万—6 万元、7 万—8 万元、9 万—12 万元的家庭有着明显的差别，年收入 12 万元以上的家庭在工具支持维度上的得分高于年收入 4 万元以下（$p < 0.001$）、4 万—6 万元（$p < 0.05$）、7 万—8 万元（$p < 0.05$）以及 9 万—12 万元的家庭（$p < 0.05$）。年收入 4 万元以下和年收入 4 万—6 万元、7 万—8 万元的家庭之间没有明显差别（$p > 0.05$）；年收入 4 万—6 万元的家庭和年收入 7 万—8 万元、9 万—12 万元的家庭之间没有明显差别（$p > 0.05$）；年收入 7 万—8 万元的家庭和年收入 9 万—12 万元的家庭没有明显差别（$p > 0.05$）。

在情感支持维度上，第一，年收入 9 万—12 万元的家庭和年收入 4 万元以下的家庭有着明显的差别，年收入 9 万—12 万元的家庭在情感支持维度上的得分高于年收入 4 万元以下的家庭（$p < 0.05$）。第二，年收入 12 万元以上的家庭和年收入 4 万元以下的家庭有着明显的差别，年收入 12 万元以上的家庭在情感支持维度上的得分高于年收入 4 万元以下的家庭（$p < 0.05$）。

在信息支持维度上，第一，年收入 9 万—12 万元的家庭和年收入 4 万元以下、4 万—6 万元、7 万—8 万元的家庭有着明显的差别，年收入 9 万—12 万元的家庭在信息支持维度的得分高于年收入 4 万元以下、4 万—6万元和 7 万—8 万元的家庭（$p < 0.05$），年收入 4 万元以下、4 万—6万元和 7 万—8 万元的家庭，相互之间没有明显差别（$p > 0.05$）。第二，年收入 12 万元以上的家庭和年收入 4 万元以下、4 万—6 万元、

7万—8万元的家庭有着明显的差别,年收入12万元以上的家庭在信息支持维度上的得分高于年收入4万元以下、4万—6万元、7万—8万元的家庭($p<0.01$),年收入4万元以下、4万—6万元、7万—8万元的家庭两两之间没有明显差别($p>0.05$)。

在正式支持维度上,第一,年收入4万元以下的家庭和年收入7万—8万元、9万—12万元、12万元以上的家庭有着明显的差别,年收入4万元以下的家庭在正式支持维度上的得分高于年收入7万—8万元、9万—12万元和12万元以上的家庭($p<0.001$),年收入7万—8万元的家庭和9万—12万元的家庭没有明显差别($p>0.05$),年收入7万—8万元的家庭和12万元以上的家庭没有明显差别($p>0.05$),年收入9万—12万元的家庭和12万元以上的家庭没有明显差别($p>0.05$)。第二,年收入4万—6万元的家庭和年收入7万—8万元的家庭有着明显的差别,年收入4万—6万元的家庭在正式支持维度上的得分高于年收入7万—8万元的家庭($p<0.05$)。

五 分析与讨论

(一)孤独症儿童家长社会支持总体状况

社会支持的定义是指个体在面对压力事件时向所处的社交网络寻找的帮助,包含社会支持类型与社会支持来源。其中,社会支持类型包括信息支持、情感支持以及工具支持等维度的评估,社会支持来源包括非正式支持和正式支持两个维度的评估。

研究结果表明,孤独症儿童家长的社会支持来源的平均分为40.71分,社会支持类型的平均分为33.36分,与曾树兰的研究结论相比,社会支持来源的分数稍微低点,社会支持类型的分数稍微高点,或许是由研究对象的选取与研究地域等因素不一致造成的。曾树兰研究的被试主要分布在广东、重庆和湖南等区域,本书的被试主要分布在浙江、山东及河南等区域,再加上研究时间的不同,研究结果可能会受到影响。

研究结果还表明,在社会支持类型各维度上的得分从低到高分别是信息支持、情感支持和工具支持,与其他学者的研究结果相同,研究证实,家长在照料孤独症儿童的过程里得到的信息支持最少,然后是情感支持，工具支持最多。在社会支持来源方面，孤独症儿童家长的非正式支持得分明显高于正式支持得分，这与其他学者的研究结果一致，这是因为家长觉得在孤独症儿童的诊断与康复过程中，康复机构、医院与社会工作者等给予的正式支持能够帮助他们解决照顾上的困难，却得不到及时的支持，或者是得到的支持很难满足他们的照顾需要。因此，患儿家长会转向家人朋友，或是其他的孤独症儿童家长寻求支持，导致其非正式支持水平反而较高。

（二）在人口统计学变量上孤独症儿童家长社会支持的差异

关于在人口统计学变量上孤独症患儿家长社会支持有无明显差别，通过研究证实，孤独症患儿家长社会支持在家长性别、职业类型、受教育程度、家庭所在地、家庭结构和家庭年收入等变量上都有明显差别。

1. 家长性别层面

不同性别的患儿家长在工具支持、非正式支持和正式支持等维度存在差异，孤独症儿童母亲的得分均显著低于患儿父亲。这与其他学者的研究结果存在差异。可能的原因有，母亲是照料患儿的主体，较容易流露出抑郁、焦虑等负面情绪，面对患儿的问题行为通常会选择独自面对，而不是向他人寻求支持。还可能是因为，专职在家照顾患儿的父亲人数明显要少于母亲，父亲的工作可以提供一定的经济收入，还可以拓宽其社交范围，丰富了患儿父亲社会支持的多样性选择。

2. 家长职业类型层面

不同职业的患儿家长在社会支持的各维度上均存在显著差异，这与其他学者的研究结果一致。事后检验的结果表明，除正式支持维度外，患儿家长的职业身份越高，经济收入也就越多，获得的支持力度就越大，在一定程度上提升了家长应对挑战的能力，赋予患儿家长权能。反之，职业身份较低的家长获得资源的方法较少，一般通过政府或残联等正式组织的帮助应对教养的困难。

3. 家长教育水平层面

不同受教育程度的患儿家长在工具支持、情感支持、信息支持和正式支持等维度上的得分有明显差别，这与其他学者的研究结果一致，原因有可能是除了正式支持维度之外，家长受教育水平越高，经济水平也随之升高，得到有关信息的途径就越多，情绪调节能力也会提升，以上因素在一定程度上增强了家长处理难题的能力。反之，受教育水平相对较低的家长独立解决问题的能力可能较弱，导致经济收入也偏低，是政府救助体系的重点帮扶对象，因此他们获得的正式支持更多。

4. 家庭所在地层面

城市患儿家长在工具支持、情感支持、信息支持和正式支持维度上的得分都明显高于农村患儿家长，本书的研究观点与王玉晶的一致。农村患儿家长的社会支持存在的问题有：家长的权益意识和认知较低、政府的支持力度不足。基于此，农村患儿家长摆脱困境的途径通常是向家人或朋友寻求帮助。

5. 家庭结构层面

不同家庭结构的患儿家长在工具支持、非正式支持等维度上的得分有着明显差别，这与其他学者的研究结果一致。而且事后检验的结果说明，大家庭患儿家长的社会支持总得分、工具支持、非正式支持维度上的得分都明显高于核心家庭患儿家长。可能的原因是，老一辈人不仅可以帮忙支付一部分患儿的巨额康复费用，还能起到分担照料压力的作用，在一定程度上可以缓解患儿家长的照料压力。

6. 家庭年收入层面

不同家庭年收入的家长在信息支持、情感支持、工具支持和正式支持等维度上均存在显著差异，这与其他学者的研究结果一致。可能的原因是，家庭年收入越高，相应的社会经济地位也越高，背负的经济负担就越小，具备一定的经济实力，能通过参加家长培训来获取相关的康复信息，因此，相对来说，这类家长受到的社会支持更多。在正式支持维度上却相反，家庭年收入和获得的正式支持呈负相关，家庭每年的经济收入越低，家长得到的正式支持则越多。

六 研究结论

笔者在浙江省、河南省、山东省等地区选取588名孤独症儿童的家长作为被试，使用"社会支持评定量表"完成问卷调查研究，得出以下结论。

（1）孤独症儿童家长的社会支持类型的总平均分数是 33.36 分，工具支持维度的平均分数高于情感支持，而情感支持维度的平均分数高于信息支持；社会支持来源的总平均分数是 40.71 分，正式支持维度的平均分数低于非正式支持维度的平均分数。

（2）孤独症儿童家长社会支持的工具支持、正式支持和非正式支持维度的平均分数在不同性别上有着明显差别，患儿母亲的工具支持、非正式支持和正式支持维度的平均分数低于患儿父亲，在信息支持和情感支持维度上的平均分数上，父亲和母亲则没有明显差别。

（3）孤独症儿童家长社会支持的信息支持、情感支持、工具支持、非正式支持、正式支持维度的平均分数在不同职业上有着明显差别，事后检验表明，在信息支持、情感支持、工具支持、非正式支持维度上，家长的职业身份和得到的社会支持呈正相关，在正式支持维度上，家长职业身份和得到的正式支持呈负相关。

（4）孤独症儿童家长社会支持的信息支持、情感支持、工具支持和正式支持维度的平均分数在不同教育水平上有着明显差别，事后检验表明，在信息支持、情感支持、工具支持维度上，患儿家长受教育程度和得到的社会支持呈正相关；在正式支持维度上，患儿家长受教育程度和得到的正式支持呈负相关。

（5）在社会支持的信息支持、情感支持、工具支持和正式支持维度得分上，城市的孤独症儿童家长明显高于农村的孤独症儿童家长；在社会支持总分、非正式支持维度得分上，城市和农村家长没有明显差别。

（6）孤独症儿童家长社会支持的工具支持、非正式支持维度的平均分数在不同家庭结构上有着明显差别，大家庭的患儿家长明显高于核心家庭的患儿家长，大家庭和单亲家庭的家长则没有明显差别，核心家庭的家长和单亲家庭的家长也没有明显差别。

（7）孤独症儿童家长社会支持的信息支持、情感支持、工具支持、正式支持维度的平均分数在不同家庭年收入上有着明显差别，事后检验表明，在信息支持、情感支持、工具支持维度上，患儿家长家庭年收入和得到的社会支持呈正相关，在正式支持维度上，患儿家长家庭年收入和得到的正式支持呈负相关。

第四节　孤独症儿童家庭社会支持的作用机制

研究证实，社会支持有益于个体的心理健康。但目前的研究主要集中于探讨孤独症儿童家长的社会支持与其负性心理感受的关系，却少有针对社会支持与正向心理感受关系的研究。除此以外，研究人员更倾向于分析孤独症儿童父母的社会支持和心理健康的关系，缺少关于作用机制的研究。基于此，本章从社会支持系统理论出发，基于孤独症儿童的真实案例，通过创伤后成长、家庭生活质量评估孤独症儿童父母的心理感受，从积极心理学的角度研究孤独症儿童家长社会支持的影响机制。

一　研究目的

本书通过"创伤后成长评定量表""家庭生活质量评定量表"这两个调查量表，对选取的孤独症儿童家长进行创伤后成长和家庭生活质量问卷调查，探究家长在这两方面的现状和特征，并探究其社会支持与创伤后成长、家庭生活质量的关系和作用。

二　研究假设

在总结归纳国内外相关研究成果后本书提出三个假设：

假设一：孤独症儿童家长的社会支持分别与其创伤性成长、家庭生活质量有着显著相关关系，同时创伤后成长与家庭生活质量之间呈显著相关。

假设二：孤独症儿童家长的社会支持对其创伤后成长、家庭生活质量都有作用。

假设三：孤独症儿童家长的社会支持在一定程度上对其家庭生活质量和创伤后成长起着中介作用。

三　研究设计

（一）研究对象

和第三节研究对象保持一致。

（二）测量工具

1. 创伤后成长评定量表

"创伤后成长评定量表"主要用于探究在经历创伤事件后个体的积极变化，由 Tedeschi 开发，总共 21 个项目。包含与他人的关系、新的可能性、个体力量、欣赏生活和精神变化五个维度，应用 Likert 6 点计分法，用 0—5 分代表从"创伤后无变化"到"创伤后变化很大"，总分在 0—105 分不等。分数越高，表示创伤后成长幅度越高。[①] Ho 将该量表改编为中文版，总量表的 Cronbach's alpha 为 0.825。最终，本书总量表的 Cronbach's alpha 为 0.928。

2. 中文版家庭生活质量评定量表

原始量表是由美国堪萨斯大学 Beach 残障中心编制的，中文版量表在中国文化背景下经修订而成，总计 25 个项目。中文版量表主要分为五个分量表，即家庭互动分量表、情感健康分量表、物质福利分量表、父母养育分量表和残疾相关支持与服务分量表。采用 Likert 5 级量表，依次用 1—5 分表示从"非常不满意"到"非常满意"，总分在 25—125 分不等，被试得分越高，则说明对家庭生活质量的满意程度越高，该量表已被广泛应用于各项研究。原始总量表的 Cronbach's alpha 为 0.88，各维度量表的 Cronbach's alpha 在 0.80—0.92。本书总量表的 Cronbach's alpha 为 0.951。

（三）数据处理与分析

笔者使用 SPSS 19.0 软件，对有效问卷进行数据处理，使用描述性统计、中介效应检验、皮尔逊相关分析、多重线性回归等统计方法。

在研究中，可能会导致共同方法偏差问题的发生，为了避免产生误差影响，在处理分析数据之前，需要采用赫尔曼单因素检验法，对所有的变量进行因素分析。如果其中某一个因子的解释力特别大或者只析出一个因子，就可以认定其存在共同方法偏差。在进行探索性因素分析时，需要将量表中所有变量都纳入进来。经研究发现，未经旋转提取出 15 个主成分，第一个主成分解释了总方差变异的 24.63%，每一个主成分都小于 40% 的临界值。此结果表明，共同方法偏差问题可以被忽略。

[①] R. G. Tedeschi, L. G. Calhoun, "The Posttraumatic Growth Inventory: Measuring the Positive Legacy of Trauma," *Journal of Traumatic Stress*, 1996, 9 (3): 455 – 471.

四 研究结果

(一) 孤独症儿童父母创伤后成长基本状况

通过对所获得的创伤后成长数据进行描述性统计,明确孤独症患儿的父母创伤后成长的现状(见表3-11)。从表3-11中可以发现,患儿家长创伤后成长总平均分为62.96分,其中得分最高的是与他人关系,最低的是精神变化。

表3-11　　　　孤独症儿童父母创伤后成长的总体情况

	Min	Max	$M \pm SD$
创伤后成长总分(PTGI)	4.00	105.00	62.96 ± 17.92
个人力量	0.00	20.00	13.29 ± 3.80
精神变化	0.00	10.00	5.97 ± 2.29
欣赏生活	0.00	15.00	10.17 ± 2.91
与他人关系	0.00	35.00	19.23 ± 6.86
新的可能性	0.00	25.00	14.31 ± 4.89

(二) 孤独症儿童父母家庭生活质量基本状况

通过对所获得的家庭生活质量状况进行描述性统计,明确孤独症患儿的父母家庭生活质量的现状(见表3-12)。

表3-12　　　　孤独症儿童父母家庭生活质量的总体情况

	Min	Max	$M \pm SD$
家庭生活质量(FQOL)	25.00	125.00	82.23 ± 15.79
家庭互动	6.00	30.00	21.10 ± 4.80
父母养育	6.00	30.00	20.18 ± 4.74
情感健康	4.00	20.00	12.30 ± 3.12
物质福利	5.00	25.00	16.03 ± 3.69
与残疾相关的支持或服务	4.00	20.00	12.63 ± 2.82

从表3-12中可以发现,患儿家长家庭生活质量总平均分为82.23

分,各维度得分从低到高分别为情感健康、与残疾相关的支持或服务、物质福利、父母养育、家庭互动。

（三）孤独症患儿家长社会支持、创伤后成长和家庭生活质量的相关分析

1. 孤独症患儿家长社会支持与创伤后成长

表3-13　孤独症患儿家长的社会支持与创伤后成长的相关分析

	个人力量	精神变化	欣赏生活	与他人关系	新的可能性	PTGI总分
社会支持类型总分	0.198**	0.198**	0.159**	0.312**	0.281**	0.289**
工具支持	0.101**	0.111**	0.087*	0.240**	0.199**	0.196**
情感支持	0.220**	0.221**	0.164**	0.274**	0.248**	0.274**
信息支持	0.231**	0.209**	0.185**	0.269**	0.277**	0.284**
社会支持来源总分	0.078	0.188**	0.033	0.248**	0.242**	0.207**
正式支持	0.049	0.110**	-0.017	0.138**	0.150**	0.116**
非正式支持	0.079	0.198**	0.057	0.265**	0.249**	0.221**

说明：* 表示 $p<0.05$；** 表示 $p<0.01$。

对孤独症患儿家长的社会支持类型、来源总分和各维度分数与创伤后成长总分和各维度分数做皮尔逊积差相关分析，以研究社会支持和创伤后成长是否存在相关关系（见表3-13）。

如表3-14所示，创伤后成长总分和社会支持类型、来源总分都有显著正相关关系（$p<0.01$）。探究各维度可以发现，除去创伤后成长的个人力量维度分数和欣赏生活维度分数外，社会支持来源总分和正式、非正式支持维度分数都没有相关关系，创伤后成长的总分以及其他维度分数与社会支持类型总分以及其他维度分数都有显著正相关关系（$p<0.01$）。

典型相关分析是将各组变量当作一个整体，为了分析两组变量之间的共变关系，弥补了简单相关只探究两组变量中每两个变量间的关系，不能很好地解释两组变量之间的整体关系的不足。因此，本书采用典型相关分析法，更加全面地描述社会支持与创伤后成长这两组变量之间的共变关系，对这两组变量自身的典型变量解释度和相对的典型变量解释度进行探究，从而发现其内在联系。

表3-14　　社会支持与创伤后成长的典型相关分析

典型变量	I		II	
	典型系数	典型负载	典型系数	典型负载
社会支持				
工具支持	-0.151	-0.672	0.256	0.046
情感支持	-0.210	-0.695	-0.670	-0.473
信息支持	-0.325	-0.710	-0.611	-0.513
正式支持	-0.137	-0.531	0.129	0.335
非正式支持	-0.514	-0.873	0.757	0.415
方差代表比例（%）	49.7		15.5	
冗余指数	6.9		0.9	
创伤后成长				
个人力量	0.270	-0.493	-1.122	-0.838
精神变化	-0.089	-0.664	0.156	-0.356
欣赏生活	0.331	-0.361	-0.512	-0.682
与他人关系	-0.653	-0.901	0.148	-0.292
新的可能性	-0.704	-0.860	0.584	-0.326
方差代表比例（%）	47.3		29.7	
冗余指数	6.6		1.6	
典型相关系数平方 R^2	0.139		0.055	
F	136.199***		16.000***	

说明：*** 表示 $p<0.001$。

"方差代表比例指解释典型变量对本组观测变量的总方差的代表比例。""冗余指数指另一个典型函数对本组观测变量总方差的解释比例，为了解释组间交叉共享比例。"由表3-14可知两个显著的典型变量：社会支持组和创伤后成长组变量被自身典型变量解释的变异分别是65.2%和77%，被相对典型变量解释的变异是7.8%和8.2%。从结果可以看出研究所选取的指标变量组合理，且可以有效地表示社会支持和创伤后成长间的关系。

"典型系数意指该组变量对所属典型变量的贡献程度。""典型负载则用于描述该组变量与其相对应的典型变量之间的相关程度。"第一典型变量就代表非正式支持、新的可能性和与他人关系，在社会支持方面,非正式支持典型负载和典型系数都较高;在创伤后成长方面,新的可能性和与他人关系典型负载和典型系数都较高。第二典型变量代表了非正式支持、情感支持、信息支持和个人力量,在社会支持方面,非正式支持、情感支持、信息支持的典型负载和典型系数都较高;在创伤后成长方面,个人力量典型负载和典型系数都较高。通过以上分析可知,非正式支持、情感支持和信息支持对新的可能性、与他人关系和个人力量的解释作用较大。

"典型相关系数的平方代表的是两个典型变量共有的方差,用于衡量该典型变量对另一个相对应典型变量变异的解释程度。"如表3-14所示,第一个典型相关系数的平方是0.139,典型函数之间的共享方差是13.9%;第二个典型相关系数的平方是0.055,典型函数之间的共享方差是5.5%,共享方差和冗余指数都比较低,表示两组的总体相关水平不高,也为表3-13中两者虽显著相关但值却不高提供了解释(0.087 ≤ r ≤ 0.312)。

2. 孤独症患儿的家长社会支持和家庭生活质量

对孤独症患儿父母社会支持、家庭生活质量总分和各维度分数做皮尔逊积差相关分析,以研究两者间关系(见表3-15)。

表3-15 孤独症儿童父母社会支持和家庭生活质量的相关分析

	家庭互动	父母养育	情感健康	物质福利	与残疾相关的支持或服务	FQOL总分
社会支持类型总分	0.476**	0.482**	0.541**	0.504**	0.451**	0.594**
工具支持	0.400**	0.447**	0.487**	0.447**	0.401**	0.528**
情感支持	0.486**	0.431**	0.462**	0.380**	0.388**	0.527**
信息支持	0.261**	0.241**	0.326**	0.376**	0.280**	0.354**
社会支持来源总分	0.393**	0.469**	0.489**	0.363**	0.435**	0.520**
正式支持	0.196**	0.280**	0.273**	0.211**	0.307**	0.302**
非正式支持	0.433**	0.489**	0.522**	0.382**	0.425**	0.547**

说明:** 表示 $p<0.01$。

由表3-15可知,两者总分和各维度分数都呈显著正相关关系($p<0.01$),使用典型相关分析进一步研究两组变量间的共变关系(见表3-16)。

表 3-16 社会支持与家庭生活质量的典型相关分析

典型变量	I			II			III		
	典型系数	典型负载		典型系数	典型负载		典型系数	典型负载	
社会支持									
工具支持	-0.349	-0.797		0.463	0.298		0.420	0.139	
情感支持	-0.378	-0.789		-0.558	-0.068		-0.859	-0.505	
信息支持	-0.027	-0.536		1.004	0.707		-0.070	-0.154	
正式支持	-0.058	-0.448		-0.110	-0.169		0.708	0.677	
非正式支持	-0.460	-0.831		-0.503	-0.190		0.077	0.234	
方差代表比例(%)	48.7			13.1			16.2		
冗余指数	21.9			0.8			0.7		
家庭生活质量									
家庭互动	-0.260	-0.807		-0.241	-0.257		-1.371	-0.479	
父母养育	-0.206	-0.846		-0.542	-0.276		0.892	0.181	
情感健康	-0.432	-0.909		-0.049	0.012		0.045	0.088	
物质福利	-0.184	-0.743		1.246	0.636		-0.181	0.067	
与残疾相关的支持或服务	-0.114	-0.757		-0.300	0.013		-0.589	0.323	
方差代表比例(%)	66.4			10.9			7.6		
冗余指数	29.9			0.7			0.3		
典型相关系数平方 R^2	0.450			0.061			0.040		
F	416.827***			69.568***			32.968***		

说明：*** 表示 $p<0.001$。

由表 3-16 可得，共有三个统计显著的典型变量（$p < 0.001$）。社会支持组和家庭生活质量组变量可被自身典型变量解释的变异分别为 78% 和 84.9%，被相对典型变量解释的变异分别为 23.4% 和 30.9%。通过以上结果可以看出研究所选取的变量组合理，可以有效反映两者间关系。

第一典型变量代表非正式支持、情感健康，在社会支持方面，非正式支持典型负载和典型系数较高；在家庭生活质量方面，情感健康的典型负载和典型系数较高。第二典型变量代表信息支持、物质福利，在社会支持方面，信息支持的典型负载和典型系数较高；在家庭生活质量方面，物质福利典型负载和典型系数较高。第三典型变量代表情感支持、正式支持、家庭互动、父母养育，在社会支持方面，情感支持、正式支持的典型负载和系数较高；在家庭生活质量方面，家庭互动和父母养育的典型负载和系数较高。通过以上分析可知，社会支持中非正式支持、信息支持、情感支持和正式支持对家庭生活质量中的情感健康、物质福利、家庭互动和父母养育相关性解释作用较大。

第一个典型变量相关系数的平方为 0.45，共享方差为 45%；第二个典型变量相关系数的平方为 0.061，共享方差为 6.1%；第三个典型变量相关系数的平方为 0.04，共享方差为 4%。这三组变量都有较高的共享方差和冗余指数，可以得出社会支持组和家庭生活质量组的变量总体相关水平较高，为表 3-15 中相关值较高提供了解释（$0.196 \leqslant r \leqslant 0.594$），也表明综合典型相关分析相对更优。

3. 孤独症患儿创伤后成长和家庭生活质量

对孤独症患儿父母创伤后成长、家庭生活质量的总分和各维度分数做皮尔逊积差相关分析，以研究两者间关系（见表 3-17）。

表 3-17　孤独症儿童父母创伤后成长和家庭生活质量的相关分析

	家庭互动	父母养育	情感健康	物质福利	与残疾相关的支持或服务	FQOL 总分
个人力量	0.151**	0.183**	0.150**	0.180**	0.171**	0.203**
精神变化	0.157**	0.214**	0.222**	0.205**	0.346**	0.248**
欣赏生活	0.112**	0.125**	0.112**	0.105**	0.130**	0.141**

续表

	家庭互动	父母养育	情感健康	物质福利	与残疾相关的支持或服务	FQOL总分
与他人关系	0.251**	0.322**	0.361**	0.258**	0.320**	0.362**
新的可能性	0.219**	0.276**	0.322**	0.301**	0.293**	0.336**
PTGI总分	0.226**	0.285**	0.305*	0.262**	0.292**	0.328**

说明：* 表示 $p < 0.05$；** 表示 $p < 0.01$。

由表 3-17 可知，两者间有显著正相关关系（$p < 0.01$）。使用典型相关分析进一步研究两组变量间的共变关系。

表 3-18　创伤后成长与家庭生活质量的典型相关分析

典型变量	I		II	
	典型系数	典型负载	典型系数	典型负载
创伤后成长				
个人力量	0.342	-0.421	0.622	0.373
精神变化	-0.025	-0.598	-0.200	0.120
欣赏生活	0.352	-0.304	-0.475	0.045
与他人关系	0.755	-0.894	-1.272	-0.188
新的可能性	-0.689	-0.813	1.400	0.410
方差代表比例（%）	41.8		7.2	
冗余指数	7.7		0.2	
创伤后成长				
家庭互动	0.155	-0.589	0.054	-0.022
父母养育	-0.239	-0.772	-0.213	-0.067
情感健康	-0.656	-0.951	-0.519	-0.077
物质福利	-0.094	-0.717	1.371	0.689
与残疾相关的支持或服务	-0.268	-0.804	-0.444	-0.007
方差代表比例（%）	60.1		9.7	
冗余指数	11.2		0.3	
典型相关系数平方 R^2	0.186		0.028	
F	146.586***		27.286**	

说明：** 表示 $p < 0.01$；*** 表示 $p < 0.001$。

由表 3-18 可知，共有两个统计显著的典型变量（$p<0.001$）。创伤后成长组和家庭生活质量组变量可被自身典型变量解释的变异分别为49%和69.8%，被相对典型变量解释的变异为7.9%和11.5%。通过以上结果可以看出研究所选取的变量组合理，可以有效反映两者间关系。

第一典型变量代表与他人关系、新的可能性和情感健康，在创伤后成长方面，与他人关系和新的可能性典型负载和典型系数均较高；在家庭生活质量方面，情感健康的典型负载和典型系数较高。第二典型变量代表了新的可能性、与他人关系和物质福利，在创伤后成长方面，新的可能性和与他人关系典型负载和典型系数较高；在家庭生活质量方面，物质福利典型负载和典型系数较高。通过以上分析可知，创伤后成长中的与他人关系和新的可能性对家庭生活质量中的情感健康和物质福利的相关关系解释作用较大。

第一个典型变量相关系数的平方是0.186，共享方差是18.6%；第二个典型相关系数的平方是0.028，共享方差是2.8%。两组变量均具有较低的共享方差和冗余指数，可以得出创伤后成长组和家庭生活质量组的变量整体相关程度较低，为表3-17中两项简单相关值提供了原因（$0.196 \leqslant r \leqslant 0.594$）。

（四）孤独症儿童父母社会支持、创伤后成长和家庭生活质量

1. 孤独症患儿家长的社会支持、创伤后成长和家庭生活质量的回归分析

在控制人口学变量之后，本书把创伤后成长、社会支持作为预测变量，把家庭生活质量作为结果变量，使用多元回归分析，探究社会支持和创伤后成长对家庭生活质量的作用。

在回归分析前首先对创伤后成长和社会支持进行多元共线性检验，结果显示，创伤后成长、社会支持呈显著正相关关系（$p<0.01$），$r=0.272$。社会支持与家庭生活质量呈显著正相关关系（$p<0.01$），$r=0.627$，呈中高程度相关。创伤后成长与家庭生活质量呈显著正相关关系（$p<0.01$），$r=0.328$，呈低程度相关。证明创伤后成长和社会支持之间没有多元共线性问题，满足回归分析基本条件。

由表3-19可知，社会支持类型、社会支持来源和创伤后成长对家

庭生活质量都有显著预测力,多元相关系数是 0.664,决定系数是 0.44,回归模型整体性检验值 F = 153.117（$p = 0.000 < 0.001$）。可得出结论:社会支持类型、社会支持来源、创伤后成长能对家庭生活质量总分 44% 的变异量进行解释。

变异量的预测力从高到低分别为社会支持类型（解释变异量为 35.3%）、社会支持来源（解释变异量为 6.6%）、创伤后成长（解释变异量为 2.1%）。其中社会支持类型的标准化回归系数 $\beta = 0.409$（$p = 0.000 < 0.001$）,社会支持来源 $\beta = 0.284$（$p = 0.000 < 0.001$）,创伤后成长 $\beta = 0.151$（$p = 0.000 < 0.001$）,都是正数,因此可以得出结论:社会支持类型、社会支持来源和创伤后成长对家庭生活质量有正向作用。

表 3-19　　社会支持、创伤后成长对家庭生活质量的逐步多元回归分析摘要

	多元相关系数（R）	决定系数（R^2）	增加量（$\triangle R^2$）	F	净 F 值（$\triangle F$）	B	Beta（β）
截距						30.544	
社会支持类型	0.594	0.353	0.353	320.303 ***	320.303	0.857	0.409
社会支持来源	0.648	0.420	0.066	211.448 ***	66.688	0.362	0.284
创伤后成长	0.664	0.440	0.021	153.117 ***	21.578	0.133	0.151

说明:*** 表示 $p < 0.001$。

2. 孤独症患儿家长的社会支持与创伤后成长的回归分析

在控制人口学变量之后,本书把社会支持作为预测变量,把创伤后成长作为结果变量,做多元回归分析,探究社会支持对创伤后成长的作用。

表 3-20　　社会支持对创伤后成长总分的线性回归分析摘要

	多元相关系数（R）	决定系数（R^2）	增加量（$\triangle R^2$）	F	净 F 值（$\triangle F$）	B	Beta（β）
截距						40.021	
社会支持类型	0.289	0.084	0.084	53.545 ***	53.545	0.688	0.289

说明:*** 表示 $p < 0.001$。

由表3-20可知，回归方程社会支持类型的多元相关系数为0.289，对创伤后成长有显著预测力，且创伤后成长总分依变量的决定系数 $R^2 = 0.084$，回归模型整体性检验 $F = 53.545$（$p = 0.000 < 0.001$），其中社会支持类型的标准化回归系数 $\beta = 0.289$（$p = 0.000 < 0.001$）。可得出结论：社会支持来源可以对创伤后成长总分8.4%的变异量进行有效解释，对创伤后成长有正向作用。

（五）社会支持作为创伤后成长与家庭生活质量中介的效应检验

由家庭生活质量系统理论的观点可知：家长的认知水平对其家庭生活质量发生着直接作用；家长的认知水平又通过间接作用于家庭获得的支持与服务，进而对其家庭生活质量发生作用。社会支持、创伤后成长和家庭生活质量的相关关系，为深入研究社会支持是否在其他两个变量间具有中介作用提供了基础。基于以上分析，本书参考Baron等人提出的中介模型构建要素[1]和研究结果[2]，将创伤后成长和社会支持看作预测变量，将家庭生活质量看作因变量，以检验社会支持有无起到中介作用。

依据温忠麟等人的中介效应检验标准程序[3]（如图3-2所示），采用层次回归法探究社会支持在患儿家长创伤后成长与家庭生活质量之间的中介作用。中介检验程序共分为三层：（1）将家庭生活质量作为结果变量，将创伤后成长作为自变量，开展回归分析，检验系数 c；（2）将社会支持类型和社会支持来源作为结果变量，将创伤后成长作为自变量，开展回归性分析，检验系数 a；（3）将家庭生活质量作为结果变量，将创伤后成长、社会支持类型和社会支持来源作为自变量，开展回归分析，检验系数 c'、b。以此形成中介模型（见图3-3、图3-4）。

---

[1] R. M. Baron, D. A. Kenny, "The Moderator-mediator Variable Distinction in Social Psychological Research: Conceptual, Strategic, and Statistical Considerations," *Journal of Personality and Social Psychology*, 1986, 51 (6): 1173-1182.

[2] C. Brand, L. Barry, & S. Gallagher, "Social Support Mediates the Association between Benefit Finding and Quality of Life in Caregivers," *Journal of Health Psychology*, 2016, 21 (6): 1126-1136.

[3] 温忠麟、侯杰泰、张雷：《调节效应与中介效应的比较和运用》，《心理学报》2005年第2期。

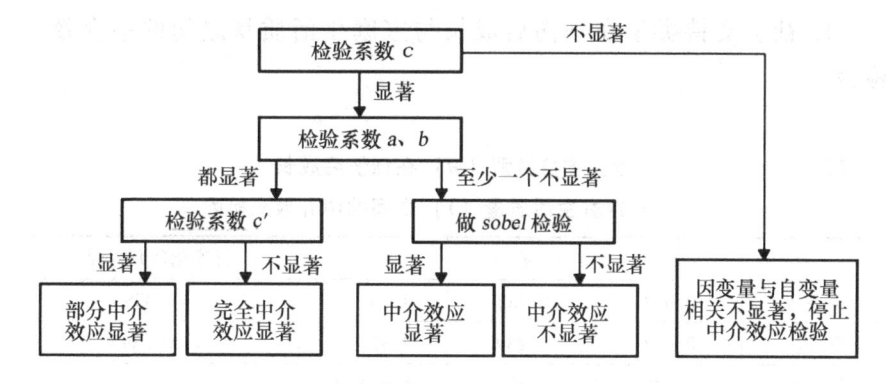

图3-2 中介效应检验程序

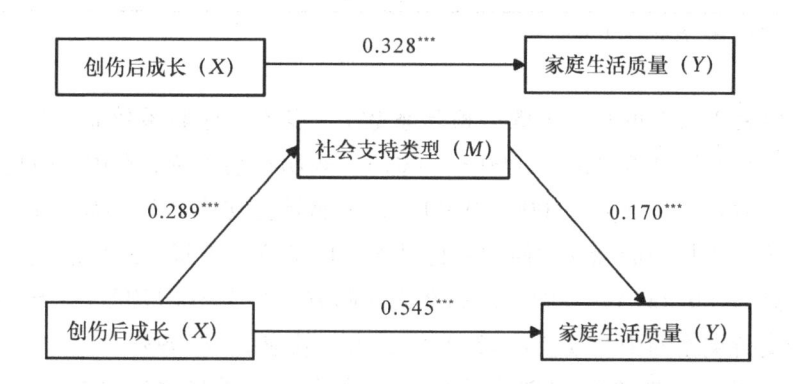

图3-3 社会支持类型在创伤后成长与家庭生活质量之间的中介作用模型
说明：*** 表示 $p<0.001$。

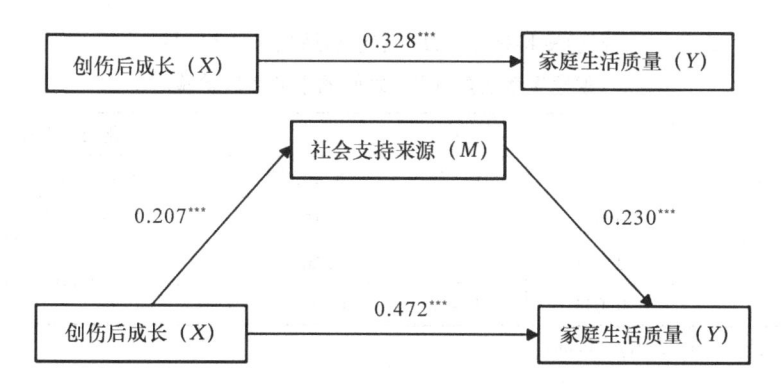

图3-4 社会支持来源在创伤后成长与家庭生活质量之间的中介作用模型
说明：*** 表示 $p<0.001$。

1. 社会支持类型在创伤后成长与家庭生活质量之间的中介效应检验

表 3-21　社会支持类型（M）在创伤后成长（X）与家庭生活质量（Y）之间的中介效应检验

	SE	β	t	标准化回归方程
第一步	0.034	0.328	8.402***	$Y = 0.328X$
第二步	0.017	0.289	7.317***	$M = 0.289X$
第三步	0.030	0.170	5.002***	$Y = 0.170X + 0.545M$
	0.071	0.545	16.032***	

说明：*** 表示 $p < 0.001$。

由表 3-21 可知，步骤一检验系数 c、步骤二检验系数 a、步骤三检验系数 b 均显著（$p = 0.000 < 0.001$），表明社会支持类型中介效应显著，系数 c' 显著（$p = 0.000 < 0.001$），表示社会支持类型发挥了部分中介作用。步骤一的标准化回归方程是 $Y = 0.328X$，步骤二的标准化回归方程是 $M = 0.289X$，步骤三的标准化回归方程是 $Y = 0.170X + 0.545M$，社会支持类型的中介效应是 15.75%，占总效应的 48.09%。

2. 社会支持来源在创伤后成长与家庭生活质量之间的中介效应检验

表 3-22　社会支持来源（M）在创伤后成长（X）与家庭生活质量（Y）之间的中介效应检验

	SE	β	t	标准化回归方程
第一步	0.034	0.328	8.402***	$Y = 0.328X$
第二步	0.028	0.207	5.127***	$M = 0.207X$
第三步	0.031	0.230	6.607***	$Y = 0.230X + 0.472M$
	0.044	0.472	13.551***	

说明：*** 表示 $p < 0.001$。

由表 3-22 可知，步骤一检验系数 c、步骤二检验系数 a、步骤三检验系数 b 均显著（$p = 0.000 < 0.001$），表明社会支持来源中介效应显

著，系数 c' 显著（$p=0.000<0.001$），表示社会支持来源发挥了部分中介作用。步骤一的标准化回归方程是 $Y=0.328X$，步骤二的标准化回归方程是 $M=0.207X$，步骤三的标准化回归方程是 $Y=0.230X+0.472M$。社会支持来源的中介效应是 9.77%，占总效应的 29.81%。

五 分析与讨论

（一）孤独症患儿的家长社会支持和创伤后成长的关系分析

本书对社会支持、创伤后成长总分和各维度分数做皮尔逊积差相关分析，以探究两者间的相关关系。结果表明：创伤后成长总分与社会支持总分和各维度均存在显著正相关，与其他学者的研究结果一致。猜想其原因可能为家长得到的社会支持越多，创伤后成长水平就越高，反之，则越低。也就是说，充足的社会支持对孤独症儿童的家长创伤后成长有正向作用。

通过典型相关分析，发现社会支持与创伤后成长总体相关，社会支持中的非正式支持、情感支持和信息支持对创伤后成长中新的可能性、与他人关系和个人力量的解释作用较大。也就是说，家长的社会支持来源主要是亲朋好友等非正式支持网络，并直接作用于创伤后成长。这意味着家人和朋友的关爱有利于疏解负面情绪，可有效降低患儿家长的心理压力，促进其创伤后成长。

将社会支持总分导入回归方程进行分析，可以发现社会支持水平能够预测创伤后成长水平，和已有的两者关系的研究结果相似。以王成霞对脑瘫、智力障碍和听力障碍三类特殊儿童家长的研究为例，发现社会支持对其父母创伤后成长有直接的正向影响，即特殊儿童家长的社会支持得分越高，说明其创伤后成长水平越高。从已有研究可知，个体的社会支持能够从侧面反映其创伤后成长水平，是创伤后成长的重要预测因素。

从一定程度上讲，本书的结果也支持认知处理模型的观点[1]，即个体在经历创伤事件前所拥有的社会支持，会影响个体的应对策略和创伤

---

[1] 张倩、郑涌：《创伤后成长：5·12 地震创伤的新视角》，《心理科学进展》2009 年第 3 期。

后成长。因为个体面对压力事件，社会支持能够有效促进意义的建构和整合，使其成为一种缓冲机制，例如，个体会重新评估压力事件背后的意义，或改变已有的认知信念等去预估最终可能造成的后果。也就是说，家长在照护患儿过程中虽然面临着巨大的压力，但家长如果尝试理解患儿的问题行为和创伤事件的意义，选择积极体验和感悟这件事对人际关系、生命价值和自身认知模式的意义，寻找别人的帮助，合理使用社会资源，可降低自身压力。

（二）孤独症患儿家长的社会支持和家庭生活质量的关系分析

本书对社会支持、家庭生活质量总分和各维度分数做皮尔逊积差分析，以探究两者间的关系。结果表明，家庭生活质量总分与社会支持总分和各维度均存在显著正相关关系，与其他学者的研究结果一致。[1] 猜想其原因可能为家长获得的社会支持越多，家庭生活质量就越高，反之则越低。也就是说，匹配的社会支持能够有效促进家庭生活质量。

通过典型相关分析，发现社会支持与家庭生活质量总体相关，社会支持中的非正式支持、情感支持、信息支持和正式支持对家庭生活质量中的情感健康、物质福利、家庭互动以及父母养育的解释作用较大。也就是说，家长的社会支持来源主要是亲朋好友等非正式支持网络，以及政府等提供的正式支持可以直接作用于家长对患儿的教养技能。这意味着充分利用现有的有利资源能够提升家庭生活质量。

将社会支持总分导入回归方程进行分析，可以发现社会支持水平能够预测家庭生活质量，和已有的两者关系的研究结果相似。以李莉的研究为例，社会支持对孤独症患儿家庭生活质量的满意度具有正向预测作用，即孤独症儿童家长的社会支持得分越高，说明其对家庭生活质量满意度也就越高。从已有研究可知，个体的社会支持能够从侧面反映其家庭生活质量高低，是家庭生活质量的重要预测因素。

从一定程度上讲，本书的结果也支持家庭生活质量系统理论的观点[2]，

---

[1] P. Pozo, E. Sarriá, A. Brioso, "Family Quality of Life and Psychological Well-Being in Parents of Children with Autism Spectrum Disorders: A Double ABCX Model," *Journal of Intellectual Disability Research*, 2014, 58 (5): 442–458.

[2] N. Zuna, J. A Summers, A. P. Turnbull, X. Y. Hu, S. Xu, "Theorizing about Family Quality of Life," *Enhancing the Quality of Life of People with Intellectual Disabilities*, 2011, 41: 241–278.

即孤独症儿童家长的家庭互动模式和认知水平都会影响其家庭获得的支持与服务,从而影响其家庭生活质量。也就是说,家庭成员之间构成了一个相互影响的互动系统,帮助维持和促进家庭系统的正常运作,从而激发家庭提升应对孤独症儿童照护难题的能力。在这一过程中,社会工作者的介入,会形成新的家庭系统。社会工作者给予的社会支持可以帮助患儿家长解决照顾患儿时所面临的问题。

(三)孤独症患儿的家长创伤后成长与家庭生活质量的关系分析

本书对创伤后成长、家庭生活质量总分数和各维度分数做皮尔逊积差分析,以探究两者间的关系。结果表明,家庭生活质量总分与创伤后成长总分和各维度均存在显著正相关关系,与其他学者的研究结果一致。[1] 猜想其原因可能为家长创伤后成长水平越高,家庭生活质量就越高,反之,则越低。也就是说,创伤后成长能够有效提升家庭生活质量。

通过典型相关分析,发现创伤后成长与家庭生活质量总体相关,创伤后成长中的与他人关系和新的可能性对家庭生活质量中的情感健康和物质福利的解释作用较大。也就是说,社交网络与问题解决思路可以直接作用于家长的心理健康,这意味着家长可以通过与他人沟通排解情绪,提升家庭生活质量。

将创伤后成长总分导入回归方程进行分析,可以发现创伤后成长水平能够预测家庭生活质量,这和已有的两者关系的研究结果相似。以 Teodorescu 等人的研究为例,创伤后成长对精神病患者的生活质量满意度具有正向预测作用,即患者的创伤后得分越高,说明其对家庭生活质量的满意度也越高。以往研究证实,创伤后成长是家庭生活质量的预测因素,创伤后成长可以帮助提高家庭生活质量。

本书的结果在一定程度上也支持认知处理模型的观点,即创伤事件的发生,破坏了家长原有的认知系统,家长面临着各方面的挑战。儿童被诊断患有孤独症会使患儿家长陷入沉思,创伤后成长的产生即来源于家长由自动沉思变为有意沉思。家庭系统理论认为,孩子患病是家庭内

---

[1] Y. H. Yun, J. A. Sim, J. Y. Jung, D. Y. Noh, E. S. Lee, "The Association of Self-Leadership, Health Behaviors, and Posttraumatic Growth with Health-Related Quality of Life in Patients with Cancer," *Psycho-Oncology*, 2014, 23 (12): 1423–1430.

部突发事件,具备较高创伤后成长水平的家长会对生命价值等核心观念有更深刻的感悟,让患儿家长知道生活是有方向的,孩子的未来不该被断送,从而产生积极的态度来提升家庭生活质量。

(四) 孤独症儿童父母社会支持中介效应分析

为了研究社会支持对家庭生活质量的影响机制,参考温忠麟等人的中介作用检测程序,以检验社会支持的中介作用。研究结果表明,在直接效应模型中,创伤后成长能够直接改善家庭生活质量,这与其他学者的研究结果一致[1],证实了家庭系统理论。[2] 也就是说,家长在得知患儿被确诊为孤独症后,如果乐于转变已有认知模式、拓展人际关系和重塑生命价值观等,对改善其家庭生活质量有帮助。并且,从家庭生活质量系统理论可以知道,在本质上,对周遭环境益处的发现属于个体认知水平的提升,所以能直接促进家庭生活质量。

本书研究发现创伤后成长虽无法直接作用于家庭生活质量,却可以通过社会支持作为中介来提升家庭生活质量水平,证实了资源保存理论和创伤后成长社会环境模型。究其原因,创伤事件能够使个体向外部寻找社会资源,提高应对事件的能力,以提高个体生活质量。对于孤独症儿童家长而言,需要重新审视患儿康复发展的可能性,认知方式的转变和心理资源的获取使得患儿家长积极应对生活,寻求他人支持,建立求助的社交网络,从而提升家庭生活质量。

除此以外,在检验创伤后成长在社会支持与家庭生活质量之间的中介效应时发现,其中介效应为 4.62%,占总效应的 6.87%。这说明社会支持可以通过创伤后成长影响家庭生活质量。这与 Brand 等人的研究结论一致。意味着家长的社会支持越多,照料资源越多,越能产生积极情绪,家庭生活质量也就越高。

本书研究发现创伤后成长既能直接作用于家庭生活质量,也能利用社会支持的间接中介作用。同样,社会支持既直接作用于家庭生活质量,也能利用创伤后成长的间接中介作用。简而言之,创伤后成长能作

---

[1] D. S. Teodorescu, J. Siqveland, T. Heir, E. Hauff, T. Wentzel-Larsen, L. Lien, "Posttraumatic Growth, Depressive Symptoms, Posttraumatic Stress Symptoms, Post-Migration Stressors and Quality of Life in Multi-Traumatized Psychiatric Outpatients with A Refugee Background in Norway," *Health and Quality of Life Outcomes*, 2012, 10 (1): 84 – 100.

[2] 邓伟志、徐新:《家庭社会学导论》,上海大学出版社 2006 年版,第 24—25 页。

用于家长社会支持,进而作用于家庭生活质量,社会支持也能作用于家长的创伤后成长,进而作用于家庭生活质量,且创伤后成长对家庭生活质量的间接作用大于社会支持的间接作用,所以笔者认为创伤后成长作用于社会支持对孤独症患儿家长的家庭生活质量有间接作用。

六 研究结论

笔者以浙江省、山东省和河南省等地区的588名孤独症儿童家长作为被试,使用"创伤后成长评定量表"和"中文版家庭生活质量量表"做研究工具,得出如下结论。

(1) 孤独症儿童家长创伤后成长总平均分数是62.96分;分数从高到低的各维度分别是与他人关系、新的可能性、个人力量、欣赏生活和精神变化。

(2) 孤独症儿童家长家庭生活质量总平均分数是82.23分,分数从高到低的各维度分别是家庭互动、父母养育、物质福利、与残疾相关的支持或服务、情感健康。

(3) 孤独症儿童家长创伤后成长总分数和其社会支持类型总分数、社会支持来源总分数都呈显著正相关。研究得出,除去创伤后成长的个人力量维度分数和欣赏生活维度分数,与社会支持来源总分和正式、非正式维度分数没有相关关系外,创伤后成长的总分以及其他维度分数与社会支持总分以及其他维度分数都有显著正相关关系;经典型相关分析得出,非正式支持、情感支持和信息支持对新的可能性、与他人关系和个人力量的解释作用较大。

(4) 孤独症儿童家长家庭生活质量总分数和各维度分数与社会支持总分数和各维度分数都有显著正相关关系;经典型相关分析得出,非正式支持、信息支持、情感支持和正式支持对情感健康、物质福利、家庭互动和父母养育的解释作用较大。

(5) 孤独症儿童家长家庭生活质量总分数和各维度分数与创伤后成长总分数和各维度分数都有显著正相关关系;经典型相关分析得出,与他人关系、新的可能性对情感健康、物质福利的解释作用较大。

(6) 由多元回归分析得出,孤独症儿童家长得到的社会支持、创伤后成长对其家庭生活质量有正向预测作用;社会支持类型对创伤后成长有正向预测作用。

（7）由中介效应检验得出，社会支持类型和来源在孤独症儿童家长创伤后成长和家庭生活质量间分别起着部分中介效应。

第五节 研究总结

一 研究结论

本章使用问卷调查法对浙江省、山东省和河南省等地区的 588 名孤独症儿童家长进行研究，得出如下结论。

（1）在社会支持类型方面，孤独症儿童家长分数从高到低的各维度分别是工具支持、情感支持和信息支持；在社会支持来源方面，孤独症儿童家长正式支持分数低于非正式支持分数。

（2）孤独症儿童家长获得的社会支持在父母性别、职业类型和教育水平，家庭所在地、家庭结构和家庭年收入水平等方面的特征有明显差别。

（3）孤独症儿童家长创伤后成长和社会支持两个总分数都有显著正相关关系；孤独症儿童家长家庭生活质量总分数和各维度分数与其社会支持总分数和各维度分数都有显著正相关关系；孤独症儿童家长家庭生活质量总分数和各维度分数与其创伤后成长总分数和各维度分数都有显著正相关关系。

（4）孤独症儿童父母获得的社会支持、创伤后成长对其家庭生活质量都有显著正向预测作用，社会支持对创伤后成长有显著正向预测作用。

（5）社会支持在孤独症儿童家长创伤后成长和家庭生活质量间有部分中介效应。

二 研究价值

（一）理论意义

1. 就研究对象而言

目前国内少有针对孤独症儿童家长创伤后成长的相关研究，笔者从研究对象层面丰富了创伤后成长、家庭生活质量的研究。

2. 就研究内容而言

基于对孤独症儿童家长社会支持、创伤后成长和家庭生活质量的研究，丰富该领域研究内容，为后续研究和发展提供理论基础。

（二）实践价值

（1）本书基于对孤独症儿童父母社会支持的了解，在理论上厘清其与创伤后成长和家庭生活质量间的关系和作用机制。

（2）本书研究结果在引起父母、学校、社会重视方面起到了一定的促进作用，为相关部门制定和落实有关政策提供了指导。

（3）本书有助于提升孤独症儿童父母心理健康水平，为孤独症儿童营造良好的家庭氛围、改善患儿预后提供了实践指导。

（三）社会意义

（1）本书从积极心理学角度出发，研究了孤独症儿童父母社会支持、创伤后成长和家庭生活质量三者的关系，有助于维护孤独症儿童家长的身心健康。

（2）笔者在医院、学校、康复机构等进行研究的过程中，通过宣传教育，普及相关知识，提高了大众对孤独症儿童及其家人的理性认识。

（3）本书研究成果契合党的十九大报告提出的社会保障体系建设目标，有利于孤独症儿童父母的社会支持体系完善与建设，具有十分重要的社会意义。

三 研究展望

通过对浙江、山东以及河南三个省份的孤独症儿童家长社会支持状况和特点的调研，本书证实了社会支持在患儿家长创伤后成长和家庭生活质量间起到的作用，然而，还是有部分不足的地方需要改善，未来的研究应该从如下方面展开。

（一）扩大研究样本，开展全国范围的调查研究

由于时间等客观因素的限制，本书仅抽取浙江、山东和河南三省部分城市孤独症儿童作为样本，在家长比例、城乡比例、患儿性别比例以及孤独症儿童分类等方面的代表性有待进一步提高。未来相关研究应该扩大样本量、扩充比例，开展全国范围的调查研究。

(二）注重研究方法，开展定性定量综合研究

问卷调查法是自陈量表法的一种，其稳定性比较差，无法避免出现被试主观欺瞒，或是产生疲劳效应的情况。因此，未来应综合使用定性和定量研究法，对现有研究进行完善。

(三）优化研究设计，开展深度纵向调查研究

本书调查了患儿家长创伤后成长现状，仅使用横向研究设计方法，无法系统反映其发展变化过程。未来相关研究应该加强对孤独症儿童家长的纵向深度调查，对患儿父母创伤后成长与时间变化之间的关系与趋势开展动态分析、比较。[1]

---

[1] 王果：《孤独症儿童父母社会支持现状及其作用机制研究》，硕士学位论文，浙江工业大学，2019年。

第四章
孤独症儿童家庭增权的影响因素和效能机制

> 增权不仅是通过文化教育、技能培训等方式"赋予"受助者能力,更重要的是激发和挖掘受助者主动发展、适应社会、创造价值的能力。
>
> ——张军①

由于孤独症儿童存在与生俱来或者后天造成的生理、心理或精神缺陷,因此其家庭在长期育儿的过程中长期承受着压力,这使得其家庭生活质量水平受到严重影响,且家庭处于弱势状态。从客观层面上讲,孤独症儿童家庭缺少一些抚养孤独症儿童的能力和资源,由此导致其家庭在主观上产生了精神上的"无权感""无能感"和"无望感"。

对孤独症儿童家庭来说,家庭增权赋能概念的产生使相关研究视角发生了一定的转变,即从"弱势视角"正逐渐改变成"优势视角"。家庭增权可以展现出一个家庭在客观上拥有的知识水平、技能水平、资源水平及其对自身生活的帮助和控制感,同时也反映了其主观精神上的"权能感"和"希望感"。有学者认为,孤独症儿童家庭增权水平对儿童有重要影响,即拥有高水平的家庭增权可以帮助孤独症儿童康复和发

---

① 张军:《脱贫攻坚的"扶志"转向》,中国社会科学网,http://www.cssn.cn/shx/shx_bjtj/201906/t20190628_4926830.shtml,2019.6.28,(2020.7.18)。

展，减少其问题行为。① 因此，大部分发达国家开始建立以家庭为中心的孤独症儿童家庭服务机构和互助组织，通过这些机构和组织让孤独症儿童家庭获得信息共享、情感交流以及专业的康复技能培训等，以此达到提升其家庭增权水平的目标。

目前，中国对孤独症儿童抚养者的帮扶仅关注经济和物质援助，缺少对孤独症儿童家庭的精神、意识和能力的改善与提升，对于家庭增权的研究和实践处于初级阶段。"注重扶贫同扶志、扶智相结合"是党的十九大所强调的，体现了挖掘弱势群体优势的先进观念。依照这一点，笔者以孤独症儿童的家庭为例，以家庭增权为核心定义，探析孤独症儿童家庭增权的现状和特征，研究各种因素对于家庭增权的作用以及家庭增权对于家庭生活质量的作用。

第一节 研究设计

一 研究问题

在对于孤独症儿童家庭增权的研究中，仍存在下述问题需要解决：

首先，缺少对中国孤独症儿童家庭增权水平及特征的概述。家庭是孩子出生后成长的第一个环境，对其今后的人生具有举足轻重的作用。孤独症孩子日常生活、成长发育和治疗康复等都取决于其父母的投入度。父母在孤独症儿童康复治疗、成长发育等过程中需要面对来自主客观方面的挑战和压力，客观上缺少教养孤独症儿童的资源和能力，主观上"无权""无能"和"无助"之感随时间的推移而愈加增强。家庭增权较好地表现出父母主客观资源和能力的获得与权能感的发展，经过对国内孤独症儿童父母增权情况及特征的定量与定性分析，为研究者和社会工作者提供更为直观的孤独症儿童家庭增权的优劣势，为其开展相关实践提供更有针对性的指导。

其次，缺少对孤独症儿童家庭增权影响机制的探究。由于研究会受到研究者个人经历及学识等主观因素的影响，目前对影响家庭增权因素的研究主要分为儿童、家庭和社会三方面。此外，在对家庭增权影响因

---

① G. Miriam, M. A. Resendez, M. Ryan, et al., "A Longitudinal Analysis of Family Empowerment an Client Outcomes," *Journal of Child and Family Studies*, 2000, 9 (4): 449 – 460.

素进行研究时，大部分学者只关注与正常儿童家庭的差异，而没有对影响因素背后的机制进行探究。

最后，缺少就孤独症儿童家庭增权效能的深入探究。家庭增权在客观上体现出发展资源与成长能力的充分性，在主观上体现出心理负能量的减弱、权能感的获得。有学者认为，拥有较高水平的家庭增权可以减少孤独症儿童的问题行为，使其逐渐融入正常社会生活。但是对于家庭和家庭成员整体效能的家庭增权作用还没有较为一致的结果。

二 研究目标

对于国内孤独症儿童家庭增权现状不一、影响机制、家庭增权的效能仍需做出进一步可靠的探究，本书的研究目的是：

(1) 探究当前中国孤独症儿童家庭增权的情况，概述其家庭增权水平与特征。

(2) 探究诸多因素对孤独症儿童家庭增权的影响机制。

(3) 以家庭为中心，研究家庭增权对孤独症儿童家庭生活质量的作用。

三 研究内容

（一）开展孤独症儿童家庭增权现状调查

当前，国内很少有人对孤独症儿童家庭增权程度和特征进行定量描述性研究。本书以全国范围内随机抽取的孤独症儿童家庭为样本，调查研究其家庭增权现状，并通过标准测量工具对患儿家庭增权程度做出定性测量，从而探讨其家庭增权水平特征。

（二）探究孤独症儿童家庭增权的影响机制

通过梳理国内外研究可知，孤独症儿童家庭增权的影响因素主要可以划分为儿童、家庭和社会三个方面，并且大部分研究仅着眼于影响因素程度的不同与对比，而对各个因素的影响机制则鲜有探究。笔者使用随机抽样法在全国范围内选取研究对象——孤独症儿童家庭，研究各种因素对于家庭增权的作用。

（三）评价孤独症儿童家庭增权的效能

有研究证明，家庭增权对孤独症儿童的问题行为与功能发展有影响，但是家庭增权对于家庭生活质量的影响尚不清楚，仍需要做出进一步研究。本书以全国范围内随机抽取的孤独症儿童家庭为样本，探究孤独症儿童家庭增权的效能及其对家庭生活质量的影响机制。

四 研究思路

本书主要实行"文献研究—调查研究—实证分析—逻辑分析—梳理总结"的研究步骤，具体过程如图4-1所示。

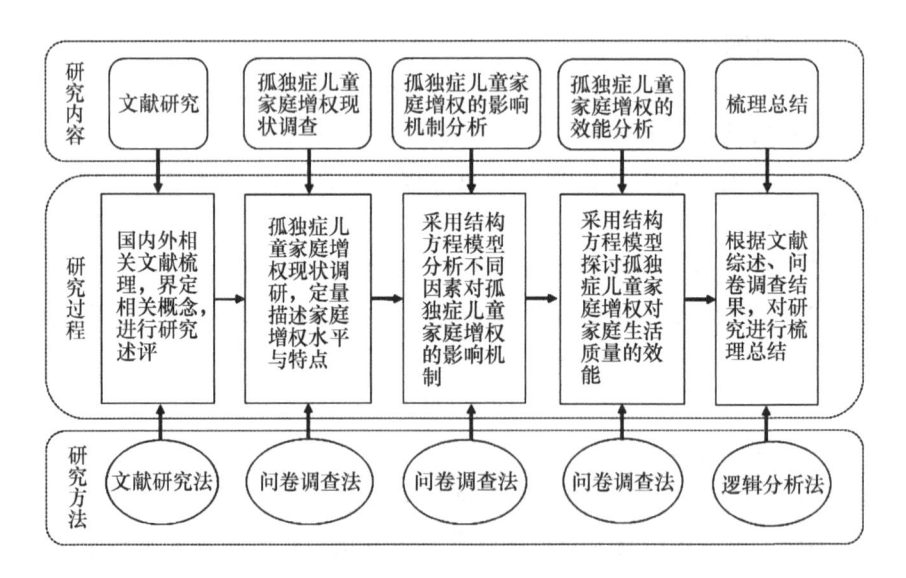

图4-1 研究思路

五 研究方法

（一）文献研究法

回顾国内外关于孤独症儿童家庭增权的文献，对所研究的概念进行界定，对研究结果进行总结评述。在此基础之上，思考并总结、提出孤独症儿童家庭增权的相关问题，为本书提供夯实的理论基础及切实的实验设计。

（二）问卷调查法

通过对相关文献的总结梳理，本书明确了孤独症儿童家庭增权的研究目的和研究内容，随后对选取的孤独症儿童家庭发放问卷以收集数据，分析中国孤独症儿童家庭增权水平的情况和特征，考察不同因素对其家庭增权机制的作用，探讨家庭增权水平对其家庭生活质量水平的效能，从而改善、提升孤独症儿童家庭增权水平。

（三）逻辑分析法

通过对文献资料的整理和总结，遵循逻辑思维规律，产生科学的研究框架，分析概括当前研究结果的优劣性，为探究孤独症儿童家庭增权的程度和特征、影响机制、效能提供指导性的研究建议与步骤。

第二节 国内外孤独症儿童家庭增权相关研究分析

目前，较少有人对孤独症儿童家庭增权状况进行研究。本书主要对孤独症儿童的相关研究进行回顾，从孤独症儿童家庭增权的概念内涵、维度与测量工具、影响因素和结果四个方面展开论述，从而为其作用的研究提供理论支持。

一 家庭增权的概念内涵

增权也叫作赋权、增能与激发权能等。自从"增权"一词产生以来，国内外学者对其定义就具有不一致的观点。然而，家庭增权在特殊群体中尚未形成全面的概念体系。因此，本书在增权的原始概念内涵的基础上，从对象、状态和层次三个方面再一次诠释家庭增权的概念内涵。

（一）家庭增权的对象

家庭增权同时拥有环境和群体两方面的特点。对此，Koren 表示了赞同，认为家庭增权包含个人和集体两个特性。[①] 因此，家庭增权的对象不仅仅有家庭内部成员，还有整个家庭系统。

父母作为孤独症儿童最主要的陪伴者，其对儿童社会化发展具有直接或间接的作用力。在孤独症儿童成长和发育的过程中，儿童很难表现

---

① P. E. Koren, N. De Chillo, B. J. Friesen, "Measuring Emopowerment in Families whose Children Have Emotional Disabilities: A Brief Questionnaire," *Rehabilitation Psychology*, 1992, 37 (4): 305–321.

出对自身权利的需求，因此父母需要替代他们向外界寻求信息和解决问题，同时对自己的孩子承担起教育的职责，帮助其提升应对能力和问题解决能力，以此拥有更多的家庭资源。

家庭增权对孤独症儿童的康复和发展具有重要作用，它将整个家庭看作一个功能系统。从儿童降临到这个世界开始，家庭是其接触的第一个环境，同时也是整个社会最基本的组成部分。家庭增权一方面看重每一位成员的个人资源与能力，另一方面注重家庭系统的作用，重点强调家庭和专业人员的合作与社会参与。

（二）家庭增权的状态

家庭增权作为过程和结果的结合体，主要有两种存在形式，即过程导向和结果导向。其中，过程导向指的是一个家庭控制获得感和权能感的动态过程，而结果导向指的是一个家庭的静态能力和主观上具有的权能感。

家庭增权的动态过程指的是其从完全没有任何权能感转化为具有权能感的变化过程。Solomon 的研究认为，家庭增权是为了让家庭最大化地利用自身所具有的资源，积极参加社会活动，改变自身的消极看法和主观上的无权能感。[1] Rappaport 的研究强调，家庭增权可以展现一个家庭对外界发生事件的控制感。[2] 而 Segal 等的研究表明，家庭增权是个体对生活的控制感，同时这种控制感还对其所在组织和结构产生了影响。[3] 对孤独症儿童家庭来说，增权过程就是获得知识、技能与资源，让他们可以完成对生活的积极控制和提升生活质量的过程。

家庭增权的静态过程指的是其在经过一系列的变化之后拥有了自身生活权能感的过程。Staples 的研究表明，家庭增权是个体为了拥有权能感而发展出的力量。[4] 增权能提高个体积极的自我概念与认知，提高自

---

[1] B. Solomon, *Black Empowerment: Social Work in Oppressed Communities*, New York: Columbia University Press, 1976.

[2] J. Rappaport, "In Praise of Paradox: A Social Policy of Empowerment over Prevention," *American Journal of Community Psychology*, 1981, 9: 1 – 25.

[3] S. P. Segal, C. Silerman, T. Temkin, "Empowerment and Self-help Agency Practice for People with Mental Disabilities," *Social Work*, 1993, 38 (6): 705 – 712.

[4] L. H. Staples, "Powerful Ideas about Empowerment," *Administration in Social Work*, 1990, 14: 29 – 42.

信，得到更多的政治和社会资源，变得强大以参加、掌控、改变影响他们日常生活的各项事务。结果导向的增权包括决策能力、行动参与、对环境与资源的控制力、需求满足、自我效能、自尊程度和控制感等。孤独症儿童家庭增权状态包括基本需求得到满足，获得权能感，拥有自身控制、解决问题与影响外界环境的能力。

(三) 家庭增权的层次

关于家庭增权的定义具有多层次性，它的两种存在形式均具有不同的水平，可分为个体、人际和社会三个水平。

从个体水平来看，家庭增权主要反映了家庭系统和家庭内部各个成员在育儿过程中感知到的主观体验以及自身拥有的客观能力。范斌研究强调，个体水平上的家庭增权涵盖了实际控制感和心理控制感，这展现出其对外界环境的影响作用以及自身拥有的对生活的控制感。其中，家庭增权的实际控制感可以将其家庭内部成员固有的观念和态度进行转变，以此提升其知识技能和行动能力；对于家庭增权的心理控制感，主要指家庭内部成员自我效能感和权能感的发展，具有较高的自尊心和控制感的家庭成员可以更好地为家庭和自身制定目标，并对自身抱有极大的自信心，会努力达成自身设立的目标，以便更好地适应社会生活。

从人际水平来看，家庭增权表现出家庭内部成员对外部成员的影响以及相互作用。国内学者宋丽玉的研究和国外学者 Gutiérrez 的研究都认为，拥有更多沟通技能的家庭内部成员在社会交往中表现出更大的自信心，他们能够充分思考自身和他人的需求并积极承担自身责任，也更容易和家庭外部成员建立友谊，获得赞许和肯定，同时对外部成员产生影响。孤独症儿童的父母通过人际的正向作用提升自我权能感，进一步以人与人之间的联系为媒介对其他孤独症儿童家庭增权产生积极的影响。

从社会水平来看，家庭增权是家庭以群体形式开展的聚集活动，与社会行为及变化有密切联系。孤独症儿童父母通过展现自己的需求，作用于社会决策，参加社会资源的再分配，争取社会平等，最终得到及改善家庭增权。依据宋丽玉对于弱势群体增权的观点，孤独症儿童家庭应正确了解自己的切身利益，看重群体间互助，相信群体行动可以改善环境并自愿加入其中。

二 家庭增权的维度与测量工具

家庭增权评估方法主要分为定量和定性两种。在前人对家庭增权的研究中，大部分都使用访谈法和观察法等定性方法。后来，随着各种家庭增权量表的出现，关于孤独症儿童家庭增权的研究正逐渐转为定量评估。

家庭增权定义有多种水平，其组成决定于所处背景和所面向的群体。依据特殊的研究背景和理论架构，家庭增权的测量水平各有不同，相应的测量工具从前置水平展开测量，而不是全方面地表现家庭增权的整体面貌（见表4-1）。

表4-1　孤独症儿童家庭增权测量工具及测量维度概况一览

测量工具名称	作者	测量维度	维度解释
家庭增权量表（Family Empowerment Scale, FES）	Koren, DeChillo & Friesen	1. 家庭增权层次 2. 家庭增权表现	1. 家庭增权发生于家庭、服务系统、社区/政策三个层次 2. 家庭增权表现在态度、知识和行为三个方面
心理增权量表（Psychological Empowerment Scale, PES）	Akey	1. 态度 2. 知识 3. 技能 4. 参与行为	1. 个体对控制感和能力的态度 2. 个体对知识的认知评价 3. 个体对技能的认知评价 4. 正式和非正式的参与行为
赋权增能量表	张美云、林宏炽	1. 自我效能 2. 自我决策 3. 影响力 4. 接触资源 5. 赋予能力 6. 社区参与 7. 自我拥护	1. 家庭协助孩子发展的能力 2. 家庭能否根据需求做决定 3. 照顾者对孩子发展的影响作用 4. 家庭成员是否寻求资源并能否有效使用资源 5. 家庭与专业人员的合作关系 6. 家庭与社会团体的互动 7. 家庭拥有、争取的权利

（一）家庭增权量表

Chamberlain 的研究强调，家庭增权主要由决策力、选择机会和信息渠道三种成分组成。而 Staple 的研究表明，家庭增权主要涵盖了知识水平、技能水平以及家庭资源等方面，其主要目的是改变家庭内部成员的认知、信念和态度。对此，Kieffer 的研究显示，增权主要由个体自身能力、社会政治修养、个体政治能力以及参与能力所构成，要想获得较高水平的增权，个体必须积极参与各种社会活动，提升自我效能感，对社会环境中存在的各种制度和体系抱有自己的看法，发展可以帮助自身实现目标的能力，拥有和他人共同进步的能力。

根据以上几点，Koren 等的"家庭增权量表"编制以增权的水平和增权内容为理论架构，从领域和表达两方面对家庭增权进行总体阐述，领域包含三个，即家庭、服务系统与社区或者政策，表达也包含三个，即态度、知识和行为，后者在前者的三个水平上都可以明确地展现出来。此量表被划分成三个分量表，家庭增权分量表有 12 个项目；服务系统增权分量表有 12 个项目；社区或者政策增权分量表有 10 个项目，总共有 34 个项目。使用 Likert 5 点评分法，由"完全不符合"至"完全符合"分别计为 1 分、2 分、3 分、4 分、5 分，分量表得分越高，表示该领域的家庭增权越大。三个分量表的 Cronbach's alpha 为 0.88、0.87 和 0.88，有较好的内部一致性。

目前"家庭增权量表"已经在评估孤独症儿童家庭增权水平的研究中得到了较为普遍的应用。最初编制该量表主要是为了对情绪与行为障碍儿童的家庭服务有效性进行评定。随后，国内外的研究者结合自身所处的国家文化对该量表进行翻译和修订，并将研究对象范围扩充到了各种类型的孤独症儿童家庭。在 Vuorenmaa 等人的研究中，研究者通过芬兰版"家庭增权量表"对孤独症儿童和正常儿童的家庭增权水平进行差异分析，探究了不同家庭特征对家庭增权水平的影响。[1] 日本学者 Wakimizu 等人通过日本版"家庭增权量表"对具有发育障碍儿童的家庭增权水平进行调查，分析孤独症儿童家庭增权水平与家庭生活质量水

---

[1] M. Vuorenmaa, N. Halme, M. Perälä, et al., "Perceived Influence, Decision-Making and Access to Information in Family Services as Factors of Parental Empowerment: A Cross-Sectional Study of Parents with Young Children," *Scandinavian Journal of Caring Sciences*, 2015, 30 (2): 290 – 302.

平之间的关系,探究孤独症儿童家庭增权水平的影响因素,比如家庭特征、家庭成员自尊水平、家庭功能、情感支持以及家庭成员自我效能感水平等。[1]

(二) 心理增权量表

依据心理增权的定义,"心理增权量表"随之产生,着重研究孤独症儿童父母的心理增权程度。心理增权测量主要分为三个方面:(1) 对控制、能力、动机和自尊的认知评定;(2) 个体的批判性知识和技能;(3) 个体在正式、非正式的背景和组织中的行为改变。心理增权在不同的环境和不同的人群中表现出不同的结构。

"心理增权量表"的 Akey 版本旨在对孤独症孩子父母的心理增权程度进行客观评价,测量的各个维度是个人态度、知识/技能、参与行为,参与行为由正式活动和非正式活动结构而成。此量表总计有 32 个项目,分为四个维度,即个体对控制感与能力的态度、对知识与技能的认知评价、正式的行为变化与非正式的行为变化,每个维度有 8 个题目,分量表与总量表的 Cronbach's alpha 范围为 0.84—0.94。

"心理增权量表"被研究者多次使用。Akey 用该量表测量 293 名孤独症儿童家长的心理增权程度,计算其信效度,最终得出分量表和总量表信度都在 0.9 以上,具有较好的效度。尽管此量表在研究者之间应用较少,但是因重点关注测量个体心理方面的增权,所以较受好评。Krieger 的法语版"心理增权量表"就是测量孤独症儿童父母的心理增权程度,较好的家庭协作能提升家庭心理增权程度。

(三)"赋权增能量表"

中国学者张美云与林宏炽开发的"赋权增能量表",把家庭增权分成七个维度,即自我效能、影响力、接触资源、自我决策、赋予能力、自我拥护与社区参与,共有 36 个项目,即自我效能维度有 4 个项目;影响力维度有 5 个项目;接触资源维度有 5 个项目;自我决策维度有 6 个项目;赋予能力维度有 5 个项目;自我拥护维度有 6 条项目;社区参与维度有 5 个项目。此量表使用 Likert 5 点评分法,由"完全不符合"

---

[1] R. Wakimizu, K. Yamaguchi, H. Fujioka, "Family Empowerment and Quality of Life of Parents Raising Children with Development Disabilities in 78 Japanese Families," *International Journal of Nursing Sciences*, 2016, 4 (1): 1–9.

至"完全符合"依次计为1分、2分、3分、4分、5分,分数越高,则此维度的家庭增权水平就越高。各分量表的 Cronbach's alpha 依次为 0.77、0.86、0.76、0.91、0.83、0.84 和 0.86,总量表的 Cronbach's alpha 为 0.95。

此量表是由国内学者结合中国国情和文化背景编制的。张美云与林宏炽通过此量表对具有发育障碍儿童的家庭赋权增能水平进行了调查分析,主要目的是考察发育障碍儿童家庭在家庭增权各维度上的情况,同时探究儿童照料者、家庭收入水平和家庭结构等方面对家庭赋权增能的影响,从而深入了解各种类型的社会支持和家庭增权水平及其各维度之间的关系。

三 孤独症儿童家庭增权的影响因素

孤独症儿童家庭增权的实证研究大多使用家庭增权量表,研究作用于家庭增权的各个因素,对其有作用的因素主要包含儿童、家庭与社会。

（一）儿童因素

儿童成分是影响孤独症儿童父母增权的基本因素,儿童的生理、心理和社会成长会影响家庭增权的程度,包含孩子的性别、年龄、身心健康程度。

已有研究证实,多动症、注意障碍以及情绪障碍儿童的家庭增权水平受到儿童性别的影响。张美云对发育障碍儿童家庭增权水平的研究对该结论表示支持,她认为,男孩家庭增权水平显著高于女孩,这可能是因为国内部分家庭还存在重男轻女的思想。同时,还有研究发现孤独症儿童家庭增权水平受到儿童年龄的影响,年龄越小,家庭增权水平越高。

儿童残障程度的轻重是家庭增权中儿童因素的重要构成部分,儿童残障会导致家庭经济情况、身心健康和夫妻关系等质量的减弱,减少家庭增权程度。此外,孤独症儿童患病和确诊的时间也会显著影响其家庭增权水平,越早确诊的儿童,家庭增权水平越高,其父母表现也更积极乐观。

儿童身心状态会导致家庭增权程度的变化。儿童功能损害越严重,家庭增权程度越高,家庭成员就越容易感受到知识和能力的力量感。但

Scheel、Bourke-Taylor、Fujioka 以及 Weiss 等人却抱有不一样的观点，他们通过研究证实，孤独症儿童的异常行为越多，其家庭增权水平反而越低。①

（二）家庭因素

家庭因素是作用于孤独症儿童家庭增权的重要因素，包含主观层面（家长与家庭得到发展资源的基础）与客观层面（家长主观心理感受）。

从客观上讲，孤独症儿童父母学历和职业都会对其家庭增权水平产生重要影响。Scheel 和 Rieckmann 对精神障碍儿童家庭增权水平的研究显示，家长的学历层次和职业将会对其家庭增权水平产生重要影响。这可能是因为具有高等教育、职业较好的家庭，在教养孩子的过程中可以得到较多的资源，从而可以更好地处理家庭压力，进而在一定程度上改善家庭增权水平。父母的学历层次和就业状况密切相关，同时也影响着家庭收入状况。在孤独症儿童的康复治疗和教育过程中，大部分家庭都承担着巨大的经济压力，这在一定程度上会损害家庭增权水平。因此，孤独症儿童家庭的经济状况将显著影响其家庭增权水平，即家庭年收入较高的孤独症儿童家庭可以为孩子提供更多的家庭资源，从而影响其家庭增权水平。此外，孤独症儿童家庭增权水平还受到家庭内部成员数量、成员身体健康状况以及家庭生活事件的影响。

从主观上讲，心理压力对家庭增权具有消极作用，父母的正面阳光心态会增进家庭增权程度，家长自尊程度高，行为展现良好，自我效能感高，以及良好的家庭氛围都有助于提高家庭增权程度。家庭功能作为孤独症儿童家庭增权水平的重要预测因子，其主要是指家庭成员在应对外界应激事件时的调节能力和适应能力，同时家庭功能也展现了家庭成

---

① M. J. Scheel, T. Rieckmann, "An Empirically Derived Description of Self-efficacy and Empowerment for Parents of Children Identified as Psychologically Disordered," *American Journal of Family Therapy*, 1998, 26: 15 – 27; H. Bourke-Taylor, J. F. Pallant, M. Law, et al., "Predicting Mental Health among Mothers of School-aged Children with Development Disabilities: The Relative Contribution of Child, Maternal and Environment Factors," *Research in Developmental Disabilities*, 2012, 33: 1732 – 1740; H. Fujioka, R. Wakimizu, R. Tanaka, et al., "Empirical Study on the Empowerment of Families Raising Children with Severe Motor and Intellectual Disabilities in Japan: The Association with Positive Feelings towards Child Rearing," *Health*, 2015, 7: 1725 – 1740; J. A. Weiss, J. A. MacMullin, Y. Lunsky, "Empowerment and Parent Gain as Mediators and Moderators of Distress in Mothers of Children with Autism Spectrum Disorders," *Journal of Child and Family Study*, 2015, 24 (7): 1 – 8.

员之间的情感交流状况，表现了家庭系统在面对困难时调整自身家庭构造和角色关系等方面的能力。拥有良好的家庭功能的家庭成员会表现出较好的问题解决能力，从而增强其家庭增权水平。

（三）社会因素

良好的社会资源能使父母有较强的权能感，增强孤独症孩子父母增权程度，社会支持是社会资源的一部分，其家庭增权作用受到广大研究者的关注。大量研究发现，孤独症孩子的父母有强大的社会支持体系，有较多的社会帮助，从而可以强化家庭增权。张美云与林宏炽通过问卷调查法研究了发育障碍儿童家庭增权水平，结果显示，对于拥有较高社会支持的发育障碍儿童家庭来说，其家庭成员的自我效能感、自我决策能力以及影响能力等方面都会有所提升，这在一定程度上改善了家庭增权水平。

对于孤独症儿童家庭增权水平的社会支持，本书研究发现，其主要涵盖了社会服务、儿童康复治疗以及教育等方面。目前很多发达国家扩展了以家庭增权为目标的孤独症儿童社会支持服务，孤独症儿童家庭可以从这些服务中收获很多资源，提升自己的育儿技能，进而增强家庭增权水平，比如范德堡照顾者增权项目、家庭增权小组和父母增权项目等都是以提升家庭增权水平为目标的社会支持服务。其中，范德堡照顾者增权项目主要是将儿童父母和专业服务人员进行联结，使儿童的父母从专业服务人员身上学到有效的育儿知识和技能，提升父母自身的自我效能感，进而提升家庭增权水平。此外，孤独症儿童社会支持的主要实现方式是康复治疗和教育，因此其对家庭增权水平也具有重要影响。还有研究表明，孤独症儿童父母帮助儿童加入学校学习和康复训练可以有效提升家庭增权水平，即使儿童最终只完成了低年级学业，参与学业的孤独症儿童家庭的权能感仍然高于未参与的家庭。[1]

（四）不同影响因素的作用模型

通过对相关文献的总结梳理发现，孤独症儿童家庭增权水平主要受

---

[1] R. Wakimizu, K. Yamaguchi, H. Fujioka, "Family Empowerment and Quality of Life of Parents Raising Children with Development Disabilities in 78 Japanese Families," *International Journal of Nursing Sciences*, 2016, 4 (1): 1-9.

到儿童自身、家庭以及社会三个方面的影响,它们对家庭增权的作用机制主要选用双 ABCX 模型进行探究。双 ABCX 模型是家庭适应理论研究的基础,其中,家庭适应能力是该模型的结果变量(xX),其主要探究首要压力(A)、其他压力群(aA)、个人与家庭内部资源(B)、个人与家庭外部资源(bB)、压力应对(C)和有效措施获取(cC)与结果变量家庭适应能力之间的关系。① Lavee 的研究表明,家庭在应对外部压力事件时,其获得的社会支持可以减弱家庭面对的压力严重性,而其拥有的家庭资源可以显著增强其家庭适应能力,因此,双 ABCX 模型可以有效解释家庭适应理论。②

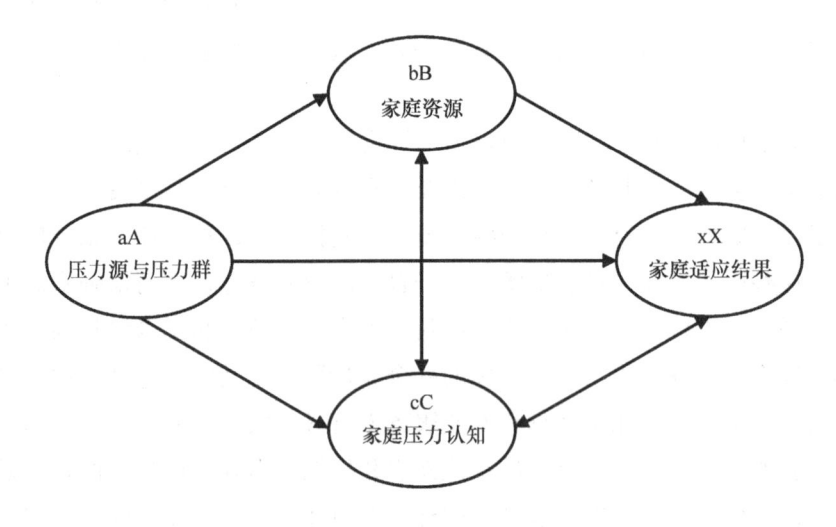

图 4-2 双 ABCX 模型

通过双 ABCX 模型,Orr 等人使用双 ACBX 模型来研究孤独症儿童家庭应对方式与压力的作用关系,发现从压力源与压力群(aA)到家庭压力认知(cC),从家庭资源(bB)到家庭适应结果(xX),四个因素间存在着线

---

① D. H. McCubbin, J. M. Patterson, "The Family Stress Process—The Double ABCX Model of Adjustment and Adaptation," *Marriage & Family Review*, 1983, 6 (1): 7-37.

② Y. Lavee, H. McCubbin, J. Patterson, "The Double ABCX Model of Family Stress and Adaptation: An Empirical Test by Analysis of Structural Equations with Latent Variables," *Journal of Marriage and Family*, 1985, 47: 811-855.

性进程。① Nachshen 等人把家庭增权当成结果变量（xX）、把儿童问题行为与亲职压力当成压力源与压力群（aA）、把正式与非正式资源当成家庭资源（bB）、把主观幸福感当成家庭压力认知（cC），对比两模型在家庭增权作用因素研究中的合理性，发现家庭压力源与压力群（aA）、家庭压力认知（cC）以及家庭资源（bB）之间存在线性相关，并共同对家庭增权水平产生影响。此外，家庭压力认知（cC）与家庭资源（bB）是压力源与压力群（aA）和家庭增权关系的中介变量。由上可知，孤独症儿童父母的压力源与压力群（aA）将对家庭压力认知（cC）和家庭资源（bB）获取产生直接的作用，而家庭压力认知又与家庭资源相关，因此三者共同作用于家庭增权水平。

四 孤独症儿童家庭增权的效能

国外学者 Miriam 等通过对精神障碍儿童家庭的调查发现，接受心理健康服务的孤独症儿童家庭增权水平、儿童家庭满意度和儿童社会心理功能都得到了明显的提升，同时，对于家庭增权水平、儿童家庭满意度以及儿童社会心理功能之间的相关研究显示，拥有较高家庭增权水平的家庭成员自我效能感一般较好，会对自身产生更强的自信心，进而更加配合相关的心理辅导服务，同时形成较高水平的儿童社会心理功能。②

此外，Graves 与 Shelton 通过对情绪障碍儿童实行一年的以家庭为中心的照料服务进行研究，结果发现，情绪障碍儿童的问题行为得到了明显的减少，同时家庭增权水平也得到一定程度的提升。同时，该研究还认为，家庭增权水平在儿童问题行为和家庭对于照料服务的上心程度之间起着中介作用，即儿童问题行为直接影响着家庭增权水平，而家庭增权水平又影响着家庭对于照料服务的关注程度。③

---

① R. R. Orr, S. J. Cameron, D. M. Day, "Coping with Stress in Families with Children Who Have Mental Retardation: An Evaluation of the Double ABCX Model," *American Journal on Mental Retardation*, 1991, 95: 444–450.

② G. Miriam, M. A. Resendez, M. Ryan, et al., "A Longitudinal Analysis of Family Empowerment an Client Outcomes," *Journal of Child and Family Studies*, 2000, 9 (4): 449–460.

③ K. Graves, T. Shelton, "Family Empowerment as A Mediator between Family-Centered Systems of Care and Changes in Child Functioning: Identifying An Important Mechanism of Change," *Journal of Child and Family Studies*, 2007, 16: 556–566.

五 国内外相关研究的启示

家庭增权对中国残疾群体心理进行了解释，激生了孤独症孩子父母的内生动力，从理论上给予其力量支持。这一部分将利用文献研究法对国内外相关研究成果进行梳理，对家庭增权概念进行界定，引进家庭增权测量工具来探析孤独症孩子父母增权的作用，从理论上可分为三部分。

在内涵上，家庭增权的概念既是过程导向，也是结果导向；既是得到权能的过程，也是权能感的结果，它有多层次的特征，注重个人或者家庭的客观能力和主观感受；人际关系与组织关系；社会行动与参与和改变家庭增权状况。家庭增权概念的界定是研究的基础，否则会导致研究的混乱。

在测量工具上，其原理、维度和成分上存在不同。"家庭增权量表"可以分为家庭、服务系统和社区/政策三方面，旨在测量家庭增权的态度、知识和行为等因素，是当前最普遍的家庭增权测量工具；"心理增权量表"关注评估家庭成员主观的心理增权水平，评估的维度有个体态度、知识和技能、参与行为；"赋权增能量表"是在中国文化背景下对孤独症儿童父母的增权进行测量，它包含七个方面，是家庭增权的主客观内容，可以通过研究的背景、目标和内容等，采用合适的量表进行研究。

在作用因素上，分为来自儿童、父母、家庭与社会的因素。在儿童方面，它主要涵盖儿童先天、残障特征和发展状况等；在父母方面，它主要涵盖了父母的学历层次、职业和心理健康水平等；在家庭方面，它主要涵盖了家庭经济状况、家庭结构、家庭关系和家庭功能等；在社会方面，它主要涵盖了社会支持、家庭增权服务活动以及相关康复教育服务等。此外，双 ABCX 模型和家庭增权的作用因素和机制吻合程度极高，为研究各种因素对于家庭增权的作用机制提供了模型。关于家庭增权没有统一的定义，其测量工具比较单一，相关的作用机制研究、实证研究都较少，并且研究者在个人思考、影响因素上各有差异，对此问题的探究在广度与深度上都有一定程度的缺乏。

第三节 孤独症儿童家庭增权现状调查

孤独症儿童父母在长期照料儿童中同时面对着来自主客观的双重压力和挑战：一方面缺少教养孩子的资源、能力，另一方面有与日俱增的"无权""无能"和"无助"之感。对孤独症儿童家庭来说，家庭增权水平可以表现出其家庭在客观上所具备的知识、技能和家庭资源以及主观上所感知到的权能感水平。通过对孤独症孩子父母增权程度的定量描述和不同家庭背景的特征分析，促进对患儿父母增权的优势与短板的掌握。

一 研究目的

本书要客观地展现孤独症孩子父母增权系统程度，较好地分析自我效能、决策、拥护、接触资源、赋予能力、社区参与和影响力等领域的详细特征，旨在对孤独症儿童父母的增权现状利用"赋权增能量表"进行定量描述。为表现各个家庭背景下孤独症孩子父母增权的特征、比较家庭增权程度的不同，本书拟从个体、父母及家庭的内外部等领域进行相关研究。

二 研究假设

笔者的研究假设如下：

假设1：目前中国孤独症儿童家庭增权水平总体上较低，且在自我效能、自我决策、自我拥护、接触资源、赋予能力、社区参与以及自我拥护等维度上表现不佳。

假设2：家庭增权整体与各维度水平在孤独症儿童的年龄、性别、药物治疗以及入学情况上有着明显差别。

假设3：家庭增权整体与各维度水平在孤独症儿童家长的年龄、性别、职业以及教育水平上有着明显差别。

假设4：中国孤独症儿童家庭增权水平在总体上及其在各维度如家庭所在地、家庭结构、家庭成员数量、儿童数量、家庭经济状况以及儿童康复治疗上有着明显差别。

假设5：家庭增权整体与各维度水平在参与家长培训、互助组织、公益活动以及社会福利情况上有着明显差别。

三 研究对象

本书采取抽样调查法，调查孤独症儿童父母的情况，在杭州市、郑州市、青岛市等地区发放量表600份，回收529份，有效量表数为477份，有效回收率为79.5%。

四 研究工具

（一）孤独症儿童家庭基本信息问卷

该问卷主要由本书依据文献分析自编，用来调查孤独症儿童家庭的基本信息，共20题，包含孩子性别、年龄以及抚养者年龄、职业、教育水平、经济情况和结构等。

（二）赋权增能量表

该量表是由国内研究者张美云和林宏炽编的，主要涵盖七个方面，分别是自我效能感、自我决策能力、自我拥护、接触资源、社区参与、家庭赋予能力以及影响力，共计36道题，各维度的题目数依次为4题、6题、6题、5题、5题、5题、5题。各维度的概念是：（1）自我效能是指家庭帮助孩子得到各方面发展所需的能力。（2）自我决策是指父母基于自己的需求做出的合理决定，并在孩子所需的各种服务上与专业人员一起决定的能力。（3）自我拥护是指父母对自己的任务和权利的认知，并与专业人员共同为孩子发展社会权利。（4）接触资源是指家庭在面对问题或者遭遇困难的时候，家庭成员能够主动获取的资源以及有效使用的社会资源。（5）赋予能力是指父母认识到的个人与专业人员的关联处于合作状态，并告知专业人员自身所需。（6）社区参与是指家庭能够经常参加孤独症儿童团体的活动，并提供其他家庭所需的情绪支持或信息。（7）影响力是指家庭在孩子发展与服务的主要照顾者身上所表现出来的影响力，这种影响力不仅能够影响家庭成员，还能够影响其他家庭和法律法规等。

此量表主要使用Likert 5点计分法来评估家庭增权水平，满分为5分，分值越高，表明家庭增权水平越好。张美云和林宏炽调查了孤独症儿童父母，对数据进行了信度检验，自我效能、自我决策、自我拥护、接触资源、赋予能力、社区参与和影响力各维度的 Cronbach's alpha 依次为 0.77、0.86、0.86、0.91、0.83、0.84 和 0.76，总量表的 Cronbach's alpha 为 0.95，符合内部一致性要求。

"赋权增能量表"总量表的 Cronbach's alpha 为 0.947，各分量表的 Cronbach's alpha 依次为自我效能 0.764、自我决策 0.892、自我拥护 0.87、接触资源 0.859、赋予能力 0.797、社区参与 0.85 和影响力 0.833。

五　研究程序

（一）文献分析及调查计划制订

首先，以研究问题为导向，对相关文献资料进行查阅分析，确定研究框架，选取合适量表并针对研究制定调查方案。本书主要是通过"赋权增能量表"和自编的"孤独症儿童家庭基本信息问卷"考察中国孤独症儿童增权水平的情况以及特点。

（二）实施孤独症儿童家庭增权现状调查

使用方便抽样的问卷调查法，在 2018 年 7 月、2018 年 12 月和 2019 年 1 月在杭州市、青岛市、郑州市等城市的孤独症康复机构、医院对孤独症儿童家庭实行团体实地施测。

（三）研究数据整理与分析

本书对未完成与不认真作答的数据进行删除，然后通过 SPSS 对有效数据进行统计分析，定量描述孤独症孩子父母的增权程度与特征，并对其在不同家庭背景下的增权进行对比。

六　数据处理

（一）描述性统计

使用 SPSS 22.0 软件对孤独症儿童家庭情况采用频数和百分比进行描述，采用平均数和标准差对家庭增权水平及其各维度进行描述性统计。

（二）t 检验

为呈现孤独症儿童家庭增权水平，使用 SPSS 2.0 软件，选用家庭赋权增能总量表和分量表的中等水平值为基线，通过单样本 t 检验分析家庭赋权增能总量表和分量表的得分是否与中等水平值存在显著的差异。

（三）方差分析

本书以家庭赋权增能的总分和分量表的得分为因变量，将儿童自身信息、父母信息以及家庭内、外部特征等作为自变量，通过单样本方差分析，考察不同自变量之间家庭增权水平的差异。

表4-2　　　　　研究对象基本情况描述性统计

		人数（人）	百分比（%）			人数（人）	百分比（%）
填表人	母亲	410	86.0	母亲年龄	20—29 岁	55	11.5
	父亲	67	14.0		30—39 岁	363	76.1
儿童年龄	3 岁以下	65	13.6		40—49 岁	55	11.5
	3—6 岁	384	80.5		50 岁及以上	4	0.8
	7 岁及以上	28	5.9	母亲职业	务农	23	4.8
儿童性别	男	405	84.9		工人	12	2.5
	女	72	15.1		公司职员	99	20.8
家庭所在地	城市	367	76.9		公务员/教师/医护人员	100	21.0
	农村	110	23.1		经商等自由职业	56	11.7
家庭结构	大家庭	250	52.4		专职在家	187	39.2
	核心家庭	223	46.8	母亲受教育程度	研究生	38	8.0
	单亲家庭	4	0.8		本科	227	47.6
家中孩子数量	1 个	300	62.9		专科	108	22.6
	2 个	167	35.0		高中/中职	59	12.4
	3 个及以上	10	2.1		初中以下	45	9.4

续表

		人数（人）	百分比（%）			人数（人）	百分比（%）
家庭成员数量	3个及以下	176	36.9	父亲年龄	20—29岁	33	6.9
	4—7个	294	61.6		30—39岁	352	73.8
	8个及以上	7	1.5		40—49岁	85	17.8
家庭年收入	4万元以下	85	17.8		50岁以上	7	1.5
	4—6万元	63	13.2	父亲职业	务农	20	4.2
	7—8万元	49	10.3		工人	40	8.4
	9—12万元	97	20.3		公司职员	196	41.1
	12万元以上	183	38.4		公务员/教师/医护人员	86	18.0
儿童康复年支出	1万元以下	8	1.7		经商等自由职业	123	25.8
	1—3万元	32	6.7		专职在家	12	2.5
	4—5万元	48	10.1	父亲受教育程度	研究生	61	12.8
	5万元以上	389	81.6		本科	222	46.5
主要照料者	母亲	400	83.9		专科	93	19.5
	父亲	31	6.5		高中/中职	54	11.3
	其他	46	9.6		初中以下	47	9.9

七 研究结果

（一）孤独症儿童家庭增权水平的描述性统计

根据表4-3的结果可以发现，孤独症儿童家庭增权总体水平较高，比中等水平值高出108分，各分量表的平均分数是：自我效能14.90±2.55、自我决策21.29±4.09、自我拥护17.12±5.24、接触资源16.43±3.76、赋予能力19.31±3.27、社区参与15.69±3.93、影响力20.18±3.30，只有自我拥护分量表的平均分数低于该分量表的中等水平值，其余六个分量表的平均分数都高于该分量表的中等水平值，而各分量表的单题平均分数由低到高分别为自我拥护、社区参与、接触资源、自我决策、自我效能、赋予能力和影响力。

本书通过单样本t检验对孤独症儿童家庭增权水平总分、各维度得分和中等水平值进行分析，结果发现，孤独症儿童家庭增权总体水平较高，而各维度上只有自我拥护的得分低于中等水平值，其余六个维度的得分均显著高于中等水平值。

表4-3　　　　　　　　　　"赋权增能量表"的得分情况

	M	SD	中等水平值	单题平均数	排序	t
自我效能	14.90	2.55	12.00	3.73	3	24.82***
自我决策	21.29	4.09	18.00	3.55	4	17.60***
影响力	20.18	3.30	15.00	4.04	1	34.29***
接触资源	16.43	3.76	15.00	3.29	5	8.29***
赋予能力	19.31	3.27	15.00	3.86	2	28.74***
社区参与	15.69	3.93	15.00	3.14	6	3.82***
自我拥护	17.12	5.24	18.00	2.85	7	-3.66***
总分	124.91	19.88	108.00			18.58***

说明：*** 表示 $p<0.001$。

(二) 家庭增权水平在儿童特征上的差异比较

1. 儿童年龄

本书主要依据发展心理学将儿童年龄划分为三个阶段，婴儿期为3岁以下，幼儿期为3—6岁，童年期为7岁及以上。根据表4-4可以发现，孤独症儿童家庭增权水平受到了儿童年龄的影响，即随着儿童年龄的增长，其家庭增权水平也有所提升。此外，婴儿期孤独症儿童家庭增权的总分和分量表分数最高，童年期孤独症儿童家庭增权的总分和分量表分数最低。

本书主要采用单因素方差分析对不同年龄阶段的孤独症儿童家庭增权总分和各维度得分进行分析，结果发现，对于不同年龄段的孤独症儿童家庭来说，它们只在自我效能、自我决策、赋予能力、自我拥护的得分上与家庭增权总分之间有明显的差异（$F_{(2,475)自我效能}=6.42$，$p=0.002$；$F_{(2,475)自我决策}=3.73$，$p=0.025$；$F_{(2,475)赋予能力}=6.51$，$p=0.002$；$F_{(2,475)自我拥护}=4.44$，$p=0.012$；$F_{(2,475)总分}=4.75$，$p=0.009$），其余分量表和总分之间不存在显著差异。随后，经过进一步的事后检验发现，对于婴儿期的孤独症儿童家庭来说，其赋权增能水平和自我效能感明显高于幼儿期和儿童期，其自我决策水平明显高于幼儿期，其赋予能力得分和自我拥护能力得分明显高于儿童期；而对于孤独症儿童年龄处于幼儿期的家庭来说，其赋予能力得分明显高于儿童期。

表4-4　　　不同年龄儿童的家庭增权水平描述性统计

	自我效能 $M \pm SD$	自我决策 $M \pm SD$	影响力 $M \pm SD$	接触资源 $M \pm SD$	赋予能力 $M \pm SD$	社区参与 $M \pm SD$	自我拥护 $M \pm SD$	总分 $M \pm SD$
3岁以下	15.94 ±2.73	22.57 ±4.23	20.83 ±3.16	16.89 ±4.02	20.14 ±3.18	16.31 ±4.15	18.91 ±5.59	131.58 ±20.72
3—6岁	14.73 ±2.44	21.08 ±4.02	20.11 ±3.29	16.40 ±3.72	19.30 ±3.22	15.63 ±3.97	16.85 ±5.19	124.11 ±19.59
7岁及以上	14.71 ±3.11	21.25 ±4.25	19.50 ±3.61	15.75 ±3.69	17.50 ±3.54	15.00 ±2.54	16.75 ±4.36	120.46 ±19.88

2. 儿童性别

根据表4-5的结果可以发现，孤独症儿童家庭增权水平受到了性别的影响，女童家庭增权水平明显高于男童家庭，同时在家庭增权各维度上，女童家庭在自我决策、自我拥护、赋予能力以及社区参与等方面的得分明显低于男童家庭，但在自我效能、接触资源以及影响力等方面，男童家庭明显优于女童家庭。

本书主要采用单因素方差分析对不同性别的孤独症儿童家庭增权总分和各维度得分进行探讨，结果发现，孤独症儿童家庭增权水平总分以及各维度上均不存在性别差异（$F_{(2,475)自我效能} = 0.03$，$p = 0.857$；$F_{(2,475)自我决策} = 0.76$，$p = 0.384$；$F_{(2,475)影响力} = 0.09$，$p = 0.766$；$F_{(2,475)接触资源} = 0.03$，$p = 0.875$；$F_{(2,475)赋予能力} = 0.73$，$p = 0.395$；$F_{(2,475)社区参与} = 2.50$，$p = 0.115$；$F_{(2,475)自我拥护} = 1.50$，$p = 0.221$；$F_{(2,475)总分} = 0.73$，$p = 0.395$）。

表4-5　　　不同性别儿童的家庭增权水平描述性统计

	自我效能 $M \pm SD$	自我决策 $M \pm SD$	影响力 $M \pm SD$	接触资源 $M \pm SD$	赋予能力 $M \pm SD$	社区参与 $M \pm SD$	自我拥护 $M \pm SD$	总分 $M \pm SD$
男孩	14.91 ±2.49	21.22 ±4.12	20.20 ±3.29	16.44 ±3.77	19.25 ±3.19	15.57 ±3.93	17.00 ±5.28	124.59 ±19.77
女孩	14.85 ±2.90	21.68 ±3.93	20.07 ±3.36	16.36 ±3.70	19.61 ±3.73	16.36 ±3.88	17.82 ±4.99	126.75 ±20.49

3. 是否使用药物治疗

根据表4-6的结果可以发现，未使用药物治疗的孤独症儿童家庭在自我决策与自我拥护分量表上的分数均低于使用药物治疗的孤独症儿童家庭，在自我效能、接触资源、社区参与和影响力等分量表上的分数与总分却高于使用药物治疗的孤独症儿童家庭，且在是否使用药物治疗上的家庭赋予能力都一样。

本书主要采用单因素方差分析对是否使用药物治疗的孤独症儿童家庭增权总分和各维度得分进行探讨，结果发现，是否使用药物对孤独症儿童家庭增权水平没有影响（$F_{(2,475)自我效能} = 0.44$，$p = 0.508$；$F_{(2,475)自我决策} = 0.24$，$p = 0.626$；$F_{(2,475)影响力} = 0.01$，$p = 0.933$；$F_{(2,475)接触资源} = 2.28$，$p = 0.132$；$F_{(2,475)赋予能力} = 0.00$，$p = 0.995$；$F_{(2,475)社区参与} = 3.36$，$p = 0.068$；$F_{(2,475)自我拥护} = 0.04$，$p = 0.848$；$F_{(2,475)总分} = 0.35$，$p = 0.552$）。

表4-6　　　　不同药物治疗情况的家庭增权水平描述性统计

	自我效能	自我决策	影响力	接触资源	赋予能力	社区参与	自我拥护	总分
	$M \pm SD$	$M \pm SD$	$M \pm SD$	$M \pm SD$	$M \pm SD$	$M \pm SD$	$M \pm SD$	$M \pm SD$
有药物治疗	14.76 ±2.70	21.46 ±4.23	20.15 ±3.33	15.95 ±3.76	19.31 ±3.55	15.09 ±4.01	17.21 ±5.67	123.93 ±20.68
无药物治疗	14.94 ±2.51	21.24 ±4.05	20.18 ±3.29	16.57 ±3.75	19.31 ±3.19	15.87 ±3.90	17.11 ±5.11	125.21 ±19.65

4. 是否参加学校学习

根据表4-7的结果可以发现，参与学校学习的孤独症儿童家庭增权总体水平以及各分维度水平均好于未参与学校学习的家庭。

本书主要采用单因素方差分析对是否使用药物治疗的孤独症儿童家庭增权总分和各维度得分进行探讨，结果发现，参与学校学习的孤独症儿童家庭接触资源明显高于未参与的家庭（$F_{(2,475)接触资源} = 6.19$，$p = 0.013$）。但在孤独症儿童家庭增权总体水平以及各分维度水平上，是否参与学校学习之间没有明显差异（$F_{(2,475)自我效能} = 0.77$，$p = 0.381$；$F_{(2,475)自我决策} = 3.27$，$p = 0.071$；$F_{(2,475)影响力} = 2.12$，$p = 0.146$；$F_{(2,475)赋予能力} = 0.34$，$p = 0.561$；$F_{(2,475)社区参与} = 1.59$，$p = 0.207$；

$F_{(2,475)自我拥护}=1.37$，$p=0.243$；$F_{(2,475)总分}=3.42$，$p=0.065$）。

表4-7　　　　不同上学情况的家庭增权水平描述性统计

	自我效能	自我决策	影响力	接触资源	赋予能力	社区参与	自我拥护	总分
	M ±SD	M ±SD	M ±SD	M ±SD	M ±SD	M ±SD	M ±SD	M ±SD
参加学校学习	14.99 ±2.46	21.58 ±3.92	20.36 ±3.32	16.79 ±3.78	19.38 ±3.36	15.88 ±3.88	17.36 ±5.26	126.36 ±19.89
未参加学校学习	14.78 ±2.67	20.90 ±4.28	19.92 ±3.25	15.93 ±3.68	19.21 ±3.16	15.42 ±4.00	16.80 ±5.20	122.96 ±19.74

（三）家庭增权水平在父母特征上的差异比较

1. 填表人性别

根据表4-8的结果可以发现，孤独症儿童父亲的家庭增权总体水平以及在自我效能、自我决策、自我拥护、接触资源、社区参与和影响力等分维度上的得分明显高于母亲，而母亲仅在赋予能力维度上明显优于父亲。

本书主要采用单因素方差分析对孤独症儿童父亲和母亲之间的家庭增权总分和各维度得分进行探讨，结果发现，母亲的家庭增权总体水平以及自我效能、自我决策和自我拥护等分量表上的得分显著低于父亲（$F_{(2,475)自我效能}=7.00$，$p=0.008$；$F_{(2,475)自我决策}=6.29$，$p=0.013$；$F_{(2,475)自我拥护}=4.44$，$p=0.012$；$F_{(2,475)总分}=4.75$，$p=0.009$），而孤独症儿童母亲仅在赋予能力上显著优于父亲（$F_{(2,475)赋予能力}=6.51$，$p=0.002$），且孤独症儿童父亲和母亲在影响力、接触资源以及社区参与三个方面不存在明显差异（$F_{(2,475)影响力}=1.95$，$p=0.144$；$F_{(2,475)接触资源}=0.97$，$p=0.381$；$F_{(2,475)社区参与}=1.28$，$p=0.280$）。

表4-8　　　　不同性别填表人的家庭增权水平描述性统计

	自我效能	自我决策	影响力	接触资源	赋予能力	社区参与	自我拥护	总分
	M ±SD	M ±SD	M ±SD	M ±SD	M ±SD	M ±SD	M ±SD	M ±SD
母亲	14.77 ±2.51	21.10 ±4.07	20.12 ±3.32	16.28 ±3.70	19.34 ±3.28	15.61 ±3.90	16.98 ±5.20	124.21 ±19.76
父亲	15.66 ±2.66	22.45 ±4.04	20.52 ±3.16	17.33 ±3.98	19.09 ±3.27	16.13 ±4.15	18.03 ±5.43	129.21 ±20.18

2. 主要照料者

根据表4-9的结果可以发现，主要照料者是母亲或者其他人的孤独症儿童家庭增权的总分和分量表的分数都低于主要照料者是父亲的家庭。

本书主要采用单因素方差分析对儿童不同的主要照料者的家庭增权总分和各维度的得分进行探讨，结果发现，不同的主要照料者在家庭增权的总分和分量表上的分数没有显著差异（$F_{(2,475)自我效能}=1.13$，$p=0.326$；$F_{(2,475)自我决策}=0.93$，$p=0.396$；$F_{(2,475)影响力}=0.01$，$p=0.991$；$F_{(2,475)接触资源}=1.05$，$p=0.351$；$F_{(2,475)赋予能力}=1.61$，$p=0.201$；$F_{(2,475)社区参与}=1.94$，$p=0.145$；$F_{(2,475)自我拥护}=0.58$，$p=0.562$；$F_{(2,475)总分}=0.07$，$p=0.932$）。

表4-9 不同的主要照料者的家庭增权水平描述性统计

	自我效能 $M\pm SD$	自我决策 $M\pm SD$	影响力 $M\pm SD$	接触资源 $M\pm SD$	赋予能力 $M\pm SD$	社区参与 $M\pm SD$	自我拥护 $M\pm SD$	总分 $M\pm SD$
母亲	14.84±2.59	21.18±4.22	20.17±3.34	16.32±3.82	19.41±3.33	15.74±3.95	17.23±5.22	124.90±20.28
父亲	15.55±2.35	21.97±3.75	20.16±3.45	16.71±3.14	18.39±2.69	16.39±3.88	16.84±5.03	126.00±18.09
其他	14.96±2.33	21.80±2.99	20.24±2.86	17.13±3.60	19.02±3.10	14.72±3.78	16.39±5.53	124.26±17.69

3. 母亲年龄

根据表4-10的结果可以发现，处于30—39岁与40—49岁的孤独症儿童母亲家庭增权总体水平和各维度得分均低于儿童母亲年龄在20—29岁与50岁及以上的家庭。

本书主要采用单因素方差分析对不同年龄母亲的家庭增权总分和各维度得分进行探讨，结果发现，自我拥护维度分量表的得分与总分在母亲年龄方面有显著差异（$F_{(2,475)自我拥护}=4.78$，$p=0.003$；$F_{(2,475)总分}=3.59$，$p=0.014$），其他分量表的得分没有显著差异（$F_{(2,475)自我效能}=2.14$，$p=0.094$；$F_{(2,475)自我决策}=1.52$，$p=0.209$；$F_{(2,475)影响力}=2.33$，$p=0.073$；$F_{(2,475)接触资源}=0.90$，$p=0.443$；$F_{(2,475)赋予能力}=1.45$，$p=0.227$；$F_{(2,475)社区参与}=2.29$，$p=0.078$）。随后，经过进一步事后检验发现，对于孤独症儿童家庭来说，儿童母亲年龄处于30—39岁和40—49

岁的家庭增权总体水平和自我拥护水平显著低于20—29岁的母亲，其他各年龄段没有显著差异。

表4-10　　不同年龄母亲的家庭增权水平描述性统计

	自我效能	自我决策	影响力	接触资源	赋予能力	社区参与	自我拥护	总分
	$M \pm SD$	$M \pm SD$	$M \pm SD$	$M \pm SD$	$M \pm SD$	$M \pm SD$	$M \pm SD$	$M \pm SD$
20—29岁	15.67 ±2.72	22.18 ±4.44	21.04 ±2.99	17.11 ±3.94	20.13 ±3.39	16.53 ±3.74	19.29 ±4.63	131.95 ±19.90
30—39岁	14.80 ±2.43	21.11 ±4.01	20.03 ±3.27	16.36 ±3.62	19.20 ±3.15	15.62 ±3.90	16.84 ±5.19	123.96 ±19.18
40—49岁	14.71 ±2.91	21.44 ±4.22	20.11 ±3.66	16.09 ±4.27	19.11 ±3.85	15.07 ±4.14	16.53 ±5.40	123.05 ±22.20
50岁及以上	15.75 ±4.19	23.50 ±3.70	22.75 ±2.22	17.50 ±5.92	20.25 ±4.27	19.00 ±4.69	21.50 ±7.85	140.25 ±29.97

4. 母亲职业

根据表4-11的结果可以发现，孤独症儿童家庭增权水平在儿童母亲职业方面按务农、专职在家、工人、公司职员、公务员/教师/医护人员、经商等自由职业的顺序依次升高。

本书主要采用单因素方差分析对不同母亲职业的家庭增权总分和各维度得分进行探讨，结果发现，自我效能、影响力与接触资源分量表的得分在母亲职业方面有显著差异（$F_{(2,475)自我效能} = 3.14$，$p = 0.009$；$F_{(2,475)影响力} = 2.66$，$p = 0.022$；$F_{(2,475)接触资源} = 3.46$，$p = 0.004$），其他分量表的分数与总分没有显著差异（$F_{(2,475)自我决策} = 1.79$，$p = 0.114$；$F_{(2,475)赋予能力} = 0.32$，$p = 0.901$；$F_{(2,475)社区参与} = 0.73$，$p = 0.603$；$F_{(2,475)自我拥护} = 0.66$，$p = 0.655$；$F_{(2,475)总分} = 1.55$，$p = 0.173$）。随后，经过进一步的事后检验发现，对于孤独症儿童家庭来说，母亲职业为务农的自我效能感水平、影响力水平和接触资源三方面均显著低于除了工人以外的其他职业母亲，且母亲职业为专职在家的自我效能感水平明显低于职业为经商等自由职业和公务员/教师/医护人员母亲，母亲职业为专职在家的接触资源水平显著低于公务员/教师/医护人员母亲。

表4-11　不同职业母亲的家庭增权水平描述性统计

	自我效能	自我决策	影响力	接触资源	赋予能力	社区参与	自我拥护	总分
	M±SD	M±SD	M±SD	M±SD	M±SD	M±SD	M±SD	M±SD
务农	13.43±2.74	19.48±5.01	18.17±4.04	14.30±3.27	18.83±3.54	14.43±4.48	18.39±4.77	117.04±21.17
工人	14.83±2.44	21.00±3.95	19.42±3.60	15.57±4.12	18.83±3.27	15.92±3.75	18.75±4.60	124.33±22.48
公司职员	15.03±2.27	21.48±3.55	20.13±3.09	16.79±3.52	19.20±3.08	15.56±3.55	17.09±5.23	125.28±17.16
公务员/教师/医护人员	15.34±2.58	21.79±3.87	20.49±3.22	17.21±3.26	19.37±3.03	15.84±3.88	17.07±5.15	127.11±18.69
经商等自由职业	15.41±2.28	21.95±3.80	20.93±2.74	16.93±3.62	19.68±3.29	16.21±4.06	17.41±5.65	128.52±20.06
专职在家	14.62±2.66	20.97±4.38	20.10±3.40	15.98±4.06	19.31±3.48	15.66±4.07	16.82±5.27	123.47±21.25

5. 母亲受教育程度

根据表4-12的结果可以发现，孤独症儿童母亲的受教育程度按专科、初中及以下、本科、高中/中职、研究生的顺序升高。

本书主要采用单因素方差分析对不同母亲受教育程度的家庭增权总分和各维度得分进行探讨，结果发现，自我效能、社区参与与自我拥护分量表的得分在患儿母亲受教育程度方面有显著差异（$F_{(2,475)自我效能}=2.76, p=0.027$；$F_{(2,475)社区参与}=2.72, p=0.029$；$F_{(2,475)自我拥护}=2.94, p=0.020$），其他分量表的得分与总分在患儿母亲受教育程度方面没有显著差异（$F_{(2,475)自我决策}=0.45, p=0.773$；$F_{(2,475)影响力}=1.71, p=0.148$；$F_{(2,475)接触资源}=2.21, p=0.067$；$F_{(2,475)赋予能力}=1.70, p=0.149$；$F_{(2,475)总分}=1.22, p=0.302$）。随后，经过进一步的事后检验发现，对孤独症儿童家庭来说，受教育程度为高中/中职母亲的自我效能分量表得分显著低于本科母亲；受教育程度为本科生与专科母亲的社区参与得分显著高于研究生母亲；受教育程度为研究生母亲的自我拥护水平明显低于除了本科以外的母亲，而受教育程度为本科母亲的自我拥护水平显著低于初中母亲。

表 4-12　不同受教育程度母亲的家庭增权水平描述性统计

	自我效能 M ±SD	自我决策 M ±SD	影响力 M ±SD	接触资源 M ±SD	赋予能力 M ±SD	社区参与 M ±SD	自我拥护 M ±SD	总分 M ±SD
研究生	14.95 ±2.35	21.37 ±3.51	19.87 ±3.16	16.47 ±3.23	18.82 ±3.20	14.11 ±3.59	15.53 ±4.09	121.11 ±15.68
本科	15.17 ±2.32	21.47 ±3.69	20.20 ±3.05	16.44 ±3.44	19.11 ±3.16	15.86 ±3.69	16.61 ±5.20	124.86 ±18.44
专科	14.98 ±2.40	21.49 ±4.18	20.70 ±2.96	17.15 ±4.11	19.70 ±3.06	16.31 ±4.22	17.76 ±5.18	127.80 ±19.71
高中/中职	14.05 ±3.18	20.69 ±4.95	19.36 ±4.06	15.68 ±4.41	19.02 ±3.99	15.31 ±4.27	17.98 ±5.94	122.08 ±25.91
初中以下	14.40 ±3.03	21.38 ±5.00	20.11 ±4.09	15.56 ±3.70	20.16 ±3.27	15.16 ±3.93	18.40 ±5.01	125.16 ±21.14

6. 父亲年龄

根据表 4-13 的结果可以发现，处于 30—39 岁与 40—49 岁的孤独症儿童父亲家庭增权总体水平低于儿童父亲年龄在 20—29 岁与 50 岁及以上的家庭。

本书主要采用单因素方差分析对不同年龄父亲的家庭增权总分和各维度得分进行探讨，结果发现，不同孤独症儿童父亲年龄的家庭增权总体水平以及各维度水平之间不存在明显差异（$F_{(2,475)自我效能}=0.15$，$p=0.929$；$F_{(2,475)自我决策}=1.05$，$p=0.371$；$F_{(2,475)影响力}=0.75$，$p=0.521$；$F_{(2,475)接触资源}=0.20$，$p=0.900$；$F_{(2,475)赋予能力}=0.39$，$p=0.761$；$F_{(2,475)社区参与}=0.23$，$p=0.876$；$F_{(2,475)自我拥护}=2.21$，$p=0.087$；$F_{(2,475)总分}=0.78$，$p=0.507$）。

表 4-13　不同年龄父亲的家庭增权水平描述性统计

	自我效能 M ±SD	自我决策 M ±SD	影响力 M ±SD	接触资源 M ±SD	赋予能力 M ±SD	社区参与 M ±SD	自我拥护 M ±SD	总分 M ±SD
20—29 岁	15.18 ±2.91	22.27 ±4.43	20.79 ±3.55	16.06 ±4.05	19.85 ±3.53	16.21 ±3.38	19.09 ±5.32	129.45 ±19.81
30—39 岁	14.87 ±2.48	21.12 ±4.02	20.05 ±3.25	16.42 ±3.72	19.23 ±3.21	15.65 ±3.95	16.95 ±5.15	124.28 ±19.60

续表

	自我效能	自我决策	影响力	接触资源	赋予能力	社区参与	自我拥护	总分
40—49 岁	14.91 ±2.68	21.61 ±4.16	20.41 ±3.39	16.62 ±3.74	19.41 ±3.42	15.62 ±3.96	16.91 ±5.33	125.49 ±20.13
50 岁及以上	14.86 ±3.39	21.71 ±4.89	20.71 ±3.59	16.14 ±5.21	19.29 ±3.86	16.00 ±5.66	19.43 ±6.80	128.14 ±30.82

7. 父亲职业

根据表 4-14 的结果可以发现，孤独症儿童家庭增权水平在儿童父亲职业方面按务农、专职在家、工人、公司职员、公务员/教师/医护人员、经商等自由职业的顺序依次升高。

表 4-14　不同职业父亲的家庭增权水平描述性统计

	自我效能 $M \pm SD$	自我决策 $M \pm SD$	影响力 $M \pm SD$	接触资源 $M \pm SD$	赋予能力 $M \pm SD$	社区参与 $M \pm SD$	自我拥护 $M \pm SD$	总分 $M \pm SD$
务农	14.60 ±3.15	21.50 ±6.06	20.20 ±4.00	15.90 ±4.46	19.75 ±3.42	15.40 ±4.26	20.05 ±5.34	127.40 ±23.74
工人	14.33 ±2.65	20.60 ±4.50	18.90 ±3.87	14.77 ±3.68	18.88 ±3.57	14.28 ±3.51	16.28 ±4.51	118.02 ±20.45
公司职员	15.10 ±2.33	21.44 ±3.70	20.47 ±2.89	16.67 ±0.54	19.51 ±3.19	15.83 ±3.87	17.08 ±5.32	126.12 ±18.56
公务员/教师/医护人员	14.84 ±2.67	21.30 ±4.03	20.01 ±3.51	16.63 ±3.65	19.21 ±3.11	15.67 ±3.77	16.79 ±4.95	124.45 ±18.91
经商等自由职业	14.76 ±2.64	21.02 ±4.24	20.01 ±3.36	16.45 ±3.93	19.12 ±3.44	15.83 ±4.26	17.28 ±5.50	124.48 ±21.60
专职在家	15.75 ±2.73	23.50 ±3.34	22.17 ±2.92	17.08 ±4.55	19.42 ±3.12	17.25 ±2.70	16.58 ±4.34	131.75 ±18.22

本书主要采用单因素方差分析对不同职业父亲的家庭增权总分和各维度得分进行探讨，结果发现，只有影响力在儿童父亲职业方面有显著差异（$F_{(2,475)影响力} = 2.58$，$p = 0.026$），其他分量表的得分与总分都没有显著差异（$F_{(2,475)自我效能} = 1.06$，$p = 0.384$；$F_{(2,475)自我决策} = 1.10$，$p =$

0.359;$F_{(2,475)接触资源}=1.94$,$p=0.087$;$F_{(2,475)赋予能力}=0.45$,$p=0.813$;$F_{(2,475)社区参与}=1.52$,$p=0.182$;$F_{(2,475)自我拥护}=1.59$,$p=0.161$;$F_{(2,475)总分}=1.48$,$p=0.195$)。随后,经过进一步的事后检验发现,对于孤独症儿童家庭来说,父亲职业为工人的影响力水平明显低于职业为公司职员和专职在家的父亲,同时父亲职业为专职在家的影响力水平明显高于职业为经商等自由职业和公务员/教师/医护人员的父亲。

8. 父亲受教育程度

根据表4-15的结果可以发现,孤独症儿童母亲的受教育程度按专科、初中及以下、本科、高中/中职、研究生的顺序升高。

本书主要采用单因素方差分析对不同受教育程度父亲的家庭增权总分和各维度得分进行探讨,结果发现,儿童父亲受教育程度仅在自我拥护水平上存在明显的差异($F_{(2,475)自我拥护}=3.01$,$p=0.018$),其他分量表的得分和总分没有显著差异($F_{(2,475)自我效能}=1.74$,$p=0.140$;$F_{(2,475)自我决策}=0.44$,$p=0.782$;$F_{(2,475)影响力}=0.52$,$p=0.723$;$F_{(2,475)接触资源}=1.19$,$p=0.313$;$F_{(2,475)赋予能力}=1.40$,$p=0.234$;$F_{(2,475)社区参与}=1.85$,$p=0.118$;$F_{(2,475)总分}=0.93$,$p=0.449$)。

表4-15　　不同受教育程度父亲的家庭增权水平描述性统计

	自我效能	自我决策	影响力	接触资源	赋予能力	社区参与	自我拥护	总分
	$M \pm SD$	$M \pm SD$	$M \pm SD$	$M \pm SD$	$M \pm SD$	$M \pm SD$	$M \pm SD$	$M \pm SD$
研究生	15.13 ±2.28	21.59 ±3.71	20.15 ±3.21	16.84 ±3.24	19.39 ±2.91	15.36 ±3.98	16.77 ±4.24	125.23 ±17.08
本科	15.09 ±2.39	21.43 ±3.73	20.17 ±3.06	16.42 ±3.55	19.12 ±3.27	15.66 ±3.88	16.45 ±5.27	124.35 ±18.91
专科	14.88 ±2.46	21.20 ±4.38	20.53 ±3.06	16.84 ±4.10	19.59 ±3.22	16.57 v3.80	18.40 ±5.05	128.02 ±20.61
高中/中职	14.50 ±3.09	20.74 ±4.62	19.74 ±4.01	15.93 ±4.22	18.80 ±3.83	15.17 ±4.00	17.07 ±5.37	121.94 ±23.33
初中及以下	14.17 ±3.01	21.06 ±4.95	20.04 ±4.04	15.66 ±4.01	20.11 ±3.11	15.06 ±4.17	18.30 ±5.96	124.40 ±21.96

(四) 家庭增权水平在家庭内部特征上的差异比较

1. 家庭所在地

根据表 4-16 的结果可以发现，农村地区的孤独症儿童家庭增权总体水平明显低于城市地区的。

本书主要采用单因素方差分析对不同家庭所在地的家庭增权总分和各维度得分进行探讨，结果发现，不同家庭所在地的家庭增权水平仅在接触资源维度上存在显著性差异，且农村地区接触资源的水平明显低于城市地区（$F_{(2,475)接触资源}=5.38$，$p=0.021$；$F_{(2,475)自我效能}=1.72$，$p=0.191$；$F_{(2,475)自我决策}=0.07$，$p=0.796$；$F_{(2,475)影响力}=0.70$，$p=0.403$；$F_{(2,475)赋予能力}=0.49$，$p=0.484$；$F_{(2,475)社区参与}=1.66$，$p=0.198$；$F_{(2,475)自我拥护}=1.42$，$p=0.234$；$F_{(2,475)总分}=0.27$，$p=0.607$）。

表 4-16　　不同家庭所在地的家庭增权水平描述性统计

	自我效能	自我决策	影响力	接触资源	赋予能力	社区参与	自我拥护	总分
	$M \pm SD$	$M \pm SD$	$M \pm SD$	$M \pm SD$	$M \pm SD$	$M \pm SD$	$M \pm SD$	$M \pm SD$
城市	14.98 ±2.46	21.27 ±3.59	20.25 ±3.16	16.64 ±3.62	19.25 ±3.22	15.81 ±3.87	16.97 ±5.08	125.17 ±19.50
农村	14.62 ±2.83	21.38 ±4.53	19.95 ±3.72	15.70 ±4.11	19.50 ±3.45	15.26 ±4.11	17.65 ±5.71	124.05 ±21.14

2. 家庭结构

根据表 4-17 的结果可以发现，家庭结构为大家庭的孤独症儿童家庭增权总体水平最高，而家庭结构为核心家庭的孤独症儿童家庭增权总体水平最低。

本书主要采用单因素方差分析对不同家庭结构的家庭增权总分和各维度得分进行探讨，结果发现，孤独症儿童家庭增权总体水平和各分维度水平在不同家庭结构之间不存在显著性差异（$F_{(2,475)自我效能}=1.33$，$p=0.266$；$F_{(2,475)自我决策}=1.25$，$p=0.286$；$F_{(2,475)影响力}=2.17$，$p=0.115$；$F_{(2,475)接触资源}=0.29$，$p=0.746$；$F_{(2,475)赋予能力}=0.93$，$p=0.394$；$F_{(2,475)社区参与}=0.12$，$p=0.885$；$F_{(2,475)自我拥护}=0.15$，$p=0.864$；$F_{(2,475)总分}=0.47$，$p=0.626$）。

表 4-17　　不同家庭结构的家庭增权水平描述性统计

	自我效能	自我决策	影响力	接触资源	赋予能力	社区参与	自我拥护	总分
	M±SD	M±SD	M±SD	M±SD	M±SD	M±SD	M±SD	M±SD
大家庭	15.02 ±2.50	21.53 ±4.10	20.31 ±3.34	16.36 ±3.69	19.50 ±3.21	15.75 ±3.91	17.01 ±5.02	125.48 ±19.22
核心家庭	14.79 ±2.55	21.07 ±4.03	20.08 ±3.18	16.52 ±3.84	19.11 ±3.34	15.61 ±4.00	17.24 ±5.46	124.41 ±20.61
单亲家庭	13.25 ±4.99	19.25 ±6.40	17.00 ±6.16	15.25 ±3.78	18.50 ±3.42	16.25 ±2.22	17.75 ±7.04	117.25 ±21.67

3. 家中孩子数量

根据表 4-18 的结果可以发现，孤独症儿童是独生子女的家庭增权总体水平显著高于非独生子女的。

本书主要采用单因素方差分析对不同数量孩子家庭的家庭增权总分和各维度得分进行探讨，结果发现，拥有不同儿童数量的孤独症儿童家庭增权水平仅在自我效能感上存在明显的差异（$F_{(2,475)自我效能} = 4.03$，$p = 0.018$；$F_{(2,475)自我决策} = 2.81$，$p = 0.061$；$F_{(2,475)影响力} = 1.51$，$p = 0.222$；$F_{(2,475)接触资源} = 0.44$，$p = 0.647$；$F_{(2,475)赋予能力} = 0.26$，$p = 0.769$；$F_{(2,475)社区参与} = 0.62$，$p = 0.538$；$F_{(2,475)自我拥护} = 0.89$，$p = 0.412$；$F_{(2,475)总分} = 0.22$，$p = 0.807$）。随后，经过进一步的事后检验发现，对于孤独症儿童家庭来说，孤独症儿童为独生子女的家庭自我效能感显著高于非独生子女的家庭。

表 4-18　　不同数量孩子的家庭增权水平描述性统计

	自我效能	自我决策	影响力	接触资源	赋予能力	社区参与	自我拥护	总分
	M±SD	M±SD	M±SD	M±SD	M±SD	M±SD	M±SD	M±SD
1个	15.10 ±2.46	21.23 ±3.97	20.24 ±3.14	16.54 ±3.66	19.32 ±3.23	15.81 ±3.85	16.96 ±5.14	125.20 ±19.23
2个	14.64 ±2.58	21.58 ±4.17	20.17 ±3.41	16.25 ±3.93	19.24 ±3.34	15.43 ±4.10	17.31 ±5.37	124.61 ±20.89
3个及以上	13.20 ±3.91	18.50 ±5.23	18.40 ±5.40	15.90 ±3.81	20.00 ±3.62	16.30 ±3.77	19.00 ±5.98	121.30 ±23.22

4. 家庭成员数量

根据表 4-19 的结果可知不同成员数量家庭的孤独症儿童家庭增权水平的具体状况。

本书主要采用单因素方差分析对不同成员数量家庭的家庭增权总分和各维度得分进行探讨，结果发现，在家庭成员数量上孤独症儿童家庭增权总分以及各维度得分没有明显差异（$F_{(2,475)自我效能} = 0.81$，$p = 0.446$；$F_{(2,475)自我决策} = 0.02$，$p = 0.984$；$F_{(2,475)影响力} = 0.06$，$p = 0.942$；$F_{(2,475)接触资源} = 1.08$，$p = 0.342$；$F_{(2,475)赋予能力} = 0.53$，$p = 0.588$；$F_{(2,475)社区参与} = 0.80$，$p = 0.449$；$F_{(2,475)自我拥护} = 0.18$，$p = 0.840$；$F_{(2,475)总分} = 0.36$，$p = 0.700$）。

表 4-19 不同成员数量家庭的家庭增权水平描述性统计

	自我效能	自我决策	影响力	接触资源	赋予能力	社区参与	自我拥护	总分
	$M \pm SD$	$M \pm SD$	$M \pm SD$	$M \pm SD$	$M \pm SD$	$M \pm SD$	$M \pm SD$	$M \pm SD$
3 个及以下	15.03 ±2.57	21.29 ±4.08	20.24 ±3.08	16.75 ±3.76	19.31 ±3.44	15.96 ±3.98	17.11 ±5.41	125.69 ±20.59
4—7 个	14.80 ±2.53	21.29 ±4.08	20.14 ±3.43	16.24 ±3.72	19.28 ±3.15	15.51 ±3.91	17.10 ±5.13	124.36 ±19.35
8 个及以上	15.71 ±2.87	21.57 ±5.19	20.14 ±3.53	15.86 ±4.98	20.57 ±4.28	16.29 ±3.73	18.29 ±6.10	128.43 ±25.70

5. 家庭年收入

根据表 4-20 的结果可以发现，家庭经济状况中等的孤独症儿童家庭增权总体水平最好。

本书主要采用单因素方差分析对不同年收入家庭的家庭增权总分和各维度得分进行探讨，结果发现，孤独症儿童家庭增权总体水平以及其各维度水平在不同收入家庭之间不存在显著性差异（$F_{(2,475)自我效能} = 0.39$，$p = 0.819$；$F_{(2,475)自我决策} = 0.24$，$p = 0.915$；$F_{(2,475)影响力} = 0.68$，$p = 0.604$；$F_{(2,475)接触资源} = 3.20$，$p = 0.013$；$F_{(2,475)赋予能力} = 0.64$，$p = 0.637$；$F_{(2,475)社区参与} = 2.04$，$p = 0.087$；$F_{(2,475)自我拥护} = 1.64$，$p = 0.163$；$F_{(2,475)总分} = 0.38$，$p = 0.820$）。

表 4-20　不同收入家庭的家庭增权水平描述性统计

	自我效能	自我决策	影响力	接触资源	赋予能力	社区参与	自我拥护	总分
	M±SD	M±SD	M±SD	M±SD	M±SD	M±SD	M±SD	M±SD
4万元以下	14.85±2.91	21.09±4.57	19.76±3.59	15.53±4.06	19.51±3.48	15.56±4.00	18.24±5.44	124.54±21.19
4万—6万元	14.57±2.66	21.03±4.94	19.92±3.82	15.83±3.83	18.97±3.52	14.97±3.91	17.48±5.05	122.76±22.38
7万—8万元	15.00±2.15	21.65±3.95	20.39±2.89	16.41±4.06	19.78±2.65	16.55±2.99	17.31±5.37	127.08±17.14
9万—12万元	14.88±2.51	21.26±3.70	20.18±2.94	16.32±3.37	19.06±3.12	16.34±3.90	16.44±5.23	124.47±18.44
12万元以上	15.02±2.46	21.40±3.79	20.40±3.26	17.11±3.60	19.34±3.33	15.42±4.09	16.80±5.24	125.48±19.88

6. 儿童康复年支出

根据表4-21的结果可以发现，对孤独症儿童花费更多康复费用的家庭增权总体水平低于花费少的。

本书主要采用单因素方差分析对不同家庭对儿童康复年支出的家庭增权总分和各维度得分进行探讨，结果发现，孤独症儿童家庭增权的总分和分量表得分在儿童康复年支出方面不存在明显差异（$F_{(2,475)自我效能}=1.40$，$p=0.241$；$F_{(2,475)自我决策}=1.33$，$p=0.264$；$F_{(2,475)影响力}=1.33$，$p=0.264$；$F_{(2,475)接触资源}=2.40$，$p=0.068$；$F_{(2,475)赋予能力}=0.50$，$p=0.684$；$F_{(2,475)社区参与}=0.28$，$p=0.841$；$F_{(2,475)自我拥护}=2.02$，$p=0.110$；$F_{(2,475)总分}=1.18$，$p=0.319$）。

表 4-21　儿童康复不同年支出的家庭增权水平描述性统计

	自我效能	自我决策	影响力	接触资源	赋予能力	社区参与	自我拥护	总分
	M±SD	M±SD	M±SD	M±SD	M±SD	M±SD	M±SD	M±SD
1万元以下	16.00±1.93	23.38±3.29	20.75±1.28	17.13±2.90	19.38±4.34	15.50±1.85	19.75±5.65	131.88±17.25

续表

	自我效能	自我决策	影响力	接触资源	赋予能力	社区参与	自我拥护	总分
1万—3万元	15.03 ±2.91	21.47 ±5.07	19.75 ±3.87	16.94 ±4.37	19.97 ±3.37	15.94 ±5.03	18.78 ±6.48	127.88 ±24.71
4万—5万元	14.31 ±2.65	20.50 ±4.23	19.40 ±3.63	15.10 ±3.39	19.13 ±3.15	15.23 ±3.54	17.37 ±4.72	121.04 ±18.70
5万元以上	14.94 ±2.51	21.33 ±3.99	20.30 ±3.23	16.53 ±3.74	19.28 ±3.26	15.73 ±3.92	16.90 ±5.16	125.00 ±19.62

（五）家庭增权水平在家庭外部特征上的差异比较

1. 是否接受家长培训

根据表 4-22 的结果可以发现，孤独症儿童父母参加培训活动的家庭增权总体水平低于未接受培训的家庭。

本书主要采用单因素方差分析对是否接受家长培训的家庭增权总分和各维度得分进行探讨，结果发现，孤独症儿童家庭增权的总分和分量表得分在是否接受家长培训上没有明显差异（$F_{(2,475)自我效能} = 0.03$, $p = 0.876$; $F_{(2,475)自我决策} = 0.00$, $p = 0.994$; $F_{(2,475)影响力} = 0.47$, $p = 0.488$; $F_{(2,475)接触资源} = 0.37$, $p = 0.546$; $F_{(2,475)赋予能力} = 0.02$, $p = 0.887$; $F_{(2,475)社区参与} = 0.07$, $p = 0.791$; $F_{(2,475)自我拥护} = 0.15$, $p = 0.699$; $F_{(2,475)总分} = 0.05$, $p = 0.822$）。

表 4-22　家长不同培训接受情况的家庭增权水平描述性统计

	自我效能	自我决策	影响力	接触资源	赋予能力	社区参与	自我拥护	总分
	$M \pm SD$	$M \pm SD$	$M \pm SD$	$M \pm SD$	$M \pm SD$	$M \pm SD$	$M \pm SD$	$M \pm SD$
接受家长培训	14.89 ±2.58	21.29 ±4.01	20.11 ±3.35	16.36 ±3.79	19.30 ±3.30	15.66 ±3.98	17.18 ±5.19	124.79 ±20.06
未接受家长培训	14.93 ±2.48	21.30 ±4.31	20.35 ±3.14	16.60 ±3.67	19.34 ±3.21	15.77 ±3.82	16.97 ±5.39	125.26 ±19.42

2. 是否参加互助组织

根据表 4-23 的结果可以发现，孤独症儿童父母参加家庭互助组织的家庭增权水平明显高于未参加的家庭。

本书主要采用单因素方差分析对是否参加互助组织的家庭增权总分和各维度得分进行探讨，结果发现，对孤独症儿童父母来说，参加互助组织的家庭增权总体水平和分维度上的自我效能、接触资源、社区参与、自我拥护水平明显高于未参加的家庭（$F_{(2,475)自我效能} = 5.70$，$p = 0.017$；$F_{(2,475)接触资源} = 10.79$，$p = 0.001$；$F_{(2,475)社区参与} = 10.68$，$p = 0.001$；$F_{(2,475)自我拥护} = 9.55$，$p = 0.002$；$F_{(2,475)总分} = 8.87$，$p = 0.003$），是否参加互助组织在自我决策、影响力与赋予能力分量表上的得分没有显著差异（$F_{(2,475)自我决策} = 1.14$，$p = 0.286$；$F_{(2,475)影响力} = 0.18$，$p = 0.672$；$F_{(2,475)赋予能力} = 3.28$，$p = 0.071$）。

表4-23　不同互助组织参加情况的家庭增权水平描述性统计

	自我效能	自我决策	影响力	接触资源	赋予能力	社区参与	自我拥护	总分
	$M \pm SD$	$M \pm SD$	$M \pm SD$	$M \pm SD$	$M \pm SD$	$M \pm SD$	$M \pm SD$	$M \pm SD$
参加互助组织	15.30 ±2.65	21.59 ±4.25	20.27 ±3.53	17.24 ±3.89	19.70 ±3.43	16.54 ±4.16	18.20 ±5.25	128.84 ±22.20
未参加互助组织	14.71 ±2.49	21.16 ±4.01	20.13 ±3.19	16.04 ±3.64	19.12 ±3.19	15.29 ±3.76	16.62 ±5.16	123.07 ±18.44

3. 是否参加公益活动

根据表4-24的结果可以发现，孤独症儿童父母参加公益活动的家庭增权水平明显高于未参加的家庭。

本书主要采用单因素方差分析对是否参加公益活动的家庭增权总分和各维度得分进行探讨，结果发现，对孤独症儿童父母来说，参加公益活动的家庭增权总体水平和除了影响力与赋予能力以外的其他维度得分显著高于未参加的家庭（$F_{(2,475)自我效能} = 12.31$，$p < 0.001$；$F_{(2,475)自我决策} = 13.03$，$p < 0.001$；$F_{(2,475)接触资源} = 14.25$，$p < 0.001$；$F_{(2,475)社区参与} = 12.61$，$p < 0.001$；$F_{(2,475)自我拥护} = 8.00$，$p = 0.005$；$F_{(2,475)总分} = 14.80$，$p < 0.001$；$F_{(2,475)影响力} = 1.44$，$p = 0.230$；$F_{(2,475)赋予能力} = 2.86$，$p = 0.091$）。

表 4-24　不同公益活动参加情况的家庭增权水平描述性统计

	自我效能	自我决策	影响力	接触资源	赋予能力	社区参与	自我拥护	总分
	$M \pm SD$	$M \pm SD$	$M \pm SD$	$M \pm SD$	$M \pm SD$	$M \pm SD$	$M \pm SD$	$M \pm SD$
参加公益活动	15.39 ±2.41	22.11 ±3.86	20.40 ±3.27	17.21 ±3.74	19.62 ±3.32	16.46 ±4.05	17.95 ±5.24	129.14 ±20.55
未参加公益活动	14.57 ±2.59	20.75 ±4.15	20.03 ±3.31	15.90 ±3.68	19.10 ±3.23	15.17 ±3.78	16.57 ±5.17	122.09 ±18.93

4. 是否享受社会福利

根据表 4-25 的结果可以发现，享受社会福利的孤独症儿童家庭增权水平明显高于未享受的家庭。

本书主要采用单因素方差分析对是否享受社会福利的家庭增权总分和各维度得分进行探讨，结果发现，对孤独症儿童家庭来说，享受社会福利的家庭增权总体水平和除了影响力、赋予能力与社区参与度以外的其他维度得分显著高于未享受社会福利的家庭（$F_{(2,475)自我效能} = 5.33$，$p = 0.021$；$F_{(2,475)自我决策} = 5.93$，$p = 0.015$；$F_{(2,475)接触资源} = 5.73$，$p = 0.017$；$F_{(2,475)自我拥护} = 13.55$，$p < 0.001$；$F_{(2,475)总分} = 9.23$，$p = 0.003$；$F_{(2,475)影响力} = 2.32$，$p = 0.128$；$F_{(2,475)赋予能力} = 1.25$，$p = 0.264$；$F_{(2,475)社区参与} = 3.62$，$p = 0.058$）。

表 4-25　不同社会福利享受情况的家庭增权水平描述性统计

	自我效能	自我决策	影响力	接触资源	赋予能力	社区参与	自我拥护	总分
	$M \pm SD$	$M \pm SD$	$M \pm SD$	$M \pm SD$	$M \pm SD$	$M \pm SD$	$M \pm SD$	$M \pm SD$
享受社会福利	15.30 ±2.49	21.97 ±3.94	20.52 ±3.09	17.03 ±3.80	19.56 ±3.22	16.19 ±4.07	18.42 ±5.20	128.98 ±20.43
未享受社会福利	14.72 ±2.56	20.99 ±4.12	20.02 ±3.38	16.15 ±3.71	19.20 ±3.30	15.45 ±3.85	16.54 ±5.15	123.06 ±19.37

八 分析与讨论

（一）孤独症儿童家庭增权的现状

由上述结果可以发现，孤独症儿童家庭增权总体水平属于中上等。对此，张美云等通过调查得出的结论也是发育障碍儿童家庭增权水平处于中上，Morrison 等人对发育障碍儿童家庭增权水平的研究同样证实了这一点。

笔者还发现，孤独症儿童家庭增权水平只有自我拥护维度上的得分低于中等水平值，其余六个分量表的得分均高于中等水平值。这一结论也得到了张美云等人的证实，他们认为，发育障碍儿童的自我拥护得分明显低于中等水平。这表示，中国孤独症儿童父母对于照料孤独症儿童具有一定的自信心，且会考虑儿童自身的发展需求去做出教育决策。孤独症儿童父母在养育儿童过程中遇到困难，会积极主动地寻求外部支持，尽可能最大化地利用自身所具有的知识、技能和资源。此外，孤独症儿童家庭逐渐开始积极参加社会活动，同时和别的儿童父母交流育儿经验，进行情感交流。但是，还有很多孤独症儿童家庭没有深入理解过自身所需要承担的责任和义务，所以在自我拥护方面得分较低，这可能会对儿童的康复发展和教育产生一定程度的阻碍。

此外，张美云等人通过对发育障碍儿童的家庭增权的研究发现，它们在赋予能力、影响力、接触资源、自我效能、自我决策、自我拥护和社区参与等维度上的平均得分依次降低。而笔者发现，孤独症儿童家庭增权分量表的平均分依次降低的顺序为影响力、赋予能力、自我效能、自我决策、接触资源、社区参与和自我拥护。孤独症儿童家庭在社会中处于弱势地位，同时面临着经济压力、认知技巧、支持性社会网络等各类有形、无形的资源匮乏的艰难处境，内化形成的无权感，最终会导致它们对生活的掌握和控制感降低。对孤独症儿童家庭来说，其家庭增权水平在接触资源、社区参与和自我拥护方面较低，这可能是因为其家庭在应对外界压力事件时，虽然尽力地寻求资源来帮助其适应，但由于其在大部分情况下接触资源的内容和途径都是有限的，因此并不能使其得到很好的适应和应对；在团体活动时得到的信息和情感支持所产生的积极成效难以长久维持，只能在一定时间内帮助其提高家庭增权水平；因为对自身权利缺少清楚的认识,所以大部分孤独症儿童家庭很难保证儿童的权益。

(二)不同家庭背景下的家庭增权特点

1. 儿童特征影响下的家庭增权特点

本书通过调查研究发现,中国孤独症儿童年龄越小,其家庭增权水平越高,比如处于婴儿期的孤独症儿童家庭增权总体水平明显高于幼儿期和儿童期,这与以往的研究结果是一致的。Miriam 等人研究发现,孤独症儿童家庭增权水平随着年龄的增大而降低。张美云发现患儿处于0—3岁年龄段的发展障碍儿童家庭的自我拥护水平高于患儿处于3—6岁年龄段的家庭。其原因在于随着患儿年龄的增长,孤独症儿童家庭在抚养孩子的过程中面临的挑战更加复杂、严峻。在患儿处于婴儿期时,由于其实际发展水平与该年龄阶段的理论发展水平具有一定程度的匹配度,该阶段的孤独症儿童家庭往往倾向于认为自身具备养育患儿所需的资源和能力;再者,因为患儿还在早期发展阶段,家庭对患儿的发展抱有较为积极的态度,因此家庭增权水平会较高。但是,处于幼儿期和童年期的患儿与同龄儿童之间的差异逐渐表现出来,学龄期的患儿同时需要面对入学等问题,该阶段的孤独症儿童家庭开始意识到自身能力和资源的不足,其家庭增权水平出现下降趋势。

此外,有学者提出,孤独症儿童参加学校学习和发展训练对家庭增权水平的提高具有促进作用。[1] 对此,本书得出了一致的结论,对于接受过学校教育的孤独症儿童家庭来说,其接触资源方面的水平明显高于没有接受过的,这可能是因为接受过学校教育的孤独症儿童家庭会得到更多的机会和途径去接触资源,比如获得特殊教师和学校的扶持,以此来提升其家庭增权水平,进而促进儿童的康复教育和发展。

2. 父母特征影响下的家庭增权特点

本书通过调查发现,中国孤独症儿童父母的家庭增权水平存在明显差异,比如父亲在自我效能感水平、自我决策能力以及自我拥护水平上均比母亲要高,这可能是因为儿童父亲具有协助儿童成长、为儿童的发

---

[1] R. Wakimizu, K. Yamaguchi, H. Fujioka, "Family Empowerment and Quality of Life of Parents Raising Children with Development Disabilities in 78 Japanese Families," *International Journal of Nursing Sciences*, 2016, 4 (1): 1-9.

展进行有效决策的能力，同时对自身的义务和权利具有较为明确的认识。有学者强调，当母亲是孤独症儿童的主要照料者时，其家庭增权水平分维度的影响力、赋予能力和自我拥护等方面明显好于非母亲照料的家庭。这可能是因为大部分儿童的母亲对于自身的义务和责任比较明确，且比较细心和有耐心，在照料儿童的过程中具有一定的优势，同时加上中国大部分孤独症儿童家庭父母双方都会共同照料儿童，母亲的压力也得到了较大程度的疏解。

笔者还发现，母亲年龄在 30 岁以上的孤独症儿童家庭增权水平要低于 30 岁以下的家庭，而患儿父亲的年龄对家庭增权水平没有显著影响，这可能是因为年龄较大的患儿父母既要照顾孤独症儿童，还要应对工作、生活等各方面的压力。

此外，笔者发现，中国孤独症儿童母亲的职业会显著影响到其家庭增权水平，比如自我效能感水平、接触资源水平以及影响力水平。其中，在调查的所有母亲职业类别中，母亲职业为公务员/教师/医护人员和经商等自由职业的家庭增权分维度水平是最好的，其次是专职在家的母亲，最后是务农的母亲。这可能是由于日常生活环境相对比较闭塞、与外界的交流相对较少，职业为务农和专职在家的患儿母亲在物质资源获取和精神支撑方面存在困难。职业为公务员、教师、医护人员与经商等自由职业的患儿母亲在物质条件、信息分享、资源获取与情感支持等方面有优势，所以对家庭事务有更好的掌控力，可以对外界环境与他人产生积极作用。笔者发现，患儿父亲专职在家的孤独症儿童家庭增权水平在影响力维度具有明显的优势。患儿父亲专职在家照顾儿童，能够减轻患儿母亲作为主要照料者的负担，更加积极地为患儿的康复争取资源和情感支持，并对其他人产生积极影响。

同时，孤独症儿童父母受教育程度不高的家庭增权水平高于患儿父母受教育程度高的家庭，然而，有研究表明，高水平的教育和良好的职业发展意味着能够获得更多的资源，从而使得家庭增权水平提高。[1] 张美云等人认为，家庭社会经济地位高，其家庭增权在自我效能、自我决策、影响力、接触资源、赋予能力和整体水平上呈现出更好的状况。大

---

[1] M. Farber, R. Maharaj, "Empowering High-Risk Families of Children with Disabilities," *Research on Social Work Practice*, 2005, 15: 501–515.

体上，笔者对于父母职业对家庭增权作用的研究和先前研究结果相同，但是在父母受教育水平方面和以往研究结果不同，可能由于受教育程度高的父母对孩子的预期高，但是预期和现实的冲突造成了家庭增权水平的下降。

3. 家庭内部特征影响下的家庭增权特点

本书对具有不同家庭内部特征的孤独症儿童家庭增权水平的调查分析发现，对其家庭增权水平产生重要影响的只有两方面的家庭内部特征：家庭所在地和家庭儿童数量。相较于农村孤独症儿童家庭，城市家庭在接触资源维度（主要是医疗和教育资源方面）具有更多的便利性，能够为患儿康复和成长发展提供支持，进而提高家庭增权水平。对于孤独症儿童家庭来说，儿童为独生的家庭增权水平会更好。家庭是生育成本的承担主体，生育成本包括从备孕、生育到养育子女成长的整个过程，并且随着时间的推移而不断积累。由于子女数量的增加，家庭需要承担的生育成本也逐渐增加，这对孤独症儿童家庭在经济方面来说无疑是巨大的负担，进而降低家庭增权水平。

此外，本书还进一步证实孤独症儿童家庭增权水平不受家庭经济状况和儿童康复支出的影响。先前研究发现家庭收入情况对家庭增权有重要作用，孤独症儿童在医疗、教育等方面高昂、持续的支出成为家庭经济消费的必要成分，所造成的经济压力对良好的家庭增权状态产生了负面影响，良好的家庭经济状况能提升家庭增权水平。随着社会保障制度的完善和总体上不断提高的家庭收入水平，往后经济支出压力对孤独症儿童家庭增权水平的影响或将逐步降低。

4. 家庭外部特征影响下的家庭增权特点

本书通过调查发现，是否参加社会活动对于孤独症儿童家庭增权水平有重要作用。参加互助组织和公益活动的家庭在获得照料孤独症儿童所需资源方面具有更多的机会，同时也有机会获得有效的情感支持，进而共同促进家庭增权水平的提高。享受社会福利的孤独症儿童家庭在一定程度上减少了经济负担，因此家庭增权水平有所升高。研究表明，良好的社会支持资源能提高孤独症儿童家庭增权水平。这些社会活动可以给予孤独症儿童家庭较大的支持和帮助，以此实现家庭增权水平的改善。

但是，笔者发现，孤独症儿童父母是否参加有关培训对其家庭增权水平没有影响。胡晓毅提出，美国已经建立起完善的以家庭增权为目标的孤独症儿童家庭服务体系，为孤独症儿童家庭提供养育知识和技能的培训，以实现家庭增权。例如，范德堡照顾者增权项目通过对家庭进行培训实现家庭增权的目标，由专业人士教授家长照顾孤独症儿童的知识和技能，由家庭和专业人士协同促进孤独症儿童发展。[1] 在现实中，孤独症儿童康复教育主要依靠康复机构，而家长较多地担任"照顾者"的角色，不是"康复师"或者是"教育者"。美国国家孤独症干预发展中心已经将家长执行式干预法列入循证实践干预方法中，即由家长接受系统培训并学习运用个性化的手段减少孤独症儿童在日常生活中的问题行为，从而改善患儿在沟通、社交等方面的能力。

九 研究结论

（1）中国孤独症儿童家庭增权总体水平处于中等偏上，且在分维度自我效能感水平、自我决策能力、接触资源水平、赋予能力、社区参与以及影响力方面表现优良，而在自我拥护方面表现较差。

（2）中国孤独症儿童家庭增权水平会受到儿童年龄和是否接受教育的影响。

（3）中国孤独症儿童家庭增权水平会受到调查人是母亲还是父亲、母亲年龄、家长职业以及家长学历的影响。

（4）中国孤独症儿童家庭增权水平会受到家庭所在地和儿童是否为独生两方面的影响。

（5）中国孤独症儿童家庭增权水平会受到互助组织、公益活动与社会福利情况不同的影响，其家庭增权有着显著差异，而是否参加家长培训在家庭增权上没有显著差异。

第四节 孤独症儿童家庭增权的影响因素分析

当前研究注重于探讨各种因素对家庭增权的作用，对作用机制的研究较少，通过 ABCX 模型，以孤独症儿童为研究对象，用亲职压力、社

---

[1] L. Bickman, C. A. Heflinger, D. Northrup, et al., "Long Term Outcomes to Family Caregiver Empowerment," *Journal of Child and Family Studies*, 1998, 7 (3): 269-282.

会支持与应对方式来评估家庭压力认知、家庭资源与家庭应对行为，研究上述三个变量对孤独症儿童家庭增权的作用机制。

一 研究目的

通过双 ABCX 模型，采用"社会支持量表""简易应对方式问卷"以及"亲职压力简式量表"测量患儿家庭的压力认知、资源和应对行为，采用"赋权增能量表"评估家庭增权水平，探究这四个变量的关系及孤独症儿童家庭亲职压力、社会支持、应对方式对家庭增权的作用机制。

二 研究模型

双 ABCX 模型为家庭适应研究提供了理论框架，该模型认为，将家庭适应结果（xX）受到首要压力（A）、其他压力群（aA）、个人与家庭内部资源（B）、个人与家庭外部资源（bB）、压力应对（C）和有效措施获取（cC）的共同影响[①]，认为生活中的负性事件会带来压力，打破家庭的稳定状态，对家庭压力认知和资源获取有负向作用，加上家庭对压力的认知与资源获得会相互影响，这些都会对家庭适应结果产生作用。Lavee 采用实证研究的方法证实了该模型在家庭适应研究中的适用性。[②] Orr 等人提出了 ACBX 模型，研究压力源（aA）、压力认知（cC）与家庭资源（bB）对压力体验（xX）的作用路径，以孤独症儿童家庭为研究对象，发现从压力源到对家庭压力认知、从家庭资源到压力体验存在线性进程，家庭的压力认知受压力来源的影响，使家庭获取资源也受到影响，最后改变家庭对压力的体验。Nachshen 等研究者把儿童问题行为与亲职压力作为压力源（aA）、把正式与非正式资源作为家庭资源（bB）、把父母幸福感作为家庭压力认知（cC），把家庭增权作为家庭适应结果（xX），探究了双 ABCX 模型与 ACBX 模型在家庭增权作用机制研究中的适应性，发现家庭压力源、压力认知与家庭资源呈线性相关，最后作用于家庭增权。此外，压力认知与家庭资源在压力源、家庭增权

[①] D. H. McCubbin, J. M. Patterson, "The Family Stress Process—The Double ABCX Model of Adjustment and Adaptation," *Marriage & Family Review*, 1983, 6 (1): 7-37.

[②] Y. Lavee, H. McCubbin, J. Patterson, "The Double ABCX Model of Family Stress and Adaptation: An Empirical Test by Analysis of Structural Equations with Latent Variables," *Journal of Marriage and Family*, 1985, 47: 811-855.

之间起着中介作用。

由此可见，在家庭增权影响因素研究中 ACBX 模型更为适用，孤独症儿童家庭的压力源会对家庭压力认知和家庭资源获取产生直接影响，家庭压力认知会影响家庭资源的获取，并最终影响其增权水平。

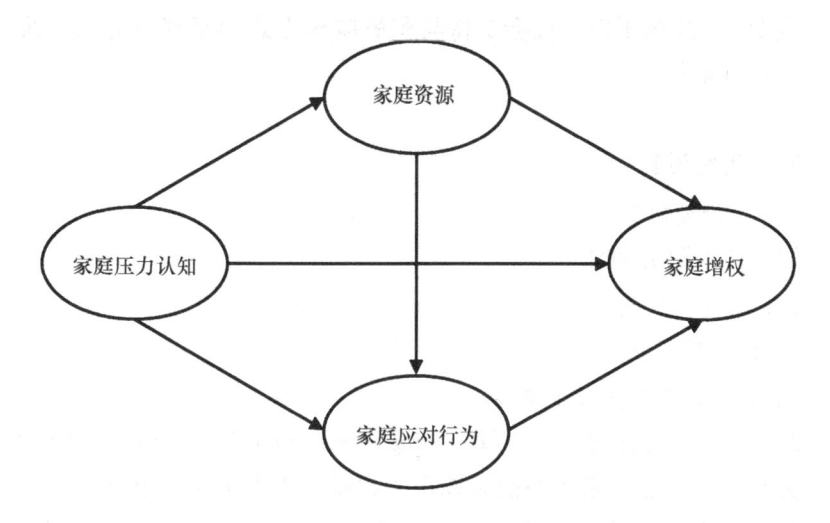

图 4-3　家庭增权影响机制模型

在双 ABCX 模型的基础上，笔者把家庭增权作为家庭适应结果，研究家庭压力认知、家庭资源与应对行为对家庭增权的作用机制（如图 4-3）。第一，家庭增权会受到严重的压力认知的消极作用，以致使孤独症儿童家庭处于弱势；第二，家庭压力会对家庭资源获取和家庭应对行为产生消极作用，间接对家庭增权起作用；第三，家庭资源可以通过家庭应对行为对家庭增权起作用，二者又对后者产生作用。

三　研究假设

本书假设如下：

假设 1：孤独症儿童家庭增权和亲职压力呈显著负相关。

假设 2：孤独症儿童家庭增权和社会支持、应对方式呈显著正相关。

假设 3：孤独症儿童家庭亲职压力和社会支持、应对方式呈显著负相关。

假设 4：亲职压力对家庭增权有作用，也可通过社会支持、积极应对方式对家庭增权起作用。

假设5：社会支持对家庭增权有作用，也可通过积极应对方式对家庭增权产生作用。

假设6：积极应对方式对家庭增权有作用。

假设7：亲职压力、社会支持与积极应对方式间呈线性相关，最后作用于家庭增权。

四 研究设计

（一）研究对象

同第三节研究对象。

（二）研究工具

1. 赋权增能量表

同第三节"赋权增能量表"。

2. "亲职压力简式量表"（Parenting Stress Index-Short Form，PSI-SF）

为测量孤独症儿童家庭的亲职压力程度，本书采用了由 Abidin 等人编制的"亲职压力简式量表"作为压力认知指标，该量表经中国台湾学者任文香翻译并修订，三个分量表共有36道题，包括亲职愁苦12道题、亲子互动失调12道题和困难儿童12道题。亲职愁苦包括父母愁苦、角色束缚、社会鼓励和夫妻关系不良等方面；亲子互动失调包括子女对父母的依恋情况、亲子互动情况等方面；困难儿童包括儿童的需要、情绪、活动量、注意力与适应能力等方面。

使用 Likert 5 点评分法，从"非常不同意"到"非常同意"依次计为1分、2分、3分、4分、5分，第34、35、36题需要反向计分，分数表示家庭体验到的亲职压力高低，总分数范围是从36分到180分；分量表分数范围是从12分到60分。从量表的得分结果上看，可将亲职压力水平分为正常水平、临界高水平、高水平和非常高水平，各水平对应的总量表得分和分量表得分依次为：正常压力，总量表得分≤85分、分量表得分≤28分；临界高水平压力，总量表得分为86—90分、分量表得分为29—30分；高水平压力，总量表得分为91—98分、分量表得分为31—32分；非常高水平压力，总量表得分≥99分、分量表得分≥33分。中国学者任文香修订的"亲职压力简式量表"的 Cronbach's alpha 是 0.93，亲职愁苦、亲子互动失调和困难儿童分量表的 Cronbach's alpha 依次为 0.85、0.86、0.87，充分表明该量表具有较高的信度。

在笔者的研究中，"亲职压力简式量表"的 Cronbach's alpha 是 0.916，亲职愁苦、亲子互动失调、困难儿童分量表的 Cronbach's alpha 分别是 0.884、0.813 和 0.84。

3. 社会支持量表

本书通过由中国台湾学者张美云和林宏炽编制的"社会支持量表"测量孤独症儿童家庭内外部资源获取情况，该量表包括支持类型和支持来源两个部分。支持类型有三个分量表，即情绪支持、工具支持和讯息支持，题目数依次为 4、7、3 题，总共 14 题。情绪支持指家庭在情感或心理上从他人那里获取的支持，工具支持指家庭在物质或服务上从他人那里获取的支持，而讯息支持指家庭在建议、讯息或方法方面从他人那里获取并帮助其了解、改变问题的支持。支持来源有两个分量表，即正式支持和非正式支持，正式支持指来自专业康复治疗师、医生和老师的支持（6 题），非正式支持指来自配偶、子女、父母、配偶父母、兄弟姐妹、亲朋好友等周边人的支持（13 题），总共 19 题。

支持类型部分使用 Likert 4 点评分法，"没有""偶尔""很多"和"非常多"分别计为 0、1 分、2 分、3 分，分数越高，表示该分量表的支持水平越高；支持来源部分使用 Likert 5 点评分法，"完全没有帮助""有些帮助""普通""很有帮助"与"非常有帮助"分别计为 0、1 分、2 分、3 分、4 分。张美云和林宏炽通过对发展迟缓儿童家庭的研究，信效度检验结果表明支持类型总量表和支持来源总量表的 Cronbach's alpha 分别为 0.92 和 0.93，表明该量表具有较高的信度。

在笔者研究中，支持类型总量表的 Cronbach's alpha 为 0.893，情绪支持、工具支持与讯息支持分量表的 Cronbach's alpha 分别是 0.807、0.895 与 0.87；正式支持和非正式支持分量表的 Cronbach's alpha 依次是 0.777、0.84，支持来源总量表的 Cronbach's alpha 为 0.859。

4. 简易应对方式问卷

为考察孤独症儿童家庭对压力的应对情况，本书采用解亚宁编制的"简易应对方式问卷"，该量表有两个分量表，即积极应对方式量表与消极应对方式量表，总共 20 题，这两个分量表的题目数依次是 12 题、

8题。积极应对方式指在面对困难和挫折时家庭所采取的积极应对方式的具体措施，消极应对方式指在面对困难和挫折时家庭所采取的消极应对方式的具体措施。

通过采用0—3分四点计分法对采用频次进行计分，0、1分、2分、3分分别代表"不采用""偶尔采用""有时采用"和"经常采用"，分数越高，代表处于困境时采用的应对方式越多。解亚宁以城市人群为研究对象，对该量表进行信度检验，发现积极应对方式分量表、消极应对方式分量表以及总量表的Cronbach's alpha分别为0.89、0.78和0.90，表明该量表具有较高的信度。

在笔者研究中，"简易应对方式问卷"总量表、积极应对方式分量表、消极应对方式分量表的Cronbach's alpha依次为0.729、0.767、0.633。

（三）研究程序

1. 文献分析并制订调查计划

基于所要研究的问题，对文献资料进行检索和阅读，首先确定研究框架并构建合适的研究模型，在选择合适的量表后制定具体的调查研究方案。

通过双ABCX模型，采用"社会支持量表""简易应对方式问卷"以及"亲职压力简式量表"测量孤独症儿童家庭的社会支持、应对方式和亲职压力，采用"赋权增能量表"评估家庭增权水平，探究亲职压力、社会支持、应对方式对家庭增权的作用机制。

2. 实施孤独症儿童家庭增权的影响机制调查

2018年7月、2018年12月以及2019年1月，使用方便抽样的问卷调查法，在杭州市、青岛市、郑州市等城市的孤独症康复机构、医院对孤独症儿童家庭实行团体实地施测。

3. 研究数据整理与分析

剔除未完成与不认真作答的量表答卷，采用Excel软件录入问卷数据，并使用SPSS 22.0、AMOS 22.0进行统计分析，探究亲职压力、社会支持、应对方式对家庭增权的作用机制。

（四）共同方法偏差检验

为避免因同一被试报告四份量表可能导致的共同方法偏差，本书在进行数据分析之前采用 Herman 单因素检验法[①],对样本数据进行共同方法偏差检验。Herman 单因素检验法是将所有变量放在一个探索性因素分析中,检验未旋转的因素分析结果,确定解释变量变异必需的最少因子数,若只析出一个因子或某一因子解释力特别大,即可判定存在严重的共同方法偏差。

笔者对"赋权增能量表""亲职压力简式量表""社会支持量表"与"简易应对方式问卷"进行探索性因素分析,在未旋转条件下共提取出28个主成分,第一个主成分解释了总方差变异的15.68%,小于临界标准值40%。基于此,本书不存在明显的共同方法偏差。

（五）数据处理

使用 Excel 软件对问卷数据进行输入和整理,使用 SPSS 22.0 与 AMOS 22.0 软件对数据进行处理。

1. 描述性统计

使用 SPSS 22.0 软件对"亲职压力简式量表""社会支持量表"与"简易应对方式问卷"量表总分与分量表得分进行描述性统计。

2. t 检验

使用 SPSS 22.0 软件,使用单样本 t 检验,以"亲职压力简式量表""社会支持量表"与"简易应对方式问卷"量表总分、分量表得分为基线进行差异性比较,反映孤独症儿童亲职压力、社会支持和应对方式的现状。

3. 相关分析

使用 SPSS 22.0 软件,以及皮尔逊相关分析法对"赋权增能量表""亲职压力简式量表""社会支持量表"与"简易应对方式问卷"量表的得分进行分析,探究孤独症儿童家庭增权、亲职压力、社会支持与应对方式间的关系。

4. 结构方程模型

使用 AMOS 22.0 软件检验家庭增权作用机制模型的拟合度,对模型的作用路径进行研究,探究亲职压力、社会支持与应对方式对家庭增权的作用机制。

[①] N. L. Malhotra, S. S. Kim, A. Paul, "Common Method Variance in IS Research: A Comparison of Alternative Approaches and a Reanalysis of Past Research," *Management Science*, 2006, 52 (12): 1865 - 1883.

五 研究结果

（一）孤独症儿童家庭亲职压力水平的描述性统计

由表4-26可知，孤独症儿童家庭感知到的亲职压力处于高压力水平，患儿家庭在亲职愁苦、困难儿童等分量表得分与总分上处于非常高压力水平，在亲子互动失调分量表得分上处于高压力临界水平。

表4-26　"亲职压力简式量表"得分情况与压力水平

	M	SD	压力水平
亲职愁苦	36.94	8.63	非常高
亲子互动失调	29.85	6.83	临界高水平
困难儿童	34.45	7.53	非常高
总分	101.24	18.76	非常高

（二）孤独症儿童家庭社会支持情况的描述性统计

由表4-27可知，孤独症儿童家庭整体在社会支持获得方面的水平不够理想。使用单样本t检验，以"社会支持量表"总分、分量表得分为基线进行差异性比较，发现患儿家庭在正式支持、非正式支持、工具与讯息支持分量表得分上显著低于中等水平，且支持类型与支持来源部分得分也显著低于中等水平。

表4-27　　　　　"社会支持量表"得分情况

	M	SD	中等水平值	t
情绪支持	6.13	2.23	6	1.32
工具支持	9.96	4.40	10.5	-2.66**
讯息支持	3.24	2.00	4.5	-13.74***
支持类型	19.34	6.89	21	-5.26***
非正式支持	14.44	8.19	26	-30.84***
正式支持	7.01	4.94	12	-22.07***
支持来源	21.45	11.26	35	-32.09***

说明：** 表示 $p<0.01$；*** 表示 $p<0.001$。

（三）孤独症儿童家庭应对方式的描述性统计

由表4-28可知，孤独症儿童家庭在面对压力时，偏向于使用积极应对方式。使用单样本 t 检验，以"简单应对方式问卷"量表总分、分量表得分为基线进行差异性比较，发现患儿家庭在积极应对方式分量表得分与总分上显著高于中等水平，在消极应对方式分量表得分上显著低于中等水平。

表 4-28 "简易应对方式问卷"得分情况

	M	SD	中等水平值	t
积极应对方式	21.86	5.39	18	15.62***
消极应对方式	8.29	3.77	12	-21.54***
总分	30.14	6.98	30	0.45***

说明：*** 表示 $p < 0.001$。

（四）亲职压力、社会支持、应对方式和家庭增权的相关分析

1. 亲职压力与家庭增权的相关分析

使用皮尔逊相关分析法对"赋权增能量表""亲职压力简式量表"的得分进行分析，探究孤独症儿童家庭增权和亲职压力的关系，由表 4-29 可知，患儿家庭亲职压力水平和他们的家庭增权水平呈显著负相关。

2. 社会支持与家庭增权的相关分析

使用皮尔逊相关分析法对"赋权增能量表""社会支持量表"的得分进行分析，探究孤独症儿童家庭增权和社会支持的关系，由表 4-30 可知，患儿家庭社会支持和他们的家庭增权水平呈显著正相关，仅正式支持、影响力分量表没有呈现出显著相关。

表 4-29 "亲职压力简式量表"和"赋权增能量表"得分相关关系

	亲职愁苦	亲子互动失调	困难儿童	亲职压力总分
自我效能	-0.318**	-0.377**	-0.259**	-0.388**
自我决策	-0.344**	-0.308**	-0.217**	-0.357**
影响力	-0.224**	-0.293**	-0.141**	-0.267**
接触资源	-0.286**	-0.268**	-0.161**	-0.294**
赋予能力	-0.112**	-0.181**	-0.102**	-0.158**
社区参与	-0.182**	-0.255**	-0.173**	-0.246**
自我拥护	-0.145**	-0.165**	-0.132**	-0.180**
赋权增能总分	-0.296**	-0.335**	-0.217**	-0.345**

说明：** 表示 $p < 0.01$。

表4-30 "社会支持量表"和"赋权增能量表"得分相关关系

	情绪支持	工具支持	讯息支持	支持类型	非正式支持	正式支持	支持来源
自我效能	0.253**	0.249**	0.186**	0.295**	0.333**	0.131**	0.299**
自我决策	0.269**	0.229**	0.174**	0.283**	0.347**	0.157**	0.321**
影响力	0.194**	0.152**	0.143**	0.201**	0.207**	0.084	0.187**
接触资源	0.289**	0.244**	0.281**	0.331**	0.280**	0.137**	0.264**
赋予能力	0.168**	0.153**	0.146**	0.195**	0.170**	0.157**	0.192**
社区参与	0.301**	0.120**	0.230**	0.241**	0.311**	0.156**	0.295**
自我拥护	0.173**	0.117**	0.193**	0.187**	0.235**	0.262**	0.286**
总分	0.307**	0.230**	0.257**	0.321**	0.353**	0.215**	0.351**

说明：** 表示 $p<0.01$。

3. 应对方式和家庭增权的相关分析

使用皮尔逊相关分析法对"赋权增能量表""简易应对方式问卷"的分数进行分析，探究孤独症儿童家庭增权和应对方式的关系，由表4-31可知，积极应对方式分量表得分和总分，与他们的家庭增权水平呈显著正相关；消极应对方式分量表得分，仅和自我效能感分量表得分呈显著负相关。

表4-31 "简易应对方式问卷"和"赋权增能量表"得分相关关系

	积极应对方式	消极应对方式	应对方式总分
自我效能	0.314**	-0.090**	0.194**
自我决策	0.339**	-0.061	0.230**
影响力	0.266**	0.009	0.210**
接触资源	0.394**	-0.023	0.292**
赋予能力	0.234**	-0.005	0.178**
社区参与	0.305**	0.057	0.266**
自我拥护	0.304**	0.012	0.241**
赋权增能总分	0.407**	-0.013	0.307**

说明：** 表示 $p<0.01$。

4. 亲职压力、社会支持和应对方式的相关分析

使用皮尔逊相关分析法对"亲职压力简式量表""社会支持量表"和"简易应对方式问卷"的分数进行分析，探究孤独症儿童家庭亲职压力、社会支持和应对方式的关系，由表4-32可知，患儿家庭亲职压

表 4-32 亲职压力、社会支持和应对方式的相关分析

	1	2	3	4	5	6	7	8	9	10	11	12	13	14
1. 亲职愁苦	—													
2. 亲子互动失调	0.527**	—												
3. 困难儿童	0.412**	0.564**	—											
4. 亲职压力总分	0.818**	0.833**	0.797**	—										
5. 情绪支持	-0.339**	-0.185**	-0.194**	-0.301**	—									
6. 工具支持	-0.353**	-0.160**	-0.099*	-0.261**	0.459**	—								
7. 讯息支持	-0.224**	-0.136**	-0.095*	-0.191**	0.447**	0.352**	—							
8. 支持类型	-0.400**	-0.202**	-0.154**	-0.319**	0.746**	0.889**	0.659**	—						
9. 非正式支持	-0.341**	-0.247**	-0.196**	-0.326**	0.428**	0.474**	0.360**	0.546**	—					
10. 正式支持	-0.169**	-0.092*	-0.055	-0.133*	0.165**	0.196**	0.100*	0.207**	0.439**	—				
11. 支持来源	-0.322**	-0.220**	-0.167**	-0.295**	0.384**	0.431**	0.305**	0.487**	0.919**	0.757**	—			

续表

	1	2	3	4	5	6	7	8	9	10	11	12	13	14
12. 积极应对方式	-0.397**	-0.254**	-0.164**	-0.341**	0.427**	0.241**	0.265**	0.369**	0.291**	0.228**	0.311**	—		
13. 消极应对方式	0.134**	0.070	0.128**	0.139**	-0.058	-0.024	-0.067	-0.053	0.011	0.022	0.018	0.135**	—	
14. 应对方式总分	-0.234**	-0.158**	-0.057	-0.188**	0.299**	0.173**	0.169**	0.256**	0.231**	0.188**	0.250**	0.845**	0.643**	—

说明：* 表示 $p<0.05$；** 表示 $p<0.01$。

力总分、分量表得分和社会支持总分、分量表分数呈显著负相关,仅在困难儿童分量表分数和正式支持分量表得分上没有显著相关性;积极应对方式在分量表得分和总分上,与其亲职压力总分、分量表得分呈显著负相关,和其社会支持总分、分量表得分呈显著正相关;在消极应对方式分量表得分上,和其亲职压力总分、分量表得分呈显著正相关,和其社会支持总分、分量表得分没有显著相关性。

(五)孤独症儿童家庭增权影响机制模型检验

基于上述研究结果,使用最大似然法对家庭增权作用机制模型的拟合度进行检验,计算模型的拟合指标和各作用路径系数的估计值,因为消极应对方式分量表的得分和亲职压力、社会支持、家庭增权各分量表的得分及总分没有呈显著相关,所以使用积极应对方式分量表得分作为家庭应对方式,由表4-33可知,此模型能够适配。

表4-33　　　　　**家庭增权影响机制模型拟合结果**

指标	评价标准		实际值
	好	可接受	
χ^2/df（卡方自由度比）	<3	3.0—5.0	4.147
GFI（拟合优度指数）	>0.9	0.7—0.9	0.900
AGFI（矫正拟合优度指数）	>0.9	0.7—0.9	0.862
TLI（非标准拟合指数）	>0.9	0.7—0.9	0.865
CFI（适配度指数）	>0.9	0.7—0.9	0.889
RMESA（渐进残差均方和平方根）	<0.08	0.08—1	0.081

(六)亲职压力、社会支持和应对方式对家庭增权的影响路径分析

对家庭增权影响因素的作用路径进行分析,由表4-34可知,亲职压力对家庭增权水平、社会支持、积极应对方式有负向作用;积极应对方式、社会支持对家庭增权水平有正向作用;社会支持对积极应对方式有正向作用。

表 4-34　　　　　　　家庭增权影响机制路径分析

	Estimate	S. E.	C. R.	标准化 Estimate	p
亲职压力→社会支持	-0.425	0.062	-6.805	-0.453	***
亲职压力→积极应对方式	-0.213	0.062	-3.42	-0.194	***
社会支持→积极应对方式	0.465	0.07	6.606	0.396	***
社会支持→家庭增权	0.337	0.08	4.217	0.275	***
亲职压力→家庭增权	-0.295	0.069	-4.261	-0.257	***
积极应对方式→家庭增权	0.213	0.054	3.976	0.205	***

说明：*** 表示 $p<0.001$。

由图 4-4 可知，亲职压力、社会支持、积极应对方式对家庭增权有直接作用；亲职压力和社会支持对家庭增权有间接作用，亲职压力、社会支持与积极应对方式呈线性相关，最后作用于家庭增权。具体情况如表 4-35 所示。

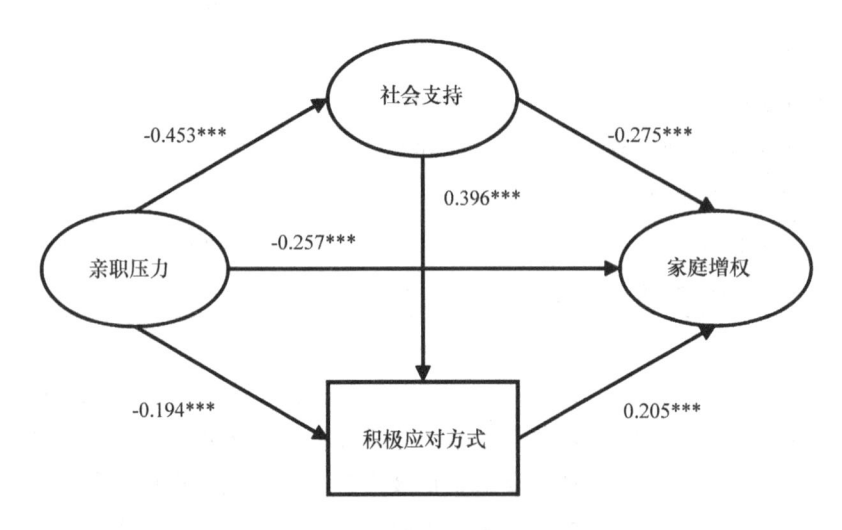

图 4-4　家庭增权影响机制路径

说明：*** 表示 $p<0.001$。

表4-35 家庭增权影响机制效应

自变量	因变量		
	社会支持	积极应对方式	家庭增权
亲职压力			
直接效应	-0.453***	-0.194***	-0.257***
间接效应	—	-0.179***	-0.202***
总效应	-0.453***	-0.373***	-0.459***
社会支持			
直接效应		0.396***	0.275***
间接效应		—	0.081***
总效应		0.396***	0.356***
积极应对方式			
直接效应			0.205***
间接效应			—
总效应			0.205***

说明：*** 表示 $p < 0.001$。

六 分析与讨论

（一）亲职压力与家庭增权的关系

在笔者研究中，孤独症儿童家庭感知到的亲职压力处于高压力水平。Nachshen 和 Jamieson 提出，心理压力会对家庭增权水平产生负面影响，而积极的心理状态对家庭增权水平具有正面影响作用。[1] 从以上研究结果可知，孤独症儿童家庭增权水平与亲职压力存在负相关关系，这在家庭增权各维度上均可以表现出来。

亲职压力包括亲职愁苦、亲子互动失调和困难儿童等，其中，亲职压力主要来源于与孩子有关的问题。Scheel 和 Rieckmann 认为，孩子行为问题导致的压力在一定程度上能够预测家庭增权水平，但是儿童行为对家庭增权具体是如何影响的还有待进一步的研究。[2]

---

[1] J. S. Nachshen, J. Jamieson, "Advocacy, Stress, and Quality of Life in Parents of Children with Developmental Disabilities," *Developmental Disabilities Bulletin*, 2000, 28: 39-55.

[2] M. J. Scheel, T. Rieckmann, "An Empirically Derived Description of Self-Efficacy and Empowerment for Parents of Children Identified as Psychologically Disordered," *American Journal of Family Therapy*, 1998, 26: 15-27.

（二）社会支持与家庭增权的关系

高水平的社会支持意味着高水平的家庭增权。中国学者张美云等认为，发展迟缓儿童家庭的社会支持与其家庭增权呈显著相关，在社会支持类型方面，对家庭增权影响最大的是讯息支持和情绪支持，工具支持对家庭增权无显著影响；在社会支持来源方面，非正式支持和正式支持均会对家庭增权产生影响。

笔者研究发现，孤独症儿童家庭的社会支持现状不容乐观，患儿家庭在正式支持、非正式支持、工具与讯息支持分量表的得分上显著低于中等水平，且支持类型与支持来源部分的得分也显著低于中等水平。同时，患儿家庭在正式支持、非正式支持方面获得的情绪、工具和讯息支持与家庭增权水平存在正相关关系。从支持内容上说，社会支持既为孤独症儿童家庭提供了工具、信息等物质层面的现实资源，也提供了情绪、情感等精神层面的无形资源，双线支持促进了孤独症儿童家庭物质与精神层面的双重增权。

（三）应对方式与家庭增权的关系

笔者研究证实，孤独症儿童家庭在应对压力或者困境时，偏向于使用积极应对方式，而积极应对方式和家庭增权水平呈显著正相关。积极的应对方式包含心态、处理事情的方法等，采取积极的应对方式从侧面体现了孤独症儿童家庭在面对问题时具有良好的适应能力和解决能力，对提高其家庭增权水平具有促进作用。

（四）亲职压力、社会支持和应对方式对家庭增权的影响机制

通过双ABCX模型，把亲职压力、社会支持与应对方式作为家庭压力认知、资源与应对行为变量，把家庭增权作为家庭适应结果构建家庭增权作用机制模型，研究亲职压力、社会支持与应对方式对孤独症儿童家庭增权的作用机制。孤独症儿童家庭在抚养孩子成长的过程中需要面对多方面的复杂压力，如在对患儿进行早期干预的时候需要投入比普通家庭更多的时间、精力和经济。笔者研究发现，孤独症儿童家庭亲职压力对于家庭增权有负向作用，儿童的残障情况、身心状态等因素会造成家庭增权状态的变化，患儿父母与孩子的亲子互动过程往往因为孩子身上的各种问题而导致面临巨大的压力和挑战，这对家庭增权具有一定的消极作用。

双ABCX模型反映了认知因素和家庭资源之间的复杂互动，使家庭

在应对压力时达成适应。① 一方面，双 ABCX 模型认为，来自家庭内部或外部的资源可以为家庭应对压力提供支持；另一方面，双 ABCX 模型认为，家庭认知能够反映家庭对压力源的感知和整体评价，这种感知能够与家庭资源相互作用并产生应对策略，提供有效解决方案。笔者进一步研究了家庭压力认知与家庭资源对于家庭应对行为的作用，进而作用于家庭增权水平。笔者研究证实，亲职压力可以对家庭增权产生直接的负向作用，社会支持、积极应对方式对家庭增权有直接的正向作用。孤独症儿童家庭在养育孩子的时候需要更多的物质和精神层面的资源，这就需要多类型、多数量的社会支持。对于孤独症家庭而言，社会支持对于缓解亲职压力的价值被广泛强调，社会支持在维系家庭成员间的积极关系、保持健全的家庭功能以及减轻亲职压力方面具有重要的积极作用。家庭成员在协同处理压力和问题时，亲职压力对家庭适应的消极作用将会降低，最终增强家庭增权水平。同时，笔者研究证实，亲职压力可以对社会支持、积极应对方式起到作用，从而对家庭增权起间接作用。此前，Han 等人在进行残障家庭相关研究时也发现，家庭资源、家庭对压力的感知在压力源和家庭增权之间有着中介作用。② 笔者研究也证实了亲职压力、社会支持与应对方式有线性关系，孤独症儿童家庭亲职压力可以作用于其社会支持，从而作用于家庭应对方式，最后作用于家庭增权水平。

七 研究结论

本书结论如下：

（1）孤独症儿童家庭增权与亲职压力呈显著负相关。

（2）孤独症儿童家庭增权与社会支持、应对方式呈显著正相关。

（3）孤独症儿童家庭亲职压力与社会支持、应对方式呈显著负相关。

（4）亲职压力对家庭增权存在直接影响和间接影响。

（5）社会支持对家庭增权存在直接影响和间接影响。

---

① H. J. Lee, H. J. Woo, "Parental Burden and Family Adaptation among Parents with Diabled Infants," *Journal of Rehabilitation Research*, 2013, 17（1）: 189 - 207.

② K. S. Han, Y. Yang, Y. S. Hong, "A Structural Model of Family Empowerment for Families of Children with Special Needs," *Journal of Clinical Nursing*, 2018, 27: 833 - 844.

(6) 积极应对方式对家庭增权存在直接影响。

(7) 亲职压力、社会支持与积极应对方式间有线性关系，最后作用于家庭增权。

第五节　孤独症儿童家庭增权的效能分析

目前，已有学者针对家庭增权对儿童的作用结果开展了相关研究，发现家庭增权对改善孤独症儿童的问题行为、促进其身心发展等具有积极作用。在孤独症儿童的成长和发展过程中，家庭是其主要的活动场所，也是他们重要的依赖主体，家庭增权同时在主观和客观上反映了孤独症儿童家庭生活质量的高低，从主观上讲是摆脱消极心理、获得权能感，从客观上讲是足够的发展资源与成长能力的体现。本章以双 ABCX 模型为基础，选取孤独症儿童家庭作为研究对象，分析孤独症儿童家庭的增权效能。

一　研究目的

把家庭增权作为家庭适应评估结果，使用"赋权增能量表""亲职压力简式量表""社会支持量表"与"家庭生活质量量表"测量孤独症儿童家庭增权、压力认知、资源以及家庭生活质量，对患儿家庭生活质量满意度进行描述，探究家庭生活质量、家庭增权、亲职压力与社会支持间的关系，分析家庭增权、亲职压力与社会支持对孤独症儿童家庭生活质量的作用。

二　研究模型

双 ABCX 模型反映了家庭压力认知和家庭资源对家庭适应的影响机制，已有研究以家庭增权为家庭适应变量，考察了家庭压力认知和家庭资源对家庭增权的影响机制。[1] 此外，已有研究证实家庭增权能够促进对儿童问题行为的减少和能力的发展。[2]

---

[1] J. S. Nachshen, P. Minnes, "Empowerment in Parents of School-Aged Children with and without Developmental Disabilities," *Journal of Intellectual Disability Research*, 2005, 49 (12): 889 – 904.

[2] K. Graves, T. Shelton, "Family Empowerment as A Mediator between Family-Centered Systems of Care and Changes in Child Functioning: Identifying An Important Mechanism of Change," *Journal of Child and Family Studies*, 2007, 16: 556 – 566.

笔者构建的模型如图4-5所示，对该模型持有的观点如下：第一，亲职压力是衡量家庭压力的认知指标，亲职压力能够直接作用于家庭生活质量，也可以通过社会支持影响家庭增权，进而影响家庭生活质量；第二，家庭增权代表孤独症儿童家庭的适应情况，即患儿家庭面对压力时的主观体验与客观资源，积极的适应情况对家庭生活质量有正向作用；第三，家庭资源可以直接作用于家庭生活质量，也可以通过家庭增权间接作用于家庭生活质量。

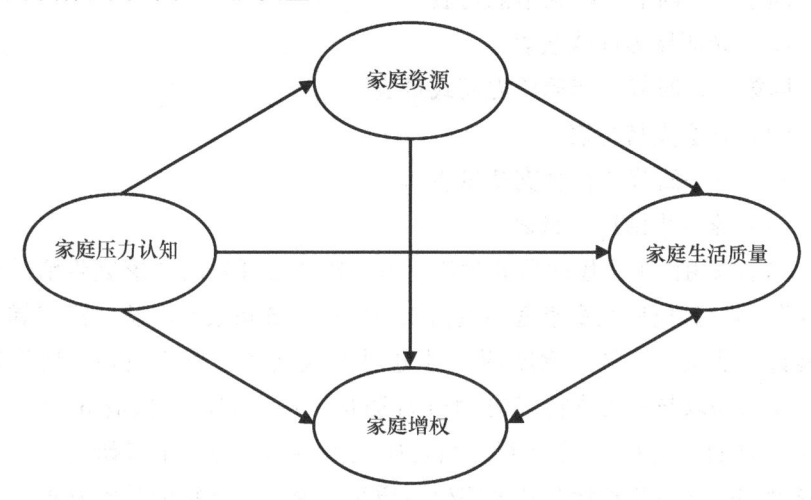

图4-5 家庭增权效能模型

三 研究假设

本书假设如下：

假设1：孤独症儿童家庭生活质量水平不高，和家庭增权呈显著正相关。

假设2：孤独症儿童家庭生活质量和亲职压力呈显著负相关。

假设3：孤独症儿童家庭生活质量和社会支持呈显著正相关。

假设4：家庭增权对家庭生活质量有直接作用。

假设5：亲职压力对家庭生活质量有直接和间接作用。

假设6：社会支持对家庭生活质量有直接和间接作用。

假设7：亲职压力、社会支持与家庭增权间有线性关系，最后作用于家庭生活质量。

四 研究设计

（一）研究对象

同第三、四节研究对象。

（二）研究工具

（1）赋权增能量表

同第三、四节"赋权增能量表"。

（2）亲职压力简式量表

同第三、四节"亲职压力简式量表"。

（3）社会支持量表

同第三、四节"社会支持量表"。

（4）家庭生活质量量表

本书采用由美国堪萨斯大学比里奇残障中心开发的"家庭生活质量量表"测量孤独症儿童家庭的生活质量状况，该量表经李莉、江琴娣等人修订。从重要性与满意度两个部分对家人互动、教养照顾、情绪需求、生活需求与相关支持等方面进行测量，每个方面依次有6、6、4、5、4个题目，总计25个题目。结合研究需要和实际，笔者研究仅使用满意度部分评估孤独症儿童家庭生活质量。家人互动指的是家庭成员在生活中的交流、化解问题和彼此支持的满意程度。教养照顾指的是父母对孩子教育和照顾的满意程度。情绪需求指的是家庭成员在处于压力与困境时，在情绪、情感需要满足方面的满意程度。生活需求指的是家庭在财务、出行、就医与就业等方面基本需求的满意程度。相关支持指家庭在教育和照顾患儿时，对外部资源、帮助的给予情况的满意程度。

使用 Likert 5 点评分法，从"很不满意"到"非常满意"分别计为1分、2分、3分、4分、5分，该分量表分数越高，表示对于该方面的满意程度就越高。李莉和江琴娣（2016）把上海孤独症儿童家庭作为研究对象，对"家庭生活质量量表"就重要性和满意度两个部分开展了信度检验，发现就满意度而言，家人互动、教养照顾、情绪需求、生活需求和相关支援分量表及总量表的 Cronbach's alpha 分别为 0.96、0.91、0.92、0.92、0.90 和 0.95，表明该量表具有较高的信度。

在笔者研究中，该量表以及家人互动、教养照顾、情绪需求、生活需求、相关支援分量表的 Cronbach's alpha 分别是 0.948、0.927、0.920、0.820、0.820 和 0.809。

（三）研究程序

1. 文献分析并制订调查计划

基于所要研究的问题，笔者对文献资料进行检索和阅读，首先确定研究框架并构建合适的研究模型，在选择合适的量表后制定具体的调查研究方案。

通过双 ABCX 模型，采用"社会支持量表""亲职压力简式量表""赋权增能量表"以及"家庭生活质量量表"测量孤独症儿童家庭的社会支持、亲职压力、家庭增权以及生活质量，探究亲职压力、社会支持、家庭增权对家庭生活质量的作用机制。

2. 实施孤独症儿童家庭增权效能调查

2018年7月、2018年12月以及2019年1月，使用方便抽样的问卷调查法，在杭州市、青岛市、郑州市等城市的孤独症康复机构、医院对孤独症儿童家庭实行团体实地施测。

3. 研究数据整理与分析

剔除未完成与不认真作答的量表问卷，采用 Excel 软件录入问卷数据，并使用 SPSS 22.0、AMOS 22.0 进行统计分析，探究亲职压力、社会支持、家庭增权对家庭生活质量的作用机制。

（四）共同方法偏差检验

为避免因同一被试报告四份量表可能导致的共同方法偏差，本书在进行数据分析之前采用 Herman 单因素检验法，对样本数据进行共同方法偏差检验。Herman 单因素检验法是将所有变量放在一个探索性因素分析中，检验未旋转的因素分析结果，确定解释变量变异必需的最少因子数，若只析出一个因子或某一因子解释力特别大，即可判定存在严重的共同方法偏差。

笔者对"赋权增能量表""亲职压力简式量表""社会支持量表"与"家庭生活质量量表"进行探索性因素分析，在未旋转条件下共提取出 28 个主成分，第一个主成分解释了总方差变异的 19.23%，小于临界标准值 40%。可知，本书不存在明显的共同方法偏差。

（五）数据处理

使用 Excel 软件对问卷数据进行输入和整理，使用 SPSS 22.0 与 A-

MOS 22.0 软件对数据进行处理。

1. 描述性统计

使用 SPSS 22.0 软件对"家庭生活质量量表"总分与分量表得分进行描述性统计。

2. t 检验

使用 SPSS 22.0 软件，使用单样本 t 检验，以"家庭生活质量量表"总分、分量表得分为基线进行差异性比较，反映患儿家庭对家庭生活质量的满意度。

3. 相关分析

使用 SPSS 22.0 软件，以及皮尔逊相关分析法对"赋权增能量表""亲职压力简式量表""社会支持量表"与"家庭生活质量量表"的得分进行分析，探究孤独症儿童家庭增权、亲职压力、社会支持与家庭生活质量的关系。

4. 结构方程模型

使用 AMOS 22.0 软件检验家庭增权作用机制模型的拟合度，对模型的作用路径进行研究，探究亲职压力、社会支持与家庭增权对家庭生活质量的作用机制。

五 研究结果

（一）家庭生活质量满意度的描述性统计

由表 4-36 可知，孤独症儿童家庭对其家庭生活质量具有中等满意度，患儿家庭生活质量在各分量表得分与总分上显著高于中等水平值。

表 4-36　　　　　"家庭生活质量量表"得分情况

	M	SD	中等水平值	单题平均数	排序	t
家人互动	21.15	4.56	18	3.53	1	15.09***
教养照顾	20.23	4.55	18	3.37	2	10.71***
情绪需求	12.38	2.90	12	3.10	5	2.89**
生活需求	16.14	3.49	15	3.23	3	7.13***
相关支持	12.69	2.64	12	3.17	4	5.73***
总分	82.60	14.77	75			11.23***

说明：** 表示 $p<0.01$，*** 表示 $p<0.001$。

（二）家庭增权、亲职压力、社会支持和家庭生活质量的相关关系

使用皮尔逊相关分析法探究孤独症儿童家庭增权、亲职压力、社会支持与家庭生活质量的关系，对"赋权增能量表""亲职压力简式量表""社会支持量表"与"家庭生活质量量表"的得分进行分析，由表4-37可知，患儿家庭增权水平和他们的家庭生活质量水平呈显著正相关；亲职压力水平和家庭生活质量水平呈显著负相关；社会支持水平和家庭生活质量水平呈显著正相关，亲职压力、社会支持和家庭增权的关系同第四节。

表4-37 家庭生活质量与家庭增权、亲职压力、社会支持的相关关系

	家人互动	教养照顾	情绪需求	生活需求	相关支援	生活质量总分
自我效能	0.373**	0.361**	0.314**	0.278**	0.315**	0.410**
自我决策	0.390**	0.366**	0.346**	0.292**	0.336**	0.430**
影响力	0.258**	0.290**	0.248**	0.234**	0.258**	0.318**
接触资源	0.291**	0.373**	0.357**	0.364**	0.386**	0.430**
赋予能力	0.154**	0.229**	0.203**	0.198**	0.272**	0.253**
社区参与	0.245**	0.294**	0.266**	0.238**	0.361**	0.339**
自我拥护	0.191**	0.254**	0.262**	0.239**	0.352**	0.308**
赋权增能总分	0.350**	0.403**	0.375**	0.346**	0.434**	0.465**
亲职愁苦	-0.394**	-0.398**	-0.349**	-0.407**	-0.358**	-0.473**
亲子互动失调	-0.306**	-0.303**	-0.246**	-0.295**	-0.277**	-0.355**
困难儿童	-0.217**	-0.181**	-0.158**	-0.192**	-0.192**	-0.234**
亲职压力总分	-0.380**	-0.367**	-0.313**	-0.372**	-0.343**	-0.411**
情绪支持	0.451**	0.442**	0.416**	0.358**	0.379**	0.509**
工具支持	0.353**	0.406**	0.413**	0.434**	0.380**	0.490**
讯息支持	0.243**	0.258**	0.277**	0.307**	0.266**	0.329**
支持类型	0.442**	0.477**	0.492**	0.482**	0.443**	0.573**
非正式支持	0.398**	0.474**	0.492**	0.357**	0.389**	0.519**
正式支持	0.442**	0.477**	0.492**	0.482**	0.443**	0.573**
支持来源	0.356**	0.450**	0.451**	0.330	0.389**	0.484**

说明：** 表示 $p < 0.01$。

(三) 家庭增权效能模型检验

本书通过最大似然法检验了家庭增权效能模型的拟合度,并对模型拟合指标和各路径系数的估计值进行了计算,最终得出的结果如表4-38所示。由表4-38可知,该模型可以适配。

表4-38　　　　　　　　家庭增权效能模型拟合结果

指标	评价标准		实际值
	好	可接受	
χ^2/df(卡方自由度比)	<3	3.0—5.0	3.494
GFI(拟合优度指数)	>0.9	0.7—0.9	0.855
AGFI(矫正拟合优度指数)	>0.9	0.7—0.9	0.852
TLI(非标准拟合指数)	>0.9	0.7—0.9	0.885
CFI(适配度指数)	>0.9	0.7—0.9	0.901
RMESA(渐进残差均方和平方根)	<0.08	0.08—1	0.072

(四) 家庭增权对家庭生活质量的效能路径分析

由表4-39可知:第一,亲职压力对家庭增权、社会支持与家庭生活质量有负向作用;第二,社会支持、家庭增权对家庭生活质量有正向作用;第三,社会支持对家庭增权有正向作用。

表4-39　　　　　　　　家庭增权效能路径分析

	Estimate	S. E.	C. R.	标准化Estimate	p
亲职压力→社会支持	-0.344	0.064	-5.403	-0.452	***
亲职压力→家庭增权	-0.346	0.072	-4.816	-0.299	***
社会支持→家庭增权	0.538	0.113	4.738	0.353	***
家庭增权→家庭生活质量	0.202	0.061	3.333	0.168	***
亲职压力→家庭生活质量	-0.214	0.073	-2.914	-0.153	**
社会支持→家庭生活质量	1.141	0.178	6.395	0.623	***

说明:** 表示 $p<0.01$,*** 表示 $p<0.001$。

由图4-6可知:第一,家庭增权对家庭生活质量有直接作用;第二,亲职压力、社会支持对家庭生活质量有直接与间接作用;第三,亲职压力、社会支持与家庭增权有线性关系，最后作用于家庭生活质量，表4-40呈现出其具体情况。

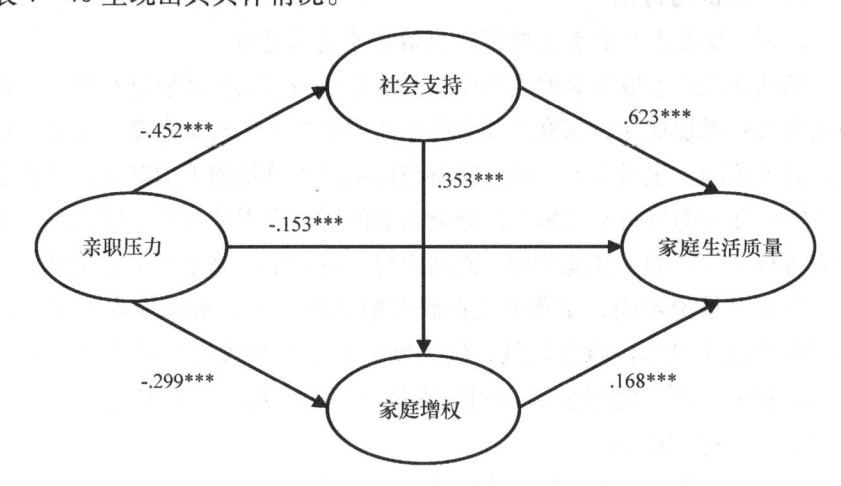

图 4-6　家庭增权效能路径

说明：** 表示 $p < 0.01$，*** 表示 $p < 0.001$。

表 4-40　　　　　　　　　　　　**家庭增权效能效应**

自变量	因变量		
	社会支持	家庭增权	家庭生活质量
亲职压力			
直接效应	-0.452***	-0.299***	-0.153**
间接效应	—	-0.148***	-0.359***
总效应	-0.452***	-0.447***	-0.512***
社会支持			
直接效应		0.353***	0.623***
间接效应		—	0.059***
总效应		0.353***	0.682***
家庭增权			
直接效应			0.168***
间接效应			—
总效应			0.168***

说明：** 表示 $p < 0.01$，*** 表示 $p < 0.001$。

六　分析与讨论

（一）孤独症儿童家庭对家庭生活质量的满意度

孤独症儿童家庭对家庭生活质量的满意度表明其生活质量水平，笔者研究证实：孤独症儿童家庭对其家庭生活质量处于中等满意度，在家人互动、教养照顾、生活需求、相关支持与情绪需求分量表上的满意度得分逐渐下降；在资源支持与情感支持分量表上的满意度得分较低。因此，患儿家庭进行良性互动、彼此扶持、共同面对，有助于提高家庭生活质量。

与本书结论不同，李莉等人在研究中发现，上海市孤独症儿童家庭对家庭生活质量的满意度较低，满意度从高到低依次为家庭互动、生活需求、教养照顾、情绪需求和相关支持。[1] 对结果产生影响的原因可能是被试本身存在的差异。

（二）家庭增权对孤独症儿童家庭生活质量的效能

绝大多数孤独症儿童家庭认为，孩子生理或心理层面的障碍会对其家庭造成长久的负面影响，对孤独症儿童家庭来说，养育孩子成长和发展意味着会面临长期的困难。有研究发现，孤独症儿童家庭亲职压力水平越高，家庭生活质量水平就越低，孤独症儿童家庭生活质量水平随着亲职压力水平的提高而降低。[2] 笔者研究表明，孤独症儿童家庭的亲职压力对预测家庭生活质量有负向作用。

孤独症儿童家庭在养育患儿的过程中往往会表现出两种截然不同的态度：一种是积极应对，主动寻求有效的问题解决办法，提高家庭对困境的适应性；另一种是消极应对，沉浸在痛苦和压力中，并将孩子的残障视为命运中的不幸。家庭增权视角下的孤独症儿童家庭不再被视为弱势群体，而是被视为具有独特优势的特殊群体，具有积极应对困境的能力。已有研究证实，提高孤独症儿童家庭增权水平对家长有效解决孩子的问题行为、促进孤独症儿童家庭成长与发展具有积极作用[3]，能够从

---

[1] 李莉：《上海市孤独症儿童家庭生活质量研究》，硕士学位论文，华东师范大学，2016年。

[2] 关文军、颜廷睿、邓猛：《孤独症儿童家长亲职压力的特点及其与生活质量的关系：社会支持的中介作用》，《心理发展与教育》2015年第4期。

[3] K. Graves, T. Shelton, "Family Empowerment as a Mediator between Family-Centered Systems of Care and Changes in Child Functioning: Identifying an Important Mechanism of Change," *Journal of Child and Family Studies*, 2007, 16: 556–566.

根源上缓解患儿家庭面临的压力。笔者研究证实，亲职压力可以作用于家庭增权，进而对家庭生活质量有间接作用。家庭增权通过提高家庭养育患儿的信心，进而提高家庭生活质量。家庭增权水平高代表了患儿家庭具备的客观能力和主观权能感，同时反映了患儿家庭所持有的积极态度，可以降低亲职压力，在物质、精神层面共同提升家庭生活质量。

笔者研究证实，社会支持对孤独症儿童家庭来说是非常重要的资源，亲职压力可以作用于社会支持，进而对家庭生活质量有间接作用。这与以往的研究结论相一致。孤独症儿童家庭的生活质量主要受到亲职压力的负面影响，社会支持能够在一定程度上缓解亲职压力对孤独症儿童家庭的负面影响，避免积压的事件对家庭的伤害，对促进家长身心发展、改善个体心理健康水平、缓解个体压力产生了积极效果。

此外，根据双 ABCX 模型可知，家庭资源和家庭对压力的认知会产生共同作用并缓解压力对家庭适应造成的负面影响，改善家庭适应结果。

笔者在对家庭增权和社会支持的共同作用，减少患儿的家庭亲职压力、提高其家庭生活质量进行分析后发现：第一，亲职压力、社会支持与家庭增权有线性关系，亲职压力对家庭生活质量有负向作用；第二，在社会支持良好的情况下，家庭资源能够降低亲职压力导致的负面作用，并使得患儿家庭的压力认知产生变化，提升其家庭增权水平，进而使得家庭生活质量得以提升。同样地，已有研究发现，参与家庭支持项目的孤独症儿童家庭，其家庭增权水平和生活质量均有显著提高。[①]

七 研究结论

本书的研究结论如下：

（1）孤独症儿童家庭生活质量水平不高，和家庭增权呈显著正相关。

（2）孤独症儿童家庭生活质量和亲职压力呈显著负相关。

（3）孤独症儿童家庭生活质量和亲职压力呈显著负相关。

（4）家庭增权对家庭生活质量有直接作用。

---

① K. S. Han, Y. Yang, Y. S. Hong, "A Structural Model of Family Empowerment for Families of Children with Special Needs," *Journal of Clinical Nursing*, 2018, 27: 833-844.

(5) 亲职压力对家庭生活质量有直接和间接作用。
(6) 社会支持对家庭生活质量有直接和间接作用。
(7) 亲职压力、社会支持与家庭增权有线性关系，最后作用于家庭生活质量。

第六节　研究总结

一　研究总结

(一) 孤独症儿童家庭增权的现状

通过把孤独症儿童家庭作为研究对象的研究可以发现，孤独症儿童家庭增权总体上处在中等偏上水平，第一，各分量表的得分按影响力、赋予能力、自我效能、自我决策、接触资源、社区参与和自我拥护逐渐降低；第二，得分显著高于中等水平的分量表有自我效能、自我决策、接触资源、赋予能力、社区参与和影响力维度。

(二) 不同家庭背景的孤独症儿童家庭增权特点

孤独症儿童家庭增权在患儿年纪、上学情况、家长性别、母亲年纪、父亲工作、父母学历、家庭地区、家中孩子数量、是否参加互助组织、是否参加公益活动、是否享受社会福利等特征上有显著差异。

第一，低年龄孤独症儿童，其家庭增权水平相对较高，参与学校学习能够促进家庭增权水平。

第二，患儿父亲在对家庭增权水平的评价方面比母亲要高；家庭增权水平和患儿母亲年纪、接受教育程度呈负相关；患儿父母从事公务员、教师、医护人员、经商等职业或专职在家，其家庭增权水平较高。

第三，居住在城市的孤独症儿童家庭比居住在农村的孤独症儿童家庭的家庭增权水平要高，家庭增权水平和家中子女数量呈负相关。

第四，享受社会福利、参加互助组织与公益活动能促进孤独症儿童家庭增权水平提高。

(三) 不同因素对孤独症儿童家庭增权的影响机制

孤独症儿童家庭增权水平会受到亲职压力的负向预测，与亲职压力具有负相关关系，亲职压力可以作用于社会支持，进而作用于应对方式，最后作用于家庭增权水平。

（四）家庭增权对孤独症儿童家庭生活质量的效能

一方面，孤独症儿童家庭生活质量会受到亲职压力的消极影响，家庭生活满意度随着亲职压力的增加而降低。另一方面，家庭生活质量的改善可以从家庭增权水平的提升上体现出来，好的社会支持是促进家庭适应性结果的因素之一。

二 研究价值

（一）理论意义

笔者测量并且阐述了孤独症儿童家庭增权水平和特点，探究了各个因素对家庭增权的作用机制、家庭增权对家庭生活质量的作用，进一步阐明了孤独症儿童家庭增权的概念、内涵，对孤独症儿童家庭增权研究进行了理论补充。

（二）实践价值

本书通过具体实验为家庭增权的实践研究提供了借鉴，为孤独症儿童家庭增权的提升提出了有效建议，存在着一定的实践价值。

（三）社会意义

孤独症儿童家庭内生动力能够通过提升家庭增权水平而增加，一方面在客观上能够使患儿家庭获取充足的发展资源和成长能力，另一方面可使其在主观上摆脱消极心理、获得权能感，实现"扶智"与"扶志"相结合的目标。大力推进家庭增权的理论和实践研究，通过改善患儿家庭生活质量，对推动构建平等的社会主义和谐社会具有重要社会价值。

三 研究展望

（一）拓展研究对象范围，深化家庭增权研究

孤独症儿童家庭增权的现状和特征会因为孤独症儿童自身的特性而有一定程度的不同。本书以家庭增权为核心变量，在开展研究时选择以孤独症儿童家庭为研究对象，缺乏对不同类型孤独症儿童家庭增权水平的比较。未来相关研究应该进一步扩大研究对象的范围，开展多类型孤独症儿童家庭间的比较研究，增加家庭增权的内涵。

（二）建立孤独症儿童家庭增权的监测指标体系

本书从客观因素和心理因素两个方面对孤独症儿童家庭增权进行了

初步探讨。未来关于孤独症儿童家庭增权的研究可在本书的基础之上关注孤独症儿童家庭增权检测指标体系的相关分析，从物质和心理维度构建全面、综合的检测指标体系。科学地评估孤独症儿童家庭增权水平和影响因素，有利于推动政策层面对孤独症儿童家庭的帮扶，并实现精准帮扶；同时也有利于提升孤独症儿童家庭增权水平和权能意识，提高孤独症儿童家庭生活质量。

（三）构建孤独症儿童家庭增权服务模式

家庭增权拥有状态性与过程性两个特点，可以把家庭增权因素的作用机制作为理论指导，关注基于孤独症儿童家庭实际需求的家庭增权针对性服务，同时结合孤独症儿童家庭增权监测指标体系，精确评价增权服务的成效，系统地完善残障儿童家庭增权服务体系。

第五章
孤独症儿童家庭的教育协同支持服务运行机制

> 探索"一门受理、协同办理"服务机制,增强民政、教育、卫生健康、医保、人社、住建等社会救助部门以及社会力量的救助合力,推动社会救助更多、更好地惠及困难群众。
>
> ——新华网[①]

在康复方面,党中央和国务院高度重视0—6岁孤独症儿童的康复救治和服务支持。2009年,中国启动了"贫困残疾儿童抢救性康复项目",在全国31个城市创建孤独症儿童康复训练试点,共对5.88万名6岁以下的孤独症儿童进行了早期康复干预。[②] 2011年,中央财政设立专项补助资金,支持地方开展"残疾儿童康复救助项目"。近年来,中残联支持各地市对100余万名0—6岁残疾儿童进行了抢救性康复服务的救助和支持,部分经济发达的省市扩大康复救助的范围,开始对6—14岁的孤独症儿童开展康复救助服务。

在教育方面,国家在有关孤独症儿童的教育政策制定上也体现出越来越关注的趋势。2014年,教育部、发展改革委等七部委颁布《特殊教育提升计划(2014—2016年)》,鼓励有条件的地区试点建设孤独症

[①]《云南提升社会救助"一门受理、协同办理"综合效能》,新华网,http://www.xinhuanet.com/politics/2020-12/25/c_1126908268.htm,(2020.12.25)。

[②] 五彩鹿儿童行为矫正中心、五彩鹿(北京)技术培训有限责任公司编著:《中国孤独症教育康复行业发展状况报告》,北京师范大学出版社2015年版。

儿童少年特殊教育学校（部），对于特殊教育基础能力建设要尽可能地予以保障。[①] 2017年，国务院颁布《残疾人教育条例》，该条例提出残疾人需要特殊支持与安排，残疾人享有平等接受教育的权利，要保护他们接受教育的权利，实行和他们的特殊需求相对应和匹配的教育。[②] 同年，教育部等七部门实施《第二期特殊教育提升计划（2017—2020年）》，鼓励各地积极探索举办孤独症儿童少年特殊教育学校（部），积极推动特殊教育课程教学改革，保证残疾人的教育质量。[③]

在社保方面，中国孤独症儿童及其家庭的社会政策滞后于其真实需求。相关调查显示，首先，中国对于孤独症儿童及家庭的社会政策多半是"家长先行，政府跟进"，这表明社会政策满足孤独症儿童和家庭的需要都是在其表达需求之后，它在一定程度上存在不完善的缺陷。[④] 其次，孤独症儿童及家庭的社保政策缺乏纵向上的连续性。目前，孤独症儿童成人后的教育康复、职业培训以及就业安置等都没有明确的保障，大部分的孤独症儿童和家庭是在自己寻找救助道路，需要得到相应的帮助。相关调查显示，87%的孤独症儿童家长表示现在缺乏表达自己诉求的渠道；75.3%的家长表示并无获知政策、专业、法律法规等有关这方面的信息。[⑤]

目前，中国孤独症儿童家庭的帮扶主体相互之间没有形成协同。孤独症儿童康复和教育的帮扶主体有医院、康复机构、特殊学校、普通学校、社区、托养机构和庇护性机构等，基本上是独立运行和独立工作，且存在重合建设部分，没有形成协作，这阻碍了"一门受理、协同办理"机制的推进，造成了康复资源和教育资源的极大浪费。如第一章所述，中国孤独症儿童的关爱还处于"重视儿童，忽视家庭，强调救助，忽视服务"的层面。家庭作为儿童成长的重要场所，其本身应受到社会

---

① 《特殊教育提升计划（2014—2016年）》，《基础教育参考》2014年第7期。
② 刘鹏程、刘金荣：《孤独症群体的家庭需求与支持体系构建》，《学术交流》2018年第8期。
③ 《教育部等七部门关于印发〈第二期特殊教育提升计划（2017—2020年）〉的通知》，2017年。
④ 李学会：《中国面向孤独症者及家庭的社会政策：议程及展望》，《社会福利》（理论版）2019年第10期。
⑤ 中国精神残疾人及亲友协会：《中国孤独症家庭需求蓝皮书》，华夏出版社2014年版；刘鹏程、刘金荣：《孤独症群体的家庭需求与支持体系构建》，《学术交流》2018年第8期。

适当的重视和保护，以便其肩负起自身的职责。

因此，结合中国国情和相关理论指导，本书基于协同理论，建构以家庭为中心的孤独症儿童家庭协同支持模型，从需求侧和供给侧方面分析教育协同服务发展现状，考察家庭支持服务对孤独症儿童家庭生活质量的效用机制，为康复与教育协同服务体系构建和政策制定提供理论指导。

第一节 研究设计

一 问题提出

首先，没有明确的孤独症儿童父母有关教育支持服务的供需情况。已有的研究大都重视孤独症儿童父母对物质及金钱的需求，在心理层面多关注孤独症儿童父母获得的社会支持种类与水平[1]，在教育支持服务的需要和满足程度等方面的研究较少。

其次，尚不明确孤独症儿童家庭的教育支持服务主体有没有协同效应。孤独症儿童的教育服务项目包含特殊教育、康复、融合等，不一样的教育主体之间怎样为孤独症儿童父母的发展助力，目前还没有着重于不一样的教育主体之间彼此来往以及彼此怎样协作提供服务种类与支持表现的研究。

最后，中国孤独症儿童父母教育支持服务合作的作用还没有统一答案。不同的教育主体在拥有合作教育支持服务项目之后，抚养者的家庭生活质量是否得到改善，这一点还需要实证研究来证明，其影响机制必须得到确认。

二 研究目标

根据这些问题，本书明晰了三个研究目的：

1. 建立对孤独症儿童有关家庭教育支持服务的协同作用模型。经过文献整理，基于社会支持、家庭系统、社会生态与协同领域的众多理论等，以康复服务主体合作服务模式为基本，形成孤独症儿童家庭教育

---

[1] 班永飞、孙霁:《孤独症儿童父母的社会支持与亲职压力：身份、收入的效应分析》，《中国特殊教育》2017年第1期。

支持服务的协同作用模型。不同教育主体拥有不同的教育产品，从而使得孤独症儿童的父母需求得以满足，这也保障了家庭的正常运作。

2. 对孤独症儿童家庭教育支持服务的供需情况进行讨论。大致包含对孤独症儿童家庭需求支持、社区服务、经济、向他人解释、信息和家庭功能的研究，对孤独症儿童家庭的教育支持服务的不同需要做了调查。与此同时，以针对性康复机构及学校两大教育支持服务系统为重点，对其单独服务与协同服务供给两个方面进行考察，并探究其满足孤独症儿童家庭教育支持服务需求的种类和水平。

3. 对不一样的教育主体的合作和家庭生活质量联系进行探究。依照结构方程模型探析孤独症儿童家庭的教育服务合作对家庭生活质量的影响，并且对比教育主体的单独服务与家庭生活质量联系的不同。基于此，对改善孤独症儿童家庭教育支持服务协同发展的合理做法做出说明。

三 研究内容

（一）建构孤独症儿童家庭教育支持服务的协同作用模型

基于文献分析法，对教育支持服务的定义加以说明。基于家庭系统、社会生态与支持和协同等相关理论，以及康复服务主体协同服务的形式，建构孤独症儿童家庭教育支持服务的协同作用结构。

（二）孤独症儿童家庭教育支持服务的供需情况

利用问卷调查法对孤独症儿童父母进行方便取样。对于孤独症儿童家庭社会生态系统教育服务的群体（学校与教育康复部门），从需求侧和供给侧两方面探究孤独症儿童家庭教育支持服务的供需情况，探究有关孤独症儿童家庭教育协同支持服务需求的种类与水平，审慎地判断不同的教育服务主体与协作服务的供给程度和劣势，掌握供需冲突。

（三）孤独症儿童家庭教育协同支持服务对家庭生活质量的作用路径

利用结构方程模型对孤独症儿童家庭教育协同支持服务的影响做定量研究。对不同的教育主体在孤独症儿童家庭教育支持服务的协同作用和家庭生活质量的关联进行分析，从而探讨孤独症儿童家庭教育协同支持服务合作的影响机制。从修正后的模型中得出拟合度较高的孤独症儿童家庭教育支持服务协同作用的架构,并且以教育实际为基础,分析得出孤独症儿童家庭教育协同支持服务的协同方法,从而对实践提出合理的理论解释。

四 研究思路

本书采用"建构模型→现状了解→政策支招"的研究思路,具体如图 5-1 所示。

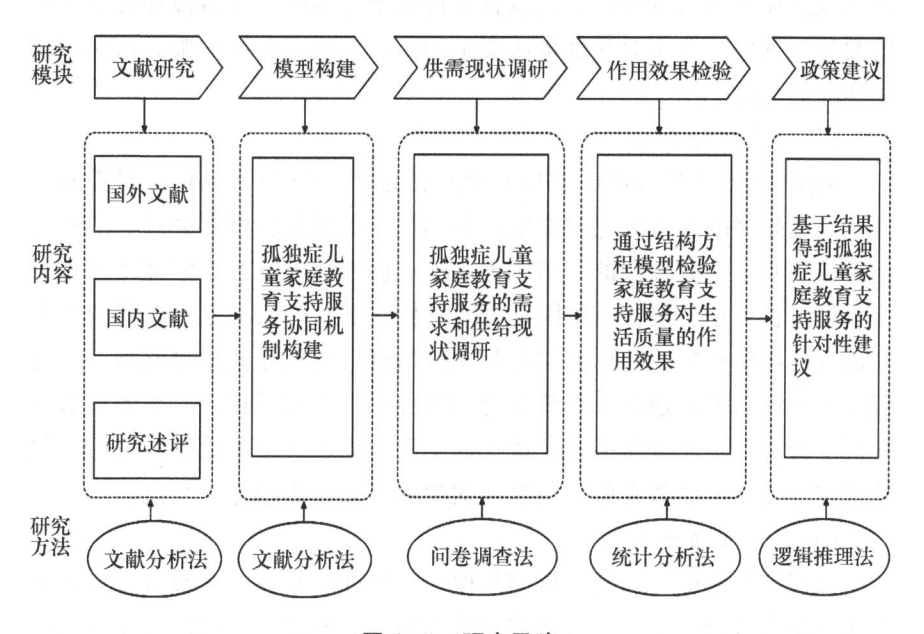

研究模块	文献研究	模型构建	供需现状调研	作用效果检验	政策建议
研究内容	国外文献 国内文献 研究述评	孤独症儿童家庭教育支持服务协同机制构建	孤独症儿童家庭教育支持服务的需求和供给现状调研	通过结构方程模型检验家庭教育支持服务对生活质量的作用效果	基于结果得到孤独症儿童家庭教育支持服务的针对性建议
研究方法	文献分析法	文献分析法	问卷调查法	统计分析法	逻辑推理法

图 5-1 研究思路

五 研究方法

(一) 文献分析法

文献分析法指的是收集、查阅各类研究文献,是探析、研究、记录社会事件的载体,属于社会研究方法的间接类型。在进行实地探究之前,研究人员能够对不同时期的研究文献进行分析,了解探究的课题和相关联的调查对象,从而从横向与纵向上加以把握。作为课题研究奠基之石,文献分析有利于其他研究方法的使用。我们利用文献分析法并结合社会支持、家庭系统、社会生态和协同等相关流行且广泛使用的理论模型，基于康复服务的主体协同的服务形式，建构出孤独症儿童家庭教育支持服务的协同作用有关模型。

（二）问卷调查法

问卷调查法是通过问卷调查研究内容，是通过发放、回收、分析问卷从而得到探究资料的方法。它是从思辨走向实证、从定性到定量的社会科学研究的基础。[1] 笔者以中文版特殊儿童家长需求量表探究孤独症儿童家庭教育支持服务的需求情况，并且自编问卷探究了不同的教育主体为孤独症儿童父母所提供的教育支持的服务情况，为孤独症儿童父母的教育支持服务合作对家庭生活质量的影响及教育支持的服务协同提供了实际的支持。

（三）统计分析法

采用 SPSS 以及 AMOS 软件对收集的数据进行统计分析。对孤独症儿童家庭教育的支持服务供需情况利用统计软件进行操作处理，分析当前孤独症儿童家庭教育的支持服务需求、供给情况及其对家庭生活质量是否满意；利用 t 检验、单因素方差分析孩子、家长与家庭对研究对象与成分的影响机制；利用皮尔逊相关分析得到孤独症儿童家庭教育支持服务的不同需求；通过分析变量之间的关联，建构孤独症儿童家庭教育协同支持服务与家庭生活质量的关联结构，通过 AMOS 软件的处理，探析孤独症儿童家庭教育的支持服务对生活质量的影响方向及机制。

（四）逻辑推理法

依照调查数据与文献，根据规律，对孤独症儿童家庭教育支持服务的供需情况进行对比，通过问卷调查的定量分析结果，得出切实可行的协同方法。

第二节 国内外相关研究分析

研究人员依据社会支持理论，探究了社会上孤独症儿童的照顾状况、效果和作用机制。基于"以家庭为中心"的视角以及对家庭生活质量的逐步重视，研究人员对社会支持特别是对教育服务支持与孤独

---

[1] 赵书萱、胡钰：《关于问卷调查在思想政治工作中的应用和思考》，《中国民族博览》2019 年第 13 期。

症儿童家庭生活质量的关联进行了研究。本书从孤独症儿童家庭的社会支持、教育支持、家庭生活质量等服务现状方面展开调查，对社会支持下康复教育服务协同和教育支持服务与家庭生活质量的关系进行深入了解。

一 家庭教育协同支持服务的概念

教育和社会支持相结合产生了教育支持，其大体意思是为弱势群体接受公平教育提供保障，社会、国家和个人利用不同的手段和策略对这一群体受教育所需要的物质、资金、服务等进行互帮互助。[1] 作为弱势群体，其教育支持受到研究人员的关注。依据联合国教科文组织全纳教育指南的说明，"支持包含能够帮助学生学习的全部手段，尤其是那些能够对普通班主任已有的手段提供补充的资源"。如上所述，教育支持残障人士，一方面包含"教育的物质的援助"；另一方面包含支持性的机会、精神、受教权利。针对处于教育阶段的各类残疾人，教育支持拥有各种不同的含义。有研究发现，对有文化的残疾青年的教育支持包含教育机会的平等，为其教育提供物质、知识信息、精神情感等方面的支撑，而且社会对残疾知识青年展现出正面的接纳认知与做法亦属于教育支持。[2] 然而，孤独症儿童的教育支持与其发展的政策法规、专业、社会、信息资源领域有关联。[3]

家庭教育支持服务的定义是以家庭为中心的教育支持服务。家庭是基于婚姻、血缘、收养的群居的圈子。家庭支持是适应家庭成员需要而提供的以家庭为中心的支持策略。本书中的家庭教育支持服务是指为孤独症儿童康复教育服务的各类主体，以孤独症儿童为服务对象提供的帮持。好的家庭教育的支持能够美化父母的教育，使得亲子和家庭关系有正面效用。

---

[1] 季彩君：《教育公平视阈下的留守儿童教育支持——基于留守与非留守儿童差异的实证调查》，《基础教育》2016 年第 2 期。

[2] 蔡虹、秦国民、孙亚楠：《当前中国残疾人大学生教育支持存在的问题及反思》，《滨州医学院学报》2018 年第 5 期。

[3] 朱海荣、万烨锋、王利丽、张卫萍、季兰芬：《构建孤独症儿童学前融合教育支持保障体系》，《现代特殊教育》2017 年第 7 期。

二 家庭教育协同支持服务的类别

李松涛研究显示,家庭教育协同支持系统可以划分为政府、学校、社会和个人支持四个领域。在政府领域,妇联、工委是政府组织支持家庭教育的中流砥柱,社区是其中的重要平台,博物馆、科技馆、图书馆是其辅助平台。家长学校或家庭教育的指挥、公益讲堂、专题讲座、亲子活动是其表现。政府组织支持家庭教育的特征表现为支持形式偏向想法、活动注重教导、做法不稳定和专业机构量较少。在学校的家庭教育支持上,父母性的学校、会议、手册、信息平台与家访是学校对家庭教育鼓励的形式。学校支持的家庭教育的特征表现为用学校与家庭的影响、关联、资源等提供家庭教育。在社会支持家庭教育上,公益讲座、心理咨询、物质捐赠是社会组织对家庭教育进行鼓励的重要方式。社会组织对家庭教育的特征表现为针对特殊群体的援助和多种民间形式的鼓舞。在家庭教育的个人支持上,物质、信息、情感是家庭教育个别支持的组成重点,这其中包含家属在物质支持上的核心地位,朋友在情感支持中的重要地位,家长在传播教育信息中的流通地位。

李静研究表明,教育支持的服务体系应该着重于人的多样、社会体系的多种以及支持领域的多变上。① 一是各种各样的教育性的群体支持系统可以确保金钱充足,这成为坚实的物质基础;二是各种各样的社会支持系统可以确保孩子抚养者教养时间的充分;三是各种各样的社会支持系统可以丰富家庭教育的形式和内容。②

三 孤独症儿童家庭教育支持服务的需要

基于之前的研究可以知道,中国孤独症儿童家庭支持需求非常紧缺,其中,家庭教育、相关培训最为急需,有研究表明,孤独症儿童父母需要得到孩子安稳、教育与特教等方面的支持。在刚确诊的一年内,

---

① 李静:《福利多元主义视域下流动儿童家庭教育社会支持体系研究》,《理论导刊》2012年第11期。

② 黎勇、蔡迎旗:《中国幼儿家庭教育支持现状及其完善建议》,《学前教育研究》2018年第4期。

孤独症儿童急需获得及时、连续性、专业的前阶段干预。① 张稚研究表明，孤独症儿童抚养者对信息资讯有需求（获得诊断、康复训练相关概念和理论等方面的信息需求）、对孩子教育的康复训练需要（得到一手服务需求）、对家庭康复技术指导的需求（需求二手服务）、对教育服务的需求、对职业培训（特殊性的高中）的需求、对成年服务与托养照顾的需求、对家庭成员心理支撑的需求、对家庭经济支持的需求、对职业与家庭关联的特殊支持的需求、对社会融入接触环境的需求和保护白皮书内容的需求。孤独症儿童父母帮扶需求的排序是：社会与社区支持的需求、社会保障的需求、康复教育的需求、心灵治愈的需求、专业性的培训、专业咨询的需要、职业的康复、职业的需要和家人全力保障等；孤独症儿童抚养者的特殊帮扶包含职员入户的指导、帮忙照看、政策性补贴、专业支持性的服务和保障与理财。

孤独症儿童抚养者的需求各有不同，这与儿童病情程度、年纪大小和其自身情况紧密关联。儿童年龄越大，父母对儿童未来安稳条件的需求越高。年纪大的孤独症儿童父母的需要居前五的是：儿童社会保障、孩子托养安置、社会和社区支持、孩子职业的康复和就业、家庭财产信托。较小的孤独症儿童父母要居前五位的需求由强到弱为：孩子康复教育、专业培训和获取资讯、心理支持、家庭特殊支持、孩子社会保障。在自身条件上，每个月收入在 5000 元以上家庭的需要水平比 5000 元以下的家庭要低。在地区上，重庆地区"提供交流机会"和"语言训练"教导性需要，"对付突发事件指导""小孩集体生活指导""系统家庭指导"领域的需要也非常高。在外部鼓励领域，应"在全国各地设置孤独症儿童疗育机构"与"政府应该为孤独症儿童设置医疗补助制度"。父母的"完善孤独症儿童早期发现及诊断体系""咨询机关提供更多的信息""有专家提供咨询""就孩子的问题有可以咨询的政府机关""设立孤独症儿童家长协会"等领域的需要也很强烈。然而，北京地区孤独症儿童父母在未来生活的展望、残疾服务以及金钱需要上十分迫切，这表明地区间存在差异。

---

① 黄辛隐、张锐、邢延清：《71 例孤独症儿童的家庭需求及发展支持调查》，《中国特殊教育》2009 年第 11 期。

四 孤独症儿童家庭教育支持服务

自从美国等国家从事探索性发展、提供支持孩子与父母的服务方法以来，家庭中心活动就开始在医疗、心理、社会福利等各个方面开展起来。以家庭为中心，"视家庭为整体"的说法就出世了。Goldenberg 等人的研究表明，"视家庭为整体"是组成一家人所具有的系统特征，这是表明一家人相互依赖与作用的特征，它在给孤独症孩子的父母提供经济服务时可以产生积极作用。[①] 后来，关爱残疾孩子的政策慢慢从"以残疾儿童本人为中心"向"以残疾儿童家庭为中心"变化。除去家庭系统有关理论的延伸外，"以环境为中心"理念也起到了非常重要的作用，它认为残疾孩子的问题除了父母本身外，还包含所遇困难的解决方式。因此，残疾孩子的保障政策理应从家庭方面加以考虑。

胡晓毅等人认为，以家庭为中心提供的教导方式包含一站式的购买服务模式；个别化的父母服务计划和全体人员增强服务模式；以家庭为中心的社区整合式服务模式。在实践效果方面，以家庭为中心给予支持和以儿童为中心给予支持相比，前者效果好且持久，同时能改善父母的自立状况。社会支持服务相关的作用对家长的工资负担也有减弱的效果，从而改善父母的自我效能，减少父母的心理压力，提升父母应用康复资源、教养的能力，从而提升家庭生活质量。

家庭增权在残疾孩子的社会支持中较为常见。范德堡照顾者增权项目[②]、家庭增权小组[③]和父母增权项目[④]等与社会服务相关的活动对此都能加以体现。孤独症儿童父母利用各种社会福利，得到可利用的资源，提升自己的相关技能、知识，从而提高家庭增权程度。另外，教育康复作为社会支持的方式，也对家庭增权的提升有正向影响。残疾孩子可以

---

① I. Goldenberg, H. Goldenberg, *Family Therapy all Overview*, California: Pacific, Grove, Brooks/Cole Press, 2000, p. 45.

② L. Bickman, C. A. Heflinger, D. Northrup, et al., "Long Term Outcomes to Family Caregiver Empowerment," *Journal of Child and Family Studies*, 1998, 7 (3): 269 – 282.

③ C. Zlotnick, M. A. Wright, K. Cox, et al., "The Family Empowerment Club: Parent Support and Education for Related Caregivers," *Child & Youth Care Forum*, 2000, 29 (2): 97 – 112.

④ J. Rodriguez, S. S. Olin, K. E. Hoagwood, et al., "The Development and Evaluation of a Parent Empowerment Program for Family Peer Advocates," *Journal of Child and Family Studies*, 2011, 20: 397 – 405.

参与发展训练、学校学习并且能改善家庭增权程度，这适用于所有年级的孤独症孩子。

五 孤独症儿童家庭教育协同支持服务的协同

研究人员从协同理论的不同方面对残障康复福利的协同方式做了总结。在宏观上，研究人员提出"大康复"概念，并且突破部门界限谋划事业，明确分工与职责。在此基础上，探究构建部门间合作项目，增强部门之间意见协调以促发工作的合力，这对建构多层次、多元化的康复服务系统至关重要。换句话说，就是以"机构为骨干，社区为基础，家庭为依托"的系统，或者是"机构、社区和父母多条路径一起，构建医学、教育、工作和社会多元"的康健架构。

其他研究人员重视社区康健在残障康复服务上的协同模式。周沛表示，把残疾人社区康复的五个项目（健康、教育、生计、社会、赋能）在残疾人精准扶贫的过程之中以"+康复"模式（见图5-2）体现出来。[①] 社区康复是指在社区范围内，使得残疾人逐渐好转、拥有公平和进入社会的辅助策略。开展社区康复取决于残障及近亲、社区和政府与社会的医疗、教育、劳动工作与社会服务等的合作。它调动了各部门的积极性，发挥了制度性扶贫的必要性，体现了"协同性扶贫"的系统性；以扶贫结合康复；利用扶贫与康复的多种形式交互运行，使康复和扶贫内容在多水平上融合起来，把康复和扶贫整合为一体。基于协同性治理和特定的恢复方式，将残障脱贫和康复领域上升到战略方面。并且提升了社区残疾孩子的康复服务，看重残疾孩子的社区复原，这提升了社区的康复力，增加了改观培训和心灵疏导；建立了基于机构、社区与父母心灵康复为补充的系统康复服务，这促进了"人人享有康复服务"目的的进一步达成。康复政策的制定基于孩子需求、目标赋权增能、朝向全面康复、基于康复性制度，完善了残疾儿童康复的措施，这样既尊重了残疾孩子也在制定政策时体现了以人为本的观念。

"互联网+"的深入使得孤独症儿童父母服务模型愈加流行。在康复服务上，康复医疗服务模式的互联网形式可以划分为整合的康复医疗

---

① 周沛：《"+康复"残疾人精准扶贫模式及其运作路径研究——基于协同治理视角》，《社会科学研究》2017年第3期。

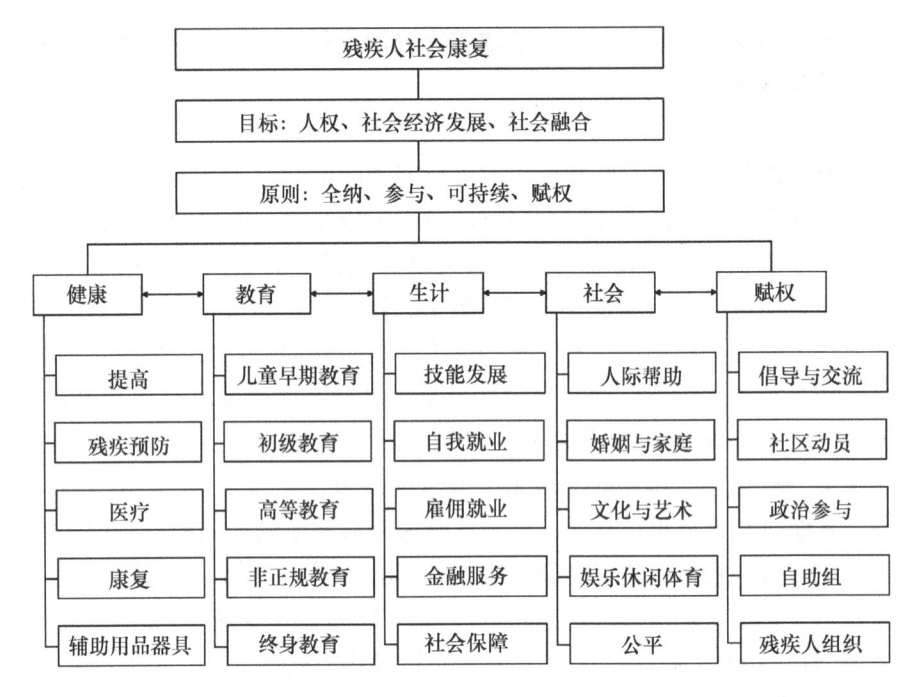

```
                    ┌─────────────────┐
                    │  残疾人社会康复  │
                    └─────────────────┘
                             │
                    ┌─────────────────────────────┐
                    │ 目标：人权、社会经济发展、社会融合 │
                    └─────────────────────────────┘
                             │
                    ┌─────────────────────────────┐
                    │ 原则：全纳、参与、可持续、赋权 │
                    └─────────────────────────────┘
```

健康	教育	生计	社会	赋权
提高	儿童早期教育	技能发展	人际帮助	倡导与交流
残疾预防	初级教育	自我就业	婚姻与家庭	社区动员
医疗	高等教育	雇佣就业	文化与艺术	政治参与
康复	非正规教育	金融服务	娱乐休闲体育	自助组
辅助用品器具	终身教育	社会保障	公平	残疾人组织

图 5-2　协同治理下残疾人康复服务的新模式："＋康复"模式

资源、建立区域三级康复医疗的服务体系等。将社区康复服务中心、二级康复医院、三级康复医院组建为三级康复结构网络，以地区为单位，组成区域康复服务系统，大致包含双向转诊服务的平台建设、康复医疗机构的资源管理、康复医疗信息的平台建设、期望实现康复医疗机构及医院的医疗咨询等方面。以脑瘫儿康复进程为例，通信设备人人都有，微信小程序/公众号与视频结合、远程评估等模块，以及视频库、在线视频诊疗、视频处方等可以直达患儿父母，家属通过手机就可以获得康复知识指导，解决各种困难。

在教育性的服务领域，利用移动终端发展"互联网＋送教上门"的福利，将其划分为教学、管理、家校沟通以优化服务，从而让其接受平等优质教育。与此同时，发挥出以智慧特教平台为基础，整合教育资源库，充分发展"互联网＋"时代教育的信息化利处，对教育理念进行普及，将网络及实地进行合作对接，为有特殊需求的孩子及有关人员提供及时、专业和对口的服务，从而使其更有针对性，更加平等化。

在就业服务上提出残障工作相关信息服务的长时间有效管理方式。

以上海市金山区为例。在"金山区残疾人就业信息管理系统"的构建过程中,利用信息共享与合作减少残疾人信息流通及时间的付出,从而保障各部门的利益,促进服务的积极开展。信息系统的应用能够提高政府相关部门管理服务的质量以提高信息化和效率化。与此同时,还有"互联网+残疾人就业"这一针对性的脱离贫困的方法(见图5-3),这包含四大主体相互有秩序地进行。政府在残疾人就业的法律、资金、"互联网+"计算机技能和机器服务方面居主导地位,应对残疾人工作的劳务市场投入资金以改善服务条件,实现更加精准的脱贫;工作劳务监管部门主要对政府的构想予以切实实施,使残疾人与企业产生联系,为企业输送有用的人才,并为残疾人提供就业等增能服务;私人营利机构是残疾人"互联网+"脱离事业的主力,是残疾人就业中的重点,与此同时也增加了企业对残障工作的接纳水平;残障人士是"互联网+就业"、脱贫的中坚人员,这提高了他们的岗位胜任力,并使其实现就业脱贫。

六 教育支持服务对家庭生活质量的影响

(一)家庭生活质量的概念

生活质量是关于人们满足生存和发展需要而进行的全部活动的各种特点的概括,由体现人们生活状况的主客观内容构成。世界卫生组织将生活质量概括为个体在社会文化中,通过理想、追求目标、生活标准、社会地位、生活状况而获得的认识和满意程度。尽管对生活质量概念的看法不一,然而对其当下较为重点的原则,研究人员是一致同意的。

家庭生活质量是在生活质量这一方面研究的扩展。最受认可的定义为,家庭生活质量指家庭成员的需求被满足的程度、家人集体享受生活的程度以及从事家人认为重要事情的程度。[1] 比奇将家庭生活质量划分为五部分:家庭互动、父母养育、身体健康和物质福利、情感健康、获取与残疾相关服务的满意度。这一定义包含的指标是对残障有关人员及其家庭生活质量的衡量要素。

---

[1] N. Zuna, J. A. Summers, A. P. Turnbull, et al., "Theorizing about Family Quality of Life," in R. Kober (Ed.), *Enhancing Quality of Life for People with Intellectual Disabilities: From Theory to Practice*, Dordrecht: Springer, 2011, pp. 241-278.

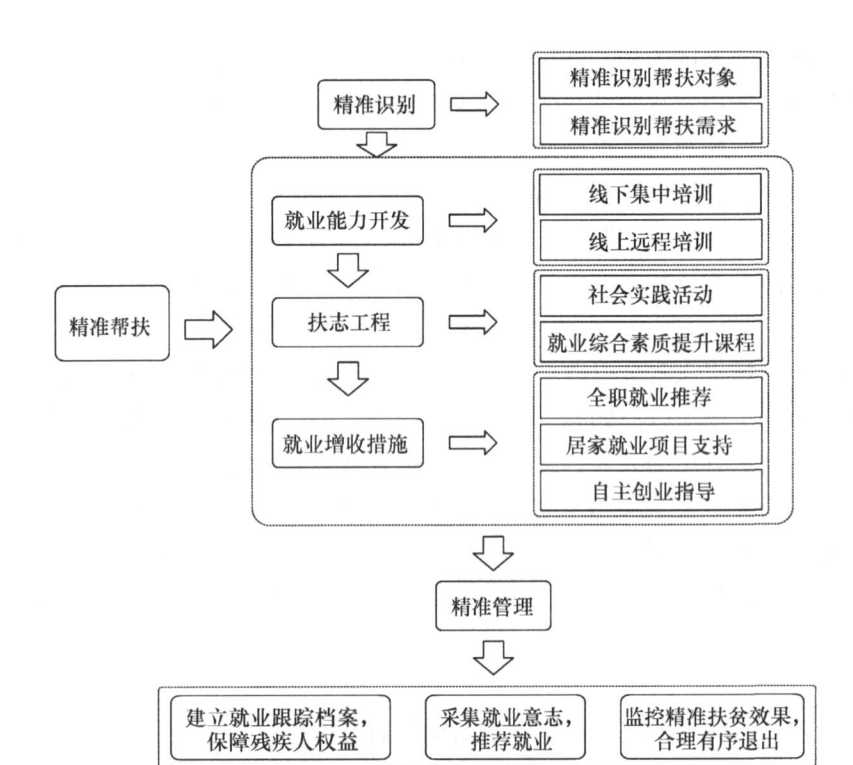

```
                      ┌──────────────────┐
         ┌─精准识别─┐ ⇒ │ 精准识别帮扶对象 │
         │          │   ├──────────────────┤
         │          │   │ 精准识别帮扶需求 │
         │          │   └──────────────────┘
         │   ┌──────────────┐   ┌──────────────┐
         │   │ 就业能力开发 │ ⇒ │ 线下集中培训 │
         │   └──────┬───────┘   ├──────────────┤
         │          ⇓           │ 线上远程培训 │
 精准帮扶⇒│   ┌──────────────┐  └──────────────┘
         │   │   扶志工程   │ ⇒ ┌────────────────────┐
         │   └──────┬───────┘   │    社会实践活动    │
         │          ⇓           ├────────────────────┤
         │   ┌──────────────┐   │ 就业综合素质提升课程│
         │   │ 就业增收措施 │   └────────────────────┘
         │   └──────────────┘ ⇒ ┌──────────────┐
         │                      │ 全职就业推荐 │
         │                      ├──────────────┤
         │                      │ 居家就业项目支持 │
         │                      ├──────────────┤
         │                      │ 自主创业指导 │
         │                      └──────────────┘
                         ⇓
                    ┌──────────┐
                    │ 精准管理 │
                    └────┬─────┘
                         ⇓
  ┌─────────────┬────────────┬─────────────┐
  │建立就业跟踪档案,│采集就业意志,│监控精准扶贫效果,│
  │ 保障残疾人权益 │ 推荐就业   │ 合理有序退出 │
  └─────────────┴────────────┴─────────────┘
```

图 5-3 "互联网+残疾人就业"精准脱贫的运行机理

（二）有关家庭生活质量的实证研究

家庭生活质量的实证研究很广泛，对城乡中任何人，或者针对某一典型群体。例如维吾尔族、富士康员工、新入职大学老师进行的家庭生活质量调查，都属于实证研究范畴。以下是有针对性地对特殊儿童家庭生活质量相关调查的罗列。

1. 特殊儿童家庭生活质量的情况

孤独症儿童父母生活质量从总体上讲位于中等水平。各类残疾孩子家庭（发展性障碍、视障、听障、智力障碍）生活质量，总体来说较高，但是还有提升的可能性。① 然而，也有研究发现其生活质量总体偏低。在满意度上，孤独症儿童父母对家庭成员互动的满意度尚可。研究

---

① 胡晓毅、岳孝龙、贾睿：《中国视障与听障儿童家庭需求和家庭生活质量现状及关系研究》，《残疾人研究》2016 年第 3 期。

发现，聋哑类孩子父母和北京发展性障碍孩子的父母在健康情绪领域的满意度非常低，山西智障孩子的父母在体检/金钱的满意度上很低。后代所获得的有关福利是这一群体很敏感，也是很重视的，这与许多人的观点一致。并且智障孩子的父母对与他人的交往感到较为满意，但是对于自己的健康和自己受欢迎的比较度很低。

孤独症儿童家庭生活质量，总的来说很低，在躯体功能、物质生活、心理功能和社会功能等领域比正常儿童的父母要差。对孤独症儿童的长时间照看给家庭涂抹上经济与精神的双重灰暗度，这十分影响家庭生活质量，致使生活质量降低。孤独症儿童家长在身心及社会关系与环境的满意度上都偏低，家庭成员之间互动程度低。孤独症儿童家庭的各个重要方面都明显低于没有病痛的家庭，并且其睡眠受到影响，因此生活质量很低。然而，有些研究对此的看法不同。认为孤独症儿童父母的满意度依次体现在情感健康、物质福利、闲暇生活、获取的与残疾相关服务上，还有人认为其次序为家庭互动、父母养育、情感健康、物质福利。在重要性方面的排名依次为情感生活、物质生活、获取的与残疾相关的服务、闲暇生活。

2. 特殊儿童家庭生活质量的影响因素

结合前人的调查与总结，其影响因素涉及多个领域：儿童、家长和家庭。儿童因素被划分为年龄与性别、残障类别与程度、持续时长等；家长因素被划分家人特征、学历高低、从事职业和情绪是否稳定等；家庭因素被划分为背景、共育、财政、个人作用、居住地等。

之前的调查表明，父母支持和需求等因素具有重要作用。社工等人对家庭的支持服务与其生活满意的程度有明显正相关关系，是其家庭生活质量的显著的预测成分。美国对孤独症儿童家庭的调查表明，家庭支持会作用于主观满意度。除此之外，经济需求的消极作用和聋哑家长的金钱压力对家庭生活质量的消极预测力一样。[1] 研究还表明，孤独症儿童父母对于未来生活的展望有强烈的需求，这种需求与家庭生活质量有关联。[2]

---

[1] 罗伊·I. 布朗、陈功、赵军利：《家庭生活质量：通过广泛调研、实践与政策发展家庭支持的经验与挑战》，《残疾人研究》2017年第2期。

[2] 胡晓毅、姜依彤：《北京孤独症儿童家庭需求及生活质量研究》，《残疾人研究》2019年第4期。

(三) 教育支持服务对家庭生活质量的作用

有关学者修订的家庭生活质量构架表明,家庭生活质量是人员的心理支持和孤独症儿童逐渐变好的中心评价标准,家庭的特点决定于家庭需求。体系上的因子对残障本身与父母所获福利、服务和实践有明显作用。个体、家庭整体特征及所获的家庭支持的相互作用对家庭生活质量具有决定性作用,而家庭生活质量与新生的需要有关,这会使得社工积极提供相关类型的服务,从而增加实现的可能。Kober等研究者非常支持有关社会的各种类型的福利与康复性支撑政策。

但是很少有对教育支持服务与家庭生活质量的关系进行调查的。研究人员对教育支持服务有关的残疾孩子父母支持进行的定义,是指个人利用社工、家里人、朋友等专业或非专业的物质、有关残障信息及情绪情感等得到支持的感觉。Boehm研究发现,残疾孩子父母的支持对家庭生活质量具有直接作用,Ajuwon等人发现教育支持服务与家庭生活质量两因素有明显关联性。与此同时,澳大利亚Davis发现,社工等提供的家庭支持服务与家庭生活质量有明显的关联性。

七 国内外相关研究的启示

在研究对象领域里,当前的研究"重儿童,轻家庭"。目前与残障有关的全体成员的鼓励性政策具有"重儿童,轻家庭"的特征。[1] 这种现象也存在于孤独症儿童领域的研究中。现有研究多关注孤独症儿童而不是关注家庭成员。把调查对象由孩子增加至父母,不仅可以看出微观至宏观的运动,而且表现出教育干预理念的变化。依据"以环境为中心"的教育理念,父母是社会的基层人群,是所有人尤其是孩子成长、幸福的氛围,原本应当得到支持,以符合社会的要求。"以家庭为中心"之所以被普遍接受,是因为它可以产生积极作用。[2] 此外,大部分人群重视对孤独症儿童父母的鼓励与帮扶,从而研究人员可以多关注孤独症儿童家庭,探究孤独症儿童家庭教育协同支持服务,基于现有状况

---

[1] 李学会:《中国面向孤独症者及家庭的社会政策:议程及展望》,《社会福利》(理论版) 2019年第10期。

[2] I. Goldenberg, H. Goldenberg, *Family Therapy all Overview*, California: Pacific, Grove, Brooks/Cole Press, 2000, p. 45.

分析其服务效果。

在调查内容领域，目前存在"重需求，轻供给"的情况。研究人员把孤独症儿童父母、社会扶持看作主要调查对象，很少从主要需求方面调查孤独症儿童父母教育支持的服务供给及满足的水平。此外，孤独症儿童父母教养支持服务系统处于弱势地位，在教育方面的多层次下目前呈现出稳定状态。生态系统、协同的相关理论为孤独症儿童家庭教育支持服务的协同机制展示了新的方向与基础，所以研究人员能够将家庭的需求、教育的扶持与生活质量关联为一个整体，从而方便观察其整体效果。

在研究方法领域，以往的研究"重理论，轻实证"。本书将基于孤独症儿童父母教育支持服务的探析，对因、果、策提出翔实的内容。在测量工具上，当前也没有针对性的量表。针对现状和家庭教育支持服务的概念，以各个教育主体对孤独症儿童父母的支持需求和供给为主来探究是一个合理的思路。由此，研究人员可以采纳问卷调查法对孤独症儿童父母教育支持服务做出初步的实证探究。

第三节 孤独症儿童家庭协同支持服务模型

在协同理论的基础上，从不同的角度分析孤独症儿童家庭支持服务，一方面要认真对待主体和外部环境对孤独症儿童家庭的作用，另一方面还要注重家庭成员相互作用形成的子系统。最后搭建孤独症儿童家庭教育协同支持服务模型。同时，本书还详细说明了所需要的测量工具。

一 模型理论基础

（一）社会支持理论

社会支持理论来源于心理学领域，其代表理论是社会支持系统，支持的主体主要有社会网络、朋友、社区、家庭以及个体所接受的工具性或者表达性支持。同时，该理论认为，外部环境、个体内在因素以及个体与外部环境的交互可以影响个体的发展。[1] 19 世纪末，迪尔凯姆将社

---

[1] 张娜：《流动儿童学校适应问题研究》，硕士学位论文，南京大学，2019 年。

会因素纳入因变量的范畴进行人口健康问题的研究，结果表明，遭遇社会排斥或者很难与社会融入的个体的身体健康出现问题的概率更大，并且自杀倾向更强烈。20世纪中后期，社会支持理论被应用于弱势阶层研究，因此，社会支持理论发展迅速。

总体来看，动态效应、主效应和缓冲器模型共同组成社会支持理论。首先，主效应模型认为，社会支持水平越高，个体的身心就越健康，它不仅可以保持个体平稳的情绪和健康的身心，而且在危险时刻还能提高心理应激水平。因此，只要增加社会支持，就能使身心更加健康。其次，缓冲器模型认为，在个体的应激条件下，社会支持不仅可以缓解压力事件所造成的消极影响，还可以提高身心健康水平。而社会支持模型认为，内部认知可以对个体产生影响。个体在明显的压力条件下，才会感觉到社会支持的存在，社会支持不仅可以增强个体感受外部支持的水平，还可以提供解决问题的策略。最后，动态效应模型认为，社会支持与压力事件相互影响、相互作用并且会随着时间的迁移而发生变化，社会支持、压力事件与个体的身心健康呈现出错综繁杂的曲线关系。

（二）家庭系统理论

国外学者Kantor和Lehr指出，家庭成员构成了家庭系统，具有开放性、组织复杂性、信息运作性以及适应性。大部分研究者以系统论作为切入点，重点研究家庭系统的内在机理，此后，家庭治疗发展迅速，各种治疗模型如结构模型等开始崭露头角。

米纽钦提出的结构家庭治疗理论，主要包括界限、子系统和家庭结构。通过相互作用的子系统（如母子子系统、夫妻子系统）实现该系统的功能。[①] 家庭系统具有连续性、非线性、阶段性的特点。此外，基于多代际的视角，家庭发展主要表现出了变化性和连续性两方面的特性。

杰克逊、沃兹拉维克等人提出沟通理论，该理论的常用概念包括家庭动态平衡、反馈回路、家庭规则。策略模型是在沟通理论的基础上发

---

① S. Minuchin, *Families & Family Therapy*, Harvard University Press, 1974; Minuchin, Patricia, "Families and Individual Development: Provocations from the Field of Family Therapy," *Child Development*, 1985, 56: 289–302.

展而来的，它不仅关注人与人的关系，还关注在沟通过程中其关系是如何形成的，同时导致更多问题的出现。因为在生活中，每个成员都有自己的标识，所以在生活面临沟通时会出现多余无用的交互作用模式和循环反馈回路所造成的家庭功能失调。①

鲍温是代际模型理论的创始人，该理论有七个主要概念：情感断绝、自我分化、三角关系、慢性焦虑、多代传承的过程、排行的位置、核心家庭的情感过程。它有两个主要的假设：一方面，家庭成员之间在情感上需要适当的联系，一旦超过一定的限度就会造成家庭功能失调，因此，成员若要成长，必须经历自我分化的过程，减少情感上的关联。另一方面，问题会遗传即多代传承理论，也就是说，上一代未解决的问题会遗传给下一代来解决。他将整个家庭看作一个情绪单位，认为人是构成结构的要素。鲍温认为，上下代之间的代际心理和彼此纠结的三角关系会造成家庭问题。假如平衡了个体分化和个体归属这两种力量，那么家庭就会达到理想的关系状态。

惠特克和萨提亚提出经验主义家庭治疗理论，存在主义—人文主义传统是该理论的起源，该理论注重在表达情感时要诚实、个人有自由的权利并且善良，其目标是增强个人对于家庭的归属感，使个人得到更多的关爱，更好地表达其真实想法。萨提亚认为，维持家庭的平衡会使个别家庭成员付出代价。该理论的前提是：第一，突出积极的自尊对个人成长的影响。第二，注重成员之间的交流模式。第三，制定规则制约成员之间的交互。第四，关注社会与家庭的联系，认为处于窘境的家庭有以下特征：自我价值很难培养；交流方式模棱两可；规则不灵活且封闭。

家庭系统理论为家庭支持提供了理论基础，尤其是家庭成员之间的相互作用。第一，不能将家庭福利与特殊儿童福利相分离；第二，养育特殊儿童在生活和经济方面需要更多的帮助，因此特殊儿童家庭需要社会支持来改善家庭生活条件。②

---

① 刘培洁：《基于家庭系统理论——探究儿童攻击性行为的家庭影响因素及干预研究》，硕士学位论文，苏州大学，2019年。

② 张丽娜：《残疾儿童家庭困境与家庭支持政策研究》，硕士学位论文，南京师范大学，2017年。

（三）社会生态理论

Bronfenbrenner、Mcleroy 等学者是社会生态理论模型的创始人，该理论是在系统、社会学、生态学理论下，研究个体与社会环境交互的模型。① 例如，1979 年，Bronfenbrenner 提出社会生态理论。该理论认为，生态系统由微系统、中系统、外系统、宏系统以及长期系统组成。微系统位于系统最里层，是个体直接接触并在潜移默化中对个体产生全方位影响的系统，比如同伴群体、家庭等；中系统指的是个体在不同微系统之间的作用，如家庭和学校、父母与伙伴之间的互动；外系统是指个体虽然不直接参与但也会产生一定作用的系统，如父母的工作单位、学校的领导机构等；宏系统是指个体周围的外部环境对个体的成长与发展产生或大或小的影响，如价值观念、社会阶层、文化模式等；长期系统认为所有系统都在变化，其他系统的变化会影响个体发展，例如在微系统中可能会出现弟弟妹妹出生、父母离异等现象。由于系统会从不同的方面、以不同的方式影响人的发展，因此，Bronfenbrenner 改进了过于抽象的系统观，将系统具象化、联系化。

社会生态学理论强调个体认知、动机、自我效能会改变个体行为。该理论在研究过程中纳入了社会环境因素，认为个体在发展过程中所接触的一切环境都是一种社会性生态系统，进而探究外部环境的哪些因素会改变个体的行为。该理论以系统理论作为研究的基础，探究生态系统对行为的影响，通过研究得出：第一，家庭、社会生态系统是影响行为的重要因素；第二，构建了社会生态理论模型，该模型包括个体内层次、组织层次、人际层次、政策层次、社区层次。

社会生态系统理论认为：第一，人与人、人与环境的互动能力是天生的。人与环境可以形成一种互惠关系。第二，要把人放在情境中考虑，将社会环境与人类行为联系起来。第三，在对个人问题做出评判时需要将环境纳入进去考虑。

（四）协同理论

协同理论考察在与外界互动的过程中，系统怎样利用内部的变量完

---

① Bronfenbrenner Urie, Evans Gary, "Developmental Science in the 21st Century: Emerging Questions, Theoretical Models, Research Designs and Empirical Findings," *Social Development*, 2001, 9: 115–125; K. R. McLeroy, D. Bibeau, A. Steckler, K. Glanz, "An Ecological Perspective on Health Promotion Programs," *Health Education Quarterly*, 1988, 15 (4): 351–377.

成协同转化，怎样自发实现有序的目标。新兴的协同理论是协同学和治理理论的一类交叉治理理论，强调政府"放、管、服"体制改革，号召不同的主体运用公共权威、协同规则和治理机制，最大化公共效益。协同理论的核心是交流、协同和共生，基本内涵是治理主体多元化、权威多样性、目标整合性与过程动态性。

1. 治理主体多元化

治理主体包括政府、社会、家庭、企业以及公民个人，不同主体之间的背景和利益诉求差异巨大，但主体之间既存在竞争也存在合作，主体之间若要达到协同的状态，就必须实现主体多元化、协作化。在现代社会里，离开了协同与合作，就很难获得必要的知识和资源。

2. 各子系统的协同性

在社会中，知识资源被不同的组织掌握着，达到目标的唯一方式是合作，与合作伙伴共同谈判协商、资源共享和交换。在这一过程中，各组织要共同制定、遵守规则，并提供必要的资源。因此，协同强调各主体是平等、自愿与协作的关系。但有的组织可能会短暂地处于主导地位，虽然它处于主导地位，但并不可以指挥其他主体，拥有领导权。因此，协同不再依靠政府强制力，而是政府积极与不同主体进行合作，共同参与、协同处理社会公共事务。

协同强调政府不能仅仅依靠强制力，而是要通过沟通对话、相互交流合作等方式加强与其他主体的联系，共同参与、协同管理社会公共事务。由于协同作用、影响、转化具有非线性的特点，系统内部会受到影响，协同效应正是对这一现象的描述，从而产生了超过原有各子系统所达到的效益，在管理领域中，"皮匠组合"现象可以解释协同效应与放大原理。孤独症儿童家庭教育协同支持服务要发挥政府统筹、主导作用，与其他主体积极合作，形成良好的协同效应。

二 孤独症儿童家庭教育协同支持服务模型构建

协同教育是以协同为理念，聚集各种社会力量，提高教育水平的一种新的教育方式。而特殊教育领域的融合教育也反映了协同这一理念。邓猛和赵弘提出，中国融合教育的特点是普特融合。特殊班、康复机构和融合教育（随班就读）安置方式的特点是多元选择、朝向融合。研究表明，孤独症儿童要想得到最有效的康复治疗就必须是各专业人员协作。另外，家庭教育对孤独症儿童的整个发展起着作用。例如，在特殊学校中，孤独症儿童在青春期会出现多种问题行为，只有家庭配合才能解决这些问题。因此，孤独症儿童的教育依赖于多主体之间的合作，家庭教育尤为重要。

在融合教育的指导下，西方逐渐形成了一种残疾学生家校合作伙伴关系模式（见图5-4）。在该专业协同模式中，参与主体主要是普通学校中的教育人员和家校合作的专业人员、家庭等。参与方式主要是家长融入教育的全过程。"准备成为合作伙伴—组建合作团队—评估残疾学生及其家庭、学校的优势和需求—制订学期行动计划—实施计划—评估并改进计划"是建立合作伙伴关系的过程与指导原则，同时，这些过程还可以体现出指导原则，比如，"赋权""专业支持""家庭优势"以及"问题解决"等。残疾学生家校合作始终围绕学生开展，学生的学业和发展是其内在动力。

目前孤独症儿童康复协同模式都围绕着家庭开展，认为家庭发挥着最主要的作用，其他主体则辅助家庭完成康复治疗。例如，刘潇雨提出孤独症儿童家长的合作型服务模式。该模式包含优势视角、叙事心理学和家庭

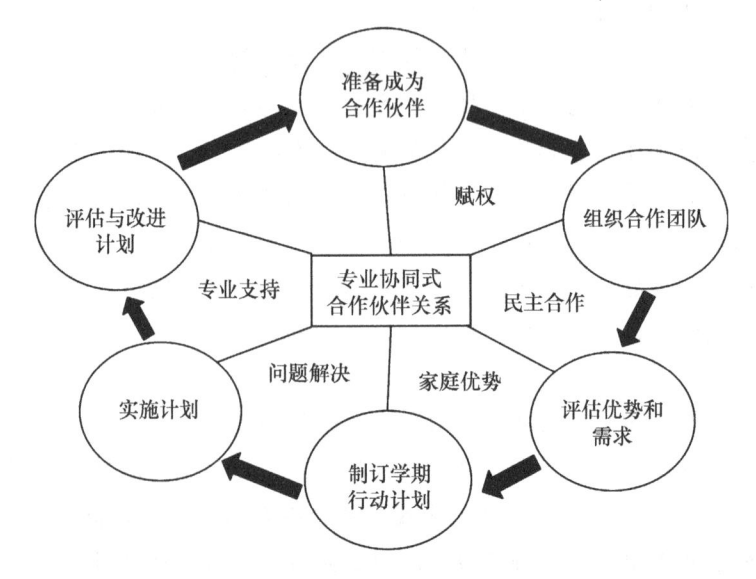

图5-4 融合教育背景下"专业协同式残疾学生家校合作伙伴关系"模式

系统理论，注重家庭之间、家庭和服务者之间的合作、分享，同时，注重主体间的互动、合作、交流，共同帮助儿童和家庭。该合作模式的目标是：第一，将家庭生命周期作为背景，给予家长和儿童不同的帮助；第二，家长通过探索亲职意义，探讨隐藏在经验中的价值，了解主流文化、家庭历史和政策环境是怎样影响教养参与和亲职信念的；第三，社会资源包括家庭优势和成员关系；第四，家庭教育是家庭联系社会系统的纽带，它可以赋予家长权能，加强家长争取权益的决心；第五，在教养过程中，不考虑性别对分工的影响，使父母双方有效参与到孤独症儿童的培养过程中。

然而，还没有学者研究教育主体内在运作机制的问题，即怎样才能达到服务最优化。本书以协同、社会支持、社会生态和家庭系统理论等为基础，搭建孤独症儿童家庭教育协同支持服务的协同机制模型（如图5-5所示）。由家庭系统理论可知，夫妻子系统、亲子子系统是重要且常见的子系统，本书认同这一理论，并且认为，家庭是开放的，有着弹性的家庭结构，而且它会随着外界的变化而不断调整。家庭子系统界限清楚、弹性大，基于这个特点，家庭可以随情况的变化而随时结盟。家庭具有整体性，成员具有独立性和自主性。在孤独症儿童家庭中，父子、母子和夫妻共同组成家庭子系统。每一个人都拥有多个角色，属于不同的子系统，因此具有不同的权利和责任。比如，一个男性，在子系统方面，可以是儿子、丈夫、父亲等角色，在次系统中，他需要不断改变自己的角色才能更好地发挥作用，行使自己的权利。同时，互补性的角色也是很重要的，女性必须表现得像一个妻子，那么她的丈夫才能表现得像一位丈夫。家庭中不同的子系统可以在训练的过程中获得自我分化和训练的技能。多个分化的子系统组建形成一个孤独症儿童家庭，不同的子系统具有不同的功能。它们相互作用共同塑造家庭状态。

而生态发展观重点关注家庭，1986年，Bronfenbrenner将生态发展观作为研究基础，提出家庭生态学。由于孤独症儿童的行为可以与儿童所处的环境相互影响，上述子系统被包含在微观系统中，该系统处于既定的近体环境中，包含人的角色模式、活动方式和人际关系模式。其中，近体环境具有特殊的社会、符号特征、物理特性，能够容许、促进或抑制个体在该环境中的活动方式和日益复杂的相互作用方式。微观系统能够在潜移默化中深刻影响孤独症儿童，使其形成特定的价值观念、人际关系模式和行为方式。中观系统包括康复机构、学校和不同微观系统之间的联系。例如，在班级或在操场上，孤独症儿童的同伴及其父母对其的行为会影响他们的行为表现。行为背景与儿童行为是相互影响的关系，与前者不同的是，孤独症儿童即使不直接参与到社会公益组织等外观系统中，也会影响微观系统。同时，最外层的宏观系统是孤独症儿童周围的社会环境，它不同程度地影响着儿童。

同时，工具性、表达性的社会支持又被提供给孤独症儿童家庭。例如，有学者认为，通过发达国家、社会、家庭和社区的支持系统，可以从整体的角度完善支持系统，对孤独症儿童进行更好的康复治疗。第一，围绕家庭完善其功能。这主要包括情感支持和辅导心理。第二，营造积极有效的社区氛围，加快家庭融入的速度。第三，发挥政府的主导作用。不仅加大社会保障力度，还要制定实施社会政策。第四，组建优秀的社会支持服务机制。比如志愿者服务。因此，一方面要建立可以更好地照顾儿童的志愿者体系，另一方面要建立专门机构，该机构由政府出资举办。

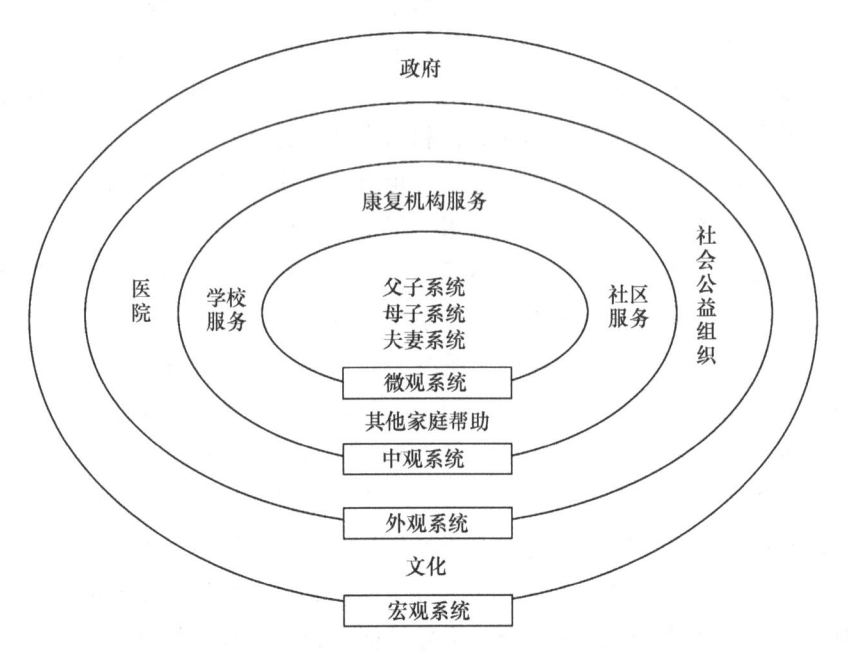

图 5-5 孤独症儿童家庭教育协同支持协同服务模型

基于协同理论，学校、医院、政府等服务主体都可以帮助孤独症儿童。以教育领域为例，职业学校、教育康复机构、特殊学校等都可以给予支持服务，借助教育资源，服务主体在信息、心理支持、解释、社区、经济和家庭功能等方面提供满足孤独症儿童家庭需要的服务。在服务效果上，提升孤独症儿童受教育和康复程度，最终保障孤独症儿童家庭可以拥有高水平的生活质量。

三　孤独症儿童家庭教育协同支持服务的测量工具

目前大部分国内外学者是在教育实践的基础上对家庭协同支持服务进行研究的，很少有学者是通过实证性的视角进行研究的。通过相关文献的总结梳理，本书将对家庭协同支持服务的相关研究工具进行介绍。

（一）家庭协同支持需求类服务工具

1. 家庭需求调查

Bailey 和 Simeonsson 编制的家庭需求调查问卷主要是为了调查分析家庭的相关需求。此问卷在经过为期半年的多次重复施测中发现，对孤独症儿童母亲的多次重复施测结果表现出中等水平的稳定性，而对孤独症儿童父亲的多次重复施测结果表现出了较高水平的稳定性。该问卷的最初版本主要有 35 道题目，每道题有三个等级（1 = 我完全不需要帮助，2 = 不确定，3 = 我完全需要帮助），被调查者要对每道题目进行评估选择。该问卷主要调查分析六个方面的孤独症儿童家庭需求：支持方面、信息方面、向他人解释方面、经济方面、社区服务方面和家庭功能方面。此外，该问卷还会对孤独症儿童家庭成员设置两个开放性的问题，主要是为了调查本问卷中没有涵盖的信息。目前，该问卷已经被全球各地的学者进行了翻译使用，且经过实际施测发现，其信效度较好。[①]

Wang 和 Michaels 通过对原问卷的翻译和修订制定了中文版的家庭需求调查问卷，删除了原问卷中有关宗教信仰的第 29 道题，主要是因

---

① K. Ueda, D. B. Bailey Jr., N. Yonemoto, et al., "Validity and Reliability of the Japanese Version of the Family Needs Survey," *Research in Developmental Disabilities*, 2013, 34 (10): 3596 - 3606.

为他们认为该题不适用于中国文化背景和国情。[①] 1990 年，原问卷研究者对家庭需求类型进行了修改。在原问卷研究者修改的基础上，Wang 和 Michaels 制定的中文版问卷主要涵盖七个方面的调查：信息方面、家庭和社会支持方面、经济方面、向他人解释方面、育儿方面、专业支持方面和社区服务方面。该中文版问卷也是采用三个等级的评估方式（1＝没有，2＝不确定，3＝有）。此外，与原问卷相比，该问卷只提供一个开放性的问题。此中文问卷在经过为期半年的多次重复施测中发现，孤独症儿童母亲的多次重复施测结果表现出中等水平的稳定性，而孤独症儿童父亲的多次重复施测结果表现出了较高水平的稳定性，这与原问卷施测结果一致。

国内学者邱星等在原问卷的基础上编制了第二版家庭需求调查问卷中文版。该问卷包含 34 道题，其中涵盖了六个方面的需求调查和一个开放性问题。与第一版家庭需求问卷中文版相比，它将家庭、社会和专业支持归为支持方面，将育儿归为家庭功能方面，其余分类与第一版相同。该问卷主要使用 Likert 3 点计分法，1 分代表其需求最低，2 分代表需求一般，3 分代表需求最高。通过信效度分析发现，其信度系数为 0.933，内容效度为 1，表明信效度良好。通过探索性因子分析发现，提取到的六个公因子可以解释 61.8% 的总变异。同时验证性因子分析表明其各拟合指数都较为良好。

2. 儿童早期服务调查

Epley 等人编制了儿童早期服务调查问卷，其主要是为了调查孤独症儿童家庭与残障有关的需求以及早期干预能多大程度地满足这些需求。[②] 该问卷主要涵盖了 20 道与残障服务相关的题目，这些服务主要分为四类：儿童和家庭、育儿信息和培训、服务协调以及机构相关服务。在调查过程中，儿童家长首先要回答自己是否需要某类服务，然后回答家庭对该项服务的满足程度，其中，关于满足程度的题目主要有三个等

[①] P. S. Wang, C. A. Michaels, "Chinese Families of Children with Severe Disabilities: Family Needs and Available Support," *Research and Practice for Persons with Severe Disabilities*, 2009, 34 (2): 21-32.

[②] P. H. Epley, J. A. Summers, A. P. Turnbull, "Family Outcomes of Early Intervention: Families, Perceptions of Need, Services, and Outcomes," *Journal of Early Intervention*, 33 (3): 201-219.

级（1＝不满足需求，2＝在一定程度上能满足需求，3＝非常能满足需求）。此问卷主要采用平均分来评估孤独症儿童家庭在某类服务需求上的满足程度，平均分越高，表明孤独症儿童家庭在该方面的需求已经得到了较好的满足。通过问卷的信度分析发现，该问卷的信度系数为0.71，信度一般，可以接受。

在比奇中心编制的家庭生活质量问卷的基础上，国内研究者胡晓毅等编制了孤独症儿童家庭需求评估问卷。此问卷主要分为三个方面的调查：（1）在基本信息方面，有14道题目，涵盖了孤独症儿童家庭的大部分信息，比如儿童年龄、性别以及父母年龄、职业、收入等。（2）在家庭需求方面，有59道题目，分为七个分量表，即与残障相关的服务、家长育儿情况、与社会的沟通、希望、家庭资源、经济需求以及娱乐方面。该部分主要使用Likert 5点计分法，1代表"没有需求"，5代表"极大需求"，分值越高，表明孤独症儿童家庭在某方面的需求越高。（3）在家庭生活质量方面，分为四个分量表，即家庭互动状况、家长育儿情况、家庭情感健康水平以及家庭物质福利水平。该部分也使用Likert 5点计分法，1分代表"非常不满意"，5分代表"非常满意"，分值越高，说明孤独症儿童家庭生活质量水平越高。该部分经过检验发现信效度良好，经验证性因子分析发现各拟合指数也较好。[1]

（二）家庭支持服务供给类量表

迄今为止，大部分学者都是采用社会支持相关的量表去调查分析家庭成员情况，很少有学者直接使用家庭支持服务相关的问卷进行调查分析。比如，目前很多研究者采用社会支持量表（CASSS）去调查青少年学生以及采用多元社会支持量表（MSPSS）调查孤独症儿童父母情况。[2]本书将对目前少有的家庭支持相关问卷进行介绍。

1. 家庭支持问卷

国外学者Dunst等制定了家庭支持问卷，主要目的是明确需要继续提升的家庭支持方面。此问卷涵盖了18道题目，采用Likert 5点评分法，1

---

[1] 胡晓毅、姜依彤：《北京孤独症儿童家庭需求及生活质量研究》，《残疾人研究》2019年第4期。

[2] T. Heiman, O. Berger, "Parents of Children with Asperger Syndrome or with Learning Disabilities: Family Environment and Social Support," *Research in Developmental Disabilities*, 2008, 29 (4): 289–300.

代表"没有帮助",5 代表"非常有帮助",其中在第 6 道题上被调查者若选择了"没有帮助",则不计分,分值越高,表明孤独症儿童家庭支持越好。通过信度分析发现,此问卷的信度系数为 0.77,表明信度良好。为了验证该问卷是否可以达到预期目的,研究者将其和其他相关问卷进行了比较,计算出效标效度。结果显示,家庭幸福感水平(平均 $r=0.28$, $p<0.01$)、家庭结构完整性(平均 $r=0.18$, $p<0.01$)、孤独症儿童父母对孩子的看法(平均 $r=0.19$, $p<0.05$)和孤独症儿童家庭是否有机会参加亲子游戏(平均 $r=0.40$, $p<0.001$)的效标效度均较高。

2. 家庭支持问卷中文版

随后,国外学者 Dunst 等通过对"家庭支持问卷"进行修订,制定、完善了中文版家庭支持问卷。该问卷主要包括 13 道题,且其中的 11 道题是由英文版家庭支持问卷翻译而来的或者综合形成的,比如该问卷的第 4 题是英文版家庭支持问卷第 6、7 题的结合。该问卷新增了适合中国国情和文化背景的题目,比如第 12 题和第 13 题的主要目的是探究中国孤独症儿童家庭支持来源。[1]

(三) 比奇中心家庭生活质量问卷

截至目前,比奇中心通过定性和定量研究结合编制的家庭生活质量问卷仍然是调查最全面和应用最广泛的家庭生活质量调查类问卷。之初该问卷共包含 112 道题目,主要涵盖了十个方面的家庭生活质量调查(家庭互动情况、家长育儿情况、家庭日常、收入情况、情感交流、社会情况、身体健康、物质福利、拥护水平以及生产力状况)。经过实际施测后,比奇中心对原问卷进行了修订,以此得到了 2003 年版本的家庭生活质量问卷。[2] 新编制的问卷主要调查孤独症儿童家庭整体和内部成员的基本信息以及每个家庭在五个维度上的情况,这五个维度分别是家庭互动情况、育儿情况、情感交流、身体和物质幸福以及与残障相关的支持。该问卷主要采用 Likert 5 点计分法,1 分代表"非常不满意"

---

[1] P. S. Wang, C. A. Michaels, "Chinese Families of Children with Severe Disabilities: Family Needs and Available Support," *Research and Practice for Persons with Severe Disabilities*, 2009, 34 (2): 21–32.

[2] J. Park, L. Hoffman, J. Marquis, A. Turnbull, D. Poston, H. Mannan, M. Wang, L. L. Nelson, "Toward Assessing Family Outcomes of Service Delivery: Validation of a Family Quality of Life Survey," *Journal of Intellectual Disability Research*, 2003, 47: 367–384.

或者"非常不重要"，5分代表"非常满意"或"非常重要"，各维度所有题目的得分均值为该维度得分，分值越高，表明孤独症儿童家庭生活质量调查某方面的重要性或者满意程度越高。通过验证性因子分析发现，该问卷的各项指标都较好。随后，比奇中心经过多次研究发现，关于家庭生活质量各维度的重要性调查并不能对研究起到帮助，所以它在2005年的修订问卷中删除了这方面的评估。此外，为了使其使用起来更加简便以及更方便和其他问卷结合使用，最新版本的修订问卷中将孤独症儿童家庭人口统计学类调查也予以删除。

基于上述问卷，国内学者胡晓毅和王勉最先修订了中文版的家庭生活质量问卷。此问卷主要有25道题目，涵盖了五方面的调查，这五方面和2003年版的比奇中心家庭生活质量问卷维度一致。同时结合中国国情和文化背景，中文版问卷对英文版问卷的第18题和第20题进行了适当的修改。除此之外，中文版问卷还添加了11道题来深入了解中国孤独症儿童家庭的具体生活现状，比如孤独症儿童家庭结构、家庭收入状况、父母职业等。通过信度分析发现，除了物质福利分维度之外，其余分维度的信度系数都高于0.7，表明此问卷信度较好。经过验证性因子分析发现，该问卷的各项拟合指数也较好，其效度处于心理测量学可接受范围。

（四）家庭生活质量问卷

通过文献总结梳理发现，一支主要由来自澳大利亚、加拿大和以色列的专家所组成的国际性家庭生活质量研究团队通过全球的志愿者家庭收集到了一批数据，进而编制出了最早的家庭生活质量问卷。随后，通过实际施测结果的分析，此团队又进一步对问卷进行了修订，形成了2006年版本的家庭生活质量问卷（FQOLS-2006）。该修订版本主要涵盖了九个方面的调查，即家庭成员身体健康水平、家庭收入状况、家庭关系、他人支持、与残障服务相关的支持、价值观影响、职业和职业规划、娱乐休闲以及家庭社区参与度。后来，该版本问卷被国内外的许多学者进行了翻译，并被25个以上的国家使用。和最初的问卷相比，新修订的问卷还添加了重要性评估，改变了某些维度，并采用Likert计分法进行了结果量化，将其量化为六个维度（稳定性、机会、重要性、主动性、满意度和获得感），其中前四个维度为解释性评估，后两个维度为结果性评估，同时还对题目表达做了适当修正。

此外，2006 年修订的问卷还分为两个版本，其中一个版本是调查智力障碍或者发育障碍儿童家庭生活质量的特殊版本，另一个版本是调查普通家庭生活质量的普通版本。这两个版本都涵盖了 11 个部分，其中一个部分是问卷简介，这两个版本均包含 11 个部分：分别是一个问卷简介部分、一个家庭总体生活质量水平调查和九个分维度的调查。对于特殊版家庭生活质量问卷，其问卷简介部分主要包含家庭总体信息和至多三个家庭内部成员的信息。对于普通版问卷来说，它主要通过九个问题调查普通家庭生活质量的人口统计学信息。对于两个版本都涵盖的分维度调查，又分为两方面。一方面是每个维度的描述性问题，另一方面是对各个维度的评估，该评估主要从六个方面进行（重要性、机会、主动性、稳定性、成就感和满意度）。除了这两个版本之外还有一个简化版本的 2006 年修订问卷，它没有关于每个维度的描述性调查，只剩下了关于每个维度的评估，比较适合那些需要尽快收集数据，且对被调查者的人口统计学信息和各服务信息不需要或者没有任何兴趣的研究者。[1] 截至现在，此问卷还没有中文版。

此外，国外学者 Isaacs 等通过验证性因子分析对来自四个国家的相关数据进行了探讨，结果发现，2006 年版本的家庭生活质量问卷整体维度结构较好。[2] Perry 和 Isaacs 的研究也表明，此问卷和比奇中心编制的家庭生活质量问卷间存在较好的平行效度。[3] 随后，Samuel 等对该问卷的信度进行了分析，结果显示，其总体的内部一致性信度为 0.89，量化的六个分维度内部一致性信度范围为 0.46 到 0.81。对于 2006 年版本的家庭生活质量问卷的相关性分析发现，最低的相关系数为 0.37，最高的为 0.73。但是，关于该问卷结构效度的研究发现，虽然其各分维度的结构都表现出了较好的拟合度，但基本家庭生活质量的每个方面的调查都存在极低的因子载荷，这说明该问卷的结构效度不太好。

---

[1] P. S. Samuel, F. Rillotta, I. Brown, "Review: The Development of Family Quality of Life Concepts and Measures," *Journal of Intellectual Disability Research*, 2011, 56 (1): 1–16.

[2] B. Isaacs, M. Wang, P. Samuel, P. Ajuwon, N. Baum, M. Edwards, F. Rillotta, "Testing the Factor Structure of the Family Quality of Life Survey—2006," *Journal of Intellectual Disability Research*, 2012, 56: 17–29.

[3] A. Perry, B. Isaacs, "Validity of the Family Quality of Life Survey—2006," *Journal of Applied Research in Intellectual Disabilities*, 2015, 28 (6): 584–588.

第四节 孤独症儿童家庭协同支持服务需求调查

本书旨在观察中国孤独症儿童家庭教育协同支持服务的情况。以孤独症儿童为例,首先,探究孤独症儿童及其家庭的服务需求,分析孤独症儿童家庭教育协同支持服务的需求种类和现状。其次,梳理文献,从家庭因素、家长因素和儿童因素入手,验证以上要素是否会改变家庭教育协同支持服务的需求,为研究孤独症儿童家庭教育协同支持服务的供给状况奠定基础。

一 研究目的

本书以调查问卷的形式,了解中国孤独症家庭教育协同支持服务的需求情况。一方面,从孤独症家庭教育协同支持服务的真实情况出发,围绕经济、向他人解释、信息、社区服务、支持、家庭功能六个维度探究孤独症家庭教育协同支持服务的需求情况;另一方面,探究家庭、家长、儿童因素的作用。其中,家庭因素包括家庭结构、家庭所在地、家中孩子数量、家庭年收入、家庭在教育方面的支出;家长因素包括父母的年龄、学历和职业;儿童因素包括儿童的年龄、性别、患病程度、开始参加康复训练的时间和经历的时间。

二 研究方法

(一)研究对象

本书使用方便抽样法,抽取青岛、杭州、宁波的特殊学校和康复培训机构的孤独症儿童家长,向他们下发了调查问卷。共发放调查问卷541份,回收541份,回收率为100%。其中有效问卷为528份,有效率为97.6%。由于该研究是在家庭获得相应服务的基础上进行的,因此在每个维度上的被试数量都不同,具体数量会在研究结果展开部分做出具体介绍。另外,本书研究是在征得相关机构负责人和孤独症儿童家长及儿童本人同意、知情下进行的。

(二)研究工具

为研究孤独症家庭教育协同支持服务的需求情况,本书采用了两种工具。第一种是自编调查问卷——"孤独症家庭情况调查问卷",用来调查孤独症家庭的基本情况;第二种是标准化自评量表——"特殊儿童家长需求量表",用来了解孤独症家庭教育协同支持服务的需求情况。

"孤独症家庭情况调查问卷"由三部分组成:第一部分是孤独症家庭的基本情况,包括家庭所在地、家庭结构、家中孩子数量、家庭成员数量、家庭年收入、家庭在教育方面的支出、是否参与社会活动;第二部分是孤独症儿童家长的基本情况,包括父母的年龄、学历和职业;第三部分是孤独症儿童的基本情况,包括儿童的年龄、性别、患病程度、开始参加康复训练的时间和经历的时间。

"特殊儿童家长需求量表"由六个类别和一个开放式问题组成,共计34个题目。其中六个类别分别是信息需求、支持需求、向他人解释需求、社区服务需求、经济需求、家庭功能需求,对应的题目数量分别是7、7、5、4、6、5。该量表采用Likert 3点计分法,1代表"不需要",2代表"可能需要",3代表"需要"。总量表的Cronbach's alpha为0.933,各维度Cronbach's alpha为0.701—0.855;总量表的Spearman-Brown分半信度为0.953,各维度分半信度为0.786—0.900;内容效度为1.000;本书共抽取6个公因子做探索性因子分析。可解释总变异的61.810%;验证性因子分析结果显示各拟合指数均在可接受范围内。该问卷各维度的分半信度系数均高于0.884。

(三)研究过程

受疫情限制,得到有关负责人和孤独症儿童家长本人同意后,本书采用问卷星向孤独症儿童家长发放和回收调查问卷。家长按照实际情况在线填写"孤独症家庭情况调查问卷"和"特殊儿童家长需求量表"。

(四)数据处理

本书通过问卷星收集被试填写调查问卷的结果,通过excel软件对问卷星系统中的数据进行处理。在研究目的的指导下,对"孤独症家庭情况调查问卷"中的人口学变量进行重组:儿童年龄(4岁以下、4岁、5岁、6岁及以上)、性别(男、女)、患病程度(轻度、中度、重度);开始参加康复训练的时间(3周岁前、3周岁后)和经历的时间(24个月及以下、24个月以上);父母年龄(35岁及以下、35岁以上)、学历(研究生、大学、专科、高中或初中)和职业(务农、工人、公司职员、公务员、经商或专职在家);家庭所在地(城市、农村)、家庭结构(核心家庭、主干家庭)、家中孩子数量(1个、2个)、家庭年收入(4万元以下、4万—6万元、7万—8万元、9万—12万元或12万元以上)、家庭在教育方面的支出(1万元以下、1万—3万元、4万—5万元、5万元以上)。调查问卷数据的分析使用SPSS 22.0软件,由于数据种类和研究目标的差异,采用描述性统计、独立样本t检验、单因素方差分析和重复测量方差分析等统计方法。

三 研究结果

(一)孤独症儿童家庭教育协同支持服务的需求现状

表5-1是孤独症儿童家庭对教育支持服务需求的描述性统计。孤独症儿童家庭对教育支持服务的各维度需求平均分在2.46—2.95分。孤独症儿童家庭最需要信息支持,最不需要向他人解释和经济支持。将不同需求类别作为自变量,采用重复测量方法的分析结果表明,六种类别之间差异明显($p<0.001$)。经事后检验发现,除了向他人解释和经济需求,社区服务需求和家庭功能需求之间差异不明显($p>0.05$)之外,其余变量之间均具有显著差异($p<0.01$)。

表5-1 孤独症儿童家庭对教育支持服务需求的描述性统计

	平均数	标准差
总分	88.03	10.68
信息需求	2.95	0.15
支持需求	2.81	0.27
向他人解释需求	2.46	0.63
社区服务需求	2.57	0.54
经济需求	2.49	0.57
家庭功能需求	2.54	0.55

(二)孤独症儿童家庭教育协同支持服务需求的影响因素

1. 家庭因素

农村地区孤独症儿童家庭在向他人解释和经济需求上更加强烈。本书自变量为家庭所在地,因变量为家庭需求总分和各维度均分,经独立样本 t 检验发现(见表 5-2),在向他人解释($p<0.05$)、经济需求维度($p<0.001$)和家庭功能需求总分($p<0.01$)上,只有家庭所在地存在显著差异。

年收入较低的孤独症儿童家庭在多个方面的需求更加强烈。本书自变量为家庭年收入,将家庭需求总分和各维度均分看作因变量,经单因素方差分析发现(见表 5-2),在向他人解释、经济需求维度和需求总分上,家庭收入存在显著差异,在其他因变量上差异均不显著($p>0.05$)。经事后检验表明,在向他人解释维度上,收入在 4 万—6 万元的家庭得分显著高于收入高于 12 万元的家庭($p<0.01$);在经济维度上,收入高于 12 万元的家庭得分显著低于其他家庭($p<0.001$),在经济维度上,收入 9 万—12 万元的家庭得分显著低于收入 4 万元以下($p<0.05$)和 4 万—6 万元($p<0.01$)的家庭;在经济维度上,收入高于 12 万元的家庭得分显著低于收入在 4 万元以下($p=0.061$)、4 万—6 万元($p<0.001$)、7 万—8 万元($p<0.05$)和 9 万—12 万元($p<0.05$)的家庭,在经济维度上,收入 9 万—12 万元的家庭得分显著低于收入在 4 万—6 万元($p=0.06$)的家庭,其余变量之间没有明显差异($p>0.05$)。

表 5-2　　**家庭因素对家庭需求量表各维度得分和总分的影响**

影响因素	量表维度	检验统计量	效应量
家庭所在地	向他人解释需求	$t=2.365^*$	$d=0.272$
	经济需求	$t=5.634^{***}$	$d=0.549$
	需求总分	$t=2.672^{**}$	$d=0.336$
家庭年收入	向他人解释需求	$F=2.351^*$	$\eta_p^2=0.018$
	经济需求	$F=13.195^{***}$	$\eta_p^2=0.092$
	需求总分	$F=4.435^{**}$	$\eta_p^2=0.033$

说明:* 表示 $p<0.05$;** 表示 $p<0.01$;*** 表示 $p<0.001$。

2. 家长因素

首先,家长因素中的年龄对孤独症家庭有多方面的影响。以家长年龄为自变量,以家庭需求总分和各维度均分为因变量进行独立样本 t 检验（见表5-3）。结果显示，在支持和社区服务需求上，父亲年龄存在显著差异（$p<0.05$），35岁以上的孤独症儿童父亲在支持和社区服务维度上的需求显著大于35岁以下的。母亲年龄则在信息需求维度上存在显著差异（$p<0.05$）。上述自变量对其他因变量影响的差异均不显著（$p>0.05$）。

其次，父母亲职业影响孤独症家庭多个方面的需求。将父亲和母亲职业作为自变量，将家庭需求总分和各维度均分作为因变量，经单因素方差分析发现（见表5-3），在信息和社区服务需求维度上父亲职业存在显著差异，在经济需求维度上母亲职业差异明显。自变量对其他因变量影响的差异均不显著（$p>0.05$）。经事后检验表明，在信息维度上父亲专职在家的家庭得分显著低于父亲是农民（$p<0.05$）、工人（$p<0.01$）、公司职员（$p=0.01$）、公务员（$p<0.01$）和商人（$p=0.01$）的家庭。在社区服务需求维度上，父亲是工人的家庭得分显著低于父亲是公司职员（$p<0.05$）、公务员（$p<0.01$）和商人（$p<0.05$）的家庭。在经济维度上，母亲是工人的家庭的需求得分显著高于母亲是公司职员（$p=0.056$）和公务员（$p<0.05$）的家庭。在经济维度上，母亲专职在家的家庭得分显著高于母亲是公司职员（$p<0.05$）和公务员（$p=0.001$）的家庭，其余变量之间没有明显差异（$p>0.05$）。

最后，父母亲学历会影响孤独症家庭的需求。将父母学历看作自变量，将家庭需求总分和各维度均分看作因变量，经单因素方差分析发现（见表5-3），父母学历在经济需求维度上存在显著差异。上述自变量在其他因变量上的差异均不显著（$p>0.05$）。经事后检验表明，在经济维度上，父亲是研究生学历的家庭得分显著低于父亲是大学（$p=0.001$）、专科（$p=0.001$）、高中（$p<0.001$）和初中学历（$p<0.001$）的家庭。在经济维度上，父亲是高中学历的家庭得分显著高于父亲是大学（$p<0.01$）、专科学历（$p<0.05$）的家庭。在经济需求维度上，母亲是研究生学历和大学学历的家庭得分显著低于母亲是专科（$p<0.05$）、高中（$p<0.05$）和初中学历（$p<0.05$）的家庭，其余自变量之间没有明显差异（$p>0.05$）。

表5-3　　家长因素对家庭需求量表各维度得分和总分的影响

影响因素	量表维度	检验统计量	效应量
母亲年龄	信息需求	$t = 2.024^*$	$d = 0.182$
母亲职业	经济需求	$F = 3.507^{**}$	$\eta_p^2 = 0.033$
母亲学历	经济需求	$F = 4.343^{***}$	$\eta_p^2 = 0.032$
父亲年龄	支持需求	$t = 2.092^*$	$d = 0.148$
	社区服务需求	$t = 2.518^*$	$d = 0.220$
父亲职业	信息需求	$F = 2.340^*$	$\eta_p^2 = 0.022$
	社区服务需求	$F = 2.138^*$	$\eta_p^2 = 0.020$
父亲学历	经济需求	$F = 7.266^{***}$	$\eta_p^2 = 0.053$

说明：* 表示 $p < 0.05$；** 表示 $p < 0.01$；*** 表示 $p < 0.001$。

3. 儿童因素

如果孤独症儿童为男性，则其家庭对于信息、心理方面的需求更加强烈。将儿童性别看作自变量，将家庭需求总分和各维度均分看作因变量，经独立样本 t 检验发现（见表5-4），在信息需求维度（$p < 0.05$）、支持需求维度（$p < 0.05$）以及需求总分（$p < 0.05$）上差异显著，在其他因变量上不存在显著差异（$p > 0.05$）。

中度患病程度的孤独症儿童家庭的经济需求和总需求更加强烈。将孤独症儿童患病程度看作自变量，将家庭需求总分和各维度均分看作因变量，经单因素方差分析发现（见表5-4），在经济需求维度（$p < 0.01$）和需求总分（$p = 0.056$）上，孤独症儿童患病程度存在显著差异，在其他因变量上不存在显著差异（$p > 0.05$）。

表5-4　　儿童因素对家庭需求量表各维度得分和总分的影响

影响因素	量表维度	检验统计量	效应量
儿童性别	信息需求	$t = 1.947^*$	$d = 0.151$
	支持需求	$t = 2.531^*$	$d = 0.285$
	需求总分	$t = 2.067^*$	$d = 0.252$
儿童患病程度	经济需求	$F = 4.671^{**}$	$\eta_p^2 = 0.017$
	需求总分	$F = 3.682^*$	$\eta_p^2 = 0.014$

说明：* 表示 $p < 0.05$；** 表示 $p < 0.01$。

四 分析与讨论

(一) 孤独症儿童家庭教育协同支持服务的需求现状

经研究发现,孤独症儿童家庭非常需要各方面的教育支持服务。本书采用问卷调查法,探究孤独症儿童家庭需要教育支持服务的情况。分析结果可得出,中国孤独症家庭对教育支持服务的各维度需求平均分在 2.46—2.95 分。孤独症儿童家庭对六个类别的需求程度差异明显,但从 1—3 分的评价体系视角来看,家庭需要每个类别的教育支持服务的水平均处于中等偏上。受家庭教育协同支持概念和种类的影响,上述结果略不同于以往研究,但也有相同之处。例如,张稚提出,孤独症儿童家庭有信息资讯的需要、获得直接服务的需要、获得间接服务的需要、对教育服务的需要、对职业培训(特殊高中)与就业服务的需要、对成年服务与托养照顾的需要、对家庭成员精神慰藉与心理支持的需要、对家庭经济支持的需要、在工作与家庭照顾安排中获得特别支持的需要、对社会接纳与融合环境的需要以及对保护性政策及政策信息的需要。虽然和维度有关的陈述语句以及研究样本不同,但从重要内容来看,本书与以往研究的某些维度类似,这也说明了孤独症儿童家庭对教育支持服务有较大的需求。

本书结果与以往研究结果大致相同。但孤独症儿童家庭最需要的是信息,其次需要心理支持,而对向他人解释和经济这两个类别的需要较少,这个结果与以往发现有所不同。例如,孤独症儿童家庭帮扶需求由弱到强依次为家庭维权需求、就业需求、职业康复、专业咨询需求、专业培训、心理支持需求、康复教育需求、社会保障需求、社会和社区支持需求等。[1] 造成这一结果的原因是将支持服务引入教育领域,这表明在教育服务上,孤独症儿童家庭最注重信息方面,这也从侧面反映出在信息时代背景下资讯可以影响特殊儿童家庭的教育。另外,在心理支持需求方面孤独症儿童家庭有较高的需求,以往对孤独症儿童家长心理健康状况的研究文献也可以说明这一点。经过研究发现,在养育孩子的过程中,孤独症儿童

---

[1] 中国精神残疾人及亲友协会:《中国孤独症家庭需求蓝皮书》,华夏出版社 2014 年版; S. Siklos, K. A. Kerns, "Assessing Need for Social Support in Parents of Children with Autism and Down Syndrome," *Journal of Autism and Developmental Disorders*, 2006, 36 (7): 921 - 933.

家长会形成非常大的心理压力①，同时也有一些文献认为，社会支持可以缓解其巨大的心理压力。本书研究发现，教育服务主体不仅是孤独症儿童家庭主要的社会支持系统，人们对其也赋予了很大的期望。

总而言之，中国孤独症儿童家庭非常需要教育支持服务。由于中国的快速发展和信息技术的普及，孤独症儿童家庭强烈地需要信息和心理支持，而对向他人解释以及经济方面的需求不是特别强烈。

（二）孤独症儿童家庭教育协同支持服务需求的影响因素

孤独症儿童家庭所处的阶段、家庭经济地位以及家庭所在的区域三个因素会影响孤独症儿童家庭对教育支持服务的需求。

随着家庭阶段的变动，孤独症儿童家庭教育协同支持服务需求会呈现出个性化的趋势。首先，一部分儿童、家长和家庭因素能够影响孤独症儿童家庭教育协同支持服务。这与以往研究结果相同。②其次，家长因素使孤独症儿童家庭教育协同支持服务需求有很大的差异。父母的年龄、学历和职业也会作用于孤独症儿童家庭教育协同支持服务。最后，父亲的年龄会在很大程度上决定家庭心理支持和社区服务需求，父亲年龄与心理支持和社区服务的需求成正比。这可能是因为男性需要扛起家庭重担，而父亲这一角色的压力会逐年增加。因此，父亲对心理支持和社区服务的需求非常强烈。而母亲的年龄则主要作用于信息需求，母亲年纪大小与信息需求呈反比关系。这也揭示了年轻女性在养育孤独症儿童过程中的态度。较年轻的孤独症儿童妈妈缺乏经验，养育难度更大，因此需要的信息支持也就更多。

孤独症儿童家庭经济收入不同，对需求的水平也不相同。造成这一现象的主要原因是父母的职业和学历不同，家庭的社会经济地位也不同。一般而言，学历越高，工作报酬越高，就越稳定。③学历越高、在公司上班或者公务员父母对经济支持的需求越少。梳理前人的研究成果发现，以5000元的月收入为分界线，高于5000元的家庭对经济的需求

---

① 赵萍萍、李诗晗、谢思敏、赵敏、黄丹、李彦章：《孤独症儿童家长亲职压力及其心理需求的关系研究》，《中国特殊教育》2017年第4期。

② 刘鹏程、刘金荣：《孤独症群体的家庭需求与支持体系构建》，《学术交流》2018年第8期。

③ 郭丽清、蓝康伟、朱思霖、李泓锴、许颖：《基于大数据的互联网行业人才薪资影响因素分析》，《计算机时代》2020年第2期。

程度要远远低于 5000 元以下的家庭。这也反映了家庭经济收入会影响家庭对经济的需求。

由于城乡差异，农村地区家长不了解孤独症，也不重视该病症，同时治疗费用会加重家庭的负担，得到的教育支持服务也比较少。家庭所在地和年收入会左右教育支持的需求并且还会左右向他人解释、经济以及总体需求的程度。因此，和城市地区的孤独症儿童家庭做比较，由于上述原因，农村家庭更需要教育支持。

综上所述，孤独症儿童家庭每一个阶段所需要的教育支持服务是不同的。经济收入是左右需求的主要要素。

第五节 孤独症儿童家庭协同支持服务供给状况调查

本书首先了解孤独症儿童家庭教育协同支持服务需求现状，从选定的教育服务主体（特殊学校、康复机构）切入，以考察在教育领域内国内孤独症儿童家庭支持服务在供给与协同方面的现状，探究孤独症儿童自身、孤独症儿童家长以及孤独症儿童家庭等相关因素能否对上述方面产生影响。另外，上一部分内容主要是对国内孤独症家庭支持服务在教育领域状况的调研，以判断不同研究主体教育服务供给的有效性，为本书关于家庭教育协同支持服务协同对孤独症儿童家庭生活质量作用路径的研究奠定了基础。

一 研究目的

本书选用的服务主体为教育康复机构和特殊学校，采用问卷研究法，调查研究目前中国孤独症儿童家庭支持服务在教育领域的供给与协同状况。首先，围绕信息、支持、向他人解释、社区服务、经济、家庭功能六个方面，多层次探究教育康复机构和特殊学校对孤独症儿童家庭教育协同支持服务在供给与协同方面的情况。其次，探索家庭因素、家长因素、儿童因素等对孤独症家庭教育协同支持协同服务产生的影响。其中，家庭因素包括孩子数量、成员数量、年收入、家庭结构、所在地以及家庭在教育领域的支出；家长因素包括父母的职业、学历和年龄；

儿童因素包括儿童的患病程度、开始参加康复训练的时间和经历的时间以及年龄、性别等基本信息。最后，从不同的维度对比孤独症儿童家庭教育协同支持服务供需现状，验证目前国内孤独症儿童家庭教育协同支持服务在供给与协同方面的有效性。

二 研究方法

（一）研究对象

本书采取的研究方法是方便抽样法，是在取得康复机构和特殊学校负责人以及孤独症儿童家长同意的基础上，在山东青岛、浙江杭州与宁波三地的康复培训机构和特殊学校面向孤独症儿童家长发布问卷进行调研。经最终统计，共发布541份调研问卷，回收541份，回收率100%。在所有问卷中有效问卷是528份，有效率为97.6%。需要注意的是，在每项家庭支持服务的供给维度上被列入可进行满意度统计分析的数量不尽相同。具体描述情况详见本部分的研究结果。

（二）研究工具

首先，为调查孤独症家庭教育协同支持服务的供给和协同情况，本书采用了三种工具，这三种工具都是针对不同问题的自编调查问卷。第一种用于调查孤独症儿童家庭的基本情况，本书将其命名为"孤独症儿童家庭情况调查问卷"；第二种是用于调查孤独症儿童家庭支持服务的供给情况是否会依据不同教育主体而出现不同情况，遂产生"孤独症儿童家庭教育协同支持服务供给问卷"；第三种是用于调查孤独症儿童家庭支持协同服务在不同教育主体上的具体供给情况，本书将之命名为"孤独症儿童家庭教育协同支持协同服务问卷"。

"孤独症儿童家庭情况调查问卷"由三个部分组成：第一部分是孤独症儿童家庭基本情况，包括家中孩子数量、家庭年收入、家庭所在地、家庭结构以及在教育方面的支出；第二部分是孤独症儿童监护人即家长的基本情况，包括其职业、年龄和学业的调查；第三部分是孤独症儿童自身的情况，包括儿童的患病程度、开始参加康复训练的时间和经历的时间以及年龄、性别等基本信息。

其次，本书参考了孤独症儿童家庭教育协同支持服务协同作用模型中的六个服务维度，"孤独症儿童家庭教育协同支持服务供给问卷"包括13个维度。其中一个维度主要是孤独症儿童家庭教育协同支持服务供给的基本情况调查，也就是孤独症儿童家长参加不同教育主体所单独举办的活动或得到的教育支持服务的频率（若家长没有参加，则此项得分为0）；有六个维度被用于查看不同教育主体在支持、经济、家庭功能、向他人解释、信息、社区服务六个方面是否能够为孤独症儿童家庭提供服务，回答用"是"与"否"进行计分；剩下的用于查看不同教育主体在这六个方面的服务供给满足家庭需求程度的情况，采用Likert 5点计分法，1—5分表示程度由"非常不满足"到"非常满足"的递进，也就是说，分数越高，家庭教育协同支持服务的满足程度也就越高。

最后，本书参照孤独症儿童家庭教育协同支持服务协同作用模型中的六个服务维度，"孤独症儿童家庭教育协同支持协同服务问卷"包括13个维度。其中一个维度主要是调查孤独症儿童家庭教育协同支持服务在协同方面的基本情况，也就是说，孤独症儿童家长参加特殊学校和康复机构共同举办的活动或得到的教育支持服务的频率（若家长没有参加，则此项得分为0），有六个维度用于查看不同教育主体在支持、经济、家庭功能、向他人解释、信息和社区服务六个方面是否能够为孤独症儿童家庭提供服务供给，回答用"是"与"否"进行计分；剩下的用于查看不同教育主体在这六个方面的服务供给满足家庭需求的程度，采用Likert 5点计分法，回答用"是"与"否"进行计分

（三）研究过程

受疫情影响，在取得教育康复机构和特殊学校相关负责人以及孤独症儿童监护人同意后，本书借助问卷星平台将问卷面向孤独症儿童监护人发放。结合本书的研究目的，"孤独症儿童家庭教育协同支持服务供给问卷"分为两份，一份针对特殊学校，另一份针对教育康复机构。所以在此部分，家长需要以家庭的实际情况为依据，完成四份线上调查问卷。

（四）数据处理

本书借助问卷星平台收集调查问卷填写结果，然后使用excel软件将问卷中的数据导出，进行整理汇总。在研究目的的指导下，将"孤独症儿童家庭情况调查问卷"中的人口学变量进行重新分组，得到如下结果：性别（男、女）、儿童年龄（4岁以下、4岁、5岁、6岁及以上）、开始参加康复训练的时间（3周岁及以前、3周岁以后）和经历的时间（24个月及以下、24个月以上）；患病程度（轻度、中度、重度）；家庭所在地（城市、农村）、家庭结构（核心家庭、主干家庭）、家中孩

子数量（1个、2个）、家庭年收入（4万元以下、4万—6万元、7万—8万元、9万—12万元或12万元以上）、家庭在教育方面的支出（1万元以下、1万—3万元、4万—5万元、5万元以上）；父母年龄（35岁及以下、35岁以上）、职业（务农、工人、公司职员、公务员、经商或专职在家）和学历（研究生、大学、专科、高中或初中）。由于变量数据类型的不同以及研究目的的多方面差异，问卷使用 SPSS 22.0 软件进行数据分析，采用描述性统计、重复测量方差分析、单因素方差分析、独立样本 t 检验和皮尔逊相关分析等统计方法。

三 研究结果

（一）学校对孤独症儿童家庭教育协同支持服务的供给状况

本书调查对象共有528个孤独症儿童家庭，其中接受过学校提供支持服务的家庭有361个，比例为68.37%。学校对孤独症儿童家庭的教育支持服务以及家庭对此的满足程度描述统计结果如表5-5所示。经卡方分析发现，学校对孤独症儿童家庭支持服务在教育领域的供给情况存在显著差异 $[\chi^2 (5, 528) = 470.648, p < 0.001]$。信息需求服务是学校向孤独症家庭提供最多的服务类型，其次相对较高的是满足支持和向他人解释需求的服务。而在家庭功能、社区服务和经济需求的服务方面学校提供的服务较少。换一个角度从满足需求程度上看，孤独症儿童家庭对学校教育支持服务的满意度差异不显著，平均满意度在2.76—2.83。

表5-5　学校对孤独症儿童家庭的教育支持服务及满足需求程度的描述性统计

	提供服务情况		满足程度（$M \pm SD$）
	提供数量	提供比率	
信息	291	0.551	2.76 ± 1.39
支持	262	0.496	2.78 ± 1.42
向他人解释	239	0.453	2.82 ± 1.48
社区服务	146	0.277	2.77 ± 1.56
经济	100	0.189	2.78 ± 1.53
家庭功能	168	0.318	2.83 ± 1.53

本书为进行统计检验，将人口学变量分为家庭因素、家长因素、儿童因素三个维度。研究显示，儿童因素在学校对孤独症儿童家庭的教育支持服务满意度上不存在显著差异，而家长因素和家庭因素在满意度上具有显著差异，对具体变量的分类描述如下。

1. 家长因素

一方面，母亲年龄越大对于学校提供的相关信息和解释方面服务的满意度越高。在本书中自变量为母亲年龄，因变量是孤独症儿童家庭对学校提供各维度服务的满意度，经过独立样本 t 检验发现，在信息 $[t(261) = -1.979, p < 0.05, Cohen's\ d = 0.234]$ 和向他人解释 $[t(237) = -1.963, p = 0.051, Cohen's\ d = 0.265]$ 两个方面的满意度上，母亲年龄存在显著和边缘性显著差异。其中，35 岁以上的母亲在"信息"（2.95±1.31）和"向他人解释"（3.07±1.45）的满意度上显著高于 35 岁以下的母亲（信息：2.63±1.42；向他人解释：2.68±1.49）。另一方面，母亲学历不同对孤独症儿童学校所提供的心理支持服务的满意度也不尽相同。在本书中，若自变量为母亲学历，因变量是孤独症儿童家庭对学校提供服务的满意度，经单因素方差分析检验发现，只有在"支持"上的满意度存在显著差异 $[F(4, 262) = 2.809, p < 0.05, \eta_p^2 = 0.026]$。经事后检验发现，母亲学历为研究生学历（3.23±1.33）和高中学历（3.19±1.53）的对"支持"的满意度显著高于学历为大学毕业（2.59±1.37）和专科毕业（2.56±1.40）的母亲（$p < 0.05$）。

2. 家庭因素

一方面，针对学校提供的解释和信息服务，城市地区孤独症儿童家庭对其更加满意。将家庭所在地看作自变量，因变量为家庭对学校提供服务的满意度，经过独立样本 t 检验发现，在"信息" $[t(289) = 1.931, p = 0.054, Cohen's\ d = 0.301]$ 和"向他人解释" $[t(237) = 2.902, p < 0.05, Cohen's\ d = 0.362]$ 的满意度上，家庭所在地存在显著差异。其中，在对学校在这两个维度上提供的服务满意度方面，城市家庭（信息：2.83±1.38；向他人解释：2.92±1.48）显著高于农村家庭（信息：2.41±1.41；向他人解释：2.39±1.45）。另一方面，针对学校提供的心理支持服务，核心家庭类型的孤独症儿童家庭对其更加

满意。将家庭类型看作自变量，因变量是家庭对学校提供服务的满意度，经过独立样本 t 检验发现，只有在"支持"上的满意度存在显著差异 $[t(252) = -1.974, p<0.05, Cohen's\ d = 0.249]$。在"支持"服务的满意度上核心家庭（2.97±1.34）显著高于主干家庭（2.62±1.46）。

（二）教育康复机构对孤独症儿童家庭教育协同支持服务的供给状况

本书调查对象共有 528 个孤独症儿童家庭，接受过教育康复机构支持服务的家庭有 374 个，占比为 70.83%。教育康复机构对孤独症儿童家庭的教育支持服务和满足程度的描述统计如表 5-6 所示。经卡方分析发现，对孤独症家庭而言，教育康复机构提供的教育支持服务供给状况存在显著差异 $[\chi^2(5, 528) = 557.128, p<0.001]$。教育康复机构与学校提供的服务相类似，信息需求服务是其提供最多的一种，居于中间水平的是"支持"和"向他人解释"需求服务，而关于"经济""社区服务"和"家庭功能"需求服务是提供较少的。从需求被满足的程度上看，"经济"服务方面满意度最差，其余方面的满足程度相差不大，均分集中在 2.90—2.98 分。

表 5-6　教育康复机构对孤独症儿童家庭的教育支持服务及满足需求程度的描述性统计

	提供服务情况		满足程度（$M \pm SD$）
	提供数量	提供比率	
信息	343	0.650	2.92±1.43
支持	299	0.566	2.90±1.44
向他人解释	266	0.504	2.95±1.43
社区服务	170	0.322	2.91±1.51
经济	123	0.233	2.66±1.51
家庭功能	210	0.398	2.98±1.44

本书为进行统计检验，将人口学变量分为家庭因素、家长因素、儿童因素三个维度。结果发现，儿童因素在满意度上不存在显著差异，家长因素和家庭因素在满意度上具有显著差异，对具体变量的分类描述如下。

1. 家长因素

一方面，母亲年龄越大对于康复机构提供的信息和解释方面的服务满意度越高。在本书中自变量为母亲年龄,因变量是孤独症儿童家庭对教育康复机构提供各维度服务的满意度,经过独立样本 t 检验发现,在"经济"[$t(121) = -2.092$, $p < 0.05$, Cohen's $d = 0.397$]和"向他人解释"[$t(232) = -2.157$, $p < 0.05$, Cohen's $d = 0.264$]的满意度上,母亲年龄存在显著差异。其中,在"向他人解释"和"经济"的需求满意度上,35岁以上的母亲(向他人解释:3.18±1.31;经济:3.02±1.37)显著高于35岁以下的母亲(向他人解释:2.81±1.49;经济:2.44±1.55)。

2. 家庭因素

一方面,针对康复机构为家庭提供的信息和心理支持服务,核心家庭类型的孤独症儿童家庭对其更加满意。自变量是家庭类型,因变量是家庭对教育康复机构提供各维度服务的满意度均分,经过独立样本 t 检验发现,在"信息"[$t(332) = -2.007$, $p < 0.05$, Cohen's $d = 0.220$]和"支持"[$t(289) = -2.602$, $p < 0.05$, Cohen's $d = 0.239$]的满意度方面,家庭类型存在显著差异。其中,核心家庭(信息:3.08±1.38;支持:3.09±1.33)的满意度显著高于主干家庭(信息:2.77±1.44;支持:2.75±1.51)。

另一方面,教育支出越多,孤独症儿童家庭对康复机构提供的信息服务越满意。在本书中,自变量为教育支出,因变量为家庭对教育康复机构提供各维度服务的满意度均分,经单因素方差分析发现,只有在"信息"[$F(3, 342) = 3.380$, $p < 0.05$, $\eta_p^2 = 0.029$]的满意度上,不同教育支出存在显著差异。其中,家庭教育支出年均5万元以上的家庭(3.03±1.46)显著高于支出1万—3万元的家庭(2.29±1.17)。

(三)学校和教育康复机构对孤独症家庭教育协同支持服务的协同状况

本书共有528个孤独症儿童家庭,接受过学校和教育康复机构提供支持服务的家庭有246个,占比为46.6%。学校和教育康复机构对孤独症儿童家庭的教育支持服务协同供给和满足程度的描述统计如表5-7所示。经卡方分析发现,学校和教育康复机构对孤独症儿童家庭教育协同支持服务的协同供给状况存在显著差异[$\chi^2(5, 528) = 256.583$, $p < 0.001$]。"信息"服务是学校和康复机构协同活动提供最多的服务,

"支持"和"向他人解释"的服务居其次,最少的是"经济"服务。而从需求被满足的程度上看,较低的是经济方面的需求。其他方面需求的满足程度相差不大,均分集中在2.80—2.84分。

表5-7 学校和教育康复机构对孤独症儿童家庭教育协同支持服务协同供给及满意度的描述性统计

	提供服务情况		满足程度（$M \pm SD$）
	提供数量	提供比率	
信息	219	0.415	2.84 ± 1.45
支持	198	0.375	2.80 ± 1.49
向他人解释	183	0.347	2.83 ± 1.51
社区服务	136	0.258	2.76 ± 1.51
经济	119	0.225	2.66 ± 1.53
家庭功能	154	0.292	2.81 ± 1.50

在孤独症儿童家庭中,属于核心类型的家庭对学校提供的信息和心理支持服务更满意。本书将人口学变量分为家庭因素、家长因素和儿童因素三部分,经统计检验发现,在家庭对教育康复机构所提供的各维度服务满意度上,只有家庭类型不存在显著差异。后经独立样本t检验发现,在学校和教育康复机构对信息 [$t(209) = -1.942, p = 0.053$, Cohen's $d = 0.265$] 和支持 [$t(189) = -1.937, p = 0.054$, Cohen's $d = 0.278$] 的满意度上,家庭类型存在显著边缘差异。其中,核心家庭(信息:3.06 ± 1.35;支持:3.03 ± 1.39) 显著高于主干家庭(信息:2.68 ± 1.51;支持:2.62 ± 1.56)。

（四）不同服务来源对孤独症儿童家庭教育协同支持服务供给的差异检验

不同主体为孤独症儿童家庭提供服务的侧重点不同,但孤独症儿童家庭更满意的是教育领域的服务。本书将不同服务来源（教育康复机构、学校、双方协同）和六个教育支持服务维度（向他人解释、经济、信息、家庭功能、支持和社区服务）看作自变量,将孤独症儿童家庭获得的服务供给情况看作因变量,经重复测量方差分析发现,所提供的服务在来源和维度两个方面呈现出的交互作用显著 [$F(10, 518) =$

13.812,$p < 0.001$,$\eta_p^2 = 0.211$],具体的教育主体和服务维度的交互作用如图5-6所示。经简单效应检验显示,在支持、向他人解释和信息上,不同服务来源有明显差异,具体来讲是机构大于学校,学校大于双方协同,在经济、社区服务和家庭功能服务上三者差异逐渐变小。服务来源的主效应显著[$F(2, 526) = 34.059$,$p < 0.001$,$\eta_p^2 = 0.115$],孤独症儿童家庭获得的服务来源有学校、康复教育机构、学校和康复教育机构协同,按照其提供的服务数量从高到低依次为康复教育机构、学校、双方协同,并且这三个因素每两个之间都存在显著差异($p < 0.001$)。服务维度的主效应显著[$F(5, 523) = 90.482$,$p < 0.001$,$\eta_p^2 = 0.464$],孤独症儿童家庭获得的服务按照数量从低到高依次为经济、社区服务、家庭功能、向他人解释、支持、信息,且每两个因素之间存在显著差异($p < 0.001$)。

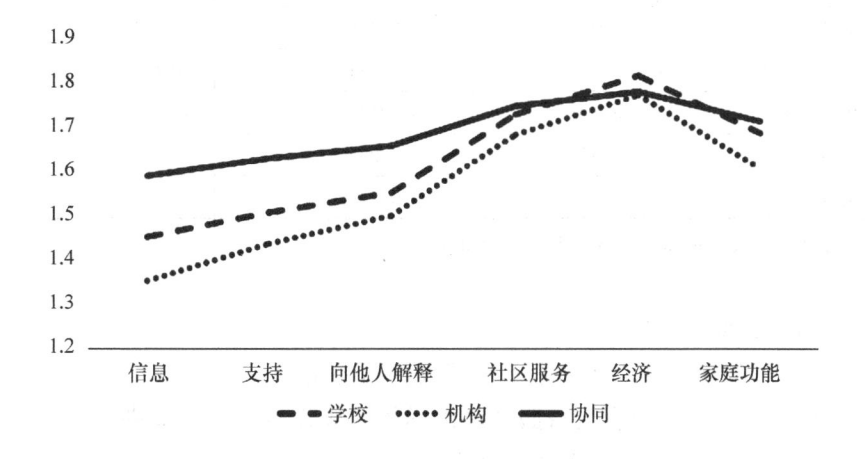

图5-6 教育主体和服务维度的交互作用

设定自变量为不同服务来源中的教育康复机构、学校、双方协同和教育支持服务维度中的支持、经济、家庭功能、向他人解释、信息、社区服务,因变量为满意度,经重复测量方差分析发现,全部变量之间的交互作用和主效应不存在显著差异($p > 0.05$)。

(五)孤独症儿童家庭教育协同支持服务供需差异检验

目前,供需平衡维度很少被不同服务提供主体加以考虑,因此,服务主体仍需提高供给服务。将自变量设定为孤独症儿童家庭教育协同支持服务需求和供给,在此基础上进行肯德尔等级相关分析,分析数据如表5-8所示。由表5-8可知,对于孤独症儿童家庭教育协同支持服务,在不同教育服务主体的供给水平及其家庭教育协同支持需求的表现上呈负相关关系。其中,对于学校服务供给,其与社区服务需求、向他人解释和孤独症儿童家庭的信息存在显著负相关关系,对机构服务供给而言,其与孤独症儿童家庭的经济需求和社区服务存在显著负相关关系,学校与机构的协同服务供给则与孤独症儿童家庭的经济需求和社区服务存在显著负相关关系。

表5-8 孤独症儿童家庭教育协同支持服务供需之间的相关关系

	学校服务供给	机构服务供给	协同服务供给
信息	-0.109*	-0.074	-0.072
支持	-0.034	-0.038	-0.043
向他人解释	-0.086*	-0.025	-0.064
社区服务	-0.094*	-.0129**	-0.084*
经济	-0.074	-0.092*	-0.100*
家庭功能	-0.072	-0.035	-0.027

说明:* 表示 $p<0.05$;** 表示 $p<0.001$。

四 分析与讨论

(一) 孤独症儿童家庭教育协同支持服务的供给现状

研究发现,若教育支持服务是由学校或康复机构单独提供的,则会表现出"范围不广泛,满意度中等"这一特点,继续探究则会发现,可能是因为康复机构或学校在为家庭提供相应服务时未考虑到家庭的具体需求。

首先,服务覆盖范围均不广泛。本次部分调查以问卷调查法为主要研究方法,通过问卷调查了解教育康复机构和学校为孤独症儿童家庭提供的支持服务在教育领域的供给现状。本次共调研528个孤独症儿童家庭,其中有361个获得过学校提供的支持服务,占全部的68.37%;有374个获得过康复机构提供的教育支持服务,占全部的70.83%。从结果可以看出,教育康复机构和学校不仅负责特殊儿童的教育问题,还会尽可能地负责家庭支持服务在教育领域的延伸。若从类型角度来衡量，教育康复机构和学校在提供的结构方面比较相同：适用于孤独症儿童家庭的信息服务是提供最多的，其次是满足个别家庭支持以及向他人解释，相比较而言，经济、家庭功能、社区服务是比较少的。前人研究发现，孤独症儿童家庭获得的来自医疗机构和社区等的教育支持服务不多。研究结果显示，孤独症儿童家庭获得来自不同教育服务主体的比例在七成左右。但是受样本限制暂不能取得更多的分析数据，但相比较来说，国内孤独症儿童家庭的支持服务在教育领域已逐渐展开，目前虽做到了大致覆盖，但仍需要进一步扩大范围。

其次，本书使用1—5级评分法对服务满意度进行测量，因此孤独症儿童家庭对不同教育主体提供的支持服务的满意度处于中等偏低水平。前人研究结果显示，国内孤独症儿童家庭对其从各个途径所获得的家庭支持的满意度不高，家长大多认为残联、学校、社区工作者以及康复机构的支持服务对家庭的作用不是很大。由此可以看出，国内孤独症儿童家庭教育协同支持服务的供给存在不足，家长的供给满意度还需进一步提升。

研究发现，在提供服务时，教育主体不仅需要考虑孤独症儿童家长的准确需求，还需要考虑孤独症儿童家庭与正常儿童家庭在社会地位上的差异性需求。同时，本书也探究了人口学变量对研究孤独症儿童家庭在教育领域中的支持服务所产生的影响。研究显示，母亲年龄越大，对教育康复机构提供的向他人解释和经济方面服务的满意度越高，同时对向他人解释和学校提供的信息方面的满意度也越高。学历越高的母亲对学校提供的心理支持服务越满意。将本章的研究结果与第四章的结论相结合显示出，孤独症儿童家长的心理需求越高，就越难被满足。在家庭因素方面，所在地、类型和教育支出会对服务供给满意度产生影响。核心家庭对服务供给的满意度很高。这一结果显示出满意度与需求之间存在强烈的关系。

简而言之，康复机构和学校为孤独症儿童家庭提供的教育支持服务的程度都不够，服务满意度水平为中等偏下。因此，在提供服务时，提供者不仅要考虑孤独症儿童家庭所处的社会地位与正常儿童家庭之间的差异性需求，还要考虑家长及其他家庭成员的心理需求。

（二）孤独症儿童家庭教育协同支持服务的协同现状

首先，康复机构和学校双方在教育领域协同提供的支持服务已经达到50%的覆盖率，而且它们协同提供的服务的满意度和学校与康复机构独立提供的满意度保持一致，总体来看，呈现出稳步发展的趋势。但受限于现有的协同支持服务的形式，现阶段的协同支持服务还不能满足大多数家庭的需求。

其次，康复机构和学校双方协同服务的水平较低，但从整体角度来讲，双方表现出较好的开端局面。研究显示，在所有受调查家庭中，取得两者协同支持服务的孤独症儿童家庭有246个，占全部的46.6%，平均满意度在2.80—2.84。前人研究显示，国内尚未形成孤独症儿童家庭互助性服务协同体系，各个服务主体也都重视本身的服务类型和内容，对于调动大多数教育资源的整合与协同发展具有较高的难度。由结果可以看出，康复教育机构和学校协同提供的服务和整体相比已经达到一半，在满意度上也与学校与康复机构两个单独的主体提供的服务的满意度相一致，较好地呈现出良好的发展态势。

最后，康复机构和学校两者共同供给的支持服务存在内容不够充足的问题。第一，讲座、家长培训和相关的公益活动是双方提供的主要活动。结果显示，两者提供最多的是"信息"服务，"支持"和"向他人解释"服务次之，提供较少的是"经济"服务。而从家庭需求被满足的水平上看，经济方面的需求是水平较低的。经过以上分析可以看出，中国孤独症儿童家庭教育协同支持服务的协同供给在内容方面逐步升级，进而实现教育资源整合、高效供给。

总的来说，康复机构和学校所提供服务的协同程度还不够好，需要对服务内容加以完善，但较好地呈现出良好的发展态势。

(三) 孤独症儿童家庭教育协同支持服务的供需现状

不同主体由于其自身的特点不同、在服务提供时会依据自己的特点展开，进而在合适的方面达到供需平衡现象。

孤独症儿童家庭教育支持服务的特点是"在服务质量上重点突出，在服务覆盖范围上短板明显"，各主体之间的协同程度不高，仍需进一步提升。针对来源不同和供给维度不同的情况，孤独症儿童家庭在教育领域取得的支持服务按照主体的供给水平从低到高依次为经济、社区服务、家庭功能、向他人解释、支持、信息，并且每两个服务之间都有显著差异性。这也从另一个角度表现出教育服务主体应该从教育开始，覆盖全部的家庭生活。结果显示，服务的来源和维度在教育支持服务的供给覆盖方面交互作用显著。在信息、支持和向他人解释的服务上，不同服务来源有较大的差异，供给覆盖水平从低到高依次体现为机构和学校协同、学校、教育康复机构。而从家庭功能、经济和社区服务这三个方面来看，这三者的差异正在逐步变大。这表明在教育的"传统优势领域"，教育主体的供给覆盖均需进一步扩大；在"非优势领域"，教育主体提供的教育支持协同服务供给覆盖均存在一定的短板。同时，从满意度上看，孤独症儿童家庭的差异不明显。另外，学校和康复教育机构的供给满意度总体上高于学校供给满意度，这一结果也反映了教育支持协同服务的有效性。

从供需对比角度出发，不同服务主体提供的教育支持服务的侧重点不同。依据本书所采用的供给服务编码（1—有，2—没有）可以看出，中国孤独症儿童家庭的需求可以被大部分满足，但在具体维度上不同教育主体提供的服务满意度存在差异。康复教育机构和双方的协同支持均能满足孤独症儿童家庭的社区服务和经济需求，但学校满足的是家庭信息、向他人解释和社区服务的需要。造成这一现象的原因，不仅与上述教育服务内容有关，还与孤独症儿童家庭本身的需求直接相关。由于综合了供需双方的水平差异，以教育康复机构、学校、双方协同均能满足家庭社区服务需求为例，社区服务主要是由另一大主体——社区提供的，家庭本身对于教育主体是否能够提供这方面的支持的期待可能不是特别高，供给水平无须很高就能满足其需求。这说明教育主体需要充分考虑孤独症儿童家庭的个性化需求，"因家制宜"，避免浪费教育资源。

简而言之，本书研究的孤独症儿童家庭教育协同支持服务具有"在服务质量上重点突出，在服务覆盖范围上短板明显"的特点，不同服务提供者之间的协同水平需要提升。从供需对比角度出发，不同服务提供者所提供的教育支持服务的侧重点也不尽相同。

第六节　协同支持服务对孤独症儿童家庭生活质量的影响

上文从特殊学校和教育康复机构两大教育服务主体切入，分析教育领域中国孤独症儿童家庭支持服务的协同状况，将最终变量设定为家庭生活质量，以验证不同教育主体在孤独症儿童家庭的教育支持服务协同状况与家庭生活质量方面的相关性，研讨孤独症儿童家庭教育协同支持服务协同对其的作用路径，建立孤独症儿童家庭教育协同支持协同服务的作用模型。

一　研究目的

问卷调查法为本书的主要方法，将孤独症儿童家庭在教育领域的支持服务与家庭生活质量相联系，建立作用模型。一方面，从父母养育、家庭互动、与残疾相关的支持、身体健康和物质福利、情感健康五个维度了解孤独症儿童家庭的生活质量。另一方面，验证不同教育主体在教育支持服务协同状况与家庭生活质量上的相关性。采用结构方程模型法分析教育支持服务的作用路径，而后修正模型，得到拟合度良好的路径模型。同时，检验孤独症儿童家庭教育协同支持服务对其家庭生活质量的作用模型，对比分析支持服务状况对孤独症儿童家庭生活质量的影响。

二　研究方法

（一）研究对象

此部分的研究方法为方便抽样法，研究者从山东青岛、浙江杭州、宁波三地的康复培训机构和特殊学校中，在取得相关人员同意的基础上，抽取来自全国的孤独症儿童家庭成员下发问卷进行调查研究。共发放问卷541份，回收问卷541份，回收率为100%。其中有效问卷有528份，有效率为97.6%。

（二）研究工具

为调查孤独症儿童家庭在教育领域的支持服务协同现状和家庭生活质量，本书使用的研究工具有两种。一种是用以考察不同服务提供者对孤独症儿童家庭支持协同服务的供给情况以及家庭自身的基本状况，本书将此自编调查问卷命名为"孤独症儿童家庭教育协同支持协同服务问卷"；另一种是为了解孤独症儿童家庭对生活质量的具体需求情况，本书将此标准化自评量表命名为"比奇中心家庭生活质量量表"。

以前文提到的孤独症儿童家庭教育协同支持服务协同作用模型中的

六个服务维度为基础,形成"孤独症儿童家庭教育协同支持协同服务问卷",主要有 13 个维度。其中一个维度主要关于孤独症儿童家庭教育协同支持服务协同的基本情况,也就是孤独症儿童家长参加不同教育主体所单独举办的活动或是得到的教育支持服务的频率(若家长没有参加,则此项得分为 0);六个维度被用于查看不同教育主体在支持、经济、家庭功能、向他人解释、信息、社区服务六个方面是否能够为孤独症儿童家庭提供服务,回答用"是"与"否"进行计分;剩下的六个维度用于查看不同教育主体在这六个方面的服务供给满足家庭需求程度的情况,采用 Likert 5 点计分法,1—5 分表示程度由"非常不满足"到"非常满足"的递进,也就是说,分数越高,家庭教育协同支持服务的满足程度也就越高。

"比奇中心家庭生活质量量表"的中文解释提到了五个维度,25 个问题:第一是家庭互动维度,包括六个问题;第二是父母养育维度,包括六个问题;第三是情感健康维度,包括四个问题;第四是身体健康/物质福利维度,包括五个问题;第五是与残疾相关的支持维度,包括四个问题。本书以中国的国情为基本考量,将第 18 个问题"我的家庭能够处理人生中的起起伏伏"改为"当我的家人遭遇不幸(如亲人离世、车祸、下岗等)的时候,家人有能力承受和应付",将第 20 个问题"我的家庭能够在需要的时候获取牙医服务"改为"我的家庭能够得到必要的定期体检"。考虑到研究的目的,本书将测量被试生活质量水平的指标定为满意度部分。该量表在效度方面,模型拟合指数较好 [χ^2(265) = 748.15,$p < 0.001$,RMSEA = 0.066,CFI = 0.97,NNFI = 0.96]。在信度方面,除物质福利满意度的系数低于 0.5 外,其余各维度的 Cronbach's alpha 均高于 0.72。有三个维度的系数超过 0.82,一个维度的系数超过 0.91。该问卷各维度的分半信度系数均高于 0.762。

(三)研究过程

受疫情影响,本调研在取得相关人员的同意后,借助问卷星平台进行问卷的发放和回收。家长可依据实际情况进行填报。

(四)数据处理

研究者借助问卷星平台收集被试的数据,然后使用 excel 将问卷星平台中的数据导出并加以整理汇总。对数据的分析采用 SPSS 22.0

软件，由于变量的数据类型和研究目的不同，因此在孤独症儿童家庭生活质量现状部分，采用独立样本 t 检验、重复测量方差分析、描述性统计、单因素方差分析等统计方法。在构建孤独症儿童家庭教育协同支持协同服务的作用模型时，采用斯皮尔曼相关分析、回归分析的统计方法。最后，借助 AMOS 软件分析教育支持服务协同机制的作用路径，经修正后最终得到拟合度良好的孤独症儿童家庭教育协同支持服务协同机制的路径模型。

三 研究结果

（一）孤独症儿童家庭生活质量状况

表 5-9　　孤独症儿童家庭生活质量的描述性统计

	平均数	标准差
总分	74.07	17.97
家庭互动	3.07	0.79
父母养育	2.92	0.80
情感健康	2.86	0.83
身体健康/物质福利	3.15	0.76
与残疾相关的支持	2.73	0.85

孤独症儿童家庭生活质量的描述性统计如表 5-9 所示。由表 5-9 可知，在关于生活质量的各个维度上，孤独症儿童家庭的满意度均分在 2.73—3.15 分。其中，满意度最低的是支持维度，满意度最高的是身体健康/物质福利维度。将自变量设定为不同维度的家庭生活质量满意度，经重复测量方差分析，发现这五个维度之间存在显著差异 [$F(4, 524) = 103.770, p < 0.001, \eta_p^2 = 0.442$]。经事后检验发现，每两个变量都存在显著差异（$p < 0.05$）。

（二）孤独症儿童家庭教育协同支持服务协同对生活质量的作用模型检验

对家庭生活质量与康复教育机构、学校以及两者协同提供的各种服务进行统计，而后经肯德尔等级测试（数据分析如表 5-10 所示）发现，只有学校提供的信息服务与父母养育、情感健康维度的得分呈负相关不显著（$ps > 0.05$）。

研究显示，孤独症儿童家庭教育协同服务能提高其生活质量。以研究假设为基础，本书建立孤独症儿童家庭教育协同支持服务协同情况对家庭生活质量的作用模型（见图 5 – 7），模型拟合度的检验采用最大似然估计法，计算模型拟合指标（见表 5 – 11）。分析显示，该模型拟合程度良好。除此之外，计算该模型各路径系数的估计值（见表 5 – 12），最终模型如图 5 – 8 所示。通过分析模型可以看出在各个维度上的协同服务均能对家庭生活质量产生一定的影响。

表 5 – 10　孤独症儿童家庭教育协同支持服务与生活质量的相关关系

服务主体	服务类型	总分	家庭互动	父母养育	情感健康	身体健康/物质福利	与残疾相关的支持
学校	提供信息服务	-0.081*	-0.092*	-0.077*	-0.063	-0.093*	-0.056
	提供支持服务	-0.165**	-0.170**	-0.152**	-0.136**	-0.164**	-0.123**
	提供解释服务	-0.142**	-0.131**	-0.123**	-0.129**	-0.146**	-0.120**
	提供社区服务	-0.197**	-0.182**	-0.179**	-0.178**	-0.160**	-0.184**
	提供经济服务	-0.219**	-0.202**	-0.184**	-0.191**	-0.169**	-0.236**
	提供家庭功能服务	-0.206**	-0.193**	-0.159**	-0.166**	-0.178**	-0.227**
机构	提供信息服务	-0.160**	-0.130**	-0.124**	-0.153**	-0.153**	-0.177**
	提供支持服务	-0.207**	-0.177**	-0.164**	-0.178**	-0.187**	-0.229**
	提供解释服务	-0.228**	-0.197**	-0.177**	-0.207**	-0.216**	-0.232**
	提供社区服务	-0.221**	-0.185**	-0.191**	-0.211**	-0.170**	-0.227**
	提供经济服务	-0.209**	-0.197**	-0.162**	-0.169**	-0.169**	-0.243**
	提供家庭功能服务	-0.235**	-0.200**	-0.193**	-0.212**	-0.187**	-0.284**
协同	提供信息服务	-0.165**	-0.162**	-0.160**	-0.147**	-0.138**	-0.142**
	提供支持服务	-0.197**	-0.182**	-0.184**	-0.169**	-0.155**	-0.198**
	提供解释服务	-0.206**	-0.183**	-0.185**	-0.179**	-0.174**	-0.209**
	提供社区服务	-0.210**	-0.187**	-0.200**	-0.183**	-0.162**	-0.198**
	提供经济服务	-0.176**	-0.154**	-0.161**	-0.149**	-0.141**	-0.193**
	提供家庭功能服务	-0.205**	-0.187**	-0.166**	-0.180**	-0.170**	-0.216**

说明：＊表示 $p < 0.05$；＊＊表示 $p < 0.01$。

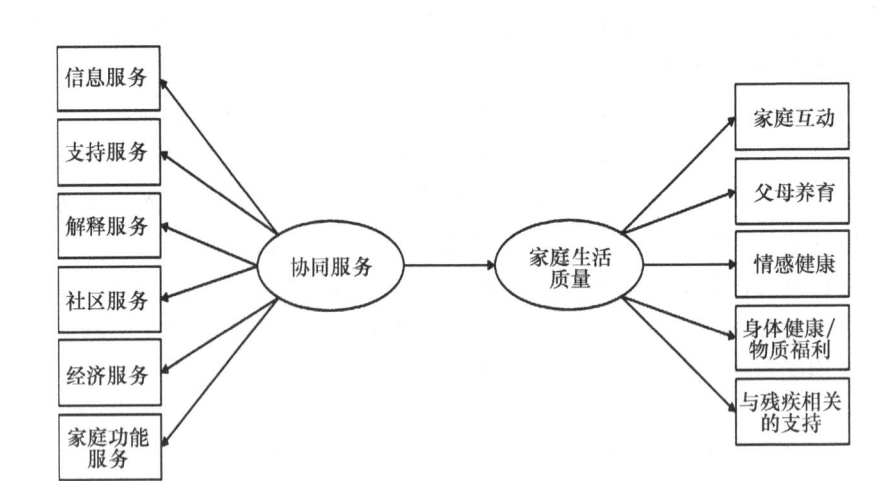

图 5-7 孤独症儿童家庭教育协同支持服务协同对家庭生活质量的作用理论模型

表 5-11 孤独症儿童家庭教育协同支持服务协同对家庭生活质量的作用模型拟合结果

指标	评价标准	实际值
χ^2/df（卡方自由度比）	<3	0.499
GFI（拟合优度指数）	>0.9	0.996
AGFI（矫正拟合优度指数）	>0.9	0.989
NFI（比较假设模式与独立模型的卡方差异）	>0.9	0.998
TLI（非标准拟合指数）	>0.9	1.005
CFI（适配度指数）	>0.9	1.000
RMR（未标准化假设模型整体残差）		0.005
RMESA（渐进残差均方和平方根）	<0.08	0.000

表 5-12 服务协同对家庭生活质量的作用模型路径分析

	S. E.	C. R.	标准化 Estimate	p
生活质量←协同服务	0.087	-5.16	-0.295	***
家庭互动←家庭生活质量			0.766	
父母养育←家庭生活质量	0.034	29.487	0.755	***

续表

	S.E.	C.R.	标准化 Estimate	p
情感健康←家庭生活质量	0.115	9.53	0.802	***
身体健康/物质福利←家庭生活质量	0.042	23.564	0.781	***
与残疾相关的支持←家庭生活质量	0.166	7.306	0.869	***
信息服务←协同服务			0.81	
支持服务←协同服务	0.111	10.087	0.925	***
解释服务←协同服务	0.113	9.944	0.944	***
社区服务←协同服务	0.096	9.543	0.838	***
经济服务←协同服务	0.103	9.627	0.868	***
家庭功能服务←协同服务	0.085	9.257	0.755	***

说明：*** 表示 $p<0.001$。

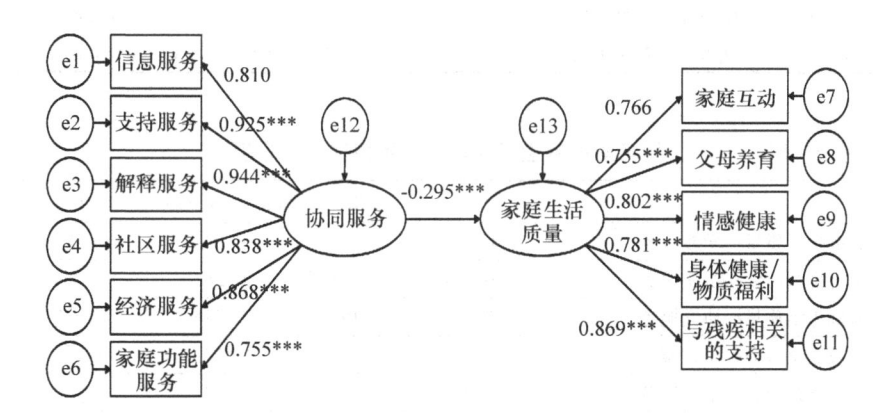

图 5-8 孤独症儿童家庭教育协同支持服务协同对家庭生活质量的作用模型
说明：*** 表示 $p<0.001$。

服务主体提供的服务均能提升孤独症儿童的家庭生活质量，在所有服务主体中，最为可靠的是康复机构。在验证孤独症儿童家庭协同服务对其生活质量的作用模型后，以研究目的为基础，进一步验证不同服务提供者对孤独症儿童家庭生活质量的作用模型，以此验证单独服务提供者与协同服务提供者之间是否存在不同。基于前文检验的拟合程度良好的协同作用模型，对模型的拟合度进行检验，计算不同服务提供者的教育支持服务综合模型的拟合指标（见表 5-13）。研究显示，该模型拟合程度良好，计算该模型各路径系数的估计值（见表 5-14），最终模型如图 5-9 所示。由此可知，对孤独症儿童家庭生活质量作用最为显著的是康复机构的教育支持服务。

表 5-13 孤独症儿童家庭教育协同支持服务对家庭生活质量的作用模型拟合结果

指标	评价标准	实际值
χ^2/df（卡方自由度比）	<3	0.679
GFI（拟合优度指数）	>0.9	0.990
AGFI（矫正拟合优度指数）	>0.9	0.970
NFI（比较假设模式与独立模型的卡方差异）	>0.9	0.995
TLI（非标准拟合指数）	>0.9	1.007
CFI（适配度指数）	>0.9	1.000
RMR（未标准化假设模型整体残差）		0.006
RMESA（渐进残差均方和平方根）	<0.08	0.000

表 5-14 服务对家庭生活质量的作用模型路径分析

	S.E.	C.R.	标准化 Estimate	p
家庭生活质量←学校服务	0.123	-0.627	-0.044	0.531
家庭生活质量←机构服务	0.144	-3.431	-0.261	***
家庭生活质量←协同服务	0.095	-1.198	-0.084	0.231
学校信息服务←学校服务			0.678	
学校支持服务←学校服务	0.072	15.715	0.763	***
学校解释服务←学校服务	0.077	14.338	0.743	***
学校社区服务←学校服务	0.1	11.749	0.874	***
学校经济服务←学校服务	0.086	9.632	0.712	***
学校家庭功能服务←学校服务	0.092	12.494	0.825	***
机构信息服务←机构服务			0.641	
机构支持服务←机构服务	0.075	15.974	0.747	***
机构解释服务←机构服务	0.089	13.278	0.726	***
机构社区服务←机构服务	0.115	11.283	0.858	***
机构经济服务←机构服务	0.107	10.313	0.808	***
机构家庭功能服务←机构服务	0.109	11.913	0.821	***
协同信息服务←协同服务			0.87	
协同支持服务←协同服务	0.044	24.174	0.942	***
协同解释服务←协同服务	0.046	22.512	0.926	***

续表

	S.E.	C.R.	标准化 Estimate	p
协同社区服务←协同服务	0.046	18.956	0.858	***
协同经济服务←协同服务	0.044	17.153	0.775	***
协同家庭功能服务←协同服务	0.047	19.687	0.859	***
家庭互动←家庭生活质量			0.732	
父母养育←家庭生活质量	0.034	29.606	0.724	***
情感健康←家庭生活质量	0.095	12.025	0.801	***
身体健康物质福利←家庭生活质量	0.042	23.594	0.75	***
与残疾相关的支持←家庭生活质量	0.152	8.637	0.904	***

说明：*** 表示 $p<0.001$。

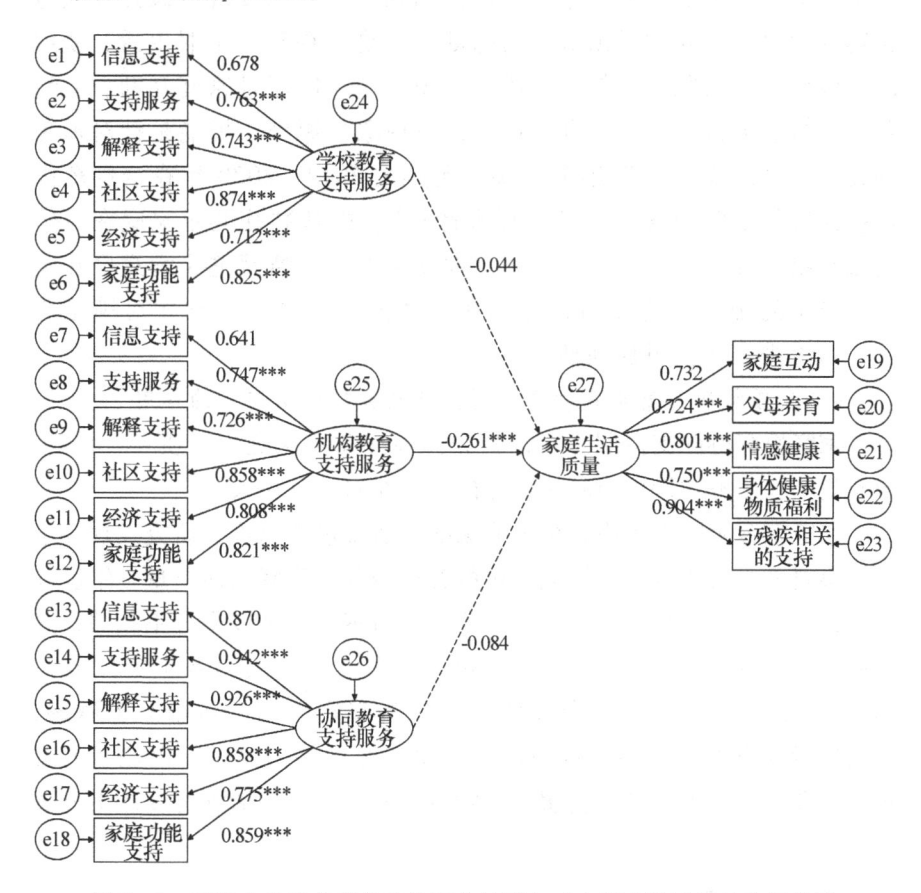

图 5-9 孤独症儿童家庭教育协同支持服务对家庭生活质量的作用模型

说明：*** 表示 $p<0.001$。

四 分析与讨论

（一）孤独症儿童家庭生活质量现状

孤独症儿童家庭生活质量处于中等水平。本书采用问卷调查法，以满意度为指标，了解孤独症家庭生活质量情况。由结果发现，孤独症儿童家庭对不同维度生活质量的满意度均分在 3.0 左右，这说明其生活质量处于中等偏低水平。这与以往胡晓毅等的研究结果基本一致。[①] 从满意度的排序上看，由高到低依次是物质福利、家庭互动、父母养育、情感健康、与残疾相关的支持。在物质福利和情感健康的满意度上与以往研究结果略有不同。例如，有研究发现，孤独症儿童家庭的满意度从高到低依次为情感健康、物质福利、闲暇生活、获取的与残疾相关的服务。但也有研究发现，这一次序是家庭互动、父母养育、情感健康、物质福利。造成这一现象的原因，可能是针对孤独症儿童家庭的福利政策逐渐增多，尤其是 2014—2020 年在全国范围内接连推行了两期《特殊教育提升计划》，故孤独症儿童家庭在身体健康和物质福利上有所改善，满意度逐渐增加。情感健康满意度在本书结果中的排序较为靠后，可能在身体健康和物质福利相对满足之后，情感需求才会更加强烈。

（二）孤独症儿童家庭教育协同支持服务对生活质量的作用

家庭教育协同支持服务可以提升孤独症儿童家庭生活质量。目前，康复机构在服务协同的过程中所做的贡献相对而言更大。

家庭教育协同支持服务会影响家庭生活质量满意度。研究发现，学校、康复教育机构和双方协同提供的各类服务与家庭生活质量各维度和总分，学校提供的信息服务与父母养育、情感健康维度得分不相关，其余服务和各维度得分均呈显著负相关。本书在供给服务上的编码是（1—有，2—没有），因此负相关代表的是家庭得到的供给服务越多，生活质量满意度就越高。这与以往的研究结果是一致的。以往研究发现，专业人员对家庭的支持服务会对特殊儿童家庭生活满意度产生显著

[①] 胡晓毅、姜依彤：《北京孤独症儿童家庭需求及生活质量研究》，《残疾人研究》2019 年第 4 期。

影响①,二者呈现出显著正相关关系。② 这就表明,家庭教育协同支持服务内容本身可能会影响生活质量满意度。

学校和康复机构的协同服务能提高家庭生活质量。将家庭生活质量满意度作为最终变量,构建一系列家庭教育协同支持服务模型,进一步验证了孤独症儿童家庭教育协同支持服务的有效性。如前所述,由于家庭具有系统性,因此"视家庭为整体"具有合理性,家庭成员能够互相依存、互相影响。因此,当给孤独症儿童家庭的成员提供需要的服务时,就会对孤独症儿童产生有利影响。有研究表明,以残疾儿童家庭为中心的支持比以残疾儿童为中心的支持效果好,也更为持久,能提升家庭自立能力。③ 也有一系列研究证实,社会支持服务可以减轻家长的经济负担,缓解家长的心理压力,提升家长的教养能力和改善其家庭生活质量。特殊儿童家庭支持服务可以显著预测生活质量。④ 本书主要侧重于教育领域提供的支持服务,家庭生活质量只针对孤独症儿童家庭,但总体而言,本书的结果与前人的研究结果具有一致性。

学校、康复机构和双方协同提供的服务均能促进孤独症儿童家庭生活质量的提高,其中康复机构的服务更有效。此外,本书检验了来源不同的教育支持服务对孤独症儿童家庭生活质量的作用模型,比较协同支持服务与单独支持服务有效性的差别。结果发现,来自教育康复机构提供的服务对家庭生活质量有最明显的影响效果。同时,协同服务效果和学校支持服务效果相似。由此可以看出,当前针对孤独症儿童家庭教育协同支持的协同服务仍有进一步提高的必要,可以借鉴康复教育机构相关服务的内容和形式。

---

① T. L. Boehm, E. W. Carter, J. L. Taylor, "Family Quality of Life during the Transition to Adulthood for Individuals with Intellectual Disability and/or Autism Spectrum Disorders," *American Journal on Intellectual and Developmental Disabilities*, 2015, 120 (5): 395 - 411.

② P. M. Ajuwon, I. Brown, "Family Quality of Life in Nigeria," *Journal of Intellectual Disability Research*, 2012, 56 (1): 61 - 70.

③ 金炳彻、张金峰:《残疾儿童家庭支持体系研究综述》,《残疾人研究》2014 年第 1 期。

④ 胡晓毅:《中国残疾儿童家庭生活质量与家庭支持现状》,《中国康复理论与实践》2016 年第 10 期; N. O. Davis, A. S. Carter, "Parenting Stress in Mothers and Fathers of Toddlers with Autism Spectrum Disorders: Associations with Child Characteristics," *Journal of Autism and Developmental Disorders*, 2008, 38 (7): 1278 - 1291.

总而言之，学校、康复机构以及两者的协同服务均能促进孤独症儿童家庭生活质量的提高，其中康复机构的服务更为有效。

五 研究结论

本章采用问卷调查法，抽取了全国范围内542户孤独症儿童家庭，分析并呈现调查数据。研究目的是了解其家庭生活质量和特点，分析学校、康复机构和两者协同服务对家庭生活质量所产生的影响，同时探索形成孤独症儿童家庭的教育支持服务对调节其生活质量的作用模型。

第七节 研究总结

一 研究结论

特殊学校、医院等不同主体给予孤独症儿童家庭教育协同支持服务，旨在减轻家庭各方面的压力，提高家庭生活质量。本书采用文献分析法和问卷调查法，了解中国的孤独症儿童家庭教育协同支持服务供需情况，系统分析主体之间协同合作的现状，并且剖析了该方式是如何作用于家庭生活质量的。

首先，孤独症儿童家庭所需要的教育支持服务的程度没有达到高水平，而是位于中等偏高的状态。其中，对信息支持需求最强烈，相对而言不太需要的是向他人解释和经济支持。只有在向他人解释和经济需求上，社区服务需求和家庭功能需求之间没有明显差异，其余的相互之间有明显差异。家庭因素（家庭所在地和家庭年收入）、家长因素（父母的年龄、职业和学历）和儿童因素（儿童性别、儿童患病程度）能够显著影响教育支持服务的需求。

其次，在孤独症儿童家庭得到的帮助中有七成来自学校和康复教育机构，但对其满意度不高，位于中等偏低的状态。学校和康复教育机构给予较多的是信息服务，其次是心理支持和向他人解释的服务，最后是家庭功能、社区服务和经济服务。母亲年纪、学历和家庭所在地、类型、教育支出可以有效左右供给的满意程度。而从双方协同的视角来看，孤独症儿童家庭得到两者共同给予的服务达50%，但对其满意度不高，位于中等偏低的状态。其中，家庭得到的信息服务最多，其次是心理支持和向他人解释服务，最后是经济需求服务。

再次，服务的来源不同，家庭在信息、心理支持和解释方面得到的服务不同，按照给予的服务水平从低到高排序为机构与学校协同、教育康复机构、学校。不仅如此，服务来源不会造成满意度的差异。学校为孤独症儿童家庭提供最多的是信息和社区服务，康复教育机构向他们提供最多的是社区服务，双方协同支持向他们提供最多的是经济服务。中国孤独症儿童家庭教育协同支持服务的特征是"服务质量重点突出，服务涉及面短板明显"，各服务主体仍需提高协同程度。

最后，孤独症儿童家庭关于生活质量的满意程度不高，从整体上讲位于中等偏下的状态。对满意度从低到高进行排序，得到与残疾相关的支持、情感健康、父母养育、家庭互动、物质福利。协同供给的教育支持服务可以给予孤独症儿童家庭更多的帮助，提升其生活品质，其中，教育康复机构提供的教育支持服务对其改善最为明显。

二　研究价值

（一）理论价值

首先，本书运用协同和社会生态理论，搭建了孤独症儿童家庭教育协同支持服务的协同作用模型，为探究孤独症儿童家庭教育协同支持服务添砖加瓦。

其次，本书运用问卷调查等方法，利用结构方程模型研究孤独症儿童家庭教育协同支持服务是如何作用于生活质量的，研究其作用路径，为探究特殊教育领域的教育协同支持服务提供了新的研究方法和理论依据。

（二）实践价值

首先，本书将孤独症儿童家庭教育协同支持服务作为研究对象，了解它的供给和需求情况，将人口学变量分为家庭、家长和儿童因素，研究其是怎样影响需求和供给满意度的。本书可以帮助不同的主体形成更好的策略来满足家庭的不同需求，构建更加完善的服务体系。同时还可以帮助孤独症儿童家庭提高生活质量，营造健康愉悦的家庭氛围。

其次，本书围绕协同理论总结出新的孤独症儿童家庭教育协同支持服务模式，促进教育服务主体之间的合作和决策，最终大幅度提高服务质量。

(三) 社会价值

孤独症儿童家庭教育协同支持服务涵盖了党的十九大报告所提出的"幼有所育""学有所教""弱有所扶"三个方面的内容。[1] 只有孤独症儿童家庭生活品质高、经济富裕才有可能给予其子女更好的成长环境、更有效的治疗。

目前救助机构的增长速度远远落后于新增患病儿童的速度,首先,由于缺少该领域专业人员,导致康复服务不专业、不及时。其次,孤独症儿童康复机构的收费普遍较高,并且儿童需要专人照顾,这极大地增加了家庭负担,导致家庭入不敷出。最后,政府扶持力度尚显薄弱,配套资源不够,孤独症儿童遭遇歧视等问题没有得到解决。[2] 本书对孤独症儿童家庭教育服务的供需情况及其协同机制的研究,有助于优化教育资源,也有助于弘扬和践行社会主义核心价值观,实现物质文明和精神文明的富足。

三 研究展望

一方面,要在本研究的基础上增加样本量,尤其是增加得到协同服务家庭的数量,有利于构建更详细、完善、普适性的教育支持服务协同机制的模型。另一方面,引入新的研究方法,在技术的支持下进一步研究教育支持服务的作用机制,挖掘其影响要素,进一步探究孤独症儿童家庭协同合作的理论依据。

---

[1] 《中国共产党第十九次全国代表大会文件汇编》,人民出版社2017年版。
[2] 韦兵:《从社会排斥到多元主体合作——论孤独症儿童救助模式的社会支持网络建构》,《劳动保障世界》2016年第12期。

第六章

孤独症儿童学校融合支持服务系统运行机理

> 融合是一种理念,又是一种模式,集特殊教育与普通教育的优势,两者相互支持、相互渗透、普中有特、特中有普、以普带特、以特促普,形成教育的合力,使孤独症儿童与健全儿童共同生活,共同学习,和谐发展。
>
> ——梁松梅[①]

随着融合理念在全球的普及,孤独症儿童融入普通学校的问题逐渐受到国家政策的重视。在特殊教育改革与提质的过程中,融合教育逐渐发展壮大。在中国,融合教育又被称为"全纳教育",其含义为完全接纳,为所有适龄的正常或是孤独症儿童提供学校学习的机会,满足所有学生多样化教育的需求。此外,融合教育还倡导平等的价值观,拒绝将孤独症儿童孤立于特殊学校中,主张孤独症儿童和正常儿童共同接受与其年龄相适应的普通学校教育,并提倡最大限度地发挥孤独症儿童的特长。现有研究也证实了孤独症儿童融入普通学校对其有很大的益处。接受融合教育的随班就读孤独症儿童实现了认知、情感、意志、行为等多方面的发展,促进了孤独症儿童的身心健康发展,进而提升其幸福感。[②]

---

① 梁松梅:《融合教育为学校管理带来的变革》,融合中国项目心智障碍者家长组织网络,http://www.inclusion-china.org/shenghuo/zl7/news-id/17/,(2014.04.18)。
② 涂晓琴、戴东红:《融合教育模式下听障大学生主观幸福感、生活事件和社会支持的现状研究》,《中国特殊教育》2014年第8期。

国内的融合教育主要以随班就读的方式进行实践，使身心功能较高的孤独症儿童融合到普通学校接受和正常儿童一样的教育。这种融合教育方式已成为中国孤独症儿童接受教育的一种主要方式，为孤独症儿童融入社会奠定了基础。融合教育推行二十多年来，接受普通学校教育的孤独症儿童越来越多。2017年教育部统计发现，孤独症儿童在校人数已经达到41.87万人，普通学校中的孤独症儿童占统计人数的56.4%。[1] 但是，随着普通学校随班就读的孤独症儿童越来越多，融合教育中的挑战和困难逐渐显现出来。

目前，学术界对孤独症儿童接受随班就读的融合教育是否真的有益存在着争议。首先，持反对观点的研究者认为，随班就读的孤独症儿童比正常儿童更容易遭受心理健康问题，如出现抑郁和自卑心理。其次，相较于特殊教育学校，孤独症儿童在普通学校中可能会存在学习和人际关系问题。比如，普通学校的教师可能会对孤独症儿童存有偏见，对其学业要求较低，这并不利于孤独症儿童的发展。另外，在普通学校中正常儿童可能无法理解或是接纳随班就读的孤独症儿童，甚至可能会对其加以排斥和欺凌，这对孤独症儿童的身心健康发展是极其不利的。因此，部分研究报道，普通学校甚至出现个别随班就读孤独症儿童退学，又重新回到特殊学校的现象。[2] 这究竟是因为融合教育理念本身有问题，还是实施过程中出现了问题？让孤独症儿童融入普通学校随班就读对其是不是有益的？本章首先要对这些问题进行研究。

随着孤独症儿童融入普通学校的数量逐渐增多，融合教育不再仅仅追求孤独症儿童随班就读的入学率增加，而是追求孤独症儿童随班就读的学业适应和自身发展。[3] 随班就读的教师开始对孤独症儿童开展多方面的评价，包括人际交往情况、心理健康水平和学校适应程度，而不再把学业成绩作为唯一的评价指标。[4] 从发展心理学角度来看，衡量学生

---

[1] 《2017年全国教育事业发展统计公报》。

[2] Unesco, The Salamanca Statement and Framework for Action on Special Needs Education: Adopted by the World Conference on Special Needs Education. Salamanca, 1994, p. 31.

[3] 丁宇、肖凌、郭文斌、黄敏儿：《社会支持在生活事件—心理健康关系中的作用模型研究》，《中国健康心理学杂志》2005年第3期。

[4] 李方方、杨柳：《近十年中国有关特殊儿童家庭照顾者社会支持的研究进展》，《现代特殊教育》2015年第8期。

社会性发展水平和身心健康水平的一个关键指标是学校适应。[①] 已有研究证实，良好的社会适应水平对个体的发展与社会和谐稳定均有促进作用，而社会支持对儿童的社会适应水平具有显著的正向预测作用。[②] 在孤独症儿童融入普通学校随班就读的过程中，家长和儿童不仅要面对各种各样的困难和挑战，还会萌生出一些特殊需求。有研究者对随班就读孤独症儿童的父母进行需求调查，结果表明，孤独症儿童家长在融合教育过程中对学校行政支持、学校资源教室和儿童学习生活辅助支持需求较大，并且其支持需求和获得的学校支持之间差距较大。[③] 因此，本书对融合教育中孤独症儿童的学校支持现状开展调查研究。

在融合教育背景下，普通学校成为孤独症儿童学习活动的环境空间。学校支持服务的具体实施情况对孤独症儿童的融入来说至关重要，将直接影响孤独症儿童的社会性发展和身心健康发展。目前，关于孤独症儿童随班就读领域的融合研究还处于起步阶段。关于孤独症儿童融合教育的社会支持研究还处在以孤独症儿童家长和随班就读教师群体为主的阶段，关于孤独症儿童学校适应和学校支持结合的实证研究很少。孤独症儿童学校支持系统的构成要素是什么？它如何影响孤独症儿童的学校适应水平？已有研究并没有对这些问题做出回答。鉴于此，本书首先开展调查研究，了解孤独症儿童学校支持运行现状和学校适应水平，探究孤独症儿童学校支持系统的构成要素和影响机制。本书将把研究对象聚焦于普通学校的孤独症儿童，为普通学校的融合型社会支持提供理论参考，为孤独症儿童融入普通学校提供针对性的支持扶助，提升其学校适应水平。

第一节　研究设计

一　研究问题

从积极心理学角度出发，学校支持被认为是随班就读孤独症儿童社

[①] 陈英敏、李迎丽、肖胜、邓秋月、高玉洁、高峰强：《初中生人际关系与学校适应的关系：多重中介模型检验》，《中国特殊教育》2019年第4期。

[②] 王志强：《贵州苗族地区特殊教育学校苗族聋生社会适应行为研究》，硕士学位论文，重庆师范大学，2010年。

[③] 胡金枝：《国中低成就资优生学校适应问题与支持系统之建构研究》，硕士学位论文，台湾师范大学，2006年。

会支持系统中极其重要的因素，学校拥有很多积极有效的资源，应充分发挥其优势，尽力提升在校学生的身心健康水平和社会性发展水平。目前，研究者较少关注融合教育中孤独症儿童学校支持和学校适应相结合的实证研究，也不了解孤独症儿童学校支持系统的组成要素。因此，本书将以普通学校中的孤独症儿童为调查对象探讨下面三个问题：

（1）普通学校中孤独症儿童的学校支持系统主要构成要素是什么？

（2）普通学校中孤独症儿童的学校支持系统当前的情况是怎样的？孤独症儿童的学校支持情况在人口统计学变量上有无显著差异？

（3）普通学校中孤独症儿童的学校支持的影响机制是怎样的？学校支持对孤独症儿童学校适应水平有无影响？

二 研究目标

本书拟结合融合教育背景，从积极心理学的角度出发，考察孤独症儿童学校支持系统的主要组成要素，了解学校支持系统当前的情况与影响机制，并基于调查结果提出针对性的建议。结合已有相关研究的现状，本书综合研究方法与测量工具的特性，提出以下三点具体研究目标：

（1）探讨普通学校中孤独症儿童的学校支持系统构成要素，并构建孤独症儿童学校支持系统模型。

（2）分析普通学校中孤独症儿童学校支持系统运行的现状及特点。

（3）探究普通学校中孤独症儿童学校支持系统对其学校适应的作用机制。

三 研究内容

本书在积极心理学背景下，以 Bronfenbrenner 生态系统理论和社会支持效能理论为研究基础，针对普通学校中的孤独症儿童学校支持系统构成要素进行重点考察，探究孤独症儿童学校支持系统和学校适应水平的关系，并基于此探究孤独症儿童的学校支持系统对其学校适应的影响机制。

（一）孤独症儿童学校支持系统和学校适应水平现状调查研究

本书主要以普通学校中的孤独症儿童为调查对象，结合孤独症儿童自身特性，通过笔者自己编制的"随班就读孤独症儿童基本情况调查表"与"随班就读孤独症儿童学校支持系统问卷"，采取孤独症儿童家长他评的形式进行调查，以此来考察普通学校中孤独症儿童学校支持情况与特征，分析在人口统计学变量上孤独症儿童学校支持总分和各维度分数有无显著差异。同时，本书通过"在校生学校适应量表"对孤独症儿童的家长与老师进行研究，以此了解融合教育背景下孤独症儿童随班就读的学校适应水平及其在人口统计学变量上的差异。

（二）构建孤独症儿童学校支持系统模型

首先，本书主要采用文献分析法、问卷调查法和访谈法，并基于调查资料总结出普通学校中孤独症儿童学校支持的主要组成因素。其次，笔者以 Bronfenbrenner 生态系统理论模型与社会支持系统模型为基础，结合实践调查结果和文献分析，构建融合教育下孤独症儿童随班就读的学校支持系统模型。此外，基于所构建的孤独症儿童学校支持理论模型，本书自编了"随班就读孤独症儿童学校支持系统问卷"。然后，本书制定了调研方案，对多所普通学校中的孤独症儿童及其父母、校长和教师进行问卷调查和访谈。最后，笔者利用问卷调查结果与访谈结果对随班就读孤独症儿童学校支持系统模型进行验证和修改，删减部分没有必要的学校支持问卷维度，对修改后的问卷进行信效度检验，直到确定信效度良好的随班就读孤独症儿童学校支持系统问卷。笔者构建孤独症儿童学校支持系统模型是后续研究的理论依据，自编的"随班就读孤独症儿童学校支持系统问卷"则是测量工具。

（三）孤独症儿童学校支持对学校适应的影响机制研究

本书选取普通学校中的孤独症儿童为研究对象，采用"在校生学校适应量表"与"随班就读孤独症儿童学校支持系统问卷"以家长他评的形式对孤独症儿童的家长和老师进行调查研究。然后，本书在孤独症儿童随班就读的学校支持与学校适应情况的研究结果的基础上，对普通学校中孤独症儿童学校支持和学校适应的关系进行探究，以此了解孤独症儿童的学校支持对其学校适应水平的影响机制。

四 研究思路

本书结合融合教育背景，从积极心理学的角度出发，总结梳理近年来国内外孤独症儿童学校支持的相关研究现状，以社会支持理论与生态系统理论为基础，提出普通学校中孤独症儿童学校支持系统模型，继而自编相关调查问卷。然后，本书对普通学校中随班就读的孤独症儿童学校支持系统的情况进行问卷调查，以此研究孤独症儿童学校支持对其学校适应水平的影响机制。通过本书研究，我们期望可以使随班就读的孤独症儿童更好地融入普通学校的教育生活。围绕本书的目标，我们将研究思路分为四步：总结梳理文献研究成果、构建模型与自编问卷、设计方案并开展调查、总结归纳研究结果。具体的研究思路如图6-1所示。

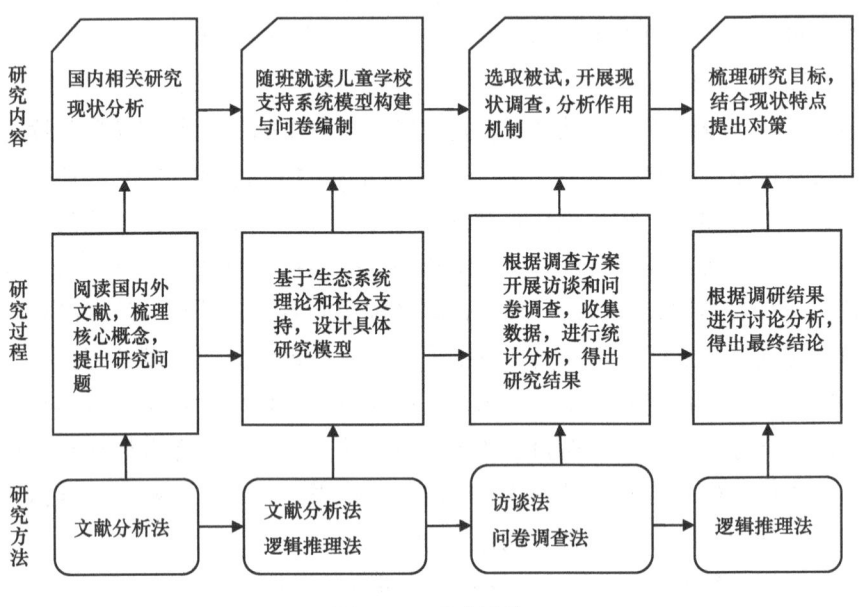

研究内容	国内相关研究现状分析	随班就读儿童学校支持系统模型构建与问卷编制	选取被试，开展现状调查，分析作用机制	梳理研究目标，结合现状特点提出对策
研究过程	阅读国内外文献，梳理核心概念，提出研究问题	基于生态系统理论和社会支持，设计具体研究模型	根据调查方案开展访谈和问卷调查，收集数据，进行统计分析，得出研究结果	根据调研结果进行讨论分析，得出最终结论
研究方法	文献分析法	文献分析法 逻辑推理法	访谈法 问卷调查法	逻辑推理法

图6-1 研究思路

五 研究方法

（一）文献分析法

文献分析法指的是收集现有的相关研究文献，然后抽取文献中与研究目标有关的资料，探究相关研究对象的概念和现状，通过梳理总结来引出本书观点的一种分析方法。该方法可以帮助研究者对现有的相关研究现状有一定的动态把握。本书把"孤独症儿童""随班就读""学校支持""社会支持""学校适应"等作为关键词进行中文文献检索，同时在 EBSCO、Web of Science、ELSEVIER 等英文数据库中检索关于残障问题随班就读学校支持、社会支持、学校适应的英文文献。经过对近十年来的相关文献的总结梳理，笔者对目前孤独症儿童融入普通学校随班就读的学校支持和学校适应的相关研究现状及趋势有了一定的了解，同时总结了国内外孤独症儿童学校支持的相关理论。在文献总结梳理的基础上，本书分析了现有研究可能存在的问题，并基于问题确定了本书的研究方向。此外，本书对已有孤独症儿童学校支持相关研究的分析为接下来的自编问卷工作提供了参考。

（二）访谈法

访谈法又被称为晤谈法，主要是调查者通过与受访者有目的的、面对面交谈来获取被试对所研究问题的想法或观念的一种心理学质性研究法。针对访谈法的开展形式，调查者会根据受访者本身的特点和研究目的进行选择。其中常见的访谈形式是半结构性访谈，即调查者在访谈之前会设计好访谈提纲，在访谈时根据访谈提纲与受访者进行口头交谈，并记录受访者回答的内容，进而收集详细且不附加研究者自身臆想的客观事实资料。本书正是采用这种访谈形式对孤独症儿童父母、教师和校长进行了访谈。但由于本次研究的时间有限，因此调查者对校长和家长采用的是一对一访谈，而对孤独症儿童教师采用的是集体访谈的形式。针对不同的访谈对象，本书设计了三类访谈提纲，以充分了解普通学校中孤独症儿童随班就读的整体情况。此外，为了保证本书自编的"随班就读孤独症儿童学校支持系统问卷"维度构想及内容的合理性，调查者还对一线教师代表和学校领导进行了访谈。基于多方访谈结果和一线教师、学校领导的意见，本书对自编问卷进行了修改完善，为后续研究打下了坚实的基础。

（三）问卷调查法

问卷调查法是指调查者通过规范设计的问卷对选取的被调查者收集相关文本数据的一种调查方法。该方法是以书面提出问题的方式搜集相关资料。在问卷的预测阶段，笔者通过自编的"随班就读孤独症儿童学校支持初测问卷"和"随班就读孤独症儿童基本信息表"对研究对象进行问卷调查，根据调查结果对问卷进行修正，形成正式问卷。然后，本书以"在校生学校适应问卷""随班就读孤独症儿童基本信息表"和

"随班就读孤独症儿童学校支持问卷"为测量工具对研究对象进行正式的问卷施测,收集相关数据,采用合适的统计方法探究普通学校中孤独症儿童随班就读的学校支持现状及作用机制。

(四)逻辑推理法

基于相关文献研究的总结梳理和调查对象的访谈结果,本书以逻辑推理的方法设计出调研方案,并结合问卷调查结果和访谈结果,归纳总结出最终的研究结论。

第二节 国内外相关研究分析

一 随班就读孤独症儿童的相关研究综述

(一)随班就读的定义

随班就读是由国外融合教育理念转化而来的,随班就读最早是在1988年由中国教育部正式提出的。所谓融合教育,就是说让孤独症儿童和正常儿童一样进入普通的学校学习,接受正常的教育,以便其未来更好地融入社会生活。中国研究者基于教育理念,把这种教育形式称作随班就读。以教育对象与教育方式来看,随班就读指的就是将各种孤独症儿童(智力障碍、学习障碍和孤独症等)安置到普通学校中和普通儿童一起接受正常的义务教育,这对中国特殊教育领域来说是一种全新的孤独症儿童教育形式和组织形式。[①] 在中国,随班就读作为新型的孤独症儿童教育模式,是普通学校教育体系和特殊教育体系的结合与延伸。截至目前,针对中国孤独症儿童主要有三种教育形式:特殊学校、随班就读和在普通学校中设立"卫星班"。

(二)随班就读孤独症儿童的定义

基于对随班就读定义的上述解读,我们了解到随班就读就是针对特殊儿童的一种新型教育方式,对特殊儿童的概念,国外和国内研究者持有不同的看法。国外研究者认为,特殊儿童就是具有某些超常的天赋或在学习上远落后于正常儿童的一类群体。针对这类儿童群体,国外学者

[①] 顾远:《教育大辞典》,上海教育出版社1990年版;华国栋:《特殊需要儿童的随班就读》,辽宁师范大学出版社2002年版。

赞成应进行目标性的教育以激发其潜能。① 但国内研究者认为，特殊儿童具有广义和狭义两个层面的定义。在广义上，国内学者认为，特殊儿童可以分为两类：一类是在身心各方面（肢体、感官、言语、行为、智力和情绪等）的发育水平明显高于正常儿童的群体，而另一类则是在身心各方面发育水平明显低于正常儿童的群体。国内研究者认为，狭义的特殊儿童指的就是后者，他们在身心各方面表现出明显的发育迟缓，例如智力、听力、视力、言语、情绪和行为等方面具有一定缺陷的儿童，这类儿童也被称为孤独症儿童。②

本书主要选取普通学校中随班就读的孤独症儿童作为研究对象，其中包含生理、智力、言语方面发育异常以及具有广泛性发育障碍的孤独症儿童。具有生理障碍的孤独症儿童主要是在身体结构或者功能上明显异于正常儿童，这导致其在与外界交流时存在问题，比如视力障碍儿童和听力障碍儿童；智力发展异常儿童表现为智力发展水平显著低于普通儿童，比如中度智力障碍；言语发展异常者主要表现为在正常交流过程中出现言语沟通障碍，即有不同水平的言语缺失，这使得他们无法和他人进行正常交流，比如孤独症与阅读学习障碍。

（三）普通学校中孤独症儿童发展成效研究

在融合教育背景下，中国教育部结合国情探索出了新的孤独症儿童教育模式。在新的教育模式下，孤独症儿童融入普通学校随班就读，他们开始接受和正常儿童一样的教育。有研究表明，从中国孤独症儿童融入普通学校随班就读开始，孤独症儿童在校的人数有了大幅度提升。2017年国家教育事业发展统计公报数据表明，中国普通学校中随班就读的和接受特殊教育的孤独症儿童已经由2014年的21万人增加至2017年的41.87万人，其中，在普通学校随班就读的孤独症儿童占统计的孤独症儿童总数的比率也由53%增加至56.4%。这在一定程度上揭示了孤独症儿童融入普通学校随班就读正逐渐被越来越多的普通学校认同。对于孤独症儿童在普通学校中随班就读的现状及对其发展的影响，国内外研究者已经做了很多调查。国外学者的研究

---

① William L. Heward, *The Primary-Service-Provider Model for Home-and Community-Based Services*, America: Psicologia, 2003, pp. 115 – 135.

② 朴永馨：《特殊教育辞典》，华夏出版社2014年版。

表明，让孤独症儿童融入普通学校随班就读对其未来发展有明显益处。比如，Valdez发现，融入普通学校随班就读的孤独症儿童和在特殊学校受教育的孤独症儿童相比，在普通学校随班就读的孤独症儿童在社会交往技能和社会适应方面有较大优势，他们更容易融入社会环境。① Garfinkle和Schwartz的研究也对这一观点做了进一步的证实，结果表明，在普通学校中随班就读的孤独症儿童可以通过模仿学习同伴的身体及言语行为来提升自身的社会交往技能和社会适应程度。② 同时，还有学者证实在普通学校中随班就读的孤独症儿童学业成绩比在特殊学校中受教育的孤独症儿童更优异。此外，国外学者还对融合教育背景下孤独症儿童的自信心状况进行了调查，结果显示，由于普通学校中的孤独症儿童有了更多和同伴交往学习的机会，因此他们的基本生活能力得到了提升，进而自信心也有明显提升。③ 基于国内研究者对融合教育背景下全国多所普通学校中随班就读的孤独症儿童情况的调查结果，我们发现，不仅孤独症儿童的受教育比率得到了明显提升，普通学校中招收的随班就读孤独症儿童类型也发生了转变。在国内最初实施孤独症儿童融入普通学校随班就读的阶段，普通学校中招收的孤独症儿童多以智力障碍、听力障碍和视力障碍为主。如今，随着融合教育逐渐走上正轨，普通学校招收的孤独症儿童开始变得多样化。除了过往主要招收的轻中度智力障碍、视力障碍和听力障碍儿童外，普通学校还增加招收多动症障碍等其他类型障碍的孤独症儿童。同时，国内研究者还发现，融合教育背景下的孤独症儿童和特殊学校中的孤独症儿童相比，其社会交往情况、学业成绩和自信心水平明显较好④，这与国外研究者的结论基本一致。此外，国内研究者发现，让孤独症儿童进入普通学校随班就读可以显著改善他们的情绪情感发展、个性发展和人际交往情况。

---

① Valdez, Felicia, Montgomery, et al., "Outcomes from Two Treatment Approaches for Children with Communication Disorders in Head Start," *Journal of Children's Communication Development*, 1996, (2): 65-71.

② Garfinkle, Ann N., Schwartz, et al., "Peer Imitation: Increasing Social Interactions in Children with Autism and Other Developmental Disabilities in Inclusive Preschool Classrooms," *Topics in Early Childhood Special Education*, 2002, (1): 26-38.

③ National Center on Educational Restructuring and Inclusion, *National Study of Inclusive Education*, New York: NCERI, 1994, pp. 8-12.

④ 杨希洁：《随班就读学校残疾学生发展状况研究》，《中国特殊教育》2010年第7期。

基于已有研究成果，我们可以看出国内的孤独症儿童融合教育工作已经取得了明显的效果，这为后续大力推行这种新型的特殊教育形式提供了实证研究基础。

（四）普通学校孤独症儿童教育发展困境研究

在总结梳理文献的基础上，我们发现，近些年来孤独症儿童融入普通学校随班就读的一系列措施取得了一定的效果，这证实了融合教育对孤独症儿童确实是有益的，但也有研究者指出，在实施这一新型的特殊教育形式过程中也不可避免地存在一些问题。由于孤独症儿童融入普通学校随班就读，接受正常教育的需求无法得到满足，导致出现"教育回流""随班混读"和"随班就坐"等问题。① 此外，研究者还指出，中国融合教育还处于起始阶段，所以出现了普通学校中设立的资源教室不足、随班就读的教师缺乏相关的教学经验以及普通教室和特殊教室协同教学配合程度不够的问题，进一步导致出现孤独症儿童随班就读效果不太理想的现象。由此可以看出，普通学校中孤独症儿童随班就读所面临的学校支持困境是多方面的。结合现有的相关研究分析，我们发现，研究者主要是以孤独症儿童自身及其有关的主体视角来探讨孤独症儿童融入普通学校随班就读的困难。综合已有研究，本书认为，孤独症儿童融合教育面临的困境主要来自四个层面。

1. 孤独症儿童自身层面

在孤独症儿童自身层面，有研究表明，普通学校中孤独症儿童随班就读主要存在三点适应性困难。第一，部分孤独症儿童在融合教育下出现了适应性行为方面的问题。比如，孤独症儿童在融入普通学校的团体互动活动时表现出了较多的退缩性行为，其中包括沉默不语、不愿参与活动和害怕和同伴交往合作。同时，他们还表现出了不遵守课堂纪律的情况，包括上课期间不听讲、离开座位和不参与课题讨论等。第二，部分孤独症儿童在融合教育背景下出现了生活方面的问题，比如不能合理安排自身的作息时间。第三，部分孤独症儿童在融合教育背景下还出现了学校调节方面的问题，比如难以跟上正常学习的进度、缺乏对学习的

---

① 马斯佳：《孤独症儿童随班就读存在的问题及对策》，《中国特殊教育》2016年第4期。

兴趣和偏科严重等。[1]

2. 学生同伴层面

在学生同伴层面，有研究表明，孤独症儿童在随班就读过程中拥有良好的同伴关系对他们适应普通学校的学习生活有直接的促进作用，且一个主动接纳、互相帮助的班级氛围可以使孤独症儿童感受到归属感。据已有研究表明，普通学校中正常儿童对随班就读的智力障碍儿童普遍抱有不理解、不接受和排斥的负面态度。[2] 此外，因为孤独症儿童有言语沟通方面的障碍，缺乏社会交往的技能，他们难以和正常儿童建立良好的同伴交往机会，这使得他们在普通学校中也经常处于被排斥和孤立的状态。

3. 教师层面

在教师层面，已有研究发现，普通学校中孤独症儿童随班就读的学校教师主要有四个方面的问题有待解决。第一，融合教育背景下孤独症儿童教师的师资不足。研究发现，目前普通学校中孤独症儿童随班就读的专职教师缺口极大，大部分普通学校中的特殊教育专职教师很少，甚至有些学校根本就没有专职的特殊教育教师，其他文化课程的老师要兼职管理随班就读的孤独症儿童，这在一定程度上导致了融合教育背景下孤独症儿童的特殊教育质量难以得到保证。第二，在教师技能上，随班就读孤独症儿童的教师缺少一定的工作经验和特教技能[3]，在保障孤独症儿童安全的前提下，对其放任自由[4]，从而阻碍了其社会性发展。第三，目前融合教育背景下很多普通学校里的教师工作考核存在问题。大部分普通学校的教师工作考核是以班级成绩的合格率进行考察的，这对带有孤独症儿童的班级教师来说是不公平的，孤独症儿童自身的特性难免会对班级的总体成绩名次产生影响，从而影响教师的工作考核。因

---

[1] 许海英：《支持随班就读孤独症儿童学习的实践与思考——基于家长需求的视角》，《现代特殊教育（基础教育研究）》2019年第11期。

[2] 刘峰、张国礼：《普小学生对随班就读弱智生内隐污名的干预研究》，《中国特殊教育》2013年第5期。

[3] 李娜、张福娟：《上海市随班就读学校资源教室建设和运作现状的调查研究》，《中国特殊教育》2008年第10期。

[4] 张倩昕、陈雪莹、张鑫、钟颖鸿、卓彩琴：《社会排斥视角下孤独症儿童随班就读的困境与出路》，《社会福利》（理论版）2014年第3期。

此，很多带有孤独症儿童班级的老师可能很难对工作抱有较高的积极性，这妨碍了孤独症儿童自身的发展。未来我们应考虑改善普通学校中孤独症儿童随班就读教师的工作考核制度，为其设立独立的奖励机制和考核体系，以此激发孤独症儿童教师的工作热情。第四，普通学校中随班就读孤独症儿童可能在教师接纳态度方面存在问题。教师在融合教育过程中是一个极其重要的角色，普通学校中教师对孤独症儿童的接纳态度将会直接影响儿童在学校中的未来发展。但是，普通学校老师对随班就读孤独症儿童的接纳态度会经历一个漫长的改变过程，其中包括经历关注、接纳理解、协作影响和发展等若干阶段。有学者的研究表明，中国多数普通学校老师对随班就读的孤独症儿童依然保持中立态度，相比关心随班就读孤独症儿童的成长发展，教师更关心自己的工作考核。[1]这可能是因为目前大部分普通学校对带有孤独症儿童的教师缺乏实际性的行为帮助。[2]

4. 学校层面

在学校层面，我们发现，招收孤独症儿童入学对普通学校而言，相应的特殊教师师资的需求也会增加。根据国内学者于玉东等的研究结果，普通学校招收孤独症儿童入学会增加其相应的办学成本，从而加重学校经济上的负担。[3]因此，这也导致出现大部分普通学校并不愿接纳孤独症儿童入学的现象。除此之外，中国对于融合教育的学校政策支持还有待提高，大部分普通学校缺乏专门的特殊教师编制，且学校教育设施资源较少，投入的办学资金不充足[4]，均在一定程度上阻碍了普通学校中孤独症儿童随班就读工作的进行。

基于上述分析，我们发现，目前国内外研究者对普通学校中孤独症儿童随班就读的现状研究及相关主体研究呈现出多样化。因此，关于孤独症儿童融合教育的困境也呈现出两个方面，即孤独症儿童自身和孤独

---

[1] 颜廷瑞：《随班就读教师对实施融合教育的关注研究》，《教育科学》2016年第5期。
[2] 于素红：《上海市普通学校随班就读工作现状的调查研究》，《中国特殊教育》2011年第4期。
[3] 于玉东、郑艳霞、王新：《河北省残疾儿童随班就读的现状分析及对策》，《中国特殊教育》2008年第1期。
[4] 江小英、牛爽爽、邓猛：《北京市普通中小学融合教育基本情况调查报告》，《现代特殊教育》2016年第14期。

症儿童相关主体。同时，因为孤独症儿童具有生理或者心理上的发育异常，所以很多儿童家长会把他们送去特殊学校或者康复教育机构，只有极少部分的孤独症儿童被其父母送入普通学校接受正常教育。在进入普通学校学习与生活的融合过程中，孤独症儿童不可避免地会遇到很多问题，比如教师、同伴以及普通学生家长是否愿意接纳孤独症儿童随班就读，学校对孤独症儿童随班就读的重视程度和师生间的关系。因此，对每一个孤独症儿童来说，融入普通学校随班就读是一个非常漫长的过程，不论其父母、教师还是学校都要循序渐进，不可急于求成。要想真正深入了解孤独症儿童在普通学校的现状如何，我们需要通过孤独症儿童学校系统的几个主体视角来研究学校适应水平。针对仍然存在的孤独症儿童融合教育困境问题，我们还需要从孤独症儿童家庭支持系统的现状特点入手加以解决。虽然国内外研究者对孤独症儿童融入普通学校随班就读已经进行了大量研究，但现有研究大多是以理论视角进行的，缺乏实证研究。并且现有研究对象主要集中于某一障碍类型的儿童，对于孤独症儿童的综合研究相对匮乏。

综上所述，关于普通学校中孤独症儿童随班就读的理论和实践方面的研究还存在大量空缺，需要我们对此展开进一步的研究探索，以扩充相关领域的研究资料。

二 学校支持系统的研究综述

在中文字典中，"支持"被解释为"协助""支援""支撑"等，也就是说，它指的是对个体有帮助的一些资源或策略。个体可以充分利用这些资源或策略来帮助其从外部环境中获得需要的信息，以此来提高其自身独立性与适应性水平。[①]针对这方面，国内外学者已经做了大量研究，其中大部分研究主要是从心理学和特殊教育学的视角出发，并且主要探讨有关学校支持、社会支持以及支持系统的作用机制。

（一）学校支持的定义

基于社会支持的概念界定，有学者认为，学校支持是社会支持系统构成的关键要素，其主要作用是帮助学生从学校获得对自身有帮助的资

---

① 侯旭：《孤独症幼儿学前教育支持系统建构的行动研究》，硕士学位论文，重庆师范大学，2009年。

源或策略，从而使学生更好地适应学校的学习和生活。① 在融合教育的背景下，学校支持对孤独症儿童是否可以顺利融入普通学校随班就读至关重要。关于学校支持的定义，已有研究主要将其分为广义和狭义两个层面。在广义层面上，学校支持主要指为普通学校中随班就读的孤独症儿童提供能满足其需求的各种资源或服务，比如教育资源主导性支持、家校合作和社区帮扶等②，以此帮助其顺利融入学校生活。在狭义层面上，学校支持指的是为普通学校中随班就读的孤独症儿童提供来自学校范围内的各个主体的支持，其中包括学业成绩补救、个性化培训课和设置合适的融合环境以接纳孤独症儿童随班就读。

（二）学校支持系统构成要素

在支持系统中存在很多个主体要素，各个要素是相互协作、相互联系的。而学校支持系统作为一类支持系统，其主要以学生为中心，通过联系与学生相关的各个主体要素并进行相互作用，从而形成了一个有机整体。国外 Smith 等学者认为，构建学校支持系统应成为是否有效落实孤独症儿童融入普通学校随班就读工作的评价指标之一，因为建立一个优秀的学校支持系统对推进融合教育具有关键性的作用。关于学校支持系统的评价指标主要包括以下七个方面：（1）普通学校是否可以理解并接纳孤独症儿童随班就读，而不因为儿童自身缺陷将其完全隔离在普通班之外；（2）普通学校是否可以为随班就读的孤独症儿童制定个性化的教育方案；（3）普通学校是否可以尊重并平等对待每一位学生，不对孤独症儿童抱有偏见；（4）普通学校教师是否愿意与特殊学校的教育展开学习交流，共同推进融合教育工作；（5）普通学校是否愿意让随班就读的孤独症儿童和正常儿童一样参加学校的各类活动；（6）普通学校中设立的课程是否可以考虑到随班就读孤独症儿童的特殊性，保证其可以和正常儿童一样参与交流讨论；（7）普通学校领导是否足够重视随班就读的孤独症儿童，并为其提供相应的行政支持。③

---

① 胡金枝：《国中低成就资优生学校适应问题与支持系统之建构研究》，硕士学位论文，台湾师范大学，2006年。
② 靳敬坤、于松梅：《全纳教育理念下对随班就读学校支持的再思考》，《毕节学院学报》2012年第10期。
③ 张文京：《融合教育与教学》，广西师范大学出版社2013年版。

综合以上七项指标，国内外研究者从不同的角度出发，对学校支持系统的构成要素进行了探究。首先，国外研究者认为，学校支持可以帮助随班就读的孤独症儿童尽快适应普通学校的学习生活。有效的学校支持系统应包括专业教师支持、课程设置支持、家校合作支持、同伴支持以及教师支持等。① 然后，国内研究者经过调查提出，学校支持系统可以分为支持内容和支持主体两方面。在支持内容上，学校支持系统应包括学习环境、学习心理、考评支持、课程教学支持以及特教政策及资源上的支持。② 在支持主体上，学习支持系统的构成要素应包括学校领导、专业教师、学生同伴、家校合作以及同伴与专业教师的协作。③

总之，学校支持系统主要由两方面构成，即学校支持主体要素和主体提供的支持内容。其中，学校支持主体中的有效要素应包括学校领导、教师、同伴以及相关专业人员，而学校主体提供的有效支持内容主要包括课业评估、情感态度、环境设置以及主体间的合作等。本书认为，孤独症儿童学校支持系统指的是普通学校中各个主体要素对孤独症儿童融合教育提供了精神或物质上的支持，这些来自多方的支持形成了一个完整的体系。在该体系的帮助下，普通学校中的孤独症儿童有效提升了自身能量，从而更好地应对环境中的各种压力事件，顺利地适应正常的教育生活。

（三）学校支持系统的相关研究

目前，国内外研究者不仅探讨了学校支持系统的构成要素，还对其现状进行了多项实证研究。综合已有研究成果发现，普通学校中孤独症儿童已获得的学校支持与其需要的支持之间存在较大的差距，这可能是因为学校领导在行政上的支持不足、缺乏足够的教师和同伴支

---

① W. Stainback, S. Stainback (Eds.), *Support Networks for Inclusive Schooling: Interdependent Integrated Education*, Baltimore: Paul H. Brookes Publishing Co., 1990.

② 罗乐、向友余：《脑瘫学生学校适应与学校支持系统的相关研究》，《中国特殊教育》2011 年第 7 期。

③ 卿素兰、封志纯：《普通学校对特殊儿童随班就读支持的案例研究》，《中国特殊教育》2009 年第 7 期；Stephen M. Shore, Linda G. Rasteli, *Understanding Autism for DUMMIES*, Wiley Publishing, Inc., 2006, pp. 33–38.

持，学生课业支持不足以及学校环境和设备建设不完备，未来中国须提高上述支持的水平。国内学者卿素兰对在农村普通学校中孤独症儿童随班就读的状况做了问卷研究，结果发现，孤独症儿童获得最多的支持来自同伴，其次来自学校领导和教师，而学校设备支持相对不足，这可能是由于农村学校的办学成本有限所造成的。随后，罗乐调查了小学脑瘫学生学校支持情况，结果显示，其得到的学校支持总体上处于中等水平，且城乡之间存在显著差异，农村脑瘫学生在同伴支持、环境支持、考评支持以及课程设置支持方面明显低于城市。靳敬坤研究了孤独症儿童以及他们的父母，发现孤独症儿童在学校中获得最多的支持来自教师，然后是行政和家长支持。此外，关于学校支持系统状况的访谈研究发现，学生获得最多的情感支持来自教师以及同伴，而行政支持则明显不足。

学校支持是一种具有正向作用的资源，对融合教育的推进具有一定的效能。有研究表明，普通学校中孤独症儿童随班就读的积极影响因素主要有教师支持、同伴支持和学校创造的平等友爱互助的环境。[①] 此外，罗乐对脑瘫儿童的调查结果表明，脑瘫儿童学校适应水平和其学校支持情况有正相关关系，即学生收获越多的学校支持，其学校适应水平就越高。

综上所述，目前国内外学者多采用单一的问卷调查法或访谈法对某一类型的孤独症儿童学校支持系统进行研究。基于此，本书将选取多类孤独症儿童对其进行学校支持的多方面探究。

三 学校适应的研究综述

（一）学校适应的定义

"适应"一词最早是1859年达尔文在其生物进化论里提出的，它强调了"物竞天择，适者生存"的观点，即在自然界中，只有根据外界环境变化来调整自身的个体才可以生存下来。随后，皮亚杰将达尔文的这一概念引进心理学范畴，认为适应是个体与外界刺激之间不断的同化和顺应以达到平衡的过程。其中，同化和顺应是个体适应环境的两种机

---

① 杨希洁：《随班就读学校残疾学生发展状况研究》，《中国特殊教育》2010年第7期。

能，同化是个体通过自身技能改造外界以达到适应，而顺应是个体改变自身来适应外界环境的过程。但关于学校适应的定义，国内外研究者对此有不同的理解。

通过梳理国外有关学校适应的研究发现，Birch & Ladd 提出的关于学校适应的观点受到大多数学者的认同，他们强调学校适应包括学生在学校的成绩、学生对于学校的评价与态度、学生是否积极参加了学校的各类实践。① 除此之外，Gilliam 认为，学校适应主要分为以下三个方面：（1）学生在学校的状况，包括课业成绩、学习方法以及升学率等；（2）学生在校生活状况，包括自身生活习惯和逃课率等；（3）学生在校身体和心理的发展水平，包括身体健康情况、心理健康水平、社会发展水平和情绪情感发展水平等。②

国内研究者从心理学的角度对学校适应的概念做了多方面的解释。通过查阅心理学相关文献发现，学校适应指的是学生对学校制度、学校氛围、学校设备和学习节奏等若干方面的感知程度，其主要表现为学生是否可以遵循学校规章制度进行学习、生活以及是否可以与同伴、教师进行正常交往等。③ 大部分国内研究者较为支持的观点是，学习适应是指学生在校学习、人际交往和身心状况等综合表现情况，包括学生对同伴、教师、自我和学业等的适应。④

（二）学校适应的维度结构

结合上述研究文献，我们发现，不同学者对学校适应持有不同的看法。本书通过梳理相关文献，整理了不同研究者对于学校适应维度划分的具体情况（具体结果见表 6-1）。

---

① S. H. Birch, G. W. Ladd, "Teacher-child Relationship and Children's Early School Adjustment," *Journal of School Psychology*, 1997, 35 (1): 61 – 79.
② W. S. Gilliam, E. F. Zigler, "A Critical Meta-analysis of All Evaluations of State-Funded Preschool from 1977 to 1998: Implications for Policy, Service Delivery and Program Evaluation," *Early Childhood Research Quarterly*, 2000, 15 (4): 441 – 473.
③ 林崇德、杨治良、黄希庭：《心理学大辞典》，上海教育出版社2003年版。
④ 刘紫寒、王美娇、周婕、张晓敏、易秋雯：《我国流动儿童学校适应研究综述》，《现代职业教育》2017 年第 5 期；张娜：《流动儿童学校适应问题研究——基于社会支持理论视角》，硕士学位论文，南京大学，2019 年。

表 6-1　　　　　　　　不同学者对学校适应维度的划分

维度提出者（年份）	学校适应维度具体内容
Ladd（1990）	学校适应可从学生的学校焦虑或排斥情况、对学校的认知及学业成绩情况三个维度来考察
Wentzel, Asher（1995）	学校适应包括成就动机、自我规范技能、社会行为、师生关系和学习声望五个方面
吴武典、庄明贞、黄玉贞（1997）	学校适应可以划分为学业适应、常规适应、师生关系、同伴关系、自我接纳五个方面
Birch, Ladd（1997）	学校适应包括学校喜好、学校回避、学业行为、班级参与、自我指导五个维度
Perry（2007）	学校适应可以划分为学业适应、情绪与社会性适应和对课堂行为要求的适应三个方面
王倩（2008）	学校适应可以划分为学业适应、人际交往、生活自理、遵守常规四个维度
杜富裕（2008）	学校适应包括四个维度：学习适应维度、人际适应维度、生活适应维度和学校态度维度
王彦堃（2013）	学校适应包括感觉与运动层面、生活自理与简单劳动层面、学业活动与常识积累层面、人际沟通与活动参与层面、资源利用与规则适应层面这五个维度
赵磊磊（2019）	学校适应包括学习适应维度、行为适应维度和关系适应维度三个维度

资料来源：G. W. Ladd, "Having Friends, Keeping Friends, Making Friends, and Being Liked by Peers in the Classroom: Predictors of Children's Early School Adjustment", *Child Development*, 1990, 61 (4): 1081 – 1100. K. R. Wentzel, S. R. Asher, "The Academic Lives of Neglected, Rejected, Popular, and Controversial Children", *Child Dev.*, 1995, 66 (3): 754 – 763. 吴武典等《国中偏差行为学生学校生活适应之探讨》，《教育心理学报》1997 年第 29 卷第 9 期。S. H. Birch, G. W. Ladd, "Teacher-child Relationship and Children's Early School Adjustment", *Journal of School Psychology*, 1997, 35 (1): 61 – 79. K. E. Perry, K. M. Donohue, R. S. Weinstein, "Teaching Practices and the Promotion of Achievement and Adjustment in First Grade", *Journal of School Psychology*, 2007, 45 (3): 269 – 292. 王倩《培智学校中智力落后学生学校适应特点研究》，硕士学位论文，辽宁师范大学，2008 年。杜富裕《农村儿童自我概念与班级环境、学校适应的关系研究》，硕士学位论文，江西师范大学，2008 年。王彦堃《〈特殊儿童学校适应评估量表〉的编制》，硕士学位论文，华东师范大学，2013 年。赵磊磊《农村留守儿童学校适应及其社会支持研究》，硕士学位论文，华东师范大学，2019 年。

结合上述研究结果，我们发现，虽然不同学者对学校适应的构成维度具有不同的看法，但是综合来看，几乎所有学者都认为学校适应存在以下三个维度：人际关系（同伴和师生）、学业适应和常规适应。

本书主要采用吴武典等[①]研究者划分的学校适应维度，其中包括学业适应、常规适应、师生关系适应、同伴关系适应以及自我接纳适应五个方面。学业适应是指学生的综合学业表现状况及其对学业的态度；常规适应是指学生是否遵循学校的规章制度、是否具有自理能力以及是否养成了良好的学习和生活习惯；师生关系适应是指学生和老师的人际交往适应程度，主要表现为学生是否可以和老师进行正常的情感交流以及社会性互动；同伴关系适应是指学生与同伴的人际交往适应程度；自我接纳适应是指学生对自我的认知状况，比如自信心和自我效能感。

（三）学校适应的相关研究

基于发展心理学的背景，学校适应可以被看作学生身心健康状况以及社会性发展水平的重要评价指标。[②] 个体从进入幼儿园开始，随着成长发育，要不断升学转到新的学习环境中去，因此也意味着要不断地适应改变的学习环境。国内外学者针对学生学校适应的研究已经扩展到了各个方面，包括幼儿、中小学、高中（职）和大学等不同阶段的学生以及一些特殊学生群体，比如寄宿儿童、流动儿童、留守儿童和孤独症儿童等。

（四）普通学生学校适应的相关研究

结合对于在不同教育阶段学生的学校适应研究，本书发现，学生学校适应的影响因素主要分为五个方面。

1. 父母教养方式

Dornbusch 认为，中学阶段的学生，其家长的养育方式和情感态度能显著预测其学业适应水平。[③] 这一观点也受到了 Ladd 研究的支持。

---

① 吴武典等：《国中偏差行为学生学校生活适应之探讨》，《教育心理学报》1997年第29卷第9期。

② 杨飞龙、李翔、朱海东：《学校氛围和青少年社会适应的关系：一个有调节的中介模型》，《中国临床心理学杂志》2019年第2期；张积春、李嘉、赵国军、鲁慧婷：《随班就读听障儿童学校适应状况的研究》，《中国听力语言康复科学》2019年第17卷第1期。

③ M. Sanfbrd Dombusch, et al., "The Relation of Parentlng Style to Adolescent School Performance," *Child Development*, 1997, 58: 1244 – 1257.

2. 自我概念

中国学者崔娜对于初中生的学校适应状况的研究结果显示，其自我概念水平及其学校适应水平之间有正相关关系，即初中生的自我概念水平越高，其学校适应水平就越高。李帅等人也认同此结论，他们的研究表明学生的自我概念可以影响其学校适应。①

3. 学校班级环境

学校班级是每个学生学习和活动的场地，学校班级的氛围对学生的学校适应水平具有极其重要的作用。谭千保等人对不同班级环境下学生的学校适应水平进行了研究，结果发现，良好的班级环境可以有效提高学生的学校适应水平。此外，杜富裕研究了农村学生学校适应水平，结果表明自我概念在班级环境和学校适应水平之间起中介作用。② 张光珍等学者通过追踪法对青少年学生群体的学校适应水平进行了研究，结果表明，学生对班级环境的感知可以影响其学校适应。③

4. 人际关系

人际关系适应作为学生学校适应的重要维度，其中包括同伴关系适应和师生关系适应。同伴关系和师生关系是评价学生学校适应的重要指标，也是作用于其学业适应的重要因素之一。邹泓等学者研究证实，师生关系能够影响中小学生的学业适应水平。④ 对此观点，孙阳等的研究也表示了支持，其研究表明师生关系较为亲密的学生，其学校适应水平也相对较高。⑤ 除此之外，同伴适应也可以显著预测学生的学校适应水平。比如，高旭等的研究结果表明，拥有良好的同伴关系可以显著提升学生的学业表现和情绪调节适应能力。⑥

---

① 李帅、韩丹丹、李霞、姜峰：《大学新生学校适应不良与自我概念》，《中国健康心理学杂志》2016年第10期。

② 杜富裕：《农村儿童自我概念与班级环境、学校适应的关系研究》，硕士学位论文，江西师范大学，2008年。

③ 张光珍、梁宗保、邓慧华：《学校氛围与青少年学校适应：一项追踪研究》，《心理发展与教育》2014年第30卷第4期。

④ 邹泓、屈智勇、叶苑：《中小学生的师生关系与其学校适应》，《心理发展与教育》2007年第23卷第4期。

⑤ 孙阳、邱阳：《师生关系：初中生学校适应的支持源》，《东北师大学报》（哲学社会科学版）2010年第3期。

⑥ 高旭、王元：《同伴关系：通向学校适应的关键路径》，《东北师大学报》（哲学社会科学版）2010年第4期。

5. 社会支持

通过相关文献的总结梳理发现，社会支持对于学生发展至关重要，它是学生学校适应水平的重要影响因素。作为社会支持系统的重要构成要素，学校支持与学生学校适应水平之间也存在重要关系。学生的学校支持主要可以分为三方面：学校领导、学生教师和学生同伴。徐富明等调查了大学生的学校适应水平，结果表明，学生获得的社会支持显著正向预测其学校适应水平。[①] 李文道等研究了学校支持和学校适应水平的关系，发现初中生获得的教师及同伴支持可以显著正向预测其学校适应水平。[②] 对此，侯静对高中生学校适应水平的调查也做了进一步的证实。由此可见，多个学习阶段的学生，其学校适应水平都会受到其社会支持的影响。

（五）特殊学生群体学校适应的相关研究

通过梳理相关文献发现，目前对于特殊学生学校适应水平的研究主要分为两类：一类是孤独症儿童学校适应水平研究，比如视力障碍、听力障碍和智力障碍等学生群体的学校适应水平；另一类是城市化人员流动所产生的学生群体，比如流动儿童、留守儿童、务工人员随迁儿童等。

国外学者 Hatamizadeh 选取听障儿童为研究对象进行研究，结果表明，相较于正常儿童，听障儿童的学校适应水平相比于正常儿童确实较低。[③] 随后，Fanner 对智力障碍儿童群体的学校适应水平做了问卷调查，发现其学校适应水平的特征与正常儿童不同。此外，有国内学者对孤独症儿童学校适应水平做了人口统计变量学上的差异检验，结果表明，智力障碍和孤独症学生在年级变量上均存在显著差异，即年级越高，两者的学校适应水平越高，问题行为越少。[④] 同时，有研究者还指出，孤独

[①] 徐富明、于鹏、李美华：《大学生的学习适应及其与人格特征及社会支持的关系研究》，《中国留学生》2005 年第 26 卷第 4 期。

[②] 李文道、邹泓、赵霞：《初中生的社会支持与学校适应的关系》，《心理发展与教育》2003 年第 19 卷第 3 期。

[③] N. Hatamizadeh, M. Ghasemi, A. Saeedi, et al., "Perceived Competence and School Adjustment of Hearing Impaired Children in Mainstream Primary School Settings," *Child Care Health & Development*, 2008, 34 (6): 789–794.

[④] 余晴薇：《发展性障碍儿童父母教养方式——亲子关系与学校适应的关系研究》，硕士学位论文，重庆师范大学，2019 年。

症儿童学校适应水平在障碍类型上有着明显的差别。比如，王彦堃对三类残疾儿童（脑瘫、智力障碍、孤独症）的学校适应水平进行调查，结果表明智力障碍儿童的学校适应水平最好，而最差的是孤独症儿童。[1] 对于孤独症儿童学校适应水平产生作用的变量，国内外研究者都进行了大量研究。Mcintyre 等认为，孤独症儿童学校适应水平会受到学生社会技能掌握情况的作用。[2] 国内研究者孙瑞的研究表明，孤独症儿童自我概念和其学校适应水平有正相关关系，其中学校自我、家庭自我和情绪自我概念能够影响孤独症儿童学校适应水平。[3] 除此之外，国内外学者还调查研究了留守和流动儿童的学校适应水平。比如，李燕芳等对流动儿童的学校适应水平进行了调查，发现其学校适应水平明显低于正常儿童，因此导致其更容易出现身心问题。[4] 对于留守儿童，有研究者认为，其学校适应水平受到较多因素的影响，其中的关键影响因素是社会支持。由于留守儿童长期离开父母生活，缺乏家庭关爱，同时又身处偏远山村，学校教育支持资源匮乏，因此，其言语行为、学业表现及社会性发展水平都受到了严重影响。[5]

四 国内外相关研究的启示

综观已有研究结果，我们发现，目前国内外研究者大都关注某一类型的孤独症儿童学校支持现状，而很少关注涵盖各个类型的孤独症儿童学校支持研究。同时，已有的学校适应相关研究大都选择特殊学校中的孤独症儿童、普通学校中的流动及留守儿童作为研究对象，很少关注普通学校中随班就读的孤独症儿童学校适应水平。基于此，本书在归纳反

---

[1] 王彦堃：《〈特殊儿童学校适应评估量表〉的编制》，硕士学位论文，华东师范大学，2013年。

[2] L. L. Mcintyre, J. Blacher, B. L. Baker, "The Transition to School: Adaptation in Young Children with and without Intellectual Disability," *Journal of Intellectual Disability Research*, 2010, 50 (5): 349–361.

[3] 孙瑞：《随班就读智力障碍儿童自我概念与学校适应之关系研究》，硕士学位论文，重庆师范大学，2015年。

[4] 李燕芳、徐良苑、吕莹、刘丽君、王耘：《母子关系、师幼关系与学前流动儿童的社会适应行为》，《心理发展与教育》2014年第6期。

[5] 赵磊磊：《农村留守儿童学校适应及其社会支持研究》，硕士学位论文，华东师范大学，2019年。

思已有研究的基础上，采用问卷调查法、文献分析法和访谈法对普通学校中随班就读的孤独症儿童学校支持现状和学校适应水平进行调查。研究学校支持对孤独症儿童学校适应水平的影响机制，扩充相关领域的实证研究。

第三节 孤独症儿童学校支持系统模型构建

一 孤独症儿童社会支持系统内涵

国内外研究者对孤独症儿童社会支持系统的内涵进行了界定，并提出了相应的理论模型。2005 年，卿素兰等调查了国内随班就读特殊儿童的支持理论和实际情况，构建了孤独症儿童的普通学校随班就读的教育支持系统理论模型。由图 6-2 可知，教育支持系统理论模型把随班就读孤独症儿童的社会支持系统细分为五个子系统，包括自我支持子系统、家庭支持子系统、学校支持子系统、社区支持子系统与政府支持子系统。[①] 教育支持系统理论模型认为，孤独症儿童随班就读社会支持系统下的五个子系统之间彼此影响、彼此关联，并且各子系统均由若干要素构成。该模型中不同箭头的粗细程度表示每个社会支持子系统对于支持系统核心主体的作用大小，指向的箭头越细，表示子系统对孤独症儿童的作用程度越小。其中，学校支持子系统在五个社会支持子系统中的作用程度最大，是孤独症儿童社会支持系统里的核心支持因素。

牛爽爽等人总结国内融合教育背景下孤独症儿童的特点，结合国外相关研究者的社会支持理论和有关融合教育背景下的实践研究文献，构建了孤独症学生社会支持系统理论模型。由图 6-3 可知，孤独症儿童的综合支持系统在融合教育背景下，由三部分组成：（1）社会支持主体，包括父母、教师、同伴、社区成员等；（2）社会支持内容，包括情感支持、信息支持、工具支持、评估支持与陪伴支持等；（3）孤独症儿童对于主体给予的社会支持实质和水平的感知。

---

① 卿素兰、刘在花、杨希洁、赫尔实：《农村特殊儿童随班就读支持系统与评价探析》（I），《中国特殊教育》2005 年第 10 期。

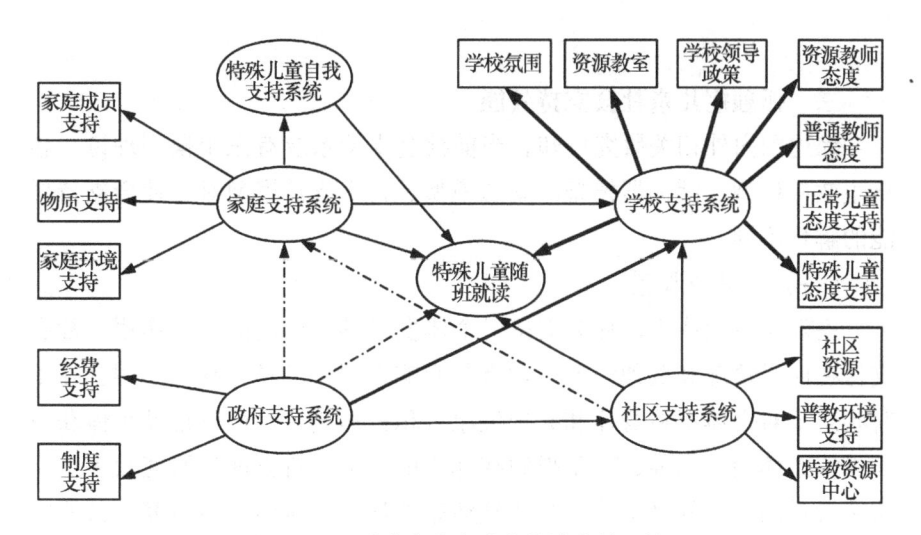

图 6-2 孤独症儿童随班就读支持系统

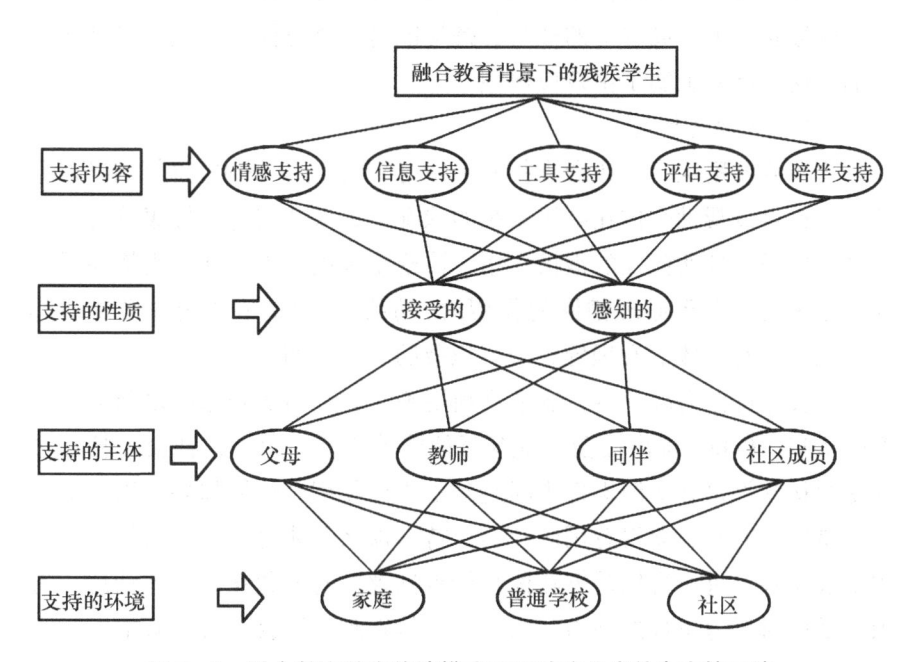

图 6-3 融合教育随班就读模式下孤独症儿童社会支持系统

二 孤独症儿童社会支持效能

综述国内外相关研究可知，当前社会支持系统有三个模型理论，包括主效应模型、缓冲器模型与动态模型，每个支持模型对于社会支持效能的解释不同。

（一）主效应模型

主效应模型认为，社会支持对个体发展具有广泛的正向作用。社会支持在应激情况和其他情况下均有其影响作用，且具有独立作用，在平时状态下对个体保持身体和心理健康有积极影响，也可以帮助个体获取积极情绪体验。当前，对于孤独症儿童的社会支持方面的研究较多。有研究者对高水平社会支持者与孤独症患者进行了对照实验研究，其研究证实社会支持对个体维持良好的身体和心理状况有影响，无论个体有无处在应激状况下，高水平的社会支持均能对个体身体和心理情况有积极影响，这一结果证实了主效应模型。

（二）缓冲器模型

缓冲器模型认为，社会支持只有处于特定情境下才会有影响作用，社会支持可以帮助个体在高压紧张的状况下，保持其身心健康状况，能够降低应激事件所激发的消极作用。该模型理论指出，社会支持在减轻社会心理刺激对于心理健康的作用时，能够起到调节作用或者中介作用，以此来对个体的心理健康产生积极的间接影响。

社会支持作为缓冲器，通常是利用确立和个体认知系统之间的关系产生影响。Cohen 提出社会支持有两种缓冲方式。第一，社会支持在个体主观认知评价和应激事件中间起到了中介作用。个体如果可以在应对应激事件的时候，获得有用的社会支持，那么个体对于应激情境的压力评估会减轻，进而可以缓解在面临严重性评估时的紧张和焦虑情绪，有效降低面对压力事件的冲击。第二，个体得到的社会支持既有情感性支持，也有信息咨询策略性支持，这两方面的支持可以为个体提供策略，帮助其积极应对压力，减少压力体验，减轻对应激事件的紧张体验，进而可以有力地处理压力事件。

（三）动态模型

动态模型认为，心理健康和社会支持之间有着阶段性变化的相关关系。中国研究者陶沙使用纵向研究法研究了社会支持对于新生入学的作用程度，强调社会支持在保持与提升个体身体和心理健康状况上的动态过程。2013年，刘佩佩的研究表明，社会支持和压力刺激、心理健康存在密切的关系，社会支持是一个动态因素，在个体心理健康与刺激中有着直接或者间接影响。

综上所述，社会支持在各种情况下都有着不同水平的积极影响。学校支持是孤独症儿童社会支持系统的核心要素，可以在不同层面满足孤独症儿童的需求，完全发挥学校支持的正向作用，进而提高其适应能力。

三 孤独症儿童学校支持系统模型的提出

基于上述文献分析，以及孤独症儿童社会支持系统与生态系统相关理论模型关于孤独症儿童社会支持系统中的支持内容要素与主体要素，同时依据卿素兰等的支持系统理论模型，把社会支持系统里的学校支持子系统作为研究中心，把学校当成一个综合的生态系统，在删除家庭、社区、政府等支持主体后进行重点分析，把生态系统理论作为理论指导，把孤独症儿童作为研究对象，综合考虑学校的若干因素，构建孤独症儿童随班就读学校支持系统理论模型（见图6-4）。在学校综合生态系统里，对学生有直接或者间接作用的交互关系和有关的主体均为综合生态系统中的组成要素，它们一起作用于孤独症儿童的成长发展。同时，学校支持系统模型又包括四个子系统：学校微观支持系统、学校中间支持系统、学校外层支持系统与学校宏观支持系统。学校微观支持系统是指孤独症儿童从直接接触的环境中所得到的支持，例如教师、同伴；学校中间支持系统的重要因素有教师和学生的合作互动、教师与家长合作，是指微观系统要素彼此的互动和支持；学校外层支持系统的重要因素有教室资源布置和辅具配备、课程设置和教育方法选择、特教中心和学校行政指导等，具体包括辅具支持、评测支持、课教支持与学校领导支持，是指儿童没有直接参与，但是对儿童在学校的成长发展有作用的支持系统。学校宏观支持系统包括学校领导与教师的融合意识、学校融合氛围，是指学校范围内的文化背景与意识。

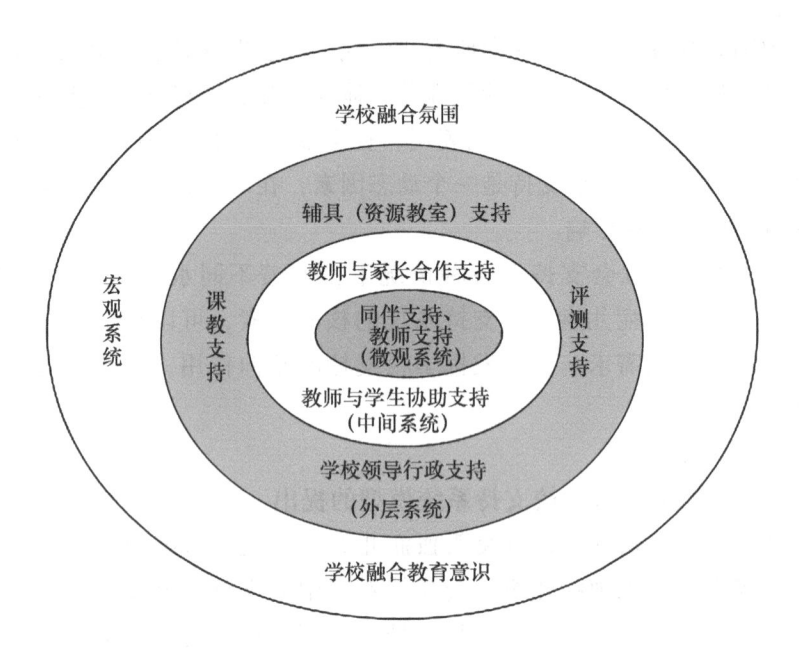

图 6-4　随班就读孤独症儿童学校支持系统模型

四　孤独症儿童学校支持问卷编制

（一）编制目的

把孤独症儿童随班就读学校支持系统模型作为理论依据，探究孤独症儿童学校支持系统的情况，开发信效度良好的学校支持系统问卷。

（二）问卷编制思路

结合先前研究编制的孤独症儿童学校支持相关量表，并结合文献分析和教师、校长等访谈结果以及学校支持系统理论模型，首先划分学校支持系统问卷的多个维度。其次，通过问卷维度设立相关研究条目，并且聘请心理学学者与特殊教育人员、普校一线教师、学校领导等专业人士对问卷条目进行修正。再次，在专业人士的修改意见上，更正或修正问卷各项条目，完成预测问卷。最后，利用预测问卷获得的数据做项目分析、删除无效条目等，从而建立问卷的二级维度。对完成各项工作的问卷做信效度检验，从而获得正式问卷。

（三）访谈调查

结合孤独症儿童本身所具有的特殊性，需对儿童相关主体（家长、老师、学校领导）做访谈研究。通过预访谈调研，从资源教师层面出发，在浙江省杭州市不同区域了解孤独症儿童随班就读学校大致情况，为设立问卷问题与后续正式访谈做好前期准备，预访谈数据如表6-2所示。

表6-2　　　　　　　　　　教师初访谈结果记录

	教师A	教师B	教师C	教师D
1. 教师学校所在区	富阳区	下城区	西湖区	上城区
2. 是否专任资源教师	语文老师兼任	英语老师兼任	语文老师兼任	语文老师兼任
3. 学生障碍类型及年级	侏儒症（六年级）多动症（二年级）情绪障碍（三年级）高功能自闭症（四年级）	学习障碍、多动（人数多）轻度智力障碍、情绪障碍（家长陪读）	脑萎缩（一年级）、多动症（二年级）、轻度智力障碍（五年级）	学习障碍、智力障碍、多动症、自闭症、言语障碍
4. 随班就读儿童在学校获得的支持内容	教师同伴情感支持（接纳）、心理老师的学业支持、情感支持（心理调节）	学校领导、科任老师、班主任、随班就读老师学业帮助、同伴生活活动上关照，设有资源教室进行学业辅导	情感支持（心理辅导）、同伴支持（互帮小组、学习小组）	学校多以学习成绩为导向，提供学业讯息支持、教师和同伴情感支持等
5. 教师课教支持辅助	学科补救、感统训练指导、心理辅导	资源教师学科补救、感统训练、社团活动、绘本阅读	社团文艺活动、感统认知训练	学科补救、心理团辅活动
6. 对随班就读生的期望	基本适应学校生活、无重大问题行为、学习成绩及格	问题行为减少能基本跟上学习节奏、学习成绩及格	学业期待低，成绩及格，能够在其他方面有所发展	行为问题少、成绩及格、能够学规则、养习惯
7. 学生学业、情绪、行为状况	侏儒症孩子：智力正常、比较乖，行为较正常，成绩较好，比较内向、自卑；多动症孩子：学习成绩较差，问题行为多，情绪不稳定、易失控	多动症孩子：行为问题较多，上课注意力不集中，经常被责怪打扰其他同学；轻障孩子：自卑	多动症学生行为问题较多、学业水平一般；其他障碍学生；学业、情绪行为较少	学习障碍、言语障碍学生居多，学业表现不佳，情绪、行为问题较好

通过先前对于研究文献查阅以及笔者的研究目标，采用开放式访谈的

形式，编制孤独症儿童随班就读学校支持提纲，包括对于家长、老师以及学校领导的针对性提纲。总共有 20 位被试接受访谈，包含两位学生家长、15 位和随班就读儿童密切相关的老师与三位学校校长。对访谈的数据做了梳理和总结，老师与校长则是结合日常工作经历提供反馈，个别访谈数据如下：

老师与同学提供学生情感上的支持，同伴提供学业上的帮助，这些都是大多数老师反馈的情况。绝大部分教师反馈说，学校给孤独症儿童设立了个案老师管理员，观察记录学生每日在学校的各种状况，做成系统的儿童成长档案。在课程教学方面，会给随班就读的孤独症学生设置针对他们的个性课，安排特色课程；在考核、测试方面，则是根据学生的具体情况合理调整对其的学业要求，为其做独立考试或者多样化测试，开发孤独症儿童其余方面的才能等。在教学辅具方面，教师提及学校会设置与康复干预相关的设备等，并帮助学生设置训练课室或者心理团体训练室；校长站在行政角度，表示学校会特别关心随班就读孤独症儿童各种需求，尤其是在班风、校风等环境的塑造等方面；还会在班级管理、经费、政策实行上帮助孤独症儿童。

访谈的家长给予的部分反馈是：孤独症学生在学校进入随班就读以后，学校提供的支持包括特殊教师个训课、课堂同学帮助、家长陪读辅助学习、学期中旬的特教中心人员评估诊断帮助、进行班主任和科任教师家长会经验分享、融合教育理论指导、设置硬件辅具，例如资源辅导课室等。

家长、老师与学校领导访谈数据表明，孤独症儿童在学校得到的支持来源层面多样化，支持主体主要是班级同伴、班主任、科任老师、学校领导、资源教师、资源中心特教人员等。得到多种支持类型的帮助，包含资源教室方面的辅具支持、课程和教学支持，以及融合氛围营造、考试评测、行政领导等。综合老师、学校领导等专业人员的建议，结合给予学校支持的主体与内容，笔者建立了预测问卷框架。

（四）维度构想和编制预测问卷项目

结合学校支持系统模型里微观支持系统、中间支持系统、外层支持系统与宏观支持系统的各项要素，结合前期查阅的文献与理论，笔者把学校支持系统问卷划分成九个维度，包括教师支持、同伴支持、师生合作支持、教师与家长合作支持、评测支持、课教支持、辅具支持、学校行政领导支持、学校融合氛围支持。通过家长、教师与学校领导的实践访谈,根据学者谢秀霞开发的"就读普通班身心障碍学生学校支持系统调查问卷"的条目与学者罗乐开发的"脑瘫儿童学校支持系统问卷"的条目与划分维度,研究得出孤独症儿童随班就读学校支持每一个子系统的详尽问题,设立 60 个条目,问卷各维度详细划分如下:

"教师支持"维度:学校老师(如班主任、科任老师、资源教师等)在学生的接受程度、班级管理与教学和家长的交流等方面的支持。

"同伴支持"维度:学校里其他同学对随班就读孤独症学生的接纳度,以及在学习、生活上的关照和帮扶程度。

"师生合作支持"维度:学校学生和教师给予随班就读孤独症学生学习与情感方面的支持。

"家长与教师合作"维度:由学校教师和家长的彼此联系、交流反馈构成的合作支持。

"评测支持"维度:学校在障碍诊断、综合评估方式和内容、考试制度上对随班就读孤独症学生的关注和帮助。

"课教支持"维度:对随班就读学生的支持体现在学校的教学和课程上,例如特色教学活动支持、常规班级课程和个性化课程等。

"辅具支持"维度:学校在资源教室配备、特殊教学器材上对随班就读学生的支持。

"学校行政领导支持"维度:学校领导对随班就读孤独症学生的接受和关注程度、相应的措施支持。

"学校融合氛围支持"维度:学校在融合教育理念普及和提倡、融合环境创造上的支持。

(五)专家、一线教师、家长讨论修改

为做好问卷条目设立工作,保证条目的适应性与学校支持系统问卷维度划分的合理性,聘请两位心理学研究者与两位一线专家人员、特教老师和一位学生家长认真审评每一个条目,特别标注表达不顺畅、不明白表达意思和有争议的条目,综合各位人员的修正建议,做更正和修改。家长与一线教师的建议表明,因为普通学校孤独症儿童本身的特殊情况，大部分家长对于"随班就读""孤独症儿童"等词语较为不适应，所以需要对设立的条目做进一步修正，最终编制出初始的预测问卷。

(六) 预测与项目分析

1. 预测工具

使用笔者自己开发的"随班就读孤独症儿童学校支持问卷"，用陈述句的表达方式展示问卷条目，使用 Likert 5 点评分法，由"不符合"至"非常不符合"，依次计分为 1 分、2 分、3 分、4 分、5 分。问卷题项得分表示随班就读孤独症学生得到的学校支持水平，得分越高，表明得到的学校支持越多。初始的预测问卷划分为九个维度，每一个维度代表学校支持的一个子系统。预测问卷中的各项条目数量如表 6-3 所示，其中预测数据采用软件 SPSS 22.0 进行处理、统计分析。

表 6-3　随班就读孤独症儿童学校支持预测问卷题项分布

问卷维度	题项
教师支持	7、8、9、16、19、22、24、25、34、35、38、43
同伴支持	10、26、27、28、29、30、31、32、33
师生合作支持	11、12、21、23
家长与教师合作支持	53、54、55、56
课教支持	1、2、4、5、15、17、18、20、39、40、41、42
评测支持	3、14、44、45、46、47、48、49、50
辅具支持	13、36、37
学校行政领导支持	6、51、52
学校融合氛围支持	57、58、59、60

2. 预测对象

使用整群抽样的方法进行问卷调查，选取浙江省杭州市在普通中小学随班就读孤独症儿童及其家长做研究，总共回收 33 份问卷，删除不认真或者胡乱作答的问卷，获得有效问卷 32 份，有效率是 97%。

（七）研究结果分析

1. 项目分析

表6-4　随班就读孤独症儿童学校支持系统预测问卷低分组与高分组差异检验

题项	t 值	题项	t 值	题项	t 值
1	-3.993**	21	-4.472**	41	-7.000***
2	-2.200	22	-3.464*	42	-7.746***
3	-2.803*	23	-3.993**	43	-9.220***
4	-2.355*	24	-4.001**	44	-3.371*
5	-3.379**	25	-4.472**	45	-4.540**
6	-3.953**	26	-3.503**	46	-5.398**
7	-3.000*	27	-4.025**	47	-.728
8	-1.746	28	-5.000**	48	-6.708***
9	-5.534**	29	-7.746***	49	-5.477**
10	-4.472**	30	-3.953**	50	-3.508**
11	-3.841**	31	-5.000**	51	-3.835**
12	-2.169	32	-10.098***	52	-6.708***
13	-5.514***	33	-11.000***	53	-1.539
14	-3.721**	34	-4.540**	54	-1.319
15	-5.534**	35	-5.000**	55	-3.162*
16	-5.477**	36	-4.000**	56	-2.712*
17	-5.839**	37	-4.472**	57	-6.708***
18	-8.000***	38	-3.354**	58	-4.568**
19	-3.464*	39	-5.477**	59	-3.162*
20	-5.477**	40	-4.719**	60	-4.392**

说明：*表示$p<0.05$，**表示$p<0.01$，***表示$p<0.001$。

项目分析使用临界比值法，也被称作极端组分析法，即做问卷各题目在问卷总分高、低分组中的差异分析，得出各个条目的临界比值（CR）。临界比值是用于评估问卷条目在甄别不同被试时的灵敏水平的指标，假设分析出的CR呈现显著水平，表示不同被试的反应可以被此条目甄别，则必须剔除不能获得显著水平的条目。笔者最后对问卷得分做了次序排列，高、低分组分别选取27%的被试，高分组的分数是

284—300 分，低分组的分数是 147—217 分，然后对高、低分组的每一个条目做差异检验，获得 CR 值（t 值）。临界比值法结果如下：

由表 6-4 可知，通过临界比值检验法分析，第 2、8、12、47、53、54 题的 t 值（CR 值）并未达到显著水平，其余条目的 CR 值都存在显著性，在 2.355—11。所以删除以上六个条目，留下 54 个条目。

2. 鉴别度分析

使用相关分析法做鉴别度分析，对每一个条目和总分都做皮尔逊相关分析，以得到每一个条目和总分的相关系数，其相关系数越大，表示鉴别度越高。如果条目和总分的相关系数高于 0.4，并且存在显著差异，则表明条目的水平较高。对保留的 54 个条目做相关分析，结果如表 6-5 所示。

表 6-5　　随班就读孤独症儿童学校支持预测问卷鉴别度分析

题项	r 值	题项	r 值	题项	r 值
1	0.629**	22	0.796**	40	0.747**
3	0.581**	23	0.749**	41	0.918**
4	0.698**	24	0.833**	42	0.845**
5	0.678**	25	0.839**	43	0.840**
6	0.688**	26	0.741**	44	0.593**
7	0.761**	27	0.670**	45	0.756**
9	0.889**	28	0.819**	46	0.751**
10	0.773**	29	0.775**	48	0.798**
11	0.736**	30	0.831**	49	0.722**
13	0.743**	31	0.811**	50	0.308
14	0.700**	32	0.888**	51	0.674**
15	0.818**	33	0.815**	52	0.805**
16	0.849**	34	0.769**	55	0.478*
17	0.850**	35	0.805**	56	0.605*
18	0.909**	36	0.616**	57	0.743**
19	0.844**	37	0.769**	58	0.789**
20	0.805**	38	0.744**	59	0.609**
21	0.783**	39	0.855**	60	0.801**

说明：* 表示 $p < 0.05$；** 表示 $p < 0.01$。

从问卷鉴别度分析表可知，只有第 50 个条目的相关系数的 r 值低于 0.4，其余条目都满足条件，系数大小在 0.478—0.918，且都显著（$p<0.01$）。所以，剔除第 50 个条目。

探究随班就读孤独症儿童学校支持问卷每一个条目和其维度的相关系数大小，即分析条目其维度的同质性，把保留的 53 个条目和其所在的维度做相关分析，结果如表 6-6 所示。

由表 6-6 可知，问卷每个维度的总分和其包括的条目间有相关显著关系，相关系数大小在 0.574—0.938，表示进行调整后的随班就读孤独症儿童学校支持系统问卷每一个条目和其所在维度都有较好的同质性。

表 6-6　随班就读孤独症儿童学校支持问卷题目与维度的相关分析

题项	教师支持	题项	同伴支持	题项	课教支持	题项	评测支持	题项	学校融合氛围支持
7	0.836**	10	0.801**	1	0.646**	3	0.574**	57	0.895**
9	0.901**	26	0.845**	4	0.780**	14	0.777**	58	0.744**
16	0.867**	27	0.809**	5	0.742**	44	0.672**	59	0.827**
19	0.889**	28	0.885**	15	0.839**	45	0.817**	60	0.872**
22	0.910**	29	0.756**	17	0.858**	46	0.789**		
24	0.924**	30	0.827**	18	0.905**	48	0.739**	6	0.822**
25	0.784**	31	0.853**	20	0.831**	49	0.719**	51	0.834**
34	0.887**	32	0.932**	39	0.815**			52	0.714**
35	0.700**	33	0.904**	40	0.827**				
38	0.820**			41	0.938**				
43	0.909**			42	0.849**				
11	0.901**	55	0.608**	13	0.917**				
21	0.890**	56	0.773**	36	0.764**				
23	0.580**			37	0.858**				

说明：** 表示 $p<0.01$。

因为预测问卷被试本身的特殊性，所以样本大小受到限制，因素分析不能完成，经过项目分析删减题项并分析后，学校支持系统正式问卷有53个条目，完成"随班就读孤独症儿童学校支持系统问卷"。学校支持系统问卷由九个维度组成，教师支持、同伴支持、课教支持、评测支持、师生合作支持、辅具支持、学校行政领导支持、家长与教师合作支持、学校融合氛围支持维度的题目数分别是11、9、11、7、3、3、3、2、4（见表6-7）。

表6-7　孤独症儿童学校支持系统问卷各维度题项分布

问卷维度	题项
教师支持	6、7、13、16、19、21、22、31、32、35、40
同伴支持	8、23、24、25、26、27、28、29、30
师生合作支持	9、18、20
家长与教师合作支持	48、50
课教支持	1、3、4、12、14、15、17、36、37、38、39
评测支持	2、11、41、42、43、44、45
辅具支持	10、33、34
学校行政领导支持	5、46、47
学校融合氛围支持	50、51、52、53

（八）正式问卷信效度分析

为保障量表的合理性和可实施性，了解随班就读孤独症儿童学校支持系统问卷条目的合适性，需进行正式问卷施测以分析最终量表的信效度。以杭州市的三所中小学孤独症儿童家长作为研究对象，发放问卷，回收有效问卷68份。对问卷数据做信效度检验，具体分析结果如下。

1. 信度分析

本书在对最终量表做信度分析时，使用Cronbach's alpha评估其信度。由表6-8可知，学校支持系统问卷每一个维度的Cronbach's alpha都在0.610—0.961，总量表的Cronbach's alpha是0.985，表示此问卷信度良好。

表6-8　　　　　　　　　随班就读孤独症儿童学校支持问卷信度

问卷维度	Cronbach's alpha
教师支持	0.961
同伴支持	0.948
师生合作支持	0.892
家长与教师合作支持	0.610
课教支持	0.954
评测支持	0.845
辅具支持	0.789
学校行政领导支持	0.691
学校融合氛围支持	0.846
学校支持总问卷	0.985

2. 效度分析

（1）结构效度

使用同质性测验法对孤独症儿童学校支持问卷每一个维度和总分间、每个维度间的关系做分析，探究此量表的结构效度。由表6-9可知，随班就读孤独症儿童学校支持问卷每一个维度和总分的相关系数大小在0.829—0.968，每个维度间的相关系数大小在0.572—0.939，而且都达到了显著水平。问卷每一个维度间的相关系数都低于每一个维度和总分之间的相关系数，表示此量表每一个维度都可以评估总问卷所想要评估的问题，同时又保留一定的独立性，满足问卷结构条件，此量表结构效度良好。

（2）内容效度

在分析量表设立条目与所想要探究问题的代表性和适配性时，内容效度检验可以评估量表条目是否可以充分代表所要研究的内容。本书通过文献研究、理论模型分析和实际访谈研究，最终形成学校支持系统问卷题项，聘请两位心理学研究者与两位一线专家教师、特教教师认真审评每一个条目，包括量表维度的划分与条目的设立。综合多位专家和一线教师的建议，选取和修正量表条目，保障量表条目的科学性、代表性与对随班就读孤独症儿童的目标性，表明随班就读孤独症儿童学校支持系统问卷的条目科学性、代表性好，具有针对性，内容效度高。

表6-9　　随班就读儿童学校支持问卷维度间相关分析、维度与总体相关分析

	教师支持	同伴支持	师生合作支持	家长与教师合作支持	课教支持	辅具支持	领导支持	融合氛围支持	评测支持
教师支持	1								
同伴支持	0.877**	1							
师生合作支持	0.845**	0.752**	1						
家长与教师合作支持	0.895**	0.860**	0.705**	1					
课教支持	0.901**	0.859**	0.843**	0.802**	1				
辅具支持	0.798**	0.721**	0.609**	0.698**	0.786**	1			
领导支持	0.801**	0.867**	0.660**	0.812**	0.875**	0.641**	1		
融合氛围支持	0.781**	0.875**	0.572**	0.845**	0.818**	0.797**	0.826**	1	
评测支持	0.858**	0.874**	0.727**	0.772**	0.939**	0.798**	0.910**	0.874**	1
学校支持总体	0.960**	0.937**	0.841**	0.889**	0.968**	0.829**	0.895**	0.881**	0.948**

说明：** 表示 $p<0.01$。

第四节　孤独症儿童学校支持系统运行现状调查

本书采用问卷调查的方法，选取浙江省杭州市普通学校随班就读孤独症儿童为调查对象，对孤独症儿童及家长发放问卷。由于孤独症儿童自身的特殊性，因此采用家长他评的方式了解随班就读孤独症儿童学校支持现状及特点。在调查结束后，统计分析、处理问卷调查数据，整理出数据结果，得出研究结论。

一 研究目的

了解随班就读孤独症儿童学校支持系统运行的现状及特点,探究学校支持及其各维度在相关人口学变量上的差异情况。

二 研究假设

基于国内外相关文献研究,提出以下研究假设:

假设1:随班就读孤独症儿童学校支持系统不平衡,在子系统方面,微观系统支持、中间系统支持、外层系统支持、宏观系统支持各维度支持各有不同。

假设2:在随班就读孤独症儿童学校支持系统具体维度支持方面,各维度得分由高到低排序各有不同,教师支持、同伴支持、学校行政领导支持、课教支持、评测支持、师生合作支持、教师与家长合作支持、融合氛围支持这些子维度支持存在差异。

假设3:随班就读孤独症儿童学校支持及其各维度得分在儿童性别、家庭居住地、学校类型、障碍类型等人口学变量上存在显著差异。

三 研究对象

本书在征得学校校长、班主任及资源教师等负责人和学生家长同意后,在浙江省三所有孤独症学生就读的普通中小学,采取整群方便取样的方法,随机选取的被试对象是经过诊断评估后纳入随班就读册的学生。由于儿童的特殊性,在征询家长意愿后采用家长他评的方式填写问卷。本书共发放问卷90份,回收问卷80份,回收率为88.9%。通过筛除信息填写不完整或有明显随意作答倾向的无效问卷,最终获得68份有效问卷,有效率为85%。被试具体分布情况如表6-10所示。

四 研究工具

采用自编"儿童基本情况调查表"和"随班就读孤独症儿童学校支持系统问卷"对随班就读儿童及家长进行调查。"儿童基本情况调查表"包含两部分。第一部分为儿童基本信息,包括儿童性别、障碍类型、障碍程度、所在学校、所读年级等信息。第二部分为家庭基本信息,包括孩子主要照顾者、家长受教育水平、家庭居住地、家庭收入等人口统计学信息。自编的"随班就读孤独症儿童学校支持系统问卷"采用 Likert 5 点计分法,没有反向计分题,分值越高,代表获得的支持越多,其中"5"代表"非常符合","1"代表"非常不符合",计分从 1 到 5,最后用各维度题目总和的均值代表各个支持维度的得分。该问卷各维度的 Cronbach's alpha 在 0.610—0.961,总体 Cronbach's alpha 为 0.985,具体统计结果如表 6-8 所示。该问卷信度良好,符合统计测量要求。

五 研究过程

(一) 问卷施测

在征得普通学校领导和教师同意后,由班主任教师或学校资源教师将问卷发给孤独症儿童的家长,给予其两天的时间进行填写,从而保障问卷填写的质量,并由随班就读孤独症儿童相关教师统一收回。

(二) 数据统计与处理

将回收的问卷数据录入 Excel,采用统计软件 SPSS 22.0 进行数据分析。运用的数据统计方法如下:

1. 描述统计分析:通过计算平均数和标准差了解随班就读孤独症儿童学校支持系统运行现状及特点。

2. t 检验:分析学校支持在儿童性别、家庭居住地、学校类型等变量上有无显著性差异。

3. 方差分析:分析学校支持在年级、障碍类型等变量上有无显著差异。

六 研究结果

(一) 孤独症儿童和家庭基本情况

表 6-10 随班就读孤独症儿童及家庭的基本信息

儿童基本信息		N	%
就读学校 (N=68)	A 学校	10	14.7
	B 学校	44	64.7
	C 学校	14	20.6

续表

		N	%
所读年级 （N=68）	1—3年级	2	2.9
	4年级	10	14.7
	5—6年级	36	52.9
	7—9年级	20	29.4
学校类型 （N=68）	小学	47	69.1
	初中	21	30.9
性别 （N=68）	男	44	64.7
	女	24	35.3
障碍类型 （N=68）	孤独症	8	11.8
	学习障碍	24	35.3
	智力障碍	10	14.7
	多动症	12	17.6
	其他障碍	14	20.6
障碍程度 （N=68）	轻度	59	86.8
	中度	8	11.8
	重度	1	1.5
家长基本信息			
问卷填写人 （N=68）	父亲	34	50.0
	母亲	34	50.0
家庭所在地 （N=68）	城市	54	79.4
	农村	14	20.6
孩子主要照顾者 （N=68）	母亲	41	60.3
	父亲	24	35.3
	其他人	3	4.4
家长受教育水平 （N=68）	大学本科	8	11.8
	大专	6	8.8
	高中（职）	25	36.8
	初中及其他	29	42.6
家庭月均收入 （N=68）	5000元以下	17	25.0
	5000—8000元	29	42.6
	8001—10000元	22	32.4

本书在浙江省的三所普通中小学采用方便取样的方法，考虑到儿童自身的特殊性，采用家长他评的方式进行问卷调查，选取经过诊断评估后纳入随班就读册的孤独症儿童及其家长作为调查对象。研究对象具体信息见表6-10。

从表6-10可知，调查的随班就读孤独症儿童主要来自三所学校，共计68名。其中，B实验学校人数最多，占比为64.7%。从学生所读年级来看，中高年级学生人数较多，其中，5—6年级孤独症学生占比最高，其次是7—9年级学生，四年级学生占比居第一位，1—3低年级学生占比最少，分别为52.9%、29.4%、14.7%、2.9%。从学校类型分布来看，所调查的随班就读残障小学生居多，占比为69.1%，初中生占比为30.9%。从学生性别分布来看，随班就读的孤独症儿童女孩少于男孩，女孩占比为35.3%，男孩占比为64.7%。从障碍类型来看，随班就读学习障碍学生居多，占比为35.3%；其次是其他障碍儿童，占比为20.6%；再次是多动症儿童，占比为17.6%；其后是智力障碍儿童，占比为14.7%；最少是孤独症儿童，占人数的11.8%。从障碍程度来看，随班就读的孤独症儿童大多是轻中度障碍，少量属重度，分布比例分别是86.8%、11.8%、1.5%。在儿童家庭信息方面，所调查的随班就读孤独症儿童居住地为城市的占比比较高，农村占比为20.6%，城市占比为79.4%。就孩子主要照顾者来看，父亲占比为35.3%，母亲照顾者居多，占比为60.3%，还有部分其他照顾者，占比为4.4%。从家长受教育水平来看，所调查的儿童家长最高受教育水平是占比较少的本科，只有11.8%。大部分是初中及其他水平，占比为42.6%。在家庭月收入方面，月平均收入在5000—8000元的儿童家庭有42.6%，儿童家庭月收入在8000—10000元的有32.4%，5000元以下的占比为25%。

（二）孤独症儿童学校支持系统基本情况

为了解随班就读孤独症儿童学校支持系统的运行现状，对孤独症儿童的学校支持系统总问卷的各题项均值，以及各维度中每题的平均得分进行描述性统计，结果如表6-11所示。

由表6-11可知，孤独症儿童学校支持系统总体均分为4.07±0.71。孤独症儿童获得的学校支持各子系统平均得分从低到高依次为外层系统支持（3.94±0.75）、微观系统支持（4.15±0.75）、宏观系统支持（4.22±0.68）、中间系统支持（4.26±0.66）。学校支持系统下各系统子维度支持得分从低到高排序为课教支持（3.86±0.85）、辅具支持（3.93±0.86）、评测支持（4.02±0.71）、师生合作支持（4.05±0.93）、学校行政领导支持（4.07±0.69）、教师支持（4.11±0.85）、同伴支持（4.21±0.69）、学校融合氛围支持（4.22±0.68）、教师与家长合作支持（4.57±0.49）。可以看出，随班就读孤独症儿童获得的外层系统支持相对较少，中间系统支持、宏观系统支持、微观系统支持较多。其中，在微观支持系统里，教师支持平均得分低于同伴支持的平均得分。在中间支持系统中，师生合作支持低于教师与家长合作支持的平均得分。在外层支持系统中，课教支持和辅具支持的平均得分较低，学校行政领导支持的平均得分最高，评测支持次之。就具体支持内容来看，孤独症儿童获得的教师与家长合作支持最多，学校行政领导支持和师生合作支持相当，而辅具支持和课教支持相对较少，学校融合氛围支持和同伴支持较多，其次是教师支持。

表6-11　　随班就读孤独症儿童学校支持的总体情况

	Min	Max	$M \pm SD$
学校支持系统总分	2.53	5.00	4.07±0.71
微观系统支持	2.30	5.00	4.15±0.75
教师支持	1.73	5.00	4.11±0.85
同伴支持	2.67	5.00	4.21±0.69
中间系统支持	2.20	5.00	4.26±0.66
师生合作支持	1.00	5.00	4.05±0.93
教师与家长合作支持	4.00	5.00	4.57±0.49
外层系统支持	2.58	5.00	3.94±0.75
课教支持	2.09	5.00	3.86±0.85
评测支持	2.43	5.00	4.02±0.71
辅具支持	2.33	5.00	3.93±0.86
学校行政领导支持	2.67	5.00	4.07±0.69
宏观系统支持	3.00	5.00	4.22±0.68
学校融合氛围支持	3.00	5.00	4.22±0.68

表6-12 随班就读孤独症儿童学校支持的家庭居住地差异分析

	家庭居住地	$M \pm SD$	t
学校支持总体	城市（N=54）	212.67±38.75	-1.335
	农村（N=14）	227.71±32.30	
教师支持	城市（N=54）	44.50±9.74	-1.145
	农村（N=14）	47.71±7.63	
同伴支持	城市（N=54）	37.40±6.37	-1.280
	农村（N=14）	39.78±5.38	
师生合作支持	城市（N=54）	12.19±2.66	0.193
	农村（N=14）	12.00±3.33	
教师与家长合作支持	城市（N=54）	9.03±0.98	-2.021
	农村（N=14）	9.57±0.85	
课教支持	城市（N=54）	41.83±9.39	-1.001
	农村（N=14）	44.64±9.23	
评测支持	城市（N=54）	27.75±5.12	-1.172
	农村（N=14）	29.50±4.20	
辅具支持	城市（N=54）	11.37±2.61	-2.795**
	农村（N=14）	13.42±1.70	
学校行政领导支持	城市（N=54）	12.04±2.11	-1.338
	农村（N=14）	12.85±1.75	
学校融合氛围支持	城市（N=54）	16.54±2.78	-2.119*
	农村（N=14）	18.21±1.97	

说明：* 表示 $p<0.05$；** 表示 $p<0.01$。

（三）孤独症儿童学校支持在人口统计学变量上的差异

本书依次对孤独症儿童学校类型、所读年级、障碍类型、家庭居住地等人口学变量进行差异检验，以考察随班就读孤独症儿童学校支持在人口学变量上是否存在差异。通过差异分析发现，孤独症儿童学校支持除在家庭居住地变量上有差异外，在其他人口学变量上均不存在显著差异。孤独症儿童学校支持的家庭居住地差异分析结果如表6-12所示。

由表6-12可知，孤独症儿童辅具支持和学校融合氛围支持在居住地上存在显著差异，家庭居住于城市的儿童获得的辅具支持和学校融合氛围支持显著低于农村儿童。

七　分析与讨论

（一）孤独症儿童学校支持系统运行现状讨论分析

学校支持系统是由学校支持主体以及主体提供的相关支持内容共同组成的一个体系。孤独症儿童学校支持系统模型包含四个子系统，分别是学校微观支持系统、学校中间支持系统、学校外层支持系统和学校宏观支持系统。各个子系统包含的支持内容，分别为教师支持、同伴支持、师生合作支持、教师与家长合作支持、评测支持、课教支持、辅具支持、学校行政领导支持和学校融合氛围支持。本书研究显示，随班就读孤独症儿童所获得的学校支持各子系统平均得分从低到高依次为外层系统支持、微观系统支持、宏观系统支持、中间系统支持。随班就读孤独症儿童获得的外层系统支持相对较少，中间系统支持、宏观系统支持、微观系统支持较多。经进一步分析发现，学校支持系统下各系统子维度的支持得分从低到高排序为：课教支持、辅具支持、评测支持、师生合作支持、学校行政领导支持、教师支持、同伴支持、学校融合氛围支持、教师与家长合作支持。孤独症儿童获得的教师与家长合作支持最多，这与已有研究结论[①]不同。学校融合氛围支持和同伴支持较多，其次是教师支持，学校行政领导支持和师生合作支持相当，而辅具支持和课教支持相对较少。

结合前期访谈调查内容对此原因进行分析。一般来讲，大多数孤独症儿童进入随班就读学习模式的流程是基于教师平时对学生的观察，发现其异常特点并结合特殊教育中心专家的评估、在征求家长的同意后才会被纳入随班就读体系。由于家长起初对融合教育了解不足，很多家长对孩子被纳入随班就读持否定态度，对孩子存在的问题也不够重视。经过学校教师与家长的频繁沟通互动，教师与家长的合作增多，家长也逐步认识到融合教育对孤独症儿童的诸多益处，家校之间逐步达成一致的培养目标，家长与教师合作支持最大的原因是家长能更多地参与到孤独症儿童的教育活动中。孤独症儿童在普通中小学校范围内属于极少数群体，学校能满足大部分普通学生的课程设置和教材器具配备需求，尚无

---

① 靳敬坤：《孤独症幼儿学前融合教育支持现状研究》，硕士学位论文，辽宁师范大学，2013年。

法满足孤独症儿童的特殊教育需求，尤其是在辅具和课教支持方面比较缺乏。在调研过程中，教师和家长都反馈说普通学校有孤独症儿童就读，学校行政领导层面也在逐步推广融合教育理念，但学校缺乏专业对口的特教教师为随班就读孤独症儿童开展个性化课程辅导。学校提供给孤独症儿童的教师支持更多地依赖于学生的班主任与科任教师的合作支持，为随班就读孤独症儿童提供适当的学科补救，很多学校的教师编制处于饱和状态，无法吸纳更多的老师为孤独症儿童提供课程支持，在特殊教育个性化课程辅导上的支持相对不足。与此同时，在辅具方面，很多学校由于资金缺乏，仅为孤独症儿童建立了资源教室，但在资源教室里可供随班就读孤独症儿童使用的器材较少，能供随班就读儿童使用的辅具器材配备比较单一。这些可能是导致辅具和课教支持较少的原因。

（二）孤独症儿童学校支持在人口统计学变量上的差异分析

对孤独症儿童所获得的学校支持在学校类型、障碍类型、所读年级、家庭居住地等人口学变量上进行差异检验发现，除在家庭居住地变量上有差异外，在其他人口学变量上均不存在显著差异。孤独症儿童学校融合氛围支持和辅具支持在居住地上存在显著差异，家庭居住于城市的儿童所获得的学校融合氛围和辅具支持显著低于农村儿童。这表明随班就读孤独症儿童获得的学校支持不因障碍类型、学校类型等不同而有所差异，这也从侧面反映出学校给不同障碍类型的儿童提供的支持相当。学校类型和年级等变量不存在差异，原因可能是本书调查样本选取了同属一个区的学校，区域差异较小。而家庭居住于城市的儿童获得的学校融合氛围和辅具支持显著低于农村儿童，在访谈中，教师会对农村的孤独症儿童有更多的关注，为学生提供资源设备支持，向农村孤独症儿童家长传递融合教育理念。这在一定程度上能解释家庭居住于城市的孤独症儿童所获得的学校融合氛围和辅具支持显著低于农村儿童这一现状的原因。

第五节　学校支持对孤独症儿童学校适应的影响机制

本书采用方便抽样的方法，为了解孤独症儿童学校支持与学校适应之间的关系，选取随班就读孤独症儿童为调查对象，对孤独症儿童及家长发放问卷,并探究学校支持对学校适应的具体影响程度和影响机制。在调查结束后,分析、整理研究数据,总结研究成果,得出研究结论。

一 研究目的

了解随班就读孤独症儿童学校适应的现状及特点,探究孤独症儿童的学校支持与其学校适应的关系,分析孤独症儿童学校支持对其学校适应的影响作用。

二 研究假设

基于文献分析和实践调研,对相关研究进行总结与分析,提出以下假设:

假设1:随班就读孤独症儿童学校适应水平各维度得分高低不同,同伴关系适应、师生关系适应、常规适应、自我接纳适应、学业适应各维度得分有差异。

假设2:随班就读孤独症儿童学校支持与学校适应及其各维度存在显著相关关系。

假设3:随班就读孤独症儿童学校支持各维度对学校适应有显著的预测作用。

三 研究对象

研究对象同第四节,被试分布的具体信息如表6-10所示。

四 研究工具

采用自编"随班就读孤独症儿童学校支持问卷"和吴武典、庄明贞、黄玉贞编制的"在校生学校适应问卷"对孤独症儿童及其父母进行调查。其中,修改了"在校生学校适应问卷"的部分题项表述。本书考虑到儿童的特殊性,自陈报告问卷难度大,因此采取儿童家长他评的方式填写问卷。为了方便家长更好地理解并反馈学生的情况,在每一题项前面添加了"孩子"一词,如将原问卷第5题"上课时会胡思乱想"改为"孩子在学校上课时容易乱动、胡思乱想、注意力分散",将第1题"在上课时眺望窗外"改为"孩子在上课时朝窗外张望"等。

该问卷一共有50道题，包含五个维度，每个维度各10道题，分别是常规适应、学业适应、同伴关系适应、师生关系适应和自我接纳适应。问卷采用Likert 5点计分法，分别是"从来没有""很少有""有时""经常""总是如此"，依次计1分、2分、3分、4分、5分。分数越低，表示适应水平越低。由于原始问卷部分题项有适当修改，对修改后的问卷采用同质性系数检验分析该问卷的信度，各分维度的Cronbach's alpha在0.602—0.839，学校适应问卷总体Cronbach's alpha为0.915，问卷信度均在0.6以上，达到统计测量可接受的范围。信度系数具体分析结果如表6-13所示。

表6-13 在校生学校适应问卷信度

问卷维度	Cronbach's alpha
学业适应	0.839
常规适应	0.700
师生关系适应	0.816
同伴关系适应	0.834
自我接纳适应	0.602
学校适应总体	0.915

采用相关分析法对问卷进行效度检验，分析此问卷维度与总分之间、各维度之间的相关性，检验其结构效度。自我接纳适应维度与常规适应维度、学业适应维度的相关系数分别为0.251、0.067，除这两个维度之间的相关性不高外，其余各维度相关系数在0.437—0.856，且相关系数均达到显著水平，问卷各维度与学校适应总体相关系数在0.593—0.839，表明问卷的结构效度可以接受。问卷效度具体分析情况如表6-14所示。

表6-14 在校生学校适应问卷维度间相关、维度与总体间相关分析

	学业适应	常规适应	师生关系适应	同伴关系适应	自我接纳适应
学业适应	1				
常规适应	0.599**	1			
师生关系适应	0.553**	0.578**	1		
同伴关系适应	0.466**	0.544**	0.611**	1	

续表

	学业适应	常规适应	师生关系适应	同伴关系适应	自我接纳适应
自我接纳适应	0.067	0.251*	0.437**	0.618**	1
学校适应总体	0.734**	0.774**	0.839**	0.856**	0.593**

说明：*表示 $p<0.05$；**表示 $p<0.01$。

五　研究过程

（一）问卷施测

问卷施测过程同第四节。

（二）数据统计与处理

回收的问卷数据通过 Excel 进行数据录入。采用软件 SPSS 22.0 进行数据统计分析。

1. 描述统计分析：通过计算标准差和平均数了解随班就读孤独症儿童学校适应整体现状与特点。

2. 皮尔逊积差相关：分析随班就读孤独症儿童学校支持与学校适应在各维度上以及总分间的相关程度。

3. 回归分析：分析随班就读孤独症儿童学校支持对学校适应的预测作用。

六　研究结果

（一）孤独症儿童学校适应基本状况

为了解随班就读孤独症儿童学校适应总体及各维度得分情况，对孤独症儿童的学校适应得分做描述性统计分析，结果如表 6-15 所示。

表 6-15　　　　随班就读孤独症儿童学校适应的总体情况　　　　（分）

	Min	Max	$M \pm SD$
学校适应总体	143.00	225.00	184.19±21.08
学业适应	21.00	45.00	33.91±6.28
常规适应	27.00	46.00	39.34±4.75
师生关系适应	28.00	50.00	38.31±5.63
同伴关系适应	24.00	47.00	36.63±6.27
自我接纳适应	28.00	44.00	36.00±4.56

表6-15显示，孤独症儿童学校适应总分为184.19±21.08分，各维度适应得分从低到高排序依次是学业适应（33.91±6.28）、自我接纳适应（36.00±4.56）、同伴关系适应（36.63±6.27）、师生关系适应（38.31±5.63）、常规适应（39.34±4.75）。可以看出，随班就读孤独症儿童常规适应最好，师生关系适应较好，自我接纳适应次之，学业适应状况相对较差。

（二）孤独症儿童学校支持与学校适应的相关分析

本书将随班就读孤独症儿童学校支持及其各维度得分分别与学校适应及其各维度得分进行皮尔逊积差相关分析，以探究孤独症儿童学校支持与学校适应之间的关系，结果如表6-16所示。

从表6-16可知，问卷中各维度之间以及学校支持总分与学校适应总分呈显著正相关（$p<0.05$）。进一步分析可以发现，除学校适应与辅具支持及其三个维度呈相关不显著（$p>0.05$），学校支持与学校适应五个维度呈相关不显著（$p>0.05$）外，学校适应及其余各维度与社会支持其余各维度均呈显著正相关（$p<0.01$）。

表6-16　随班就读孤独症儿童学校适应与学校支持的相关分析

	学校适应	学业适应	常规适应	师生关系适应	同伴关系适应	自我接纳适应
学校支持	0.592**	0.245*	0.377**	0.522**	0.646**	0.472**
教师支持	0.622**	0.331**	0.403**	0.501**	0.658**	0.475**
同伴支持	0.579**	0.533**	0.394**	0.549**	0.706**	0.433**
师生合作支持	0.574**	0.399**	0.328**	0.567**	0.490**	0.389**
教师与家长合作支持	0.370**	-0.022	0.338**	0.264*	0.511**	0.360**
课教支持	0.556**	0.301*	0.313**	0.494**	0.572**	0.432**
评测支持	0.555**	0.186	0.365**	0.493**	0.597**	0.500**
辅具支持	0.178	-0.012	0.113	0.166	0.248*	0.178
学校行政领导支持	0.638**	0.215	0.505**	0.580**	0.654**	0.513**
学校融合氛围支持	0.452**	0.031	0.252**	0.393**	0.620**	0.444**

说明：*表示$p<0.05$；**表示$p<0.01$。

（三）孤独症儿童学校支持与学校适应的回归分析

由相关分析可知，孤独症儿童学校支持与学校适应之间存在显著正相关关系。随班就读孤独症儿童的学校适应水平与学校支持水平高低有关,随班就读孤独症儿童学校支持水平越高,其学校适应状况就越好。本书以学校支持系统各子维度为预测变量,进一步分析学校支持对随班就读孤独症儿童学校适应的具体作用程度,在控制人口学变量的基础上,以学校适应作为结果变量,采用逐步回归的方法进行多元回归分析,分析检验结果如表6-17所示。

表6-17 随班就读孤独症儿童学校支持各维度对学校适应总分的回归分析

	多元相关系数 (R)	决定系数 (R^2)	增加量 ($\triangle R^2$)	F	B	Beta (β)
教师支持	0.788	0.620	0.603	34.861***	1.866	0.831
学校行政领导支持	0.638	0.407	0.398	45.386***	3.526	0.344
辅具支持	0.681	0.464	0.448	28.156***	5.291	0.647

说明:*** 表示 $p<0.001$。

由表6-17可以看出,仅有教师支持、学校行政领导支持和辅具支持三个变量进入回归方程,而其他六个变量未进入回归方程。随班就读孤独症儿童教师支持、学校行政领导支持和辅具支持对其学校适应有显著的预测力。学校支持三个子维度预测变量与学校适应总分的多元相关系数为0.788,回归模型整体检验的 F 值为34.861($p=0.000<0.001$),决定系数 R^2 为0.620,即这三个变量总共可以有效解释"学校适应"62%的变异量。从标准化的回归系数 β 来看,回归模型中的预测变量的 β 值均为正值,表示学校支持三个变量对学校适应具有正向预测作用。

七 分析与讨论

(一)孤独症儿童学校支持与学校适应的相关分析

相关分析结果显示,随班就读孤独症儿童学校适应总分与学校支持总分及其各维度之间存在显著正相关关系,这与以往研究结果类似。[1]

---

[1] 罗乐、向友余:《脑瘫学生学校适应与学校支持系统的相关研究》,《中国特殊教育》2011年第7期;李文道、邹泓、赵霞:《初中生的社会支持与学校适应的关系》,《心理发展与教育》2003年第19卷第3期。

这表明随班就读孤独症儿童的学校适应水平状况受学校支持水平高低的影响，随班就读孤独症儿童获得的学校支持与儿童的常规适应、师生关系适应、同伴关系适应、自我接纳以及总体学校适应状况呈正相关。反之，若孤独症儿童获得的学校支持越少，其学校适应水平相应也越低。据此可以推断出，孤独症儿童获得的学校支持能有效促进其学校适应水平的提升。

（二）孤独症儿童学校支持与学校适应的回归分析讨论

以学校支持各维度为预测变量，进一步探究随班就读孤独症儿童学校适应受学校支持的具体作用程度，将学校适应作为结果变量进行线性回归分析。结果表明，学校支持系统中的学校行政领导支持、教师支持、辅具支持能进入回归方程，且"学校适应"62%的变异量可由学校支持加以有效解释，标准回归系数为正值。表明孤独症儿童学校支持系统中的学校行政领导支持、教师支持、辅具支持对学校适应具有显著的正向预测作用。随班就读孤独症儿童获得的学校支持与其学校适应状况呈正相关。这一研究结果在一定程度上支持了社会支持的主效应模型理论。[①] 良好的支持系统总是会带来个体良好的身心状态，该理论模型强调社会支持的普遍增益效能。学校支持作为社会支持的核心要素，孤独症儿童获得学校支持越多，伴随着儿童身心适应的增益效果就会越好。

第六节　研究总结

一　研究结论

（一）孤独症儿童学校支持系统模型

本书基于文献分析、生态系统理论研究以及孤独症儿童社会支持系统相关理论模型，提出符合随班就读孤独症儿童特点的学校支持系统模型，并在此理论模型基础上，自编"随班就读孤独症儿童学校支持系统问卷"。该正式问卷一共有53道题，鉴别度相关系数 R 值在 0.478—

---

① 丁宇、肖凌、郭文斌、黄敏儿：《社会支持在生活事件—心理健康关系中的作用模型研究》，《中国健康心理学杂志》2005年第3期。

0.918，均高于 0.4，问卷项目分析的 CR 值均达到显著性水平（$p < 0.01$），在 2.355—11。学校支持系统总问卷的内部一致性系数是 0.985，各维度内部一致性系数在 0.610—0.961，具有较好的信度。

孤独症儿童学校支持系统问卷维度与总分相关系数在 0.829—0.968，维度与维度间的相关系数在 0.572—0.939，且相关系数均为显著。维度与维度间的相关系数低于各维度与总分之间的相关系数，符合问卷结构要求，问卷结构效度较好。问卷由专家教师和心理专家学者、特教老师评阅与修改，保证了问卷题项具有科学性、代表性和对随班就读儿童的针对性，内容效度高，符合问卷编制要求。

（二）孤独症儿童学校支持系统运行现状

在学校支持子系统方面，随班就读孤独症儿童获得的学校支持各子系统的平均得分由低到高依次为外层系统支持、微观系统支持、宏观系统支持、中间系统支持。孤独症儿童获得的中间系统支持和宏观系统支持相对较少，而外层系统支持和微观系统支持较多。其中，在中间支持系统中，教师与家长合作支持的平均得分高于师生合作支持。在外层支持系统中，学校行政领导支持的平均得分最高，评测支持次之，课教支持和辅具支持的平均得分最低。在微观支持系统里，同伴支持的平均得分高于教师支持的平均得分。

在学校支持系统具体支持内容方面，各维度平均得分由低到高排序为课教支持、辅具支持、评测支持、师生合作支持、学校行政领导支持、教师支持、同伴支持、学校融合氛围支持、教师与家长合作支持。孤独症儿童获得的教师与家长合作支持最多，学校融合氛围支持和同伴支持较多，其后是教师支持，学校行政领导支持和师生合作支持相当，而辅具支持和课教支持相对较少。

孤独症儿童学校支持除在家庭居住地变量上有差异外，在其他人口学变量上均不存在显著差异。其中，在学校融合氛围支持和学习支持分维度上的辅具支持在居住地上存在显著差异，家庭居住于城市的儿童获得的辅具支持和学校融合氛围支持显著低于农村儿童。

（三）学校支持系统对孤独症儿童学校适应的影响

孤独症儿童学校适应各维度适应得分由低到高排序依次为学业适应、自我接纳适应、同伴关系适应、师生关系适应、常规适应。孤独症儿童学校支持与学校适应之间存在显著正相关关系，孤独症儿童的学校适应水平与学校支持水平的高低有关。随班就读孤独症儿童学校支持中的学校行政领导支持、辅具支持和教师支持对学校适应有显著的正向预测力，能够有效解释"学校适应"62%的变异量。

二 研究价值

（一）学术价值

在研究对象层面，综观以往的研究，关于儿童学校适应的研究已经取得了一定的成果，但鲜有对随班就读儿童这一群体的研究，其研究对象多集中在留守儿童和流动儿童群体之上。相较于普通学生，随班就读孤独症儿童在融入普通学校时存在着更多的特殊需求，相应地也会面临更多的环境适应和心理困境方面的挑战，他们在融合教育背景下的学校适应状况如何问题值得探究。因此，选取随班就读孤独症儿童作为研究对象，了解特殊儿童群体学校适应状况，能丰富中国关于特殊儿童学校适应方面的研究。

在研究内容层面，目前关于随班就读孤独症儿童的研究多从理论思辨角度和经验总结角度论述随班就读学校支持系统的重要性，对于随班就读学校支持的实证性研究较少，从学校支持角度探究其对学校适应的影响研究更是缺乏。本书基于生态系统理论和社会支持理论，从积极心理学视角出发，提出随班就读孤独症儿童学校融合支持系统理论模型。并基于此模型编制随班就读孤独症儿童学校支持问卷，对融合教育背景下的随班就读孤独症儿童开展调查研究，分析随班就读孤独症儿童学校支持与学校适应之间的关系，力图了解随班就读孤独症儿童学校支持现状和孤独症儿童学校适应的基本情况，从而在一定程度上丰富孤独症儿童学校适应的理论研究，扩展随班就读学校支持研究领域。同时，为促进其学校适应提供新的角度和理论参考，更好地从学校层面改善随班就读孤独症儿童受教育条件。

（二）应用价值

本书通过对随班就读孤独症儿童及其父母、教师等相关主体开展调查研究，了解随班就读孤独症儿童学校支持总体状况，分析随班就读孤独症儿童学校支持对儿童学校适应的作用机制，有助于从学校层面改善随班就读孤独症儿童的教育现状。对于随班就读孤独症儿童而言，进入普通学校学习可能会面临多方面的挑战，如同伴、教师以及普通学生家长的不理解、不接纳等，同伴交往困难、生活融入困难、学业困难等。普通学校作为随班就读孤独症儿童接受教育的一种新的安置场所和活动场地，了解学校各个层面对随班就读孤独症儿童成长的实际支持情况，对随班就读孤独症儿童的帮扶有积极的促进作用。同时，从积极心理学视角探讨学校支持的实际增益效能，学校适应是衡量孤独症儿童身心健康的重要指标之一，是全新的提升随班就读孤独症儿童学校适应水平探索的操作策略。本书从积极心理学和生态系统的角度完善学校融合支持系统，以引起学校的重视，进而提升随班就读孤独症儿童的学校适应水平，为随班就读孤独症儿童顺利应对融合教育背景下的心理困境和社会适应挑战提供一定的方向，对随班就读孤独症儿童心理健康教育具有重要的现实意义。同时，促进普通教育与特殊教育的深度融合发展，也为推动普特共育工作奠定基础。

三 研究展望

本书对浙江省杭州市的普通学校孤独症儿童学校支持系统要素、系统运行现状以及作用机制进行了初步研究，提出孤独症儿童学校支持系统模型，分析了随班就读孤独症儿童学校支持对学校适应的作用程度，达到了本书的研究目标。但仍存在三点不足。

1. 施测样本量少

本书的样本取样比较艰难，孤独症儿童在普通学校的占比率较低，且学生的班级分布较广泛，每个班级有一两个学生或者没有，无法收集大样本数据。

2. 研究工具未能严格标准化

本书采用的是自编问卷，由于预测样本量数据较少，在问卷预测过程中，无法通过因素分析深入探究其结构合理性。正式问卷信效度检验无法建立问卷常模，只是达到了问卷编制统计学意义上的要求。且问卷采用的是家长他评的评价方式，会存在一定的他评偏差。

3. 研究结果推广性受限

由于孤独症儿童现实分布较少，能收集到的样本比较有限，加之个人时间、精力有限,抽取的样本集中在浙江省,无法跨地域收集大样本,这使得本书研究结论的代表性和推广性不足。

鉴于此,未来研究需从以下三个方面进行改进。

1. 在样本选取方面,未来研究应该扩大样本量,在中国其他省市的随班就读孤独症儿童学校开展研究。

2. 在测量工具和方法方面,考虑到孤独症儿童自身的特殊性,个体差异性较大,未来可以结合个案研究的方式进行深入分析,继续对本书结果加以验证。

3. 在研究设计方面,未来应充分考虑其他潜在变量可能存在的影响,尽量降低偏差,保证研究的科学性和代表性。[1]

---

[1] 李全林:《中小学随班就读儿童学校支持系统运行现状、机制与策略研究》,硕士学位论文,浙江工业大学,2020年。

第七章
孤独症儿童家庭关爱与社会支持对策

只要人人都献出一点爱,世界将变成美好的人间。致富路上奔小康,人人都不能少,让全体孤独症儿童过上真正幸福的生活,才是国家最重要的任务。

前面五章构建了孤独症儿童"家庭—社会"融合型关爱的理论框架,并以孤独症儿童家庭为研究对象,采用实证研究范式,探究家庭增权、家庭关爱和社会支持的作用机制,构建了家庭协同支持服务和学校支持系统模型,考察了孤独症儿童家庭、社会、学校支持各方面的现状及特点,深入了解了孤独症儿童家庭关爱、社会支持、家庭增权、家庭协同及学校支持对其社会适应的正向预测作用。基于上述研究,本章将从孤独症儿童家庭关爱、社会支持、家庭增权、家庭协同支持和学校融合五个方面,提出对应的制度和政策的优化策略,逐步完善孤独症儿童"家庭—社会"关爱体系,以期更好地提升其社会适应水平,保障其顺利与家庭、学校和社会进行深度融合,增强其家庭的增权赋能水平,提升他们的家庭生活质量,促进全面建成小康社会。

第一节 孤独症儿童家庭关爱优化对策

一 完善家庭内部关爱机制

家庭是孤独症儿童康复教育的主要场所,其家庭资源的可用性可以显著预测孤独症儿童家庭适应水平。因此，对于孤独症儿童来说，家庭的支持和保障是至关重要的。对此，家庭内部关爱可以有效地给予孤独症儿童养育者精神及物质上的支持。对此，完善家庭内部关爱机制可以从以下方面展开。一方面，孤独症儿童父母的观念将决定其家庭是否会产生改变。[1] 孤独症儿童父母作为主要的养育者，他们必须改变自己的消极想法，以积极的心态照料孤独症儿童，这在一定程度上可以为儿童营造出一种快乐和谐的家庭氛围。孤独症儿童母亲通常会认为，他们与孩子存在着积极的情感依恋。[2] 照料者在养育孤独症儿童时，应积极寻求他人的帮助，比如参加孤独症儿童家长互助组可以在一定程度上帮助他们克服养育困难。据相关研究者调查发现，如果中国社会对孤独症儿童家庭存在排斥的消极态度，那么孤独症儿童的家庭服务和社会支持将会受到严重影响。[3] 因此，孤独症儿童家长必须团结起来，以集体力量对抗社会偏见，从而获得社会支持。另一方面，孤独症儿童的外祖父母和兄弟姐妹也具有极其重要的作用。研究表明，孤独症儿童的外祖父母将会有效缓解儿童父母的养育压力，并为其提供有力的家庭喘息服务。此外，在孤独症儿童的养育过程中，其兄弟姐妹也为其父母分担了部分的照料负担，这对促使孤独症儿童发展具有极大的积极作用。[4] 综上所述，孤独症儿童家庭内部关爱离不开每位家庭成员的爱心。因此，家庭内部成员必须积极发挥自身的家庭角色职能，帮助孤独症儿童父母照顾儿童，从而缓解其父母的养育负担。

二 扩展家庭外部关爱机制

研究表明，目前孤独症儿童家庭拥有较少的正式支持服务，且大多数

---

[1] B. Trute, D. Hiebert-Murphy, K. Levine, "Parental Appraisal of the Family Impact of Childhood Developmental Disability: Times of Sadness and Times of Joy," *Journal of Intellectual and Developmental Disability*, 2007, 32 (1): 1 – 9.

[2] S. Glenn, C. Cunningham, H. Poole, et al., "Maternal Parenting Stress and Its Correlates in Families with a Young Child with Cerebral Palsy," *Child: Care, Health & Development*, 2009, 35 (1): 71 – 78.

[3] X. Y. Hu, M. Wang, F. Xiao, "Famil Quality of Life of Chinese Families of Children with Intellectual Disabilities," *Journal of Intellectual Disability Research*, 2012, 56 (1): 30 – 44.

[4] L. S. Findler, "The Role of Grandparents in the Social Support System of Mothers of Children with a Physical Disability," *Families in Society: The Journal of Contemporary Social Services*, 2000, 81 (4): 370 – 381.

儿童都有较大的康复教育需求，这在一定程度上加大了家庭的经济负担，从而导致孤独症儿童家庭的社会适应受到严重影响。对此，本书认为，我们不仅要关注家庭内部关爱机制的构建和完善，而且要关注家庭外部关爱机制的发展。家庭外部关爱系统作为提升孤独症儿童家庭生活质量的关键因素，其中相关专业人士的支持更是至关重要的。专业人士在服务孤独症儿童家庭时要最大化地利用自身的长处，比如机构组织人员应提供适宜的干预计划、医生应提供积极的医疗干预等。孤独症儿童干预的相关专业人员之间应团结合作，最大程度地发挥各领域的优势，以此最大化地实现孤独症儿童的康复发展。除此之外，孤独症儿童父母应多参加家长互助组，和其他父母沟通交流育儿感受，并获取相关的养育经验和信息，从而帮助自己选择合适的康复干预方法。同时，孤独症儿童父母可以向自己的朋友多倾诉，以此缓解自身紧张、焦虑的心情，使情绪得到舒缓和放松。

三 构建以家庭为中心的干预服务体系

孤独症儿童主要在家庭这个场所中生活，其中，影响孤独症儿童康复与发展的重要因素包括成员角色特征和数量以及家庭氛围。因此，本书以孤独症儿童家庭为中心，建立干预服务体系，发挥家庭积极的能动作用，最终增强家庭的幸福感。据调查发现，国外相关部门已经开展了以家庭为中心的干预服务体系。本书基于中国国情和孤独症儿童家庭关爱现状，构建了适合中国的以家庭为中心的干预服务体系，它主要包括以下六点干预服务内容：（1）平等对待每一个孤独症儿童家庭，以专业的服务态度为孤独症儿童的发展出谋划策。（2）相关专业人员要为不同的孤独症儿童家庭制定具有灵活性的、个性化的应对策略，并设计出具有针对性的家庭问题解决方案。（3）相关专业人员应尽可能多地为孤独症儿童家庭提供不同的干预方法选择，并帮助其选择适合自身家庭的干预方案，保证孤独症儿童接受最优的康复教育，以此来帮助其获得最大程度的恢复。（4）相关服务人员应与孤独症儿童家长保持良好的合作关系，积极协助孤独症儿童父母，及时与其沟通交流。这不仅使服务人员和家长可以清楚地了解儿童所处的康复阶段，还能让相关服务人员了解孤独症儿童家庭的经济状况，及时向其伸出援助之手，帮助其解决问题，缓解家庭经济压力。（5）相关服务人员应为孤独症儿童家庭提供支援，包括家庭喘息服务和志愿者服务等，这在一定程度上可以帮助孤独症儿童父母放松身心。(6) 相关专业人员可以根据孤独症儿童家庭的特征制定适宜的服务内容。由专业人员提供的以孤独症儿童家庭为中心的服务可以帮助其获得最大化的资源和需求。

四 培养积极的家庭应对方式

积极的家庭应对方式对孤独症儿童家庭是非常重要的。当孤独症儿童家庭遇到危机时，良好的家庭应对方式可以帮助其做出灵活调节和应变。本书主张从三个方面培养积极的家庭应对方式：保持乐观、积极沟通和增加家庭角色责任的灵活性。第一，已有研究表明，家庭恢复力非常重要的一个因素是乐观。大部分家庭在遇到生活困境时，都会极力寻求积极乐观的应对方式。所以培养乐观的人生观可以帮助孤独症儿童家庭积极应对生活中的困难，使其对未来生活充满希望。第二，积极沟通可以帮助孤独症儿童家庭提高社会适应力并满足其特殊需求。国外学者 Jonker 和 Greeff 将积极沟通看作家庭恢复力和家庭功能的关键过程。[①] 此外，积极沟通还可以帮助孤独症儿童家庭解决问题，制定有针对性的优良康复方案。同时，在孤独症儿童家庭成员互动的过程中，积极沟通可以稳定、抚慰彼此之间的情绪。第三，孤独症儿童家庭成员要提高自身角色责任的灵活性。[②] 首先，每个孤独症儿童家庭成员都应该明白自己的责任，然后积极地为儿童发展提供多方面的支持，比如孤独症儿童的外祖父母如果无法帮儿童父母照料儿童，那么理应为其提供一定程度的精神或是物质支持。各个家庭成员必须团结合作，彼此之间积极沟通，并建立联系，将各种资源整合起来共同为孤独症儿童建立坚实的保障。

第二节 孤独症儿童家庭社会支持改善策略

一 残联等相关政策制定者

孤独症儿童相关政策的制定与落实不仅对实现其父母社会支持起着

---

① L. Jonker, A. P. Greeff, "Resilience Factors in Families Living with People with Mental Illnesses," *Journal of Community Psychology*, 2009, 37 (7): 859–873.

② M. Bayat, "Evidence of Resilience in Families of Children with Autism," *Journal of Intellectual Disability Research*, 2007, 51: 702–714.

保护性作用，还对社会支持主体的具体行动起着引导和制约作用。研究表明，孤独症儿童所接受的正式支持要远多于非正式支持。同时，多数孤独症儿童父母反映说，有关的儿童救助资金并未落实。甚至，部分孤独症儿童父母表示，他们完全不了解相关的政策。因此，政策制定者应积极采取措施改善孤独症儿童父母社会支持的现状。

近年来，国家相关政策制定者正努力落实相关政策，这表明了中国对孤独症儿童群体的重视。虽然，政策的制定和学校、社区及相关专业组织机构向孤独症儿童父母提供的社会支持与援助密切相关，但是，此类政策还是基于孤独症儿童的共性制定的，缺乏针对性。加上近年来孤独症儿童患病率不断增加，国家相关政策还是未深入儿童的教育、诊断和康复教育等深层面，这在一定程度上导致了孤独症儿童的相关权益难以得到保证。

基于上述情况，本书呼吁国家相关政策制定者应以孤独症儿童及其父母为主，完善孤独症儿童社会福利制度和社会救助体系，极力发展孤独症儿童康复教育事业。本书认为，这可以从两方面入手：第一，国家相关政策制定者可以将孤独症儿童康复支出费用纳入补助范围，设立完善规范的补助体系并提高孤独症儿童补助标准，尤其是对于经济负担较重的孤独症儿童家庭要加大补助力度。第二，要拓宽涉及范围，比如，形成孤独症儿童诊断、康复、教育、就业以及养老等层面的保障制度，建立完备的社会支持体系，真正为孤独症儿童父母减少后顾之忧。

落实孤独症儿童父母相关政策可以提高儿童父母体验到的社会支持水平。相关机构应积极履行相应的职能，确保孤独症儿童父母相关政策的具体落实。同时，各级部门应尽力完善相应的孤独症儿童父母协同机制，加强彼此沟通，积极发挥自身的职能优势，进而加强对孤独症儿童父母的联动性支持。同时，相关部门应设立明确的督导制，对相关机构的工作进行定期抽查，并结合孤独症儿童父母自身的实际情况，制定出有针对性的社会支持模式，以便更好地服务于孤独症儿童父母。

二 孤独症儿童父母

对父母来说，孩子被确诊为孤独症是一件急性应激事件。很多父母对这样的事实是难以接受的，可能会长期处于痛苦和绝望的负面情绪之中。但是孤独症儿童父母的情绪状态和儿童的康复效果往往密不可分。所以，孤独症儿童父母应从以下四个方面合理认识相关疾病，及时调节自身情绪，以积极乐观的心态面对育儿困境。

第一，孤独症儿童父母应及时查询相关的疾病资料，对儿童发病的原因、诊断标准、疾病特性和育儿注意事项进行深入了解，合理认识疾病的不良影响，不听信他人谗言。

第二，孤独症儿童父母应以积极乐观的心态正确、客观地看待问题，切勿抱怨和退缩。同时，父母要培养自信、乐观的积极心理品质，比如积极参加心理疏导小组，宣泄内心积压的负面情绪，建立起强大的内心力量。

第三，孤独症儿童父母应为自己留下一定的喘息空间。这是因为长期照料孤独症儿童会给父母带来巨大的心理负担，很有可能会出现父母抑郁的现象。所以，孤独症儿童父母应合理安排自身时间，尽量放松自己，不可把生活的重心全部投在儿童身上。同时，孤独症儿童父母还应增加和其他家庭成员的互动交流，以便提升家庭凝聚力，在必要时向其寻求帮助和支持。

三 特殊教育工作者

研究表明，大部分孤独症儿童父母在孩子最初被诊断时，缺乏专业的照料知识和技能，因此对孤独症儿童的康复教育感到茫然无措。这时，大部分孤独症儿童父母会寻求专业康复教育人员的帮助，以期通过康复干预提升儿童的生活自理能力。对一名专业的特殊教育工作者来说，他不仅需要具备合格、扎实的特殊专业技能，还需要疏解孤独症儿童父母在照料过程中出现的心理压力。基于此，相关特殊教育工作者可以为孤独症儿童父母提供以下三个方面的支持。

第一，专业的特殊教育工作者应充分掌握孤独症儿童早期干预及康复训练的知识，尤其是已经被证实为非常有效的干预技术。同时，特殊教育工作者还应积极参加各项技能培训和学术交流活动，提升自身技能，以便为孤独症儿童提供更为专业和全面的干预支持服务。

第二，相关专业工作人员应结合孤独症儿童自身的疾病特点或异常行为，积极和家长沟通，制定有针对性的干预方案。同时，通过专业的评估量表定期对孤独症儿童进行诊断评估，根据孩子的实际情况及时做出干预调整。

第三，专业的特殊教育工作者应定期为孤独症儿童家长举行研讨交流会或培训会，强调每个孤独症儿童的独特性，重视父母需求，及时解答孤独症儿童父母的疑问，同时定期回访，以便及时了解儿童情况。相关专业人员在举办活动时要注意，不仅需要教授孤独症儿童父母必要的教养技能，还需要为其创建分享交流孤独症儿童康复资料的平台。同时，专业人员还需要注意，一定不要急于告知父母儿童残障可能导致的负面影响，这可能会对父母的心理造成严重的负面影响。所以，专业的特殊教育工作者应多和儿童父母分享积极正向的信息，以陪伴者和倾听者的角色协助父母克服在照料孤独症儿童过程中所遇到的困难。

四　社会大众

已有研究表明，大部分孤独症儿童父母认为，目前社会大众对孤独症儿童仍存有偏见，所以儿童在社会生活中极易遭受排斥和歧视。这种情况不仅会对孤独症儿童自身造成很严重的伤害，还会给其父母增加心理负担。基于此，本书呼吁社会大众对孤独症儿童的异常行为抱以理解，对其父母力所能及地伸出援手，以便为孤独症儿童构建一个和谐友爱的社会氛围。本书认为，社会大众应从以下三方面对孤独症儿童父母给予社会支持：

第一，社会大众应积极了解各类孤独症儿童之间的区别和存在的特殊行为方式以及情感表达方式，不可盲目地将孤独症儿童归为异常人群，将其与正常儿童完全隔离。当孤独症儿童出现异常行为时，社会大众应对其抱有接纳和理解的态度，这对孤独症儿童自身及其父母来说，都是一种慰藉和支持。

第二，孤独症儿童由于自身特性，很少出门与外界环境互动交流，所以其社会性发展水平受到了阻碍。基于此，社会大众应为其创设一个极具宽容和包容性的氛围，充分调动其自身优势，进而使之正常融入社会生活。

第三，社会工作者应提升孤独症儿童家庭社区援助，完善孤独症儿童社会支持系统。社区作为孤独症儿童及其父母非常重要的生活环境，社区支持服务会显著影响孤独症儿童家庭生活质量。因此，相关社会工作人员应尽力完善孤独症儿童社会支持系统，为其提供各类支持和服务，比如孤独症儿童就诊转介服务和家庭喘息服务等。

第三节　孤独症儿童家庭赠权赋能提升方法

一　家庭层面

（一）父母共同承担责任，合力应对压力

调查结果显示，在大部分孤独症儿童家庭中，母亲承担主要的照料重任，而父亲则承担主要的家庭经济责任。和普通家庭相比，孤独症儿童家庭需要家庭成员付出更多的金钱、精力和时间来照料患儿，其中母亲作为主要照料者，承担着巨大的身心压力。基于此，我们认为，孤独症儿童父母应共同分担儿童养育压力，合力促进其康复和发展。

此外，大部分孤独症儿童父母双方将全部精力和时间都投入孩子身上，夫妻关系难免会受到忽视甚至破坏。而良好的夫妻关系对孤独症儿童家庭也至关重要。因此，孤独症儿童父母之间应增加沟通频率、寻求共同爱好并且共同面对问题来促进夫妻关系。孤独症儿童父母双方共同承担养育孩子的责任，这不仅使双方的身心压力得到了缓解，还增强了彼此的感情，为儿童营造了一个和谐友爱的家庭氛围，从而提升其对外界突发事件的应对能力。

（二）积极参与专业培训，助力患儿康复教育

国内学者庞文提出，教育是充实和提高综合能力的有效措施，是实现增权的根本途径。[①] 研究表明，国外提出的孤独症儿童服务体系为家庭提供了专业的知识和技能培训，最终实现提高家庭增权的目标，从而提升孤独症儿童家庭照料能力。[②]

研究发现，家长培训不会对孤独症儿童家庭增权水平产生显著影响。但是，这不能说明家长培训和孤独症儿童家庭增权水平之间不存

---

① 庞文：《论残障人的增权及其实现》，《武汉科技大学学报》（社会科学版）2011年第6期。
② 胡晓毅：《美国孤独症儿童家庭研究综述》，《残障人研究》2015年第2期。

在相关性。比如，有研究表明，参与家长培训的孤独症儿童父母可以通过个性化的方法在日常生活中对患儿进行康复训练，从而减少其异常行为，提升其社会交往能力。① 父母作为孤独症儿童的主要照料者，他们与儿童共处的时间远远多于康复教育机构。因此，孤独症儿童父母不能仅仅依赖康复教育机构的课程干预训练，还应积极参与家长培训，与特殊学校教师或康复训练机构合作，提升自身的儿童康复训练知识和技能，从而促进儿童康复与发展。此外，培养孤独症儿童父母一定的康复知识和技能水平不仅可以帮助其对儿童进行康复干预，还能使其深入了解孤独症儿童，为其选择最适合的康复教育，实现家庭增权。

（三）建立家庭互助组织，同伴携手共渡难关

经分析发现，参加家庭互助组织和公益活动越多的家庭，其家庭增权水平越高。这主要存在着两方面的原因。一方面，家庭互助活动和公益活动可以加强孤独症儿童家庭之间的互动，使其分享彼此的康复教育信息，从而促使患儿康复和发展。另一方面，家庭互助组织和公益活动可以使孤独症儿童家庭之间彼此倾诉，增加共情，宣泄内心压力，获得归属感。

总之，家庭互助组织是一种非常好的孤独症儿童家庭组织，可以采用线上或线下的方式定期开展。通过家庭互助组织，孤独症儿童家庭之间可以互帮互助，分享育儿信息，帮助孤独症儿童父母培养康复教育知识和技能水平，实现心理健康关怀。

二 社会层面

（一）加强专项财政补给，多渠道缓解经济压力

由研究可知，首先，家庭增权的显著影响因素不包括家庭收入、儿童康复支出。但是，这也不能证明家庭收入和儿童康复支出与家庭增权之间完全没有关系。有研究表明，孤独症儿童家庭拥有良好的家庭收入

---

① 曾松添、胡晓毅：《美国孤独症幼儿家长执行式干预法研究综述》，《中国特殊教育》2015 年第 6 期；C. Wong, S. L. Odom, K. Hume, et al., *Evidence-based Practices for Children, Youth, and Adults with Autism Spectrum Disorder*, Chapel Hill: The University of North Carolina, Frank Porter Graham Child Development Institute, Autism Evidence-Based Practice Review Group, 2013.

可以为孤独症儿童成长提供资源保障，并提升其家庭增权水平。[1] 这可能是因为孤独症儿童家庭必须面对一定的经济压力[2]，比如持续且昂贵的医疗、康复和教育等方面的支出，所以较差的家庭经济状况可能会破坏其良性的家庭增权状况。[3]

其次，未享受社会福利家庭的增权水平明显低于享受社会福利的家庭。因此，为了缓解家庭经济压力，相关政府部门应加大康复教育补贴的力度。同时，相关工作人员应从多方面对孤独症儿童家庭进行经济支援，比如减少康复机构运营成本、加大相关康复机构的扶持、减少家庭康复教育支出和为失业孤独症儿童父母提供再就业机会等。

(二) 完善社会支持网络，营造社会帮扶环境

首先，缺乏客观资源和能力是孤独症儿童家庭增权水平较低的原因，并且缺乏客观资源和能力也降低了家庭的权能感。良好的社会支持及其网络可以在物质上帮助抚养孤独症儿童，在心理层面增强家长的权能感。因此，完善的社会支持网络可以给予孤独症儿童家庭客观资源，增强家长照顾抚养孩子的能力。其中，社会支持类型由情绪、信息和工具组成，社会支持来源有非正式和正式两种。

其次是不均衡的社会支持类型，大多数家庭主要依靠的社会支持是朋友等非正式的支持。但是，在政府的协调下，要向教育、政府等正式的社会支持网络倾斜，加大更专业、系统的支持力度，提升家庭物资层面的增权水平。

最后，家庭成员的心理健康也值得受到社会支持的关注。研究表明，孤独症儿童因其复杂性和不可治愈性，加重了家庭压力，而社会支

---

[1] M. Vuorenmaa, N. Halme, M. Perälä, et al., "Perceived Influence, Decision-Making and Access to Information in Family Services as Factors of Parental Empowerment: A Cross-Sectional Study of Parents with Young Children," *Scandinavian Journal of Caring Sciences*, 2015, 30 (2): 290 – 302; H. Fujioka, R. Wakimizu, R. Tanaka, et al., "Empirical Study on the Empowerment of Families Raising Children with Severe Motor and Intellectual Disabilities in Japan: The Association with Positive Feelings towards Child Rearing," *Health*, 2015, 7: 1725 – 1740.

[2] H. Itzhaky, H. Schwartz, "Empowerment of Parents of Children with Disabilities: The Effect of Community and Personal Variables," *Journal of Family Social Work*, 2000, 5 (1): 21 – 36.

[3] J. A. Weiss Y. Lunsky, "The Brief Family Distress Scale: A Measure of Crisis in Caregivers of Individuals with Autism Spectrum Disorders," *Journal of Child and Family Studies*, 2011, 20: 521 – 528.

持可以减轻孤独症儿童父母的消极情绪。政府有关部门要为孤独症儿童家长提供专业心理咨询师、社工等主体的服务，注重家长心理健康，实现对情感方面的支持和家庭精神层面的增权。

（三）制定完善的法律制度，提供坚实的政策保障

本书调查发现，孤独症儿童家庭增权总体水平偏低，特别是在自我拥护、社区参与和资源接触方面表现较差，这三者揭示了孤独症儿童家庭渴望从国家制度层面实现家庭增权。国内学者庞文认为，孤独症儿童实现增权的主要途径是制度增权，即制定和完善与孤独症儿童未来工作、生活及保障等各方面相关的法律和政策。

目前，孤独症儿童家庭增权水平得以提高的制度保障是有关孤独症儿童医疗、康复和教育等方面的法律政策。同时，由于孤独症儿童自身年龄较小，因此他们基本都是通过家庭行使其权利。结合孤独症儿童家庭的切实需求，相关政府部门应为其制定相应的法律政策，以便解决孤独症儿童上学难、就医难、就业难等问题，从而促进家庭增权水平的提升。

第四节 孤独症儿童家庭协同支持推进方略

一 构建孤独症儿童家庭社区协同教育模式

本书调查分析发现，目前中国孤独症儿童家庭生活质量和社区服务的相关性较高，即孤独症儿童家庭获得的社区服务支持越多，其生活质量水平就越好。随后进一步做了路径分析，结果显示，与其他方面的服务相比，社区服务对中国孤独症儿童家庭协同支持服务的影响更加明显，这表现出社区服务对中国孤独症儿童家庭的重要性。所以，中国孤独症儿童家庭协同支持服务推进方案的第一步应是建立社区协同教育的服务模式，提高社区服务水平。

通过文献的总结梳理发现，已经有学者对于中国孤独症儿童康复治疗和社会性发展的家庭支持理论进行了整理。该学者认为，要想促进孤独症儿童的康复治疗和社会性发展，我们需要提升社区和家庭的相互协作观念，发动身边可以起到作用的一切人力物力财力的支持和帮助，明确家庭内部成员和家庭外部成员的责任和义务，分担对于照料儿童所产

生的压力。家庭支持的主要作用是提升人与人之间的相互协作和依赖性。这种相互协作和依赖性的主要实现途径是建立家庭内部成员和社区内成员间的联系,帮助大家建立共同体意识。社区作为孤独症儿童家庭外部极其重要的环境,可以为家庭内部成员提供很多的社会资源,比如为其提供育儿信息和技能,帮助其发挥自身的家庭优势,实现家庭功能。同时,社区还可以促使家庭内部成员之间以及家庭内部和外部机构之间相互协作,提高了家庭内部成员和康复机构之间的联系。此外,相互尊重和信息共享对于孤独症儿童家庭也是极其重要的,它可以加强家庭内部成员和相关服务供给者的相互作用,支持并强化家庭功能。①

综上所述,社区协同教育服务模式对孤独症儿童家庭来说,是一个极其重要的模式。它充分利用了一切可以为孤独症儿童家庭提供教育资源的平台,以此来为孤独症儿童建立一个可以促进其康复和发展的良好社会环境。作为孤独症儿童除了家庭之外的重要生活场所,社区和家庭、特殊学校以及康复治疗机构之间有着非常密切的关系。社区所具有的大量资源为孤独症儿童家庭提供了多方面的扶持和帮助,同时为其构建了一个良好的社会交往平台,帮助孤独症儿童提升自身的基本交际能力,以此来融入正常的社会生活。有学者提出了社区融合理念,其主要观点是要求社区正常成员不得歧视孤独症儿童,让孤独症儿童和正常儿童一样享受正常的社区服务、社区交往以及社区权利。中国研究者郑晓安等通过研究对此理念进行了支持,其研究表明,社区融合模式可以帮助孤独症儿童恢复一些社会交往能力,使之尽快融入正常的社会生活。

二 倡导政府提供一站式购买服务模式

经过研究发现,目前中国孤独症儿童家庭在很多外部相关服务方面都存在极其明显的碎片化问题,比如在教育、康复医疗服务和社会保障服务方面。大部分孤独症儿童父母提出,很多服务机构存在服务态度不好、育儿信息不完善、技能培训不足以及各个机构服务重复无用的问题。同时,因为孤独症儿童家庭自身感受到的各个服务机构缺陷明显,所以它们会觉得自身的需求完全得不到满足,进而影响其生理和心理健

---

① 金炳彻、张金峰:《残疾儿童家庭支持体系研究综述》,《残疾人研究》2014年第1期。

康水平。这种碎片化问题的存在，使孤独症儿童家庭重复接受流水式的不完善服务，难以实现根据家庭和成员特征制定个性化服务，没有聚焦问题，也不以家庭为中心，这很有可能会对孤独症儿童的康复治疗和社会性发展产生一定程度的阻碍作用。

本书通过调查研究发现，通过学校和康复教育机构相互协同所提供的服务可以极大地提升孤独症儿童家庭生活的质量水平。特别是对于信息服务来说，学校和康复教育机构的相互协同明显优于其各自所提供的服务。基于第五章提出的家庭教育协同支持服务模型，我们发现，只要转变服务聚焦点，由过去的聚焦于服务主体改变为服务内容，碎片化问题和服务效率低下的现象就能得到一定程度的缓解。在此过程中，我们还需要注意服务的接力过程，做好各个服务主体之间的传递和联结，从而最大程度地实现教育协同服务。

基于家庭协同支持服务模型，一站式购买服务模式出现了。该模式的主要目的是为孤独症儿童家庭内部成员和儿童自身提供一系列服务，比如教育、康复治疗、心理指导等。该模式特别重视一体化，且以家庭为中心，不断提供正式和非正式的服务。目前国内已经出现了类似的服务机构，比如苏州市特殊教育指导中心，该中心提供多样化的服务，会定期开展多部门的联合会议，收集整理融合服务过程中的问题并及时进行指导修正，以期最大限度地落实一站化服务模式。同时，该指导中心还管理着各种社会资源，构建了"儿童—父母—幼儿园—指导中心—相关部门"的闭合式工作网络。[①]

三 由企业建设"互联网+"协同教育平台

基于上文所说，结合当下时代背景，建立"互联网+"协同教育平台可以极大地提升孤独症儿童家庭所拥有的资源，帮助其发挥自身优势，实现自我发展，并促使家庭协同支持服务的推进。同时结合已有的孤独症儿童终身教育的观点，我们可以从以下几个角度构建"互联网+"协同教育平台，比如连接模范教育基地和典型孤独症儿童家庭、建立以"空中课堂"为基础的远程送教上门、建立普通学校和特殊教

---

① 朱海荣、万烨锋、王利丽、张卫萍、季兰芬：《构建孤独症儿童学前融合教育支持保障体系》，《现代特殊教育》2017年第7期。

育学校相互融合的方式、建立以电商为基础的在家上班方式，以及建立以"众创、众筹、众包、众扶"为基础的创业方式。中国已出现了相关的"互联网+"协同教育平台实例，比如苏州工业园区特殊教育指导中心，该指导中心利用自身的优势，将园区作为教育平台，增加了"易加"特教，积极主动地实行教育融合，建立了线上融合教育智慧服务体系，实现了线上资源共享并提供服务，使很多孤独症儿童体验到了优良且公平的教育机会。

第五节 孤独症儿童学校融合改进对策

一、充分挖掘教师和同伴支持的力量，发挥微系统支持的作用

微观支持系统主要是指孤独症儿童从直接生活的环境中取得的支持，它和儿童密不可分。该系统主要涵盖了两方面的支持，即同伴支持和教师支持。通过分析当前学校支持可以发现，微观支持明显少于中间支持，且微观支持中教师支持要明显少于同伴支持。所以，应采取两方面的措施对孤独症儿童家庭微观支持进行一定程度的增强。

第一，充分利用目前所拥有的教师支持资源。通过调查研究发现，大部分学校都会给予孤独症儿童一定程度的教师支持，但其支持力度并不是很大。比如，有的学校在教育过程中会结合儿童自身的基础，为其安排专业的特殊教育老师，并进行符合自身特征的训练，比如感统训练和行为矫正训练等。此外，部分学校会降低孤独症儿童的学业成就标准，根据其自身的优缺点，设置合适的课程活动，比如特色绘画比赛和职业规划等课程。在这些活动开展的过程中，虽然孤独症儿童收获了一些帮助，但由于老师在教学过程中自身获得的支持不多，导致其出现了心有余而力不足的现象。同时，我们还发现，大部分学校由于自身资金和教学理念的限制，很多指导孤独症儿童的老师不是专业的特殊教育老师，没有相关的康复知识和教育技能，可能会对孤独症儿童的康复和教育产生一定程度的阻碍。所以我们提议，基于融合教育背景，普通学校应该招收一些专业的特殊教育老师，并为其提供专业的定期技能培训，使其帮助进入普通学校随班就读的孤独症儿童更好地获得教师支持。

第二，利用同伴支持，增强孤独症儿童的微观支持水平。在与同伴

相处的过程中，同辈的互助行为可以减少孤独症儿童的交往障碍，增强沟通互动，以此为孤独症儿童融入普通学校随班就读铺垫一定的人际关系基础。此外，普通学校应该定期举办一些活动来增强孤独症儿童的同伴互动水平，比如团体心理辅导活动、心理健康教育活动，这些都可以在一定程度上提升儿童之间的互助和相互协作理念，以此为孤独症儿童创设一个较好的班级氛围。同时，特殊教育老师还应该适当提升学生的归属感，比如为班级每个人都提供帮助教师管理班级的机会。老师在课堂上可以采用积极暗示的方法来培养一些班级小助教，充分发挥同伴支持的作用。例如，在听说课上，设置小助教读一句，孤独症儿童重复一句的教学模式，以此帮助学生建立平等学习的意识，使普通学生能够尊重孤独症儿童，将其作为自己的同伴进行互帮互助，以帮助孤独症儿童更好地发展自己的社会性技能。

二 弥补中间系统支持断层，发挥中间系统耦合作用

学校中间系统支持主要是指各个微观系统之间的相互交流和联系支持，其作为连接各个微观系统之间的关键纽带，主要涵盖了两方面的支持，即老师和学生同伴之间的相互协作以及老师和学生父母之间的相互协作。第六章通过对孤独症儿童学校支持系统情况的调查发现，中间系统明显优于微观和外层系统以及宏观系统，但是对于各分维度来说，中间系统中的师生合作支持是明显少于老师和学生父母之间合作支持的，由此使得微观系统和外层系统之间的联系出现了中断，缺乏连续性和系统性。所以，我们应提升师生合作水平，加强学生和老师之间的联系和交流互动，以此来最大限度地发挥中间系统的作用。

增强中间系统支持水平主要通过以下两个方面来实现：（1）充分发挥师生合作的作用。老师作为班级的管理者和引导者，对于提升学生之间的互帮互助意识非常关键。其中，班主任作为最强有力的纽带，联结了普通学生与孤独症学生，他们可以通过强化的教学方式对帮助孤独症儿童的普通学生进行夸赞和奖励。此外，班主任还可以通过建立互助小组的方式，促进普通学生和孤独症儿童的交流互动，以此帮助孤独症儿童更好地融入普通学校随班就读，进而发展其社会化技能。（2）在维持师生合作的基础上，进一步加强教师与家长合作支

持。本书通过访谈研究发现，很多孤独症儿童父母比较配合儿童的融合教育工作，但还有部分父母不理解融合教育理念，对儿童没有适当的期望。此外，还有些父母忽视了孤独症儿童的个人特殊性，没有以积极乐观的心态看待孩子融入普通学校随班就读，并且不重视家校共育工作。对此，本书提出以下建议：融合学校应该为孤独症儿童家庭定期开展亲子互动活动，比如举行亲子趣味运动会等，教师要在活动中帮助孤独症儿童父母树立起融合教育的意识，让他们正确看待融合教育；定期召开家长会，建立一本家校联系册，及时为父母提供儿童在校的各方面表现情况，同时起到提醒作用，帮助父母及时发现自身的不足，并积极调整，以此促进家校合作；设立典型的模范家庭，教师可以通过这种方式和儿童父母分享比较成功的融合教育家庭案例，以此对父母起到鼓励作用，提升儿童父母对融合工作的积极主动性；搭建孤独症儿童家庭互助平台，使每个孤独症儿童家庭父母都可以通过这种方式与其他家庭交流育儿感受，发泄自身背负的压力，进而提升中间系统的支持水平。

三 继续发挥外层系统各要素的中介作用

学校外层系统支持主要是指学生虽然没有直接参与，但是仍然对其康复发展和学校适应产生了重要影响的支持系统，它主要涵盖了评测支持、辅具支持、领导支持以及课教支持四方面。本书第六章通过调查研究发现，在外层系统中，最高的分维度是学校里的领导支持，其次是评测支持，最低的是辅具支持。所以本书提议，应从课教支持和辅具支持角度增加外层系统支持水平。

第一，增加融合学校的相关资金投入，充足的资金可以帮助学校购买更多的相关教学辅助用具，同时根据孤独症儿童自身的特性设置个性化的课程，通过配套的教学辅助用具对孤独症儿童进行特色化的技能培训，比如相关技能培训、情绪管理能力以及康复训练等。同时，利用多样化的教学辅助用具，教师可以利用更多样化的课堂模式进行教学，比如协同教学、小组活动等。通过多样化教学辅助用具的使用，可以有效提升基础教学水平，促进孤独症儿童的社会性发展，进而增强其学校适应能力。

第二，加强学校领导干预，为孤独症儿童提供更多需要的教学辅助用具。因为大部分孤独症儿童存在生理或者心理方面的缺陷，所以对于普通学生可以轻易完成的任务，孤独症儿童要付出更多的时间和精力才能完成。所以，我们应该为孤独症儿童设立专属经费，为其提供更多可以反复利用的课堂教学辅助用具，从而提升其辅具支持水平。此外，我们还可以根据区域特殊教育中心的指导，定期检查辅助用具，以保证教师可以充分利用这些工具进行教学，进而帮助孤独症儿童的康复发展和社会适应，最大化地发挥外层系统的优势。

四 共同营造良好的融合氛围，激活宏观支持系统

学校宏观支持系统主要是指孤独症儿童所学习的学校环境中的文化背景、意识和教学理念，它主要涵盖了学校工作人员的融合意识以及学校和班级的融合氛围两方面。本书第六章通过调查研究发现，孤独症儿童融入普通学校随班就读的氛围支持度很高，这说明了融合学校对于孤独症儿童教育的重视，也说明了融合教育观念已经在学校内部逐渐渗透。所以，本书提议，在保障已有的较好的融合氛围的前提下，我们可以从学生和教师两个角度出发，进一步提升融合氛围支持，建设一个具有关怀型的学校支持环境。

对于学生层面，首先，我们应鼓励教师多举办相关主体的班级活动，以实现融合班风建设，比如举办有关融合教育理念的黑板报活动。其次，我们可以定期举办心理健康教育系列主题班会活动，比如有关孤独症儿童融合教育知识的普及活动，通过这种类型的活动，帮助学生逐渐接受孤独症儿童的不同，并且平等、尊重和包容地看待孤独症儿童，进而形成较好的班级融合氛围。最后，我们可以积极鼓励老师开展有关融合教育的特色活动，比如邀请特殊教育专家到班级来讲解介绍一些典型的孤独症儿童案例，给学生科普特殊障碍儿童的需要，使学生深入了解孤独症儿童，学会利用积极关注、共情等方式在生活中关爱身边的孤独症儿童。

对于教师层面，首先，学校可以积极宣传融合教育理念，使教师能将该理念融入自身的教学实践活动中。其次，融合学校应邀请一些高校的专家共同研发校本课程，使融合教育的观念深入老师教学过程的每个层面。然后，融合学校领导应努力转变学校老师的观念，使其用无条件

关注的视角去挖掘孤独儿童的特长,从缺陷补偿观转变为潜能开发观,实现因材施教。最后,还可以通过设立适当的绩效考核方案来鼓励老师和领导相互协作、共同推动实行,从而充分发挥融合教育理念的指导性,激活宏观支持系统。①

---

① 李全林:《中小学随班就读儿童学校支持系统运行现状、机制与策略研究》,硕士学位论文,浙江工业大学,2020年。

参考文献

中文文献

著作

邓伟志、徐新：《家庭社会学导论》，上海大学出版社2006年版。

华国栋主编：《特殊需要儿童的随班就读》，辽宁师范大学出版社2002年版。

李玉丽：《父母肢体残疾的青少年创伤后成长与家庭弹性的关系及机制》，山东大学，博士学位论文，2016年。

林崇德、杨治良、黄希庭主编：《心理学大辞典》，上海教育出版社2003年版。

潘开灵、白烈湖：《管理协同理论及其应用》，经济管理出版社2006年版。

邱皓政：《量化研究与统计分析》，重庆大学出版社2013年版。

温忠麟、刘红云、侯杰泰：《调节效应和中介效应分析》，教育科学出版社2012年版。

吴明隆：《结构方差模型——AMOS的操作与应用》，重庆大学出版社2010年版。

吴明隆：《问卷统计分析实务——操作与应用》，重庆大学出版社2010年版。

张作记主编：《行为医学量表手册》，中华医学电子音像出版社2005年版。

郑林英：《听觉障碍儿童家庭复原力及影响因素研究》，四川师范大学，硕士学位论文，2010年。

周沛、曲绍旭、张春娟等：《残疾人社会工作》，社会科学文献出版社2012年版。

周月清：《家庭社会工作：理论与方法》，五南图书出版股份有限公司2001年版。

朱东武、朱眉华主编：《家庭社会工作》，高等教育出版社2011年版。

期刊

班永飞、孙霁：《孤独症儿童父母的社会支持与亲职压力：身份、收入的效应分析》，《中国特殊教育》2017年第1期。

蔡虹、秦国民、孙亚楠：《当前中国残疾人大学生教育支持存在的问题及反思》，《滨州医学院学报》2018年第41期。

车文婷、雷秀雅：《孤独症儿童家长心理压力及其影响因素的研究》，《山西农业大学学报》（社会科学版）2013年第12期。

陈成文、潘泽泉：《论社会支持的社会学意义》，《湖南师范大学社会科学报》2000年第6期。

陈戈婷、麦顺和、李月心、朱秋映、古槟瑜：《脑卒中病人家庭照顾者知觉压力、应对方式与心理健康相关性研究》，《循证护理》2018年第4期。

陈树强：《增权：社会工作理论与实践的新视角》，《社会学研究》2003年第5期。

陈英敏、李迎丽、肖胜、邓秋月、高玉洁、高峰强：《初中生人际关系与学校适应的关系：多重中介模型检验》，《中国特殊教育》2019年第4期。

崔健、李遵清：《精神分裂症患者家属家庭危机应对能力与社会支持的相关性研究》，《中国民康医学》2013年第24期。

邓猛、赵泓：《新时期中国融合教育现状和发展趋势》，《残疾人研究》2019年第1期。

丁宇、肖凌、郭文斌、黄敏儿：《社会支持在生活事件—心理健康关系中的作用模型研究》，《中国健康心理学杂志》2005年第3期。

范晔、王晓成、段文美、黄建军、孙晨明、张丽萍、王彤：《中学生家庭环境、简易应对方式与青少年学校生活满意度的关系》,《中华疾病控制杂志》2015年第10期。

方俊明:《融合教育与教师教育》,《华东师范大学学报》(教育科学版)2006年第3期。

风笑天、易松国:《城市居民家庭生活质量:指标及其结构》,《社会学研究》2000年第4期。

傅王倩、肖飞:《随班就读儿童回流现象的质性研究》,《中国特殊教育》2016年第3期。

高旭、王元:《同伴关系:通向学校适应的关键路径》,《东北师大学报》(哲学社会科学版)2010年第2期。

葛增国、张群超:《依托智慧教育平台,助推区域融合教育发展——苏州工业园区探索融合教育线上服务模式》,《现代特殊教育》2019年第7期。

关文军、颜廷睿、邓猛:《残疾儿童照顾者亲职压力的特点及其与生活质量的关系:社会支持的中介作用》,《心理发展与教育》2015年第4期。

郭丽清、蓝康伟、朱思霖、李泓锴、许颖:《基于大数据的互联网行业人才薪资影响因素分析》,《计算机时代》2020年第2期。

韩莎莎:《社会支持理论:促进孤独症儿童康复的路径研究》,《商界论坛》2014年第20期。

贺寨平:《国外社会支持网络研究综述》,《国外社会科学》2001年第1期。

洪慧芳、寇彧:《用典型相关进一步研究大学生亲社会倾向和亲社会推理的关系》,《心理发展与教育》2008年第2期。

胡晓毅、姜依彤:《北京孤独症儿童家庭需求及生活质量研究》,《残疾人研究》2019年第4期。

胡晓毅:《美国残疾儿童家庭研究综述》,《残疾人研究》2015年第2期。

胡晓毅、王勉:《北京地区发展性障碍儿童家庭生活质量的研究》,《中国特殊教育》2012年第7期。

胡晓毅、岳孝龙、贾睿:《中国视障与听障儿童家庭需求和家庭生活质量现状及关系研究》,《残疾人研究》2016年第3期。

胡晓毅:《中国残疾儿童家庭生活质量与家庭支持现状》,《中国康复理论与实践》2016年第10期。

胡炎生:《协同、共享 提升服务质量——记上海市金山区"金山区残疾人就业信息管理系统"》,《中国信息界》2009年第4期。

黄晶晶、刘艳虹:《特殊儿童家庭社会支持情况调查报告》,《中国特殊教育》2006年第4期。

黄儒军、申仁洪:《国外特殊儿童家庭生活质量研究综述》,《现代特殊教育(高教)》2016年第5期。

黄辛隐、张锐、邢延清:《71例孤独症儿童的家庭需求及发展支持调查》,《中国特殊教育》2009年第11期。

吉彬彬、陈三妹、易容芳、王庆妍、唐四元:《孤独症儿童父母社会支持和应对方式及家庭功能的研究》,《广东医学》2013年第10期。

吉彬彬、易容芳、孙玫等:《孤独症儿童照顾者健康相关生活质量与家庭功能的相关性》,《广东医学》2012年第15期。

季彩君:《教育公平视阈下的留守儿童教育支持——基于留守与非留守儿童差异的实证调查》,《基础教育》2016年第2期。

江小英、黄英:《中国大陆特殊儿童家庭教育研究综述》,《中国特殊教育》2005年第7期。

江小英、牛爽爽、邓猛:《北京市普通中小学融合教育基本情况调查报告》,《现代特殊教育》2016年第14期。

解亚宁:《简易应对方式量表信度和效度的初步研究》,《中国临床心理学杂志》1998年第2期。

金炳彻、张金峰:《残疾儿童家庭支持体系研究综述》,《残疾人研究》2014年第1期。

靳倡宇、刘东月、李俊一:《创伤后成长的促进因素、模型及干预》,《心理科学进展》2014年第2期。

孔艳英、刘丽伟、陈丽:《82例脑瘫高危儿家庭复原力影响因素分析》,《山东医药》2017年第35期。

黎勇、蔡迎旗:《中国幼儿家庭教育支持现状及其完善建议》,《学前教育研究》2018年第4期。

李方方、杨柳：《近十年中国有关特殊儿童家庭照顾者社会支持的研究进展》，《现代特殊教育》2015年第8期。

李静：《福利多元主义视域下流动儿童家庭教育社会支持体系研究》，《理论导刊》2012年第11期。

李静、王雁：《学前残疾儿童照顾者亲职压力：社会支持与应对方式的作用及性质》，《中国特殊教育》2015年第5期。

李莉、江琴娣：《智力障碍儿童家庭生活质量研究现状及启示》，《现代特殊教育》2016年第4期。

李帅、韩丹丹、李霞、姜峰：《大学新生学校适应不良与自我概念》，《中国健康心理学杂志》2016年第10期。

李文道、邹泓、赵霞：《初中生的社会支持与学校适应的关系》，《心理发展与教育》2003年第3期。

李晓杰：《普小学生对随班就读弱同伴接纳态度的干预研究》，《教育探索》2009年第10期。

李雄、李祚山、向滨洋、孟景：《注意线索对自闭特质个体疼痛共情的影响：来自事件相关电位的证据》，《心理学报》2020年第3期。

李学会：《中国面向孤独症者及家庭的社会政策：议程及展望》，《社会福利（理论版）》2019年第10期。

李燕芳、徐良苑、吕莹、刘丽君、王耘：《母子关系、师幼关系与学前流动儿童的社会适应行为》，《心理发展与教育》2014年第6期。

李媛、方建群、赵彩萍：《孤独症儿童母亲自我效能感、社会支持与亲职压力的相关性研究》，《宁夏医科大学学报》2015年第11期。

林金鹏、孙顺仁、王芳、谢菁、严历：《浅谈互联网条件下脑瘫儿童的家庭康复》，《按摩与康复医学》2019年第22期。

林云强、秦旻、张福娟：《重庆市康复机构中孤独症儿童家长需求的研究》，《中国特殊教育》2007年第12期。

刘峰、张国礼：《普小学生对随班就读弱智生内隐污名的干预研究》，《中国特殊教育》2013年第5期。

刘杰、孟会敏：《关于布郎芬布伦纳发展心理学生态系统理论》，《中国健康心理学杂志》2009年第2期。

刘立芬、郭瑞萍：《精神分裂症患者父母家庭危机应对能力与患者疾病复发的相关性研究》,《中国民康医学》2013 年第 24 期。

刘鹏程、刘金荣:《孤独症群体的家庭需求与支持体系构建》,《学术交流》2018 年第 8 期。

刘霞、赵景欣、申继亮:《歧视知觉对城市流动儿童幸福感的影响:中介机制及归属需要的调节作用》,《心理学报》2013 年第 5 期。

刘潇雨:《中国孤独症儿童家长教育服务模式探析——对现有模式的反思和再探索》,《中国特殊教育》2016 年第 1 期。

刘晓、黄希庭:《社会支持及其对心理健康的作用机制》,《心理研究》2010 年第 1 期。

刘艳虹、朱楠:《融合教育中儿童发展状况的案例研究》,《中国特殊教育》2011 年第 8 期。

刘紫寒、王美娇、周婕、张晓敏等:《我国流动儿童学校适应研究综述》,《现代职业教育》2017 年第 5 期。

罗箭卫:《论普通学校特殊儿童支持系统的构成要素》,《四川教育学院学报》2002 年第 11 期。

罗乐、向友余:《脑瘫学生学校适应与学校支持系统的相关研究》,《中国特殊教育》2011 年第 7 期。

罗伊·I. 布朗、陈功、赵军利:《家庭生活质量:通过广泛调研、实践与政策发展家庭支持的经验与挑战》,《残疾人研究》2017 年第 2 期。

马力:《依据 Bowen 家庭系统理论探讨儿童运动习惯的养成》,《皖西学院学报》2012 年第 2 期。

马斯佳:《孤独症儿童随班就读存在的问题及对策》,《中国特殊教育》2016 年第 4 期。

马欣荣、方建群:《孤独症儿童父母生活质量与睡眠的相关研究》,《四川精神卫生》2011 年第 2 期。

孟晓、韩纪斌、曹跃进:《试论社区康复的国际理念与中国实践》,《残疾人研究》2011 年第 4 期。

倪赤丹:《社会支持理论:社会工作研究的新"范式"》,《广东工业大学学报》(社会科学版)2013 年第 3 期。

牛爽爽、邓猛:《融合教育背景下的残疾学生社会支持系统探析》,《中国特殊教育》2015 年第 9 期。

庞文:《论残障人的增权及其实现》,《武汉科技大学学报》(社会科学版) 2011 年第 6 期。

乔尚奎、孙慧峰、李坤:《加快构建中国残疾人康复服务体系的建议》,《残疾人研究》2016 年第 1 期。

秦秀群、彭碧秀、陈华丽:《孤独症儿童父母的社会支持调查研究》,《护理研究》2009 年第 7 期。

卿素兰、封志纯:《普通学校对特殊儿童随班就读支持的案例研究》,《中国特殊教育育》2009 年第 7 期。

邱星、刘可、卜秀青:《中文版特殊儿童家长需求量表的信效度检验》,《护理学杂志》2019 年第 6 期。

任春雷、申仁洪、马利等:《西南少数民族地区特殊儿童家庭生活质量的调查研究》,《西北人口》2018 年第 2 期。

史琴娣:《慢性粒细胞白血病患者家庭支持与生活质量的关系研究》,《当代护士》(上旬刊) 2018 年第 9 期。

孙阳、邱阳:《师生关系:初中生学校适应的支持源》,《东北师大学报》(哲学社会科学版) 2010 年第 3 期。

谭千保、陈宇:《班级环境对初中生学校适应的影响》,《中国临床心理学杂志》2007 年第 4 期。

陶沙:《社会支持与大学生入学适应关系的研究》,《心理科学》2003 年第 5 期。

童辉杰、宋丹:《中国家庭结构的特点与发展趋势分析》,《深圳大学学报》(人文社会科学版) 2016 年第 4 期。

涂晓琴、戴东红:《融合教育模式下听障大学生主观幸福感、生活事件和社会支持的现状研究》,《中国特殊教育》2014 年第 8 期。

涂阳军、郭永玉:《创伤后成长:概念、影响因素与心理健康的关系》,《心理科学进展》2010 年第 1 期。

汪际、王艳波、刘晓虹:《创伤后成长相关测评工具的研究进展》,《中华护理杂志》2010 年第 8 期。

王成霞、郭文斌:《中国创伤后成长的研究进展》,《乐山师范学院学报》2016 年第 5 期。

王晖、熊昱可、刘霞:《亲子关系和朋友支持对流动儿童情绪和行为适应的保护作用》，《心理发展与教育》2018年第5期。

王慧明、孙娟：《社会支持和应对方式对孤独症儿童父母创伤后成长的影响》，《重庆医学》2017年第10期。

王亮：《优势视角：残疾人工作的新视角》，《社会工作》2006年第10期。

王鹏杰：《国内残疾儿童康复政策研究综述》，《社会福利》（理论版）2015年第5期。

王斯慧、唐悦：《江苏：提高孤独症儿童康复救助标准》，《现代特殊教育》2014年第4期。

王卫平、薛朝霞、牛利、王冰：《应对方式在工作压力与心理健康之间的中介作用机制》，《中国卫生统计》2012年第3期。

王文超、伍新春、田雨馨、周宵：《青少年创伤后应激障碍和创伤后成长对亲社会行为的影响：生命意义的中介作用》，《心理发展与教育》2018年第1期。

王文超、伍新春、周宵：《青少年创伤应激障碍和创伤后成长的状况与影响因素——汶川地震后的10年探索》，《北京师范大学学报》（社会科学版）2018年第2期。

王新刚、王俊风、于东岭：《孤独症儿童父母生活质量和应对方式的调查研究》，《中国健康心理学杂志》2012年第7期。

王怡悦、何侃、叶芊、肖源：《江苏省"互联网+康复医疗"新模式探究》，《价值工程》2020年第1期。

王中会、童辉杰、程萌：《流动儿童社会认同对学校适应的影响》，《中国特殊教育》2016年第3期。

韦兵：《从社会排斥到多元主体合作——论孤独症儿童救助模式的社会支持网络建构》，《劳动保障世界》2016年第12期。

魏予昕、王志丹、周睿等：《孤独症儿童与普通儿童模仿能力的比较研究》，《中国特殊教育》2019年第10期。

温忠麟、侯杰泰：《Marsh结构方程模型检验：拟合指数与卡方准则》，《心理学报》2004年第36期。

温忠麟、侯杰泰、张雷：《调节效应与中介效应的比较和运用》，《心理学报》2005年第2期。

吴小宇、马红霞、章小雷：《慢性病儿童家庭弹性的研究进展》，《中国儿童保健杂志》2019年第1期。

武丽杰：《孤独症谱系障碍儿童家庭疾病负担的现状与思考》，《中国学校卫生》2018年第3期。

夏薇、王佳、孙礼等：《孤独症患儿家庭环境及父母生存质量分析》，《中国学校卫生》2010年第2期。

夏艳：《重症监护室患儿家属心理弹性现状及其与应对方式的相关性研究》，《全科护理》2019年第5期。

向爱华、张罡：《脑瘫患儿父母创伤后成长与社会支持和应对方式的相关性》，《中国健康心理学杂志》2018年第9期。

向琦祺、李祚山、方力维、陈晓科：《老年人心理资本与生活质量的关系》，《中国心理卫生杂志》2017年第9期。

肖水源：《社会支持评定量表的理论基础与研究应用》，《临床精神医学杂志》1994年第2期。

徐富明、于鹏、李美华：《大学生的学习适应及其与人格特征及社会支持的关系研究》，《中国留学生》2005年第4期。

徐建中：《建构残疾人福利格局发展残疾人福利事业》，《社会福利》2014年第8期。

徐明津、黄霞妮、冯志远、杨新国：《应对方式在核企业员工工作压力与心理健康关系中的中介效应》，《环境与职业医学》2016年第2期。

许海英：《支持随班就读孤独症儿童学习的实践与思考——基于家长需求的视角》，《现代特殊教育（基础教育研究）》2019年第11期。

许颖、林丹华：《家庭压力与青少年抑郁、孤独感及幸福感——家庭弹性的补偿与调节作用》，《心理发展与教育》2015年第5期。

颜廷瑞：《随班就读教师对实施融合教育的关注研究》，《教育科学》2016年第5期。

颜彦、张智：《家庭复原力对老年脑梗死患者负性情绪和生活质量的影响》，《解放军护理杂志》2017年第23期。

杨飞龙、李翔、朱海东：《学校氛围和青少年社会适应的关系：一个有调节的中介模型》，《中国临床心理学杂志》2019年第2期。

杨敏敏、张钰、余治平等：《广州市某医院孤独症患儿家长心理弹性与社会支持相关性分析》，《医学与社会》2018年第11期。

杨茹、邓猛：《融合教育背景下西方残疾学生家校合作的模式及启示》，《现代特殊教育》2016年第12期。

杨希洁：《随班就读学校残疾学生发展状况研究》，《中国特殊教育》2010年第7期。

叶一舵、白丽英：《国内外关于亲子关系及其对儿童心理发展影响的研究》，《福建师范大学学报》2002年第2期。

易健、关浩光、杨自伟：《授权型领导对员工家庭生活质量的影响》，《外国经济与管理》2014年第9期。

于莉、孙丽美、亓伟业、李玉丽：《乳腺癌患者家庭弹性与创伤后成长、生活质量的关系》，《中国临床心理学杂志》2018年第4期。

于素红：《上海市普通学校随班就读工作现状的调查研究》，《中国特殊教育》2011年第4期。

于玉东、郑艳霞、王新：《河北省残疾儿童随班就读的现状分析及对策》，《中国特殊教育》2008年第1期。

曾树兰、申仁洪、顾俊朴：《2015年中国孤独症教育研究与实践进展》，《绥化学院学报》2017年第37期。

曾松添、胡晓毅：《美国孤独症幼儿家长执行式干预法研究综述》，《中国特殊教育》2015年第6期。

张光珍、梁宗保、邓慧华等：《学校氛围与青少年学校适应：一项追踪研究》，《心理发展与教育》2014年第4期。

张慧玲、李雅微：《社会支持理论视角下随迁老人城市适应问题研究——以山西省临汾市为例》，《山西师大学报》（社会科学版）2018年第2期。

张积春、李嘉、赵国军、鲁慧婷：《随班就读听障儿童学校适应状况的研究》，《中国听力语言康复科学》2019年第1期。

张林、车文博、黎兵：《大学生心理压力应对方式特点的研究》，《心理科学》2005年第1期。

张美云、林宏炽：《发展迟缓儿童家庭社会支持与赋权增能之相关研究》，《特殊教育学报》2007年第26期。

张萍萍：《优势视角理论与赋权理论的比较》，《东西南北》2019年第

13 期。

张倩昕、陈雪莹、张鑫、钟颖鸿、卓彩琴：《社会排斥视角下孤独症儿童随班就读的困境与出路》，《社会福利》（理论版）2014 年第 3 期。

张倩、郑涌：《创伤后成长：5·12 地震创伤的新视角》，《心理科学进展》2009 年第 3 期。

张文京：《融合教育与教学》，广西师范大学出版社 2013 年版。

张文强：《新时代构建高校思想政治教育协同机制研究》，《国家教育行政学院学报》2019 年第 12 期。

张雪芹、姚红梅：《家庭复原力对系统性红斑狼疮患者负性情绪与生活质量的影响》，《护理学杂志》2018 年第 24 期。

张稚、陈曦：《孤独症家庭实证分析》，《中国残疾人》2011 年第 4 期。

章玲玲：《乳腺癌放疗患者家庭关怀度与心理痛苦及应对方式的相关分析》，《医学理论与实践》2019 年第 4 期。

赵钢：《视障大学生全纳教育学校支持系统构建》，《教育在线》2013 年第 8 期。

赵明思：《优势视角：社会工作理论与实践新模式》，《社会福利》（理论版）2013 年第 8 期。

赵萍萍、李诗晗、谢思敏、赵敏等：《孤独症儿童家长亲职压力及其心理需求的关系研究》，《中国特殊教育》2017 年第 4 期。

赵书萱、胡钰：《关于问卷调查在思想政治工作中的应用和思考》，《中国民族博览》2019 年第 13 期。

郑晓安、柳金菊、徐睿等：《大龄孤独症儿童社区沟通训练的研究——以 W 市"美好家园"为例》，《现代特殊教育》2015 年第 14 期。

钟琦：《信息技术支持的家校协同教育应用环境的现状探索——以佛山市顺德区为例》，《教育信息技术》2015 年第 11 期。

周彩峰、武恒双、李雅楠等：《孤独症患儿照顾者家庭功能对积极感受的影响研究》，《中华护理杂志》2015 年第 12 期。

周浩、龙立荣：《共同方法偏差的统计检验与控制方法》，《心理科学进展》2004 年第 12 期。

周沛：《"＋康复"残疾人精准扶贫模式及其运作路径研究——基于协同治理视角》，《社会科学研究》2017 年第 3 期。

周宵、伍新春、王文超、田雨馨：《社会支持对青少年创伤后成长的影响：状态希望和积极重评的中介作用》，《心理发展与教育》2017年第5期。

朱海荣、万烨锋、王利丽等：《构建孤独症儿童学前融合教育支持保障体系》，《现代特殊教育》2017年第7期。

朱佳妮、姚莉萍、陈超翰：《随班就读轻度智力落后学生学校范围内社会支持现状的调查》，《中国特殊教育》2004年第5期。

庄佳骝：《融合教育理念下的随班就读》，《教育导刊》2004年第1期。

卓彩琴：《生态系统理论在社会工作领域的发展脉络及展望》，《江海学刊》2013年第3期。

邹泓、屈智勇、叶苑：《中小学生的师生关系与其学校适应》，《心理发展与教育》2007年第4期。

邹盛奇、伍新春、黄彬彬、刘畅：《母亲守门行为与母亲教养投入、母子依恋的关系及发展性差异》，《心理学报》2019年第7期。

外文文献

Abraído-Lanza, A. F., Guier, C., Colón, R. M., "Psychological Thriving among Latinas with Chronic Illness", *The Journal of Social Issues*, Vol. 54, 1998, pp. 405–424.

Ajuwon, P. M., Brown, I., "Family Quality of Life in Nigeria", *Journal of Intellectual Disability Research*, Vol. 56, 2012, pp. 61–70.

Allwn, R. I., Petr, C. G., "Family-centered Service Delivery: A Cross-disciplinary Literature Review and Conceptualization," *The Beach Center on Families and Disability*, The University of Kansas.

Alonso-Tapia, J., Rodríguez-Rey, R., Garrido-Hernansaiz, H., "Coping Assessment from the Perspective of the Person-situation Interaction Development and Validation of the Situated Coping Questionnaire for Adults (SC-QA)", *Psicothema*, Vol. 28, 2016, pp. 479–486.

Altiere, M. J., Kluge, S., "Family Functioning and Coping Behaviors in Parents of Children with Autism", *Journal of Child and Family Studies*, Vol. 18, 2009, pp. 83–92.

Amy, S. W., Alison, C. V., Julie, L. T., "Relationship Satisfaction, Parenting Stress, and Depression in Mother of Children with Autism," *Autism*, Vol. 18, 2014, pp. 194–198.

Anderson, D., Dumont, S., Jacobs, P., "The Personal Costs of Caring for a Child with a Disability: A Review of the Literature," *Public Health Reports*, Vol. 122, 2007, pp. 3–16.

Andrew G. McKechanie, Vivien J. Moffat, Eve C. Johnstone, "Links between Autism Spectrum Disorder Diagnostic Status and Family Quality of Life," *Children*, Vol. 23, 2017.

An, J., Cristino, A., Zhao, Q., "Towards a Molecular Characterization of Autism Spectrum Disorders: an Exome Sequencing and Systems Approach," *Translational Psychiatry*, Vol. 4, 2014.

Anne, E. R., Barbara, J. B., "Building and Connecting: Family Strategies for Developing Social Support Networks for Adults with Down Syndrome," *Journal of Family nursing*, Vol. 24, 2019.

Annett, E., Erin, O., Katherine, S., "Parenting-related Stress and Psychological Distress in Mothers of Toddlers with Autism Spectrum Disorders," *Brain and Development*, Vol. 35, 2013, pp. 133–138.

Anoo Bhopti1, Ted Brown, Primrose Lentin, "Family Quality of Life: A Key Outcome in Early Childhood Intervention Services—A Scoping Review," *Journal of Early Intervention*, Vol. 38, 2016, pp. 191–211.

Armstrong, M. I., Birnie-Lefcovitch, S., Ungar, M. T., "Pathways between Social Support, Family Well Being, Quality of Parenting, and Child Resilience: What We Know", *Journal of Child and Family Study*, Vol. 14, 2005, pp. 269–281.

A. S. Aznar, D. G. Castañón, "Quality of Life from the Point of View of Latin American Families: A Participative Research Study", *Journal of Intellectual Disability Research*, Vol. 48, 2005, pp. 784–788.

Awat, F., Badroddin, N., Aseih, S., "Parenting Stress among Mothers of Children with Different Physical, Mental, and Psychological Problems," *Journal of Research in Medical Sciences*, Vol. 19, 2014, pp. 145–152.

Bailey, D. B., McWilliam, R. A., Darkes, L. A., "Family Outcomes in Early Intervention: A Framework for Program Evaluation and Efficacy Research," *Exceptional Children*, Vol. 64, 1998, pp. 313 – 328.

Bailey, D. B., Nelson, L., Hebbeler, K., Spiker, D., "Modeling the Impact of Formal and Informal Supports for Young Children with Disabilities and Their Families," *Pediatrics*, Vol. 120, 2007, pp. 992 – 1001.

Bailey, D. B., Simeonsson, R. J., "Assessing Needs of Families with Handicapped Infants," *Journal of Special Education*, Vol. 22, 1988, pp. 117 – 127.

Bailey, J., du Plessis, D., "An Investigation of School Principal's Attitudes toward Inclusion," *Australasian Journal of Special Education*, Vol. 22, 1998, pp. 12 – 29.

Baio, J., Wiggins, L., Christensen, D. L., Maenner, M. J., Daniels, J., Warren, Z., "Prevalence of Autism Spectrum Disorder among Children Aged 8 Years-Autism and Developmental Disabilities Monitoring Network," *MMWR Surveillance Summaries*, Vol. 67, 2018, pp. 1 – 23.

Balcells-Balcells A., Giné C., Guàrdia-Olmos J., "Family Quality of Life: Adaptation to Spanish Population of Several Family Support Questionnaires", *Journal of Intellectual Disability Research*, Vol. 55, 2011, pp. 1151 – 1163.

Barbara, J. M., Virginia, H. M., Robin, P. G., "My Greatest Joy and My Greatest Heart Ache: Parents' Own Words on How Having a Child in the Autism Spectrum Has Affected Their Lives and Their Families' Lives", *Research in Autism Spectrum Disorders*, Vol. 3, 2009, pp. 670 – 684.

Baron, R. M., Kenny, D. A., "The Moderator-Mediator Variable Distinction in Social Psychological Research: Conceptual, Strategic, and Statistical Considerations," *Journal of Personality and Social Psychology*, Vol. 51, 1986, pp. 1173 – 1182.

Bayat, M., "Evidence of Resilience in Families of Children with Autism", *Journal of Intellectual Disability Research*, Vol. 51, 2007, pp. 702 – 714.

Baydar, N., Brooks-Gunn, J., "Profiles of Grandmothers Who Help Care for Their Grandchildren in the United States", *Family Relations*, Vol. 47,

1998, pp. 385-393.

Behzadi, M., Rassouli, M., Khanali, M. L., Pourhoseingholi, M. A., Alaie, K. F., "Posttraumatic Growth and Its Dimensions in the Mothers of Children with Cancer", *International Journal of Community Based Nursing and Midwifery*, Vol. 3, 2018, pp. 209-217.

Bekir Fatih Meral, Atilla Cavkaytar, Ann P. Turnbull, et al., "Family Quality of Life of Turkish Families Who Have Children with Intellectual Disabilities and Autism", *Research and Practice for Persons with Severe Disabilities*, Vol. 38, 2013, pp. 233-246.

Benjamin, C., "The Dynamic Properties of Social Support: Decay, Growth, and Staticity, and Their Effects on Adolescent Depression," *Social Forces*, Vol. 81, 2003, pp. 953-978.

Benson, P. R., Karlof, K. L., "Anger, Stress Proliferation, and Depressed Mood among Parents of Children with ASD: A Longitudinal Replication", *Journal of Autism and Developmental Disorders*, Vol. 39, 2009, pp. 350-362.

Benson, P. R., Kersh, J., "Marital Quality and Psychological Adjustment among Mothers of Children with ASD: Crosssectional and Longitudinal Relationships," *Autism Dev Disord*, Vol. 41, 2011, pp. 1675-1685.

Bentler, P. M., Bonett, D. G., "Significance Tests and Goodness of Fit in the Analysis of Covariance Structures," *Psychological Bulletin*, Vol. 88, 1980, pp. 588-606.

Berszan, Lidia, "Positive Coping and Resilience Questions and Conclusions Drawn from a Longitudinal Study," *European Journal of Mental Health*, Vol. 12, 2017, pp. 187-203.

Beurkens, N. M., Hobson, J. A., Hobson, R. P., "Autism Severity and Qualities of Parent-Child Relations", *Journal of Autism and Developmental Disorders*, Vol. 43, 2013, pp. 168-178.

Bickman, L., Heflinger, C. A., Northrup, D., "Long Term Outcomes to Family Caregiver Empowerment," *Journal of Child and Family Studies*, Vol. 7, 1998, pp. 269-282.

Black, K., Lobo, M., "A Conceptual Review of Family Resilience Factors", *Journal of Family Nursing*, Vol. 14, 2008, pp. 33 – 55.

Boehm, T. L., Carter, E. W., Taylor, J. L., "Family Quality of Life during the Transition to Adulthood for Individuals with Intellectual Disability and/or Autism Spectrum Disorders," *American Journal on Intellectual and Developmental Disabilities*, Vol. 120, 2015, pp. 395 – 411.

Bozo, O., Gundogdu, E., Buyukasik-Colak, C., "The Moderating Role of Different Sources of Perceived Social Support on the Dispositional Optimism—Posttraumatic Growth Relationship in Postoperative Breast Cancer Patients," *Journal of Health Psychology*, Vol. 14, 2009, pp. 1009 – 1020.

Braddock, D., Hemp, R., Rizzolo, M. C., "State of the States in Developmental Disabilities: The Great Recession and Its Aftermath," *American Association on Intellectual and Developmental Disabilities*, 2013.

Brand, C., Barry, L., Gallagher, S., "Social Support Mediates the Association between Benefit Finding and Quality of Life in Caregivers," *Journal of Health Psychology*, Vol. 21, 2016, pp. 1126 – 1136.

Brennan, P. A., Le Brocque, R., Hammen, C., "Maternal Depression, Parent-child Relationships, and Resilient Outcomes in Adolescence", *Journal of the American Academy of Child & Adolescent Psychiatry*, Vol. 42. 2003, pp. 1469 – 1477.

Bristol, M. M., Schopler, E., "Stress and Coping in Families of Autistic Adolescents," *Autism in Adolescents and Adults*, Vol. 12, 1983, pp. 251 – 278.

Brobst, J., Clopton, J., Hendrick, S., "Parenting Children with Autism Spectrum Disorders: The Couple's Relationship," *Focus on Autism and Other Developmental Disabilities*, Vol. 24, 2009, pp. 38 – 49.

Broderick, C. B., "Understanding the Family Process: Basics of Family Systems Theory," *Newbury Park, CA: Sage*, 1993.

Brofenbrenner, U., Ceci, S. J., "Nature-nurture Reconceptualized in Developmental Perspective: A Bioecological Model," *Psychological Review*, Vol. 101, 1994, p. 568.

Bromley, J. O., Hare, D. J., Davison, D., Emerson, E., "Mothers Supporting Children with Autistic Spectrum Disorders," *Autism: The Inter-*

national *Journal of Research and Practice*, Vol. 8, 2004, pp. 409 – 423.

Bronfenbrenner, U., Moen P., Elder, G. H. Jr., "Examining Lives in Context: Perspectives on the Ecology of Human Development," *American Psychological Association*, 1995.

Bronfenbrenner Urie, Evans Gary, "Developmental Science in the 21st Century: Emerging Questions, Theoretical Models, Research Designs and Empirical Findings," *Social Development*, Vol. 9, 2001, pp. 115 – 125.

Bronfenbrenner, U., "The Ecology of Human Development," *Harvard University Press*, 1979.

Brown, I., Brown, R. I., Baum, N., Isaacs, B. J., Myerscough, T. & Neikrug, S., Roth, D., Shearer, J. & Wang, M. "Family Quality of Life Survey," *Surrey Place Centre*, 2006.

Brown, I., Brown, R., "Quality of Life and Disability: An Approach for Community Practitioners," *Jessica Kingsley Publishers*, 2003.

Brown, I., Neikrug, S., Brown, R. I., "Family Quality of Life Survey. Faculty of Social Work," *University of Toronto*, 2000.

Brown, J., Campbell, M., "Foster Parent Perceptions of Placement Success," *Children and Youth Services Review*, Vol. 29, 2007, pp. 1010 – 1020.

Brown, R. I., MacAdam-Crisp, J., Wang, M., Iarocci, G., "Family Quality of Life When There Is a Child with a Developmental Disability," *Journal of Policy and Practice in Intellectual Disabilities*, Vol. 3, 2006, pp. 238 – 245.

Buehler, C., Cox, M., Cuddeback, G., "Foster Parents' Perceptions of Factors Promote or Inhibit Successful Fostering," *Qualitative Social Work*, Vol. 2, 2003, pp. 61 – 83.

Cagran, B., Schmidt, M., Brown, I., "Assessment of the Quality of Life in Families with Children Who Have Intellectual and Developmental Disabilities in Slovenia," *Journal of Intellectual Disability Research*, Vol. 55, 2011, pp. 1164 – 1175.

Carver, C. S., Scheier, M. F., Weintraub, J. K., "Assessing Coping Strategies: A Theoretically Based Approach," *Journal of Personality and*

Social Psychology, Vol. 2, 1989, pp. 267 – 283.

Casullo, M., Fernández-Liporace, M., "Estrategias de Afrontamiento en Estudiantes Adolescentes," *Revista del Instituto de Investigaciones*, Vol. 6, 2001, pp. 25 – 49.

Chiu, C., Kyzar, K., Zuna, N., "Family Quality of Life," Wehmeyer, M. W., *Oxford Handbook of Positive Psychology and Disability*, Oxford University Press, 2013, pp. 171 – 183.

Churchill, S. S., Villareale, N. L., Monaghan, T. A., "Parents of Children with Special Health Care Needs Who Have Better Coping Skills Have Fewer Depressive Symptoms," *Maternal and Child Health Journal*, Vol. 14, 2010, pp. 47 – 57.

Claes, Fornell, David, F. Larcker, "Evaluating Structural Equation Models with Unobservable Variables and Measurement Error", *Journal of Marketing Research*. Vol. 18, 1981, pp. 39 – 50.

Cobb, S., "Social Support as a Moderator of Life Stress", *Psychosomatic Medicine*, Vol. 38, 1976, pp. 300 – 314.

Cochran, M., "Parent Empowerment: Developing a Conceptual Framework," *Family Science Review*, Vol. 5, 1992, pp. 3 – 21.

Cohen, S., "Social Relationship and Health," *American Psychologist*, Vol. 59, 2004, pp. 676 – 684.

Cummins, R. A., "Measuring Life Quality: The Triangle of the Golden Domains," *Disability Research*, 2017.

Cuzzocrea, F., Murdaca, A. M., Costa, S., "Parental Stress, Coping Strategies and Social Support in Families of Children with a Disability," *Child Care in Practice*, Vol. 22, 2016, pp. 3 – 19.

Dabrowska, A., Pisula, E., "Parenting Stress and Coping Styles in Mothers and Fathers of Pre-School Children with Autism and Down Syndrome," *Journal of Intellectual Disability Research*, Vol. 54, 2010, pp. 266 – 280.

Dardas, L. A., Ahmad, M. M., "Predictors of Quality of Life for Fathers and Mothers of Children with Autistic Disorde," *Research in Developmental Disabilities*, Vol. 35, 2014, pp. 1326 – 1333.

Davis, K., Gavidia-Payne, S., "The Impact of Child, Family, and Professional Support Characteristics on the Quality of Life in Families of Young Children with Disabilities," *Journal of Intellectual & Developmental Disability*, Vol. 34, 2009, pp. 153 – 162.

Davis, N. O., Carter, A. S., "Parenting Stress in Mothers and Fathers of Toddlers with Autism Spectrum Disorders: Associations with Child Characteristics," *Journal of Autism and Developmental Disorders*, Vol. 38, 2008, pp. 1278 – 1291

Degeneffe, C., "Family Caregiving and Traumatic Brain Injury," *Health & Social Work*, Vol. 26, 2001, pp. 257 – 268.

Dervishaliaj, E., "Parental Stress in Families of Children with Disabilities: A Literature Review", *Journal of Educational and Social Research*, Vol. 3, 2013, pp. 579 – 584.

Dexter, C. A., Stacks, A. M., "A Preliminary Investigation of the Relationship between Parenting, Parent-Child Shared Reading Practices, and Child Development in Low-Income Families," *Journal of Research in Childhood Education*, Vol. 28, 2014, pp. 394 – 410.

Dombusch, Sanfbrd, M., "The Relation of Parentlng Style to Adolescent School Performance," *Child Development*, Vol. 58, 1997, pp. 1244 – 1257.

Dunn, J., Occhipinti, S., Campbell, A., Ferguson, M., Chambers, S. K., "Benefit Finding After Cancer: The Role of Optimism, Intrusive Thinking and Social Environment," *Journal of Health Psychology*, Vol. 16, 2011, pp. 169 – 177.

Dunn, M. E., Burbine, T., Bowers, C. A., Tantleff-Dunn, S., "Moderators of Stress in Parents of Children with Autism," *Community Mental Health Journal*, Vol. 37, 2001, pp. 39 – 52.

Dunst, C. J., Bruder, M. B., "Valued Outcomes of Service Coordination, Early Intervention, and Natural Environments," *Exceptional Children*, Vol. 68, 2002, pp. 361 – 375.

Ekas, N. V., Lickenbrock, D. M., Whitman, T. L., "Optimism, Social Support, and Well-Being in Mothers of Children with Autism Spectrum Disorder," *Journal of Autism and Developmental Disorders*, Vol. 40, 2010, pp. 1274 – 1284.

Emma Langley, Vasiliki Totsika, Richard P. Hastings, "Parental Relationship Satisfaction in Families of Children with Autism Spectrum Disorder (ASD): A Multilevel Analysis," *Autism Res.*, Vol. 10, 2017, pp. 1259 – 1268.

Epley, P. H., Summers, J. A., Turnbull, A. P., "Family Outcomes of Early Intervention: Families' Perceptions of Need, Services, and Outcomes," *Journal of Early Intervention*, Vol. 33, 2011, pp. 201 – 219.

Fabrizio, C. S., Lam, T. H., Hirschmann, M. R., "A Brief Parenting Intervention to Enhance the Parent-Child Relationship in Hong Kong," *Journal of Child and Family Studies*, Vol. 22, 2013, pp. 603 – 613.

Feinberg, M. E., Solmeyer, A. R., McHale, S. M., "The Third Rail of Family Systems: Sibling Relationships, Mental and Behavioral Health, and Preventive Intervention in Childhood and Adolescence," *Clinical Child and Family Psychology Review*, Vol. 15, 2012, pp. 43 – 57.

Findler, L. S., "The Role of Grandparents in the Social Support System of Mothers of Children with A Physical Disability," *Families in Society: The Journal of Contemporary Social Services*, Vol. 81, 2000, pp. 370 – 381.

Folkman, S., Moskowitz, J. T., "Coping: Pitfalls and Promise," *Annual Review of Psychology*, Vol. 55, 2004, pp. 745 – 774.

Frain, M. P., Lee, G. K., Berven, N. L., "Use of the Resiliency Model of Family Stress, Adjustment and Adaptation by Rehabilitation Counselors," *Journal of Rehabilitation*, Vol. 7, 2007, pp. 18 – 25.

Fujioka, H., Wakimizu, R., Tanaka, R., "Empirical Study on the Empowerment of Families Raising Children with Severe Motor and Intellectual Disabilities in Japan: The Association with Positive Feelings towards Child Rearing," *Health*, Vol. 7, 2015, pp. 1725 – 1740.

Gabovitch, E. M., "Curtin C. Family-Centered Care for Children With Autism Spectrum Disorders: A Review," *Marriage & Family Review*, Vol. 45, 2009, pp. 469 – 498.

Gardiner, E., Iarocci, G., "Unhappy (and happy) in Their Own Way: A

Developmental Psychopathology Perspective on Quality of Life for Families Living with Developmental Disability with and without Autism," *Research in Developmental Disabilities*, Vol. 33, 2012, pp. 2177 – 2192.

Gilliam, W. S., Zigler, E. F., "A Critical Meta-analysis of All Evaluations of State-Funded Preschool from 1977 to 1998: Implications for Policy, Service Delivery and Program Evaluation," *Early Childhood Research Quarterly*, Vol. 15, 2000, pp. 441 – 473.

Glenn, S., Cunningham, C., Poole, H., "Maternal Parenting Stress and Its Correlates in Families with a Young Child with Cerebral Palsy", *Child: Care, Health & Development*, Vol. 35, 2009, pp. 71 – 78.

Gray, D., "Gender and Coping: The Parents of Children with High Functioning Autism," *Social Science and Medicine*, Vol. 56, 2003, pp. 631 – 642.

Gray, J. M., Shepard, M., McKinlay, W. W., "Negative Symptoms in the Traumatically Brain-Injured During the First Year Discharge, and Their Effect on Rehabilitation Status, Work Status, and Family Burden," *Clinical Rehabilitation*, Vol. 8, 1994, pp. 188 – 197.

Greeff, A. P., Nolting, C., "Resilience in Families of Children with Developmental Disabilities," *Families Systems, & Health*, Vol. 31, 2013, pp. 396 – 405.

Greeff, A. P., van der Walt, K. J., "Resilience in Families with an Autistic Child," *Education and Training in Autism and Developmental Disabilities*, Vol. 45, 2010, pp. 347 – 355.

Greenberg, J. S., Seltzer, M. M., Krauss, M. W., "The Effect of Quality of the Relationship between Mothers and Adult Children with Schizophrenia, Autism, or Down Syndrome on Maternal Well-Being: The Mediating Role of Optimism," *American Journal of Orthopsychiatry*, Vol. 74, 2004, pp. 14 – 25.

Hall, H. R., Graff, J. C., "The Relationships among Adaptive Behaviors of Children with Autism, Family Support, Parenting Stress, and Coping," *Issues in Comprehensive Pediatric Nursing*, Vol. 34, 2011, pp. 4 – 25.

Hartley, S. L., Barker, E. T., Seltzer, M. M., "Marital Satisfaction and Parenting Experiences of Mothers and Fathers of Adolescents and Adults with Autism," *American Journal on Intellectual and Developmental Disabilities*, Vol. 116, 2011, pp. 1 – 95.

Hastings, R. P., "Brief Report: Behavioural Adjustment of Siblings of Children with Autism," *Journal of Autism and Developmental Disorders*, Vol. 33, 2003, pp. 99 – 104.

Hatamizadeh, N., Ghasemi, M., Saeedi, A., "Perceived Competence and School Adjustment of Hearing Impaired Children in Mainstream Primary School Settings," *Child Care Health & Development*, Vol. 34, 2008, pp. 789 – 794.

Hawley, D. R., DeHann, L., "Toward a Definition of Family Resilience: Integrating Life-Span and Family Perspectives," *Family Process*, Vol. 35, 1996, pp. 283 – 298.

Hecimovic, A., Gregory, S., *The Evolving Role, Impact, and Needs of Families*, Mahwah, NJ: Erlbaum, 2005.

Heiman, T., Berger, O., "Parents of Children with Asperger Syndrome or with Learning Disabilities: Family Environment and Social Support," *Research in Developmental Disabilities*, Vol. 29, 2008, pp. 289 – 300.

Hein, S., Lustig, D., Uruk, A., "Consumers' Recommendations to Improve Satisfaction with Rehabilitation Services: A Qualitative Study," *Rehabilitation Counseling Bulletin*, Vol. 49, 2005, pp. 29 – 39.

Helgeson, V. S., Reynolds, K. A., Tomich, P. L., "A Meta-Analytic Review of Benefit Finding and Growth," *Journal of Consulting and Clinical Psychology*, Vol. 74, 2006, pp. 797 – 816.

Higgins, D., Bailey, S., Pearce, J., "Factors Associated with Functioning Style and Coping Strategies of Families with a Child with an Autism Spectrum Disorder," *Autism*, Vol. 9, 2005, pp. 125 – 137.

Hilary, K. B., Hélène, O. K., Hunter, D., Kelley, E., "Assessing Need in School-aged Children with an Autism Spectrum Disorder," *Research in Autism Spectrum Disorders*, Vol. 4, 2010, pp. 539 – 547.

Hillman, J., "Grandparents of Children with Autism: A Review with Recommendations for Education, Practice and Policy," *Educational Gerontology, Vol. 33, 2007, pp. 513 – 527.

Hirschler-Guttenberg, Y., Golan, O., Ostfeld-Etzion, S., "Mothering, Fathering, and the Regulation of Negative and Positive Emotions in High-Functioning Preschoolers with Autism Spectrum Disorder," *Journal of Child Psychology and Psychiatry*, Vol. 56, 2015, pp. 530 – 539.

Hoffman, C. D., Sweeney, D. P., Hodge, D., "Parenting Stress and Closeness: Mothers of Typically Developing Children and Mothers of Children with Autism," *Focus on Autism and Other Developmental Disabilities*, Vol. 24, 2009, pp. 178 – 187.

Hoffman, L., Marquis, J. G., Poston, D. J., "Assessing Family Outcomes: Psychometric Evaluation of the Family Quality of Life Scale," *Journal of Marriage and Family*, Vol. 68, 2006, pp. 1069 – 1083.

Ho, S. M., Chan, C. L., Ho, R. T., "Posttraumatic Growth in Chinese Cancer Survivors," *Psycho-Oncology*, Vol. 13, 2004, pp. 377 – 389.

Hsu-Min Chiang, Immanuel Wineman, "Factors Associated with Quality of Life in Individuals with Autism Spectrum Disorders: A Review of Literature," *Research in Autism Spectrum Disorders*, Vol. 8, 2014, pp. 974 – 986.

Hullmann, S. E., Wolfe-Christensen, C., Ryan, J. L., "Parental Overprotection, Perceived Child Vulnerability, and Parenting Stress: A Cross-Illness Comparison," *Journal of Clinical Psychology in Medical Settings*, Vol. 17, 2010, pp. 357 – 365.

Hungerbuehler, I., Vollrath, M. E., Landolt, M. A., "Posttraumatic Growth in Mothers and Fathers of Children with Severe Illnesses," *Journal of Health Psychology*, Vol. 16, 2011, pp. 1259 – 1267.

Hu, X., Summers, J. A., Turnbull, A., Zuna, N., "The Quantitative Measurement of Family Quality of Life: A Review of Available Instruments," *Journal of Intellectual Disability Research*, Vol. 55, 2011, pp. 1098 – 1114.

Hu, X. Y., Wang, M., Xiao, F., "Famil Quality of Life of Chinese Families of Children with Intellectual Disabilities," *Journal of Intellectual Disability Research*, Vol. 56, 2012, pp. 30 – 44.

Im, Y. -J. , Park, E. S. , Oh, W. O. , "Parenting and Relationship Characteristics in Mothers with Their Children Having Atopic Disease," *Journal of Child Health Care*, Vol. 18, 2014, pp. 215 – 229.

Isaacs, B. J. , Brown, I. , Brown, R. I. , Baum, N. T. , Myerscough, T. , "Development of a Family Quality of Life Survey," *Journal of Policy and Practice in Intellectual Disabilities*, Vol. 4, 2007, pp. 77 – 85.

Isaacs, B. J. , Brown, I. , Brown, R. I. , "The International Family Quality of Life Project: Goals and Description of a Survey Too," *Journal of Policy and Practice in Intellectual Disabilities*, Vol. 3, 2007, pp. 177 – 185.

Isaacs, B. , Wang, M. , Samuel, P. , Ajuwon, P. , Baum, N. , Edwards, M. , Rillotta, F. , "Testing the Factor Structure of the Family Quality of Life Survey-2006", *Journal of Intellectual Disability Research*, Vol. 56, 2012, pp. 17 – 29.

Itzhaky, H. , Schwartz, H. , "Empowerment of Parents of Children with Disabilities: The Effect of Community and Personal Variable," *Journal of Family Social Work*, Vol. 5, 2000, 21 – 36.

Jennifer, A. , "Theiss Family Communication and Resilience," *Journal of Applied Communication Research*, Vol. 46, 2018, pp. 10 – 13.

Joana M. Mas, Natasha Baqués, Anna Balcells-Balcells, "Family Quality of Life for Families in Early Intervention in Spain," *Journal of Early Intervention*, Vol. 38, 2016, pp. 59 – 74.

Jones, J. , Passey, J. , "Family Adaptation, Coping and Resources: Parents of Children with Developmental Disabilities and Behavior Problems," *Journal on Developmental Disabilities*, Vol. 11, 2004, pp. 31 – 46.

Jonker, L. , Greeff, A. P. , "Resilience Factors in Families Living with People with Mental Illnesses," *Journal of Community Psychology*, Vol. 37, 2009, pp. 859 – 873.

Kadi, S. , Eldeniz Cetin, M. , "Investigating the Resilience Levels of Parents with Children with Multiple Disabilities Based on Different Variables," *European Journal of Educational Research*, Vol. 7, 2018, pp. 211 – 223.

Kahana, E. , Lee, J. E. , Kahana, J. , "Childhood Autism and Proactive

Family Coping: Intergenerational Perspectives," *Journal of Intergenerational Relationships*, Vol. 13, 2015, pp. 150 – 166.

Kaminsky, L., Dewey, D., "Siblings Relationships of Children with Autism," *Journal of Autism and Developmental Disorders*, Vol. 31, 2001, pp. 399 – 410.

Karen Benzies, Richelle Mychasiuk, "Fostering Family Resiliency: A Review of the Key Protective Factors," *Child and Family Social Work*, Vol. 14, 2009, pp. 103 – 114.

Katz, S., Kessel, L., "Grandparents of Children with Developmental Disabilities Perceptions, Beliefs, and Involvement in Care," *Issues in Comprehensive Pediatric Nursing*, Vol. 25, 2002, pp. 113 – 128.

Kawachi, I., Berkman, L. F., "Social Ties and Mental Health," *Journal of Urban Health*, Vol. 78, 2001, pp. 458 – 467.

Khanna, R., Madhavan, S. S., Smith, M. J., "Assessment of Health-Related Quality of Life among Primary Caregivers of Children with Autism Spectrum Disorders," *Journal of Autism and Developmental Disorders*, Vol. 41, 2011, pp. 1214 – 1227.

Kim, J.-Y., McHale, S. M., Crouter, A. C., "Longitudinal Linkages between Sibling Relationships and Adjustment from Middle Childhood through Adolescence," *Developmental Psychology*, Vol. 43, 2007, p. 960.

Kim, M. Y., "Factors Influencing Posttraumatic Growth in Mothers of Children With Cancer," *Journal of Pediatric Oncology Nursing*, Vol. 34, 2017, pp. 250 – 260.

King, G. A., Zwaigenbaum, L., King, S., Baxter, D., Rosenbaum, P., Bates, A., "A Qualitative Investigation of Changes in the Belief Systems of Families of Children with Autism or Down Syndrome," *Child: Care, Health & Development*, Vol. 32, 2006, pp. 353 – 369.

Knott, F., Lewis, C., Williams, T., "Sibling Interaction of Children with Autism: Development over 12 Months," *Journal of Autism and Developmental Disorders*, Vol. 37, 2007, pp. 1987 – 1995.

Kober, R., Eggleton, R. C., "Using Quality of Life to Evaluate Outcomes and Measure Effectiveness," *Policy Pract Intellect Disabil*, Vol. 6, 2009, pp. 40 – 51.

Kogan, M. D., Strickland, B. B., Blumberg, S. J., Singh, G. K., Perrin, J. M., Dyck, P. C., "A National Profile of the Health Care Experiences and Family Impact of Autism Spectrum Disorder among Children in the United States, 2005 – 2006," *Pediatrics*, Vol. 122, 2008, pp. 1149 – 1158.

Krauss, M. W., Seltzer, M. M., "Current Well-being and Future Plans of Older Caregiving Mothers," *Irish Journal of Psychology*, Vol. 14, 1993, pp. 48 – 63.

Kuhlthau, K., Payakachat, N., Delahaye, J., Hurson, J., Pyne, J. M., Kovacs, E., "Quality of Life for Parents of Children with Autism Spectrum Disorders," *Research in Autism Spectrum Disorders*, Vol. 8, 2014, pp. 1339 – 1350.

Kuyken Willem, "The World Health Organization Quality of Life Assessment (WHOQOL): Position Paper from the World Health Organization," *Social Science and Medicine*, Vol. 41, 1995, p. 1403.

Kwok, S., Leung, C. L. K., Wong, D. F. K., "Marital Satisfaction of Chinese Mothers of Children with Autism and Intellectual Disabilities in Hong Kong," *Journal of Intellectual Disability Research*, Vol. 58, 2014, pp. 1156 – 1171.

Ladd, G. W., "Having Friends, Keeping Friends, Making Friends, and Being Liked by Peers in the Classroom: Predictors of Children's Early School Adjustment," *Child Development*, Vol. 61, 1990, pp. 1081 – 1100.

Lam, L., Mackenzie, A. E., "Coping with a Child with Down Syndrome: The Experiences of Mothers in Hong Kong," *Qualitative Health Research*, Vol. 12, 2002, pp. 223 – 237.

Langley, E., Totsika, V., Hastings, R. P., "Parental Relationship Satisfaction in Families of Children with Autism Spectrum Disorder (ASD): A Multilevel Analysis," *Autism Res*, Vol. 10, 2017, pp. 1259 – 1268.

Lee, K., "Maternal Coping Skills as a Moderator between Depression and Stressful Life Events: Effects on Children's Behavioral Problems in an Intervention Program," *Journal of Child and Family Studies*, Vol. 12, 2003, pp. 425 – 437.

Lee, M., Gardner, J. E., "Grandparents' Involvement and Support in Families with Disabilities," *Educational Gerontology*, Vol. 36, 2010, pp. 467 – 499.

Lee, Yu-Ri, Choi, Hee-Chul, "Moderating Effect of Family Resilience and Social Support on Relationship between Burden of Care for Families with Mentally Disabled and Quality of Life," *The Journal of the Korea Contents Association*, Vol. 17, 2017, pp. 229 – 241.

Leung, C. Y. S., Li-Tsang, C. W. P., "Quality of Life of Parents Who Have Children with Disabilities," *Hong Kong Journal of Occupational Therapy*, Vol. 13, 2003, pp. 19 – 24.

Levine, K. A., "Against All Odds: Resilience in Single Mothers of Children with Disabilities," *Social Work in Health Care*, Vol. 48, 2009, pp. 402 – 419.

Lezak, M., "Psychological Implications of Traumatic Brain Damage for the Patient's Family," *Rehabilitation Psychology*, Vol. 31, 1986, pp. 241 – 250.

Liezl Schlebusch, Shakila Dada1, Alecia E. Samuels, "Family Quality of Life of South African Families Raising Children with Autism Spectrum Disorder," *J Autism Dev Disord*, Vol. 47, 2017, pp. 1966 – 1977.

Little, L., "Differences in Stress and Coping for Mothers and Fathers of Children with Asperger's Syndrome and Nonverbal Learning Disorders," *Pediatric Nursing*, Vol. 28, 2002, pp. 565 – 570.

Little, M., Axford, N. Morpeth, L., "Research Review: Risk and Protection in the Context of Services for Children in Need," *Child and Family Social Work*, Vol. 9, 2004, pp. 105 – 117.

Lloyd, C. M., Rosman, E., "Exploring Mental Health Outcomes for Low-Income Mothers of Children with Special Needs: Implications for Policy and Practice," *Infants and Young Children*, Vol. 18, 2005, pp. 186 – 199.

López-Valle, N., Alonso-Tapia, J., Ruiz, M., "Autorregulación emocional positiva, afrontamiento y resiliencia en la adolescencia. Desarrollo y validación de modelos teóricos complementarios y su instrumento de medida," *Estudios de Psicología*, Vol. 39, 2018, pp. 465 – 503.

Lu, M. H., Wang, G. H., Lei, H., Shi, M. L., Zhu, R., Jiang, F.,

"Social Support as Mediator and Moderator of the Relationship Between Parenting Stress and Life Satisfaction Among the Chinese Parents of Children with ASD," *Journal of Autism and Developmental Disorders*, Vol. 48, 2018, pp. 1181 - 1188.

Lu, M. H., Yang, G. X., Skora, E., Wang, G. H., Cai, Y. D., Sun, Q. Z., Li, W. J., "Self-Esteem, Social Support, and Life Satisfaction in Chinese Parents of Children with Autism Spectrum Disorder," *Research in Autism Spectrum Disorders*, Vol. 17, 2015, pp. 70 - 77.

Luther, E. H., Canham, D. L., Cureton, V. Y., "Coping and Social Support for Parents of Children with Autism," *The Journal of School Nursing*, Vol. 21, 2005, pp. 40 - 47.

Lyndall, G. S., "A Critique of Coping Scales," *Australian Psychologist*, Vol. 33, 1998, pp. 193 - 202.

Machalicek, W., Didden, R., Lang, R., Green, V., Lequia, J., Sigafoos, J., "Families of Children with Autism Spectrum Disorders: Intervention and Family Supports," *Handbook of Early Intervention for Autism Spectrum Disorders*, 2014: 647 - 675.

Mackintosh, V. H., Myers, B. J., Goin-Kochel, R. P. "Sources of Information and Support Used by Parents of Children with Autism Spectrum Disorders", *Journal on Developmental Disabilities*, Vol. 12, 2005, pp. 41 - 51.

Macks, R. J., Reeve, R. E., "The Adjustment of Non-Disabled Siblings of Children with Autism," *Journal of Autism and Developmental Disorders*, Vol. 37, 2007, pp. 1060 - 1067.

Mak, W. W. S., Ho, G. S. M., "Caregiving Perceptions of Chinese Mothers of Children with Intellectual Disability in Hong Kong," *Journal of Applied Research in Intellectual Disabilities*, Vol. 20, 2007, pp. 145 - 156.

Malecki, C. K., Demary, M. K., "Measuring Perceived Social Support: Development of the Child and Adolescent Social Support Scale (CASSS)," *Psychology in the Schools*, Vol. 39, 2002, pp. 1 - 18.

Martin, S. C., Wolters, P. L., Klaas, P. A., "Coping Styles among Families of Children with HIV Infection," *Aids Care-Psychologi*, Vol. 16,

2004, pp. 283 – 292.

Martire, L. M., Helgeson, V. S. "Close Relationships and the Management of Chronic Illness: Associations and Interventions," *American Psychologist*, Vol. 72, 2017, pp. 601 – 612.

Masthoff, E. D., Trompenaars, F. J., Van Heck, G. L., "Validation of the WHO Quality of Life Assessment Instrument (WHOQOL-100) in a Population of Dutch Adult Psychiatric Outpatients," *European Psychiatry*, Vol. 20, 2005, pp. 465 – 473.

McCann, D., Bull, R., Winzenberg, T., "The Daily Patterns of Time Use for Parents of Children with Complex Needs: A Systematic Review," *Journal of Child Health Care*, Vol. 16, 2012, pp. 26 – 52.

McConnell, D., Savage, A. Breitkreuz, R., "Resilience in Families Raising Children with Disabilities and Behavior Problems," *Research in Developmental Disabilities*, Vol. 35, 2014, pp. 833 – 848.

McCubbin, H. I., Patterson, J. M., "The Family Stress Process: The Double ABCX Model of Adjustment and Adaptation," *Marriage and Family Review*, Vol. 6, 1983, pp. 7 – 37.

McCubbin, M., Balling, K., Possin, P., "Family Resiliency in Childhood Cancer," *Family Relations: Interdisciplinary Journal of Applied Family Studies*, Vol. 51, 2002, pp. 103 – 111.

McGrew, J. H., Keyes, M. L., "Caregiver Stress during the First Year after Diagnosis of an Autism Spectrum Disorder," *Research in Autism Spectrum Disorders*, Vol. 8, 2014, pp. 1373 – 1385.

Mcintyre, L. L., Blacher, J., Baker, B. L., "The Transition to School: Adaptation in Young Children with and without Intellectual Disability," *Journal of Intellectual Disability Research*, Vol. 50, 2010, pp. 349 – 361.

McLeroy, K. R., Bibeau, D., Steckler, A., Glanz, K., "An Ecological Perspective on Health Promotion Programs," *Health Education Quarterly*, Vol. 15, 1988, pp. 351 – 377.

McMillen, J. C., Fisher, R. H., "The Perceived Benefit Scales: Measuring Perceived Positive Life Changes after Negative Events," *Social Work Re-*

search, Vol. 22, 1998, pp. 173 – 187.

McStay, R. L., Trembath, D., Dissanayake, D., "Stress and Family Quality of Life in Parents of Children with Autism Spectrum Disorder: Parent Gender and the Double ABCX Model," *Journal of Autism and Developmental Disorders*, Vol. 44, 2014, pp. 3101 – 3118.

Md-Sidin, S., Sambasivan, M., Ismail, I., "Relationship between Work-Family Conflict and Quality of Life an Investigation into the Role of Social Support," *Journal of Managerial Psychology*, Vol. 25, 2010, pp. 58 – 81.

Mian Wang, Ann P. Turnbull, Jean Ann Summers, "Severity of Disability and Income as Predictors of Parents' Satisfaction with Their Family Quality of Life During Early Childhood Years," *Research & Practice for Persons with Severe Disabilities*, Vol. 29, 2004, pp. 82 – 94.

Miller, E., Buys, L., Woodbridge, S., "Impact of Disability on Families: Grandparents' Perspectives," *Journal of Intellectual Disability Research*, Vol. 56, 2012, pp. 102 – 110.

Miller, I. W., Keitner, G. I., Bishop, D. S., "The McMaster Approach to Families: Theory, Assessment, Treatment and Research," *Journal of Family Therapy*, Vol. 22, 1985, pp. 168 – 189.

Minuchin, Patricia, "Families and Individual Development: Provocations from the Field of Family Therapy," *Child Development*, Vol. 56, 1985, pp. 289 – 302.

Minuchin, S., "Families & Family Therapy," *Harvard University Press*, 1974.

Miriam, G., Resendez, M. A., Ryan, M., "A Longitudinal Analysis of Family Empowerment an Client Outcomes," *Journal of Child and Family Studies*, Vol. 9, 2000, pp. 449 – 460.

Monroe, S. M., Steiner, S. C., "Social Support and Psychopathology: Interrelations with Preexisting Disorder, Stress, and Personality," *Journal of Abnormal Psychology*, Vol. 95, 1986, pp. 29 – 39.

Mullins, J. B., "Authentic Voices from Parents of Exceptional Children", *Family Relations*, Vol. 26, 1987, pp. 30 – 33.

Nabors, L., Cunningham, J. F., Lang, M., "Family Coping during Hospitalization of Children with Chronic Illnesses," *Journal of Child and Family*

Studies, Vol. 27, 2017, pp. 1482 – 1491.

Nihira, K., Weisner, T. S., Bernheimer, L. P., "Ecocultural Assessment in Families of Children with Developmental Delays: Construct and Concurrent Validities," *American Journal on Mental Retardation*, Vol. 98, 1994, pp. 551 – 566.

Norlin, D., Broberg, M., "Parents of Children with and without Intellectual Disability: Couple Relationship and Individual Well-Being," *Journal of Intellectual Disability Research*, Vol. 57, 2013, pp. 552 – 566.

Olin, S. S., Hoagwood, K. E., Rodriguez, J., "The Application of Behavior Change Theory to Family-Based Services: Improving Parent Empowerment in Children's Mental Health," *Journal of Child and Family Studies*, Vol. 19, 2010, pp. 462 – 470.

Olson, D. H., "Circumplex Model of Marital and Family Systems," *Journal of Family Therapy*, Vol. 22, 2000, pp. 144 – 167.

Olson, D. H., "Faces IV and the Circumplex Model: Validation Study," *Journal of Marital and Family Therapy*, Vol. 3, 2011, pp. 64 – 80.

Orsmond, G. I., Kuo, H.-Y., Seltzer, M. M., "Siblings of Individuals with an Autism Spectrum Disorder Sibling Relationships and Wellbeing in Adolescence and Adulthood," *Autism*, Vol. 13, 2009, 59 – 80.

Pakenham, K. I., Sofronoff, K., Samios, C., "Finding Meaning in Parenting a Child with Asperger Syndrome: Correlates of Sense Making and Benefit Finding," *Research in Developmental Disabilities*, Vol. 25, 2004, pp. 245 – 264.

Park, C. L., "Making Sense of the Meaning Literature: An Integrative Review of Meaning Making and Its Effects on Adjustment to Stressful Life Events," *Psychological Bulletin*, Vol. 136, 2010, Vol. 257 – 301.

Park, J., Hoffman, L., Marquis, J., Turnbull, A., Poston, D., Mannan, H., Wang, M. & Nelson, L. L., "Toward Assessing Family Outcomes of Service Delivery: Validation of a Family Quality of Life Survey," *Journal of Intellectual Disability Research*, Vol. 47, 2003, pp. 367 – 384.

Park, J. M., Hogan, D. P., D'Ottavi, M., "Grandparenting Children with Special Needs," *Annual Review of Gerontology and Geriatrics*, Vol. 24,

2005, pp. 120 - 149.

Park, J., Turnbull, A., Rutherford, H., "Impacts of Poverty on Quality of Life in Families of Children with Disabilities", *Exceptional Children*, Vol. 68, 2002, pp. 151 - 170.

Patterson, J. M., "Integrating Family Resilience and Family Stress Theory," *Journal of Marriage and Family*, Vol. 64, 2002, pp. 349 - 360.

Peer, J. W., Hillman, S. B., "Stress and Resilience for Parents of Children with Intellectual and Developmental Disabilities: A Review of Key Factors and Recommendations for Practitioners," *Journal of Policy and Practice in Intellectual Disabilities*, Vol. 11, 2014, pp. 92 - 98.

Pepperell, T. A., Paynter, J., Gilmore, L., "Social Support and Coping Strategies of Parents Raising A Child with Autism Spectrum Disorder," *Early Child Development and Care*, Vol. 2016, pp. 1 - 13.

Perry, A., "A Model of Stress in Families of Children with Developmental Disabilities: Clinical and Research Applications," *Journal on Developmental Disabilities*, Vol. 11, 2004, pp. 1 - 16.

Perry, A., Isaacs, B., "Validity of the Family Quality of Life Survey—2006," *Journal of Applied Research in Intellectual Disabilities*, Vol. 28, 2015, pp. 584 - 588.

Perry, K. E., Donohue, K. M., Weinstein, R. S., "Teaching Practices and the Promotion of Achievement and Adjustment in First Grade," *Journal of School Psychology*, Vol. 45, 2007, pp. 269 - 292.

Phelps, K. W., Mccammon, S. L., Wuensch, K. L., "Enrichment, Stress, and Growth from Parenting an Individual with an Autism Spectrum Disorder," *Journal of Intellectual and Developmental Disability*, Vol. 34, 2009, pp. 133 - 141.

Pietromonaco, P. R., Collins, N. L., "Interpersonal Mechanisms Linking Close Relationships to Health," *American Psychologist*, Vol. 72, 2017, 531 - 542.

Pilowski, T., Yirmiya, N., Doppelt, O., "Social and Emotional Adjustment of Siblings of Children with Autism," *Journal of Child Psychology and Psychiatry*, Vol. 45, 2004, pp. 855 - 865.

Pinquart, M., "Parenting Stress in Caregivers of Children with Chronic Physical Condition—A Meta-Analysis," *Stress and Health*, Vol. 34, 2018, pp. 197 – 207.

Pisula, E., Porçbowicz-Dörsmann, A., "Family Functioning, Parenting Stress and Quality of Life in Mothers and Fathers of Polish Children with High Functioning Autism or Asperger Syndrome," *Plos One*, Vol. 12, 2017, pp. 1 – 19.

Place, M., Reynolds, J., Cousins, A. & O'Neill, S., "Developing a Resilience Package for Vulnerable Children," *Child and Adolescent Mental Health*, Vol. 7, 2002, pp. 162 – 167.

Podsakoff, P. M., MacKenzie, S. B., Lee, J. Y., Podsakoff, N. P., "Common Method Biases in Behavioral Research: A Critical Review of the Literature and Recommended Remedies," *Journal of Applied Psychology*, Vol. 88, 2003, pp. 879 – 903.

Poston, D., Turnbull, A., Park, J., Mannan, H., Marquis, J. & Wang, M., "Family Quality of Life Outcomes: A Qualitative Inquiry Launching a Long-Term Research Program," *Mental Retardation*, Vol. 41, 2003, pp. 313 – 328.

Pozo, P., Sarriá, E., Brioso, A., "Family Quality of Life and Psychological Well-Being in Parents of Children with Autism Spectrum Disorders: A Double ABCX Model," *Journal of Intellectual Disability Research*, Vol. 58, 2014, pp. 442 – 458.

Pérez-López, J., Rodríguez-Cano, R. A., Montealegre, M. P., "Estrés Adulto Y Problemas Conductuales Infantiles Percibidos Por Sus Progenitores," *International Journal of Developmental and Educational Psychology*, Vol. 1, 2011, pp. 531 – 540.

Renty, J., Roeyers, H., "Individual and Marital Adaptation in Men with Autism Spectrum Disorder and Their Spouses: The Role of Social Support and Coping Strategies," *Journal of Autism and Developmental Disorders*, Vol. 37, 2007, pp. 1247 – 1255.

Resch, J. A., Benz, M. R., Elliott, T. R., "Evaluating a Dynamic

Process Model of Wellbeing for Parents of Children with Disabilities: A Multi-Method Analysis," *Rehabilitation Psychology*, Vol. 57, 2012, pp. 61 - 72.

Riany, Y. E., Cuskelly, M., Meredith, P., "Parenting Style and Parent-Child Relationship: A Comparative Study of Indonesian Parents of Children with and without Autism Spectrum Disorder (ASD)," *Journal of Child and family Studies*, Vol. 26, 2017, pp. 3559 - 3571.

Richard, P., Bagozzi Youjae Yi., "On the Evaluation of Structural Equation Models," *Journal of the Academy of Marketing Science*, Vol. 16, 1988, pp. 74 - 94.

Richardson, G. E., "The Metatheory of Resilience and Resiliency," *Journal of Clinical Psychology*, Vol. 58, 2002, pp. 307 - 321.

Rillotta, F., Kirby, N., Shearer, J., "Family Quality of Life of Australian Families with a Member with an Intellectual/Developmental Disability," *Journal of Intellectual Disability Research*, Vol. 56, 2012, pp. 71 - 86.

Rini, C., DuHamel, K., Ostroff, J., Boulad, F., Martini, R., Mee, L., Sexson, S., Manne, S., Austin, J., Parsons, S. K., Williams, S. E., Redd, W. H., "Social Support from Family and Friends as a Buffer of Low Spousal Support among Mothers of Critically Ill Children: A Multilevel Modeling Approach", *Health Psychology*, Vol. 27, 2008, pp. 593 - 603.

Rodriguez, J., Olin, S. S., Hoagwood, K. E., "The Development and Evaluation of a Parent Empowerment Program for Family Peer Advocates", *Journal of Child and Family Studies*, Vol. 20, 2011, pp. 397 - 405.

Russa, M. B., Matthews, A. L., Owen-DeSchryver, J. S., "Expanding Supports to Improve the Lives of Families of Children with Autism Spectrum Disorder," *Journal of Positive Behavior Interventions*, Vol. 17, 2015, pp. 95 - 104.

Saha, A., Agarwal, N., "Modeling Social Support in Autism Community on Social Media," *Network Modeling Analysis in Health Informatics and Bioinformatics*, Vol. 5, 2016, pp. 1 - 14.

Samuel, P. S., Hobden, K. L., LeRoy, B. W., "Analysing Family Service Needs of Typically Underserved Families in the USA," *Journal of Intellectual Disability Research*, Vol. 56, 2012, pp. 111 - 128.

Samuel, P. S., Rillotta, F., & Brown, I., "Review: The Development of Family Quality of Life Concepts and Measures," *Journal of Intellectual Disability Research*, Vol. 56, 2011, pp. 1 - 16.

Samuel, P. S., Tarraf, W., Marsack, C., "Family Quality of Life Survey (FQOLS - 2006): Evaluation of Internal Consistency, Construct, and Criterion Validity for Socioeconomically Disadvantaged Families," *Physical and Occupational Therapy in Pediatrics*, Vol. 38, 2018, pp. 46 - 63.

Sandy, P. T., Kgole, J. C., Mavundla, T. R., "Support Needs of Caregivers: Case Studies in South Africa," *International Nursing Review*, Vol. 60, 2013, pp. 344 - 350.

Santamaria, F., Cuzzocrea, F., Gugliandolo., "Marital Satisfaction and Attribution Style in Parents of Children with Autism Spectrum Disorder, Down Syndrome and Non-Disabled Children," *Life Span and Disability*, Vol. 15, 2012, pp. 19 - 37.

Schalock, R. L., Brown, I., Brown, R., "Conceptualization, Measurement, and Application of Quality of Life for Persons with Intellectual Disabilities: Report of an International Panel of Experts," *Journal Information*, Vol. 40, 2002, pp. 457 - 470.

Schalock, R. L., Verdugo, M. A., "Quality of Life as a Change Agent," *International Public Health Journal*, Vol. 6, 2014, pp. 105 - 117.

Schlebusch, L., Dada, S., Samuels, A. E., "Family Quality of Life of South African Families Raising Children with Autism Spectrum Disorder," *Journal of Autism and Developmental Disorders*, Vol. 47, 2017, pp. 1966 - 1977.

Schlebusch, L., Samuels, A. E., Dada, S. "South African Families Raising Children with Autism Spectrum Disorders: Relationship between Family Routines, Cognitive Appraisal and Family Quality of Life," *Journal of Intellectual Disability Research*, Vol. 60, 2016, pp. 412 - 423.

Schneider, M., Steele, R., Cadell, S., Hemsworth, D., "Differences on Psychosocial Outcomes between Male and Female Caregivers of Children

With Life-Limiting Illnesses," *Journal of Pediatric Nursing*, Vol. 26, 2011, pp. 186 – 199.

Schroevers, M. J., Helgeson, V. S., Sanderman, R., Ranchor, A. V., "Type of Social Support Matters for Prediction of Posttraumatic Growth among Cancer Survivors," *Psychooncology*, Vol. 19, 2010, pp. 46 – 53.

Sean, J., Emily, B., Meghann, L., "Autism Spectrum Disorder: Family Quality of Life while Waiting for Intervention Services," *Quality of Life Research*, Vol. 26, 2017, pp. 331 – 342.

Sharpe, D., Rossiter, L., "Siblings of Children with a Chronic Illness: A Meta-Analysis," *Journal of Pediatric Psychology*, Vol. 27, 2002, pp. 699 – 710.

Siklos, S., Kerns, K. A., "Assessing Need for Social Support in Parents of Children with Autism and Down Syndrome," *Journal of Autism and Developmental Disorders*, Vol. 36, 2006, pp. 921 – 933.

Sikora, D., Moran, E., Orlich, F., "The Relationship between Family Functioning and Behavior Problems in Children with Autism Spectrum Disorders," *Research in Autism Spectrum Disorders*, Vol. 7, 2013, pp. 307 – 315.

Sim, A., Cordier, R., Vaz, S., Falkmer, T., "Relationship Satisfaction in Couples Raising a Child with Autism Spectrum Disorder: A Systematic Review of the Literature," *Research in Autism Spectrum Disorder*, Vol. 31, 2016, pp. 30 – 52.

Siman-Tov, A., Kaniel, S., "Stress and Personal Resource as Predictors of the Adjustment of Parents to Autistic Children: A Multivariate Model," *Journal of Autism and Developmental Disorders*, Vol. 47, 2011, pp. 879 – 890.

Simon, J. B., Murphy, J. J., Smith, S. M., "Understanding and Fostering Family Resilience," *The Family Journal*, Vol. 13, 2005, pp. 427 – 436.

Singh, N. N., Lancioni, G. E., Winton, A. S., "Mindful Parenting Decreases Aggression and Increases Aggression and Increases Social Behavior in Children with Developmental Disabilities," *Behavior Modification*, Vol. 31, 2007, pp. 749 – 771.

Şipoş, R., Predescu, E., Mureşan, G., "The Evaluation of Family Quality of Life of Children with Autism Spectrum Disorder and Attention Deficit Hyperactive Disorder", *Applied Medical Informatics*, Vol. 30, 2012, pp. 1 – 8.

Siqveland, J., Nygaard, E., Hussain, A., Tedeschi, R. G., Heir, T., "Posttraumatic Growth, Depression and Posttraumatic Stress in Relation to Quality of Life in Tsunami Survivors: A Longitudinal Study," *Health and Quality of Life Outcomes*, Vol. 13, 2015, pp. 2 – 8.

Skinner, E. A., Edge, K., Altman, J., Sherwood, H., "Searching for the Structure of Coping: A Review and Critique of Category Systems for Classifying Ways of Coping," *Psychological Bulletin*, Vol. 129, 2003, pp. 216 – 269.

Skinner, Ellen A., "Coping during Childhood and Adolescence: A Motivational Perspective," *Life-Span Development and Behavior*, Vol. 1994, pp. 91 – 133.

Steel, R., Poppe, L., Vandevelde, S., "Family Quality of Life in 25 Belgian Families: Quantitative and Qualitative Exploration of Social and Professional Support Domains", *Journal of Intellectual Disability Research*, Vol. 55, 2011, pp. 1123 – 1135.

Steiger, J. H., "Structure Model Evaluation and Modification: An Interval Estimation Approach," *Multivariate Behavioral Research*, Vol. 25, 1990, pp. 173 – 180.

Stoneman, Z., "Supporting Positive Sibling Relationships during Childhood," *Mental Retardation and Developmental Disabilities Research Reviews*, Vol. 7, 2001, pp. 134 – 142.

Sullivan, A., Winograd, G., Verkuilen, J., "Children on the Autism Spectrum: Grandmother Involvement and Family Functioning," *Journal of Applied Research in Intellectual Disabilities*, Vol. 25, 2012, pp. 484 – 494.

Summers, J. A., Marquis, J., Mannan, H., "Relationship of Perceived Adequacy of Services, Family-Professional Partnerships, and Family Quality of Life in Early Childhood Service Programmes," *International Journal of Disability, Development and Education*, Vol. 54, 2007, pp. 319 – 338.

Summers, J. A., Poston, D. J., Turnbull, A. P., "Conceptualizing and Measuring Family Quality of Life," *Journal of Intellectual Disability Research*, Vol. 49, 2005, pp. 777 – 783.

Tan, S. H., "Development and Psychometric Properties of A Scale Assessing the Needs of Caregivers of Children with Disabilities," *Disability and Health Journal*, Vol. 8, 2015, pp. 414 – 423.

Taylor, Aaron, B., MacKinnon, David, P., Tein, Jenn-Yun, "Tests of the Three-Path Mediated Effect," *Organizational Research Methods*, Vol. 11, 2008, pp. 241 – 269.

Taylor, J. L., Warren, Z. E., "Maternal Depressive Symptoms Following Autism Spectrum Diagnosis," *Journal of Autism and Developmental Disorders*, Vol. 42, 2012, pp. 1411 – 1418.

Tedeschi, R. G., Calhoun, L. G., "Posttraumatic Growth: Conceptual Foundations and Empirical Evidence," *Psychological Inquiry*, Vol. 15, 2004, pp. 1 – 18.

Tedeschi, R. G., Calhoun, L. G., "The Posttraumatic Growth Inventory: Measuring the Positive Legacy of Trauma," *Journal of Traumatic Stress*, Vol. 9, 1996, pp. 455 – 471.

Teodorescu, D. S., Siqveland, J., Heir, T., Hauff, E., Wentzel-Larsen, T., Lien, L., "Posttraumatic Growth, Depressive Symptoms, Posttraumatic Stress Symptoms, Post-Migration Stressors and Quality of Life in Multi-Traumatized Psychiatric Outpatients with a Refugee Background in Norway," *Health and Quality of Life Outcomes*, Vol. 10, 2012, pp. 84 – 100.

Thoits, P. A., "Social Support as Coping Assistance," *Journal of Consulting and Clinical Psychology*, Vol. 54, 1986, pp. 416 – 423.

Trute, B., Benzies, K. M., Worthington, C., "Accentuate the Positive to Mitigate the Negative: Mother Psychological Coping Resources and Family Adjustment in Childhood Disability," *Journal of Intellectual and Developmental Disability*, Vol. 35, 2010, pp. 36 – 43.

Trute, B., Hiebert-Murphy, D., Levine, K., "Parental Appraisal of the Family Impact of Childhood Developmental Disability: Times of Sadness and Times of Joy," *Journal of Intellectual and Developmental Disability*, Vol. 32, 2007, pp. 1 – 9.

Tung, L., Huang, C., Tseng, M., Yen, H., & Tsai, Y., "Correlates of

Health-Related Quality of Life and the Perception of Its Importance in Caregivers of Children with Autism," *Research in Autism Spectrum Disorders*, Vol. 8, 2014, pp. 1235 – 1242.

Turnbull, A. P., Brown, I., Turnbull, H. R., "Families and Persons with Mental Retardation and Quality of Life: International Perspectives", *American Association on Mental Retardation*, 2004.

Twoy, R., Connolly, P. M., Novak, J. M., "Coping Strategies Used by Parents of Children with Autism," *Journal of the American Academy of Nurse Practitioners*, Vol. 19, 2007, pp. 251 – 260.

Ueda, K., Bailey Jr, D. B., Yonemoto, N., "Validity and Reliability of the Japanese Version of the Family Needs Survey", *Research in Developmental Disabilities*, Vol. 34, 2013, pp. 3596 – 3606.

Vasilopoulou, E., Nisbet, J., "The Quality of Life of Parents of Children with Autism Spectrum Disorder: A Systematic Review," *Research in Autism Spectrum Disorders*, Vol. 23, 2016, pp. 36 – 49.

Vuorenmaa, M., Halme, N., Perälä, M., "Perceived Influence, Decision-Making and Access to Information in Family Services as Factors of Parental Empowerment: A Cross-Sectional Study of Parents with Young Children," *Scandinavian Journal of Caring Sciences*, Vol. 30, 2015, pp. 290 – 302.

Wakimizu, R., Yamaguchi, K., Fujioka, H., "Family Empowerment and Quality of Life of Parents Raising Children with Development Disabilities in 78 Japanese Families," *International Journal of Nursing Sciences*, Vol. 4, 2016, pp. 1 – 9.

Walsh, F., "A Family Resilience Framework: Innovative Practice Applications", *Family Relations*, Vol. 51, 2002, pp. 130 – 137.

Walsh, F., "Family Resilience: A Framework for Clinical Practice," *Family Process*, Vol. 42, 2003, pp. 1 – 18.

Wang, J., Hu, Y. J., Wang, Y., Qin, X. Q., Xia, W., Sun, C. H., Wu, L. J., Wang, J. L., "Parenting Stress in Chinese Mothers of Children with Autism Spectrum Disorders," *Social Psychiatry and Psychiatric Epidemiology*, Vol. 48, 2013, pp. 575 – 582.

Wang, M., Turnbull, A. P., Summers, J. A., Little, T. D., Poston, D. J., Mannan, H., Turnbull, R., "Severity of Disability and Income as Predictors of Parents' Satisfaction with Their Family Quality of Life During Early Childhood Years," *Research and Practice for Persons with Severe Disabilities*, Vol. 29, 2004, pp. 82 – 94.

Wang, P. S., Michaels, C. A., "Chinese Families of Children with Severe Disabilities: Family Needs and Available Support," *Research and Practice for Persons with Severe Disabilities*, Vol. 34, 2009, pp. 21 – 32.

Wang, X. Y., Li, J. Y., Chen, J., Fan, S. M., Chen, W., Liu, F. J., Chen, D., Hu, X, G., "Health-Related Quality of Life and Posttraumatic Growth in Low-Grade Gliomas in China," *World Neurosurgery*, Vol. 111, 2017, pp. e24 – e31.

Wayment, H. A., Al-kire, R., Brookshire, K., "Challenged and Changed: Quiet Ego and Posttraumatic Growth in Mothers Raising Children with Autism Spectrum Disorder," *Autism*, Vol. 2018, pp. 1 – 12.

Wei, H., Roscigno, C. I., Swanson, K. M., Black, B. P., Hudson-Barr, D., Hanson, C., "Parents' Experiences of Having A Child Undergoing Congenital Heart Surgery: An Emotional Rollercoaster from Shocking to Blessing," *Heart Lung*, Vol. 45, 2016, pp. 154 – 160.

Weisner, T. S., "Ecocultural Understanding of Children Developmental Pathways," *Human Development*, Vol. 45, 2002, pp. 275 – 281.

Weiss, J. A. Lunsky, Y., "The Brief Family Distress Scale: A Measure of Crisis in Caregivers of Individuals with Autism Spectrum Disorders," *Journal of Child and Family Studies*, Vol. 20, 2011, pp. 521 – 528.

Weiss, M. J., "Hardiness and Social Support as Predictors of Stress in Mothers of Typical Children, Children with Autism and Children with Mental Retardation," *Autism*, Vol. 6, 2002, pp. 115 – 130.

Wellman, B., Wortley, S., "Brothers' Keepers: Situating Kinship Relations in Broader Networks of Social Support," *Sociological Perspectives*, Vol. 32, 1989, pp. 273 – 306.

Wentzel, K. R., Asher, S. R., "The Academic Lives of Neglected, Rejected, Popular, and Controversial Children," *Child Dev.*, Vol. 66, 1995, pp. 754 – 763.

Wethington, E., Kessler, R. C., "Perceived Support, Received Support, and Adjustment to Stressful Life Events," *Journal of Health and Social Behavior*, Vol. 27, 1986, pp. 78 – 89.

White, N., Hastings, R., "Social and Professional Support for Parents of Adolescents with Severe Intellectual Disabilities," *Journal of Applied Research in Intellectual Disabilities*, Vol. 17, 2004, pp. 181 – 190.

William L. Heward., "The Primary-Service-Provider Model for Home-and Community-Based Services," *Psicologia*, 2003, pp. 115 – 135.

Williams, P. D., Ridder, E. L., Setter, R. K., "Pediatric Chronic Illness (Cancer, Cystic Fibrosis) Effects on Well Siblings: Parents' Voices," *Issues in Comprehensive Pediatric Nursing*, Vol. 32, 2009, pp. 94 – 113.

Winkler, L., "Chronic Stresses of Families of Mentally Retarded Children," *Family Relations*, Vol. 30, 1981, pp. 281 – 288.

Wong, B. Y. L. "General and Specific Issues for Researchers' Consideration in Applying the Risk and Resilience Framework to the Social Domain of Learning Disabilities," *Learning Disabilities Research Practice*, Vol. 18, 2003, pp. 68 – 76.

Woodgate, R. L., Ateah, C., Secco, L., "Living in A World of Our Own: The Experience of Parents Who Have a Child with Autism," *Qualitative Health Research*, Vol. 18, 2008, pp. 1075 – 1083.

Worthman, C. M., "The Ecology of Human Development: Evolving Models for Cultural Psychology," *Journal of Cross Cultural Psychology*, Vol. 41, 2010, pp. 546 – 562.

Ylven, R., Bjorck-Akesson, E., Granlund, M., "Literature Review of Positive Functioning in Families with Children with a Disability," *Journal of Policy and Practice in Intellectual Disabilities*, Vol. 3, 2006, pp. 253 – 270.

Yoon, D. P., Lee, E.-K. O., "The Impact of Religiousness, Spirituality, and Social Support on Psychological Wellbeing among Older Adults in Rural Areas," *Journal of Gerontological Social Work*, Vol. 48, 2006, pp. 281 – 298.

Youngman, M. B., "Assessing Behavioral Adjustment to School," *British Journal Education Psychology*, Vol. 49, 1979, pp. 258 – 264.

Yun-Ju, H., "Autism Spectrum Disorders: Family Demographics, Parental Stress, and Family Quality of Life," *Journal of Policy and Practice in Intellectual Disabilities*, Vol. 15, 2018, pp. 70 – 79.

Yun, Y. H., Sim, J. A., Jung, J. Y., Noh, D. Y., Lee, E. S., "The Association of Self-Leadership, Health Behaviors, and Posttraumatic Growth with Health-Related Quality of Life in Patients with Cancer," *Psycho-Oncology*, Vol. 23, 2014, pp. 1423 – 1430.

Zhang, C., Bennett, T., Heal, H. B., "Family Service Delivery in Early Head Start: Perspectives of Professionals in Six Midwestern States," *NHSA Dialog: A Research-to-Practice Journal for the Early Intervention Field*, Vol. 6, 2003, pp. 111 – 140.

Zhao, X., Lynch, J. G., Chen, Q., "Reconsidering Baron and Kenny: Myths and Truths about Mediation Analysis," *Journal of Consumer Research*, Vol. 37, 2010, pp. 197 – 206.

Zimet, G. D., Dahlem, N. W., Zimet, S. G., Farley, G. K., "The Multidimensional Scale of Perceived Social Support," *Journal of Personality Assessment*, Vol. 52, 1988, pp. 30 – 41.

Zlotnick, C., Wright, M. A., Cox, K., "The Family Empowerment Club: Parent Support and Education for Related Caregivers," *Child & Youth Care Forum*, Vol. 29, 2000, pp. 97 – 112.

Zuna, N., Summers, J. A., Turnbull, A. P., "Theorizing about Family Quality of Life. In Enhancing the Quality of Life of People with Intellectual Disabilities," *Enhancing the Quality of Life of People with Intellectual Disabilities*, Vol. 41, 2010, pp. 241 – 278.